W0335174

Produits ordinaires USAGES extraordinaires

Le tuyau d'arrosage fuit ?
Réparez-le avec un cure-dent...

Lubrifiez les roues des rollers
avec de l'après-shampooing...

Nettoyez la vitre de l'insert
avec de la cendre...

Éloignez les pucerons
avec des peaux de banane...

Apaisez un coup de
soleil avec du yaourt...

Plus de démaquillant ?
Essayez le lait en poudre...

Le secret des œufs pochés
réussis : le vinaigre...

Vous envoyez un article fragile ?
Protégez-le avec une couche jetable...

Produits ordinaires
USAGES extraordinaires

Sélection
READER'S DIGEST

PARIS - BRUXELLES - ZURICH - MONTRÉAL

Produits ordinaires, usages extraordinaires

publié par Sélection du Reader's Digest

est l'adaptation française de *Extraordinary Uses for Ordinary Things*
© 2006 Reader's Digest (Australia) Pty Limited.

Nous remercions tous ceux qui ont collaboré à cet ouvrage.

Traduction
Pascale Hervieux
Marie-Line Hillairet
Agnès Letourneur
Christine Mignot

Auteur et conseiller de la rédaction
Françoise Maitre

Maquette
Véronique Zonca

Nous remercions également
Damien Noirot (prépresse)
Valérie Lecœur (index)

Équipe de Sélection du Reader's Digest

Direction éditoriale
Gérard Chenuet

Secrétariat général
Elizabeth Glachant

Direction artistique
Dominique Charliat

Maquette
Françoise Boismal

Lecture-correction
Béatrice Argentier-Le Squer
Catherine Decayeux
Emmanuelle Dunoyer

Fabrication
Marie-Pierre de Clinchamp
Caroline Lhomme

Prépresse
Philippe Pétour

PREMIÈRE ÉDITION

© 2007 Sélection du Reader's Digest, SA, 5 à 7, avenue Louis-Pasteur, 92220 Bagneux
Site Internet : www.selectionclic.com

© 2007 NV Reader's Digest, SA, 20, boulevard Paepsem, 1070 Bruxelles

© 2007 Sélection du Reader's Digest, SA, Räffelstrasse 11, « Gallushof », 8021 Zurich

© 2007, Sélection du Reader's Digest (Canada), Limitée,
1100, boulevard René-Lévesque Ouest, Montréal, Québec H3B 5H5

Pour nous communiquer vos suggestions ou remarques sur ce livre, utilisez notre adresse e-mail :
editolivre@readersdigest.tm.fr

Code produit US 4655/IC

ISBN 978-2-7098-1915-2

Tous droits de traduction, d'adaptation et de reproduction,
sous quelque forme que ce soit, réservés pour tous pays.

AVANT-PROPOS

Bienvenue dans *Produits ordinaires, usages extraordinaires.* Au long des pages qui vont suivre, vous trouverez des centaines de trucs et d'idées ingénieuses pour utiliser 200 produits ordinaires que vous avez sûrement déjà dans vos placards. Entretenir, nettoyer, réparer, bricoler, jardiner, vous chouchouter, occuper les enfants, remplacer ce qui vous manque avec ce que vous avez sous la main... Tout cela sera désormais pour vous un jeu d'enfant. Vous économiserez du temps et de l'argent, et vous gagnerez de la place sur vos étagères parce que vous n'aurez plus besoin de tous les produits sophistiqués du commerce.

L'essentiel de ce livre est consacré à ces 200 produits miracles, présentés par ordre alphabétique, de l'adhésif antidérapant au yaourt, en passant par les canettes en aluminium ou la mayonnaise.

Au début de l'ouvrage, « le top des trucs à tout faire » présente les meilleurs et les plus pratiques des trucs dans différents domaines, tels que la cuisine, le jardinage, la santé, la beauté, l'entretien, le rangement, ainsi qu'une liste des articles indispensables que chacun doit avoir chez soi pour faire face à tout.

Enfin, au fil de la lecture, vous découvrirez, grâce aux encadrés, des centaines d'informations complémentaires : conseils ou précautions utiles pour employer certains produits en toute sécurité, activités ou petites expériences rigolotes à faire avec les enfants, anecdotes historiques drôles et étonnantes sur l'origine ou l'invention des objets...

En bref, voici un ouvrage superpratique et bourré d'informations que vous aurez plaisir à feuilleter.

L'Éditeur

SOMMAIRE

Le top des trucs

Guide pratique des ••• PRODUITS DE A-Z 34

A

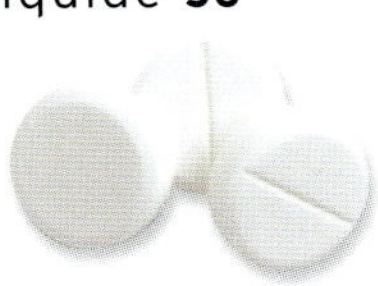

B

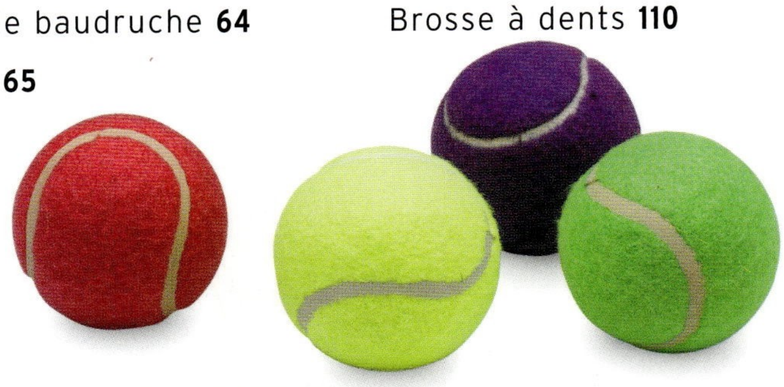

C

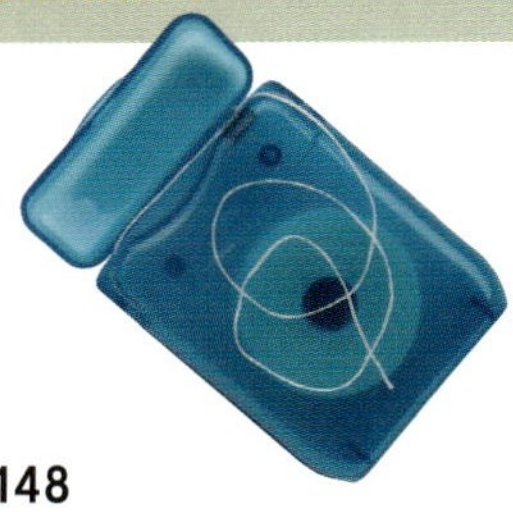

D

E

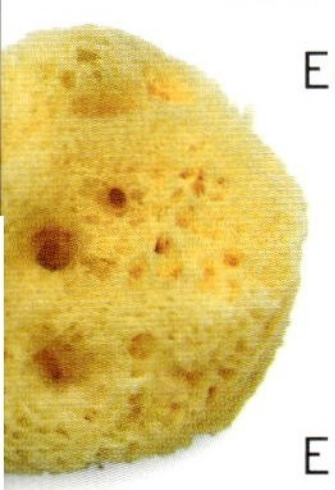

F

G

H

J

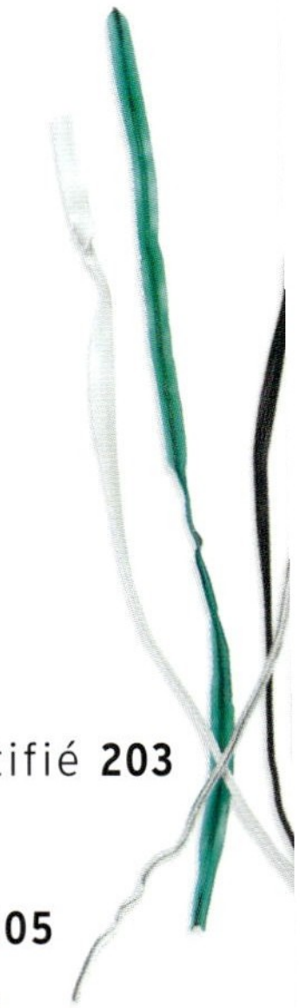

L

M

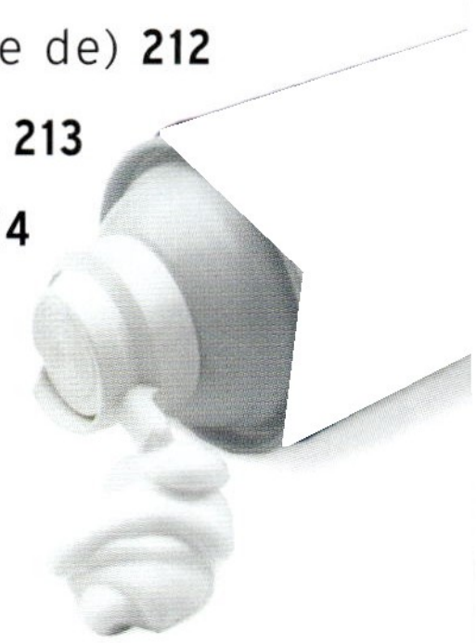

N

O

P

R

S

T

V

W-Y

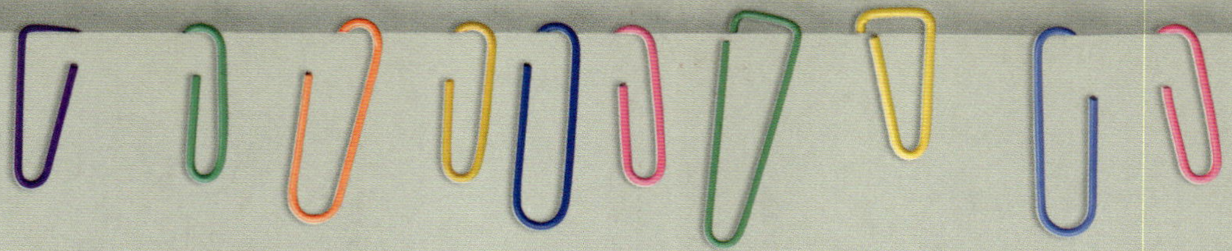

À TOUT FAIRE

qu'y a-t-il dans vos placards ?
qu'y a-t-il dans vos placards ?
QU'Y A-T-IL DANS VOS PLACARD

QU'Y A-T-IL DANS VOS PLACARDS ?

Les objets présentés dans cet ouvrage ne sont pas des produits coûteux. Il s'agit plutôt d'articles banals que vous trouverez sûrement chez vous, dans la cuisine, l'armoire à pharmacie, votre bureau, le garage ou même votre corbeille à papiers. Vous serez étonné des prouesses que l'on peut accomplir à l'aide des plus polyvalents de ces articles : le bicarbonate de soude, par exemple, ou encore du ruban adhésif d'électricien, un collant usagé, du sel, du vinaigre, le WD-40...

Certaines tâches, comme le nettoyage des carreaux, sont simples. Pourtant, on a l'impression aujourd'hui qu'elles se sont complexifiées au fil du temps tant les rayons des supermarchés croulent sous les produits d'entretien dont chacun a été conçu pour un usage précis, avec une formule spécifique – et une coûteuse campagne de publicité. À eux seuls, les nettoyants pour les vitres occupent une place impressionnante. Des bouteilles remplies de liquides colorés arborent des étiquettes soulignant leur puissance, leur bouquet des bois ou leur fragrance pomme, citron, herbes aromatiques. Ironiquement, la plupart mettent en avant l'efficacité de leur composant « secret » : vinaigre ou ammoniaque.

Chaque problème, chaque maladresse, chaque passe-temps, chaque tâche quotidienne semblent ainsi nécessiter des outils spéciaux, des produits uniques et un savoir-faire exhaustif. Pourquoi se servir d'un couteau pour hacher l'ail lorsqu'il existe tant de presse-ail différents ? Pourquoi utiliser un chiffon pour le ménage alors qu'on nous propose d'innombrables éponges spéciales, essuie-tout, produits dépoussiérants magnétiques, lingettes désinfectantes... ? La liste des gadgets et des inventions inutiles est sans fin.

La question se pose d'elle-même : pourquoi, par exemple, ne pas utiliser une simple solution à base de vinaigre ou d'ammoniaque comme le faisaient nos grands-parents pour nettoyer les carreaux ? Ça marche aussi bien, sinon mieux, que ces produits chers et élaborés, tout en coûtant seulement le quart, parfois moins.

APPRENEZ À EXPLOITER CE QUE VOUS AVEZ DÉJÀ CHEZ VOUS

C'est une approche intelligente et économique, souvent facile et même agréable. Vous pouvez acheter une onéreuse brosse à charpie pour ôter les poils de chat des vêtements, mais vous obtiendrez un aussi bon résultat pour seulement quelques centimes en utilisant un morceau de ruban adhésif. Vous pouvez vous servir de produits d'entretien puissants pour nettoyer l'intérieur d'un vase dans lequel l'eau des fleurs a croupi un peu trop longtemps, mais

qu'y a-t-il dans vos placards ?
qu'y a-t-il dans vos placards ?

n'est-il pas plus simple et plus amusant d'utiliser deux cachets d'Alka-Seltzer pour venir à bout des saletés récalcitrantes ? Dans les pages qui suivent, vous trouverez la liste de produits très utiles et leurs différentes applications – dans la maison, au jardin, pour les réparations, les soins de beauté – pour vous permettre d'aller directement vers le sujet qui vous intéresse le plus. Avec la liste des « superproduits », vous découvrirez comment utiliser les objets les plus communs qui peuplent vos placards.

DES PRODUITS MOINS TOXIQUES ET PLUS ÉCOLOGIQUES

Outre l'économie de temps et d'argent, il y a encore d'autres avantages, moins tangibles, à utiliser ces produits d'entretien quotidien. En effet, la plupart d'entre eux sont beaucoup plus écologiques et d'un usage plus sûr que leurs homologues en vente dans les rayons spécialisés. Prenez l'exemple de la solution à base de vinaigre et de bicarbonate de soude pour déboucher un évier ou un lavabo (voir page 75) : elle est tout aussi efficace que n'importe quel déboucheur du commerce, la seule différence est que le mélange vinaigre + bicarbonate de soude attaque beaucoup moins les tuyauteries et qu'il n'est pas dangereux d'en recevoir sur la peau ou les vêtements.

Au fil des pages de ce livre, vous trouverez des centaines de suggestions et conseils, souvent surprenants, qui vous aideront à réduire vos déchets ménagers et vous indiqueront comment réutiliser certains des produits que vous aviez l'habitude de jeter : la peau des citrons, les briques de lait, les boîtes d'œufs en carton, les sachets de thé usagés, les collants en fin de course, les sacs plastique, les boîtes de conserve en aluminium, les bouteilles en plastique et les journaux, pour n'en citer que quelques-uns.

Vous éprouverez, en fin de compte, le plaisir d'apprendre des façons nouvelles et créatives d'utiliser ces objets familiers du quotidien que vous pensiez si bien connaître. Même si vous n'utilisez jamais de cachets d'Alka-Seltzer pour nettoyer vos toilettes ni de vernis à ongles pour réparer vos lunettes, n'est-il pas intéressant de savoir que vous pourriez le faire ? La plupart des conseils réunis dans cet ouvrage ne sont pas vraiment nouveaux, ils sont juste nouveaux… pour nous. Après tout, « L'économie protège du besoin » n'est pas seulement un proverbe vieillot issu d'une époque révolue, c'est le principe directeur de toutes les générations avant la nôtre. Avant que la production et le marketing de masse ne nous transforment en société de consommation, tout le monde ou presque savait parfaitement que le sel et le bicarbonate de soude avaient des dizaines et des dizaines d'usages. Aujourd'hui, alors que les dépotoirs ne cessent de s'étendre et que nous prenons conscience des limites des ressources de la planète, les signes d'un retour à certains modes de vie d'autrefois se multiplient. Programmes de recyclage, équipements électriques économiques, voitures hybrides, nous sommes constamment à la recherche de nouvelles manières d'appliquer le bon sens commun des anciens.
La bonne nouvelle, c'est qu'en économisant de l'argent et en développant une plus grande conscience écologique, vous libérerez votre maison de ce qui l'encombre et votre garage du désordre qui le caractérise souvent.
Dans les pages suivantes, la liste des produits les plus utiles vous guidera dans vos efforts et vous apprendra à utiliser les objets ordinaires d'une manière à la fois extraordinaire et pratique.

superproduits pour tous
superproduits pour tous
SUPERPRODUITS POUR TOUS

top 18 superproduits POUR TOUS

ALUMINIUM MÉNAGER page 40

■ Décorer un gâteau ■ Polir l'argenterie ■ Aiguiser des ciseaux ■ Protéger les branches de lunettes ■ Attirer les poissons ■ Empêcher la peinture de durcir

AMMONIAQUE page 47

■ Faire fuir les mites alimentaires ■ Enlever des taches sur le béton ■ Nourrir vos plantes ■ Éloigner les animaux des poubelles

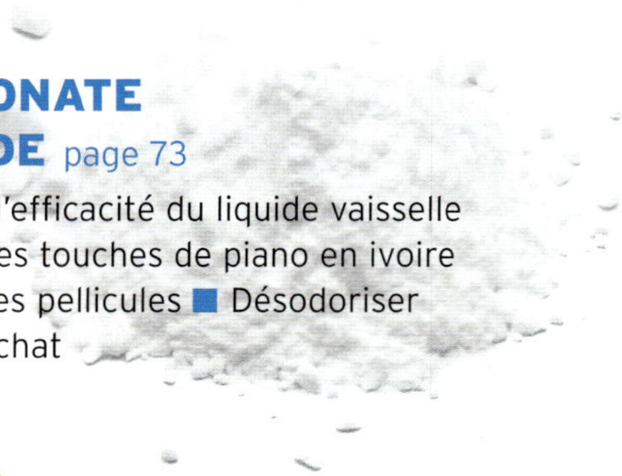

BICARBONATE DE SOUDE page 73

■ Décupler l'efficacité du liquide vaisselle ■ Déjaunir les touches de piano en ivoire ■ Éliminer les pellicules ■ Désodoriser la litière du chat

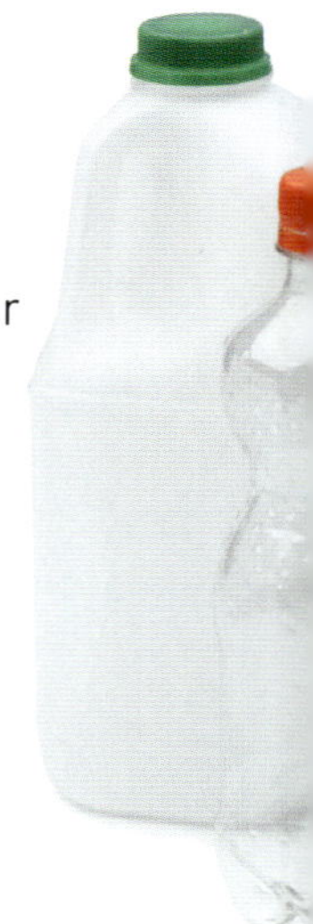

BOUTEILLE EN PLASTIQUE page 103

■ Nettoyer les recoins ■ Un économiseur d'eau ■ Créer un système d'arrosage ■ Garder une glacière bien froide ■ Semer des graines avec précision

CARTON page 115

■ Fabriquer un plateau de lit ■ Réparer un toit ■ Se protéger les doigts ■ Fabriquer un collecteur d'huile

CITRON page 126

■ Enlever les verrues ■ Nettoyer un four à micro-ondes ■ Raffermir une salade flétrie ■ Blanchir ses ongles ■ Transformer un citron en batterie

COLLANT page 131

■ Nettoyer un aquarium ■ Retrouver de petits objets ■ Empêcher un rouleau à pâtisserie de coller ■ Nettoyer sous les appareils ménagers ■ Nettoyer une piscine ■ Filtrer de la peinture

RUBAN ADHÉSIF page 254

■ Fabriquer un piège à mouches ■ Dérouler facilement le film alimentaire ■ Éviter les nœuds dans les colliers ■ Maintenir un élément à coudre ■ Soigner une plante

SUPERPRODUITS POUR TOUS superproduits pour tous superproduits pour tous

RUBAN ADHÉSIF ENTOILÉ page 260

■ Faire un ourlet provisoire ■ Rafistoler une poubelle ■ Réparer une lunette de W.-C. ■ Réparer une tente ■ Réparer des gants de ski

SAC EN PAPIER

page 272

■ Rafraîchir des fleurs artificielles ■ Recouvrir des livres ■ Garder du pain frais ■ Faire mûrir les fruits ■ Enrichir le compost

SAC PLASTIQUE

page 276

■ Sauver un vase fendu ■ Soigner les mains abîmées ■ Ranger un sac à main ■ Égoutter la salade ■ Faire le plein d'essence sans se salir les mains ■ Stocker des pinceaux

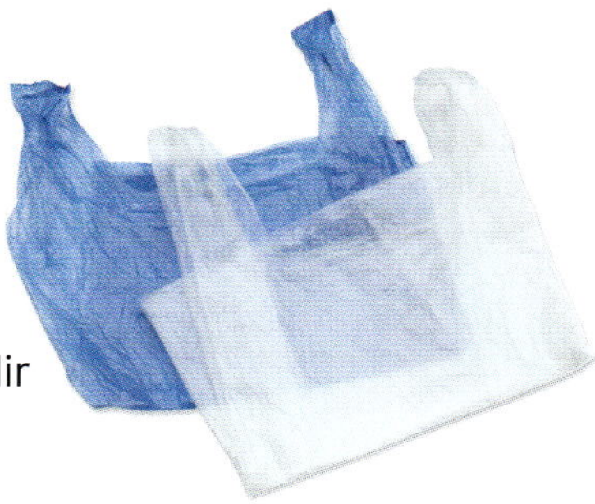

SAC À CONGÉLATION

page 267

■ Ramollir des guimauves
■ Fabriquer une trousse
■ Un oreiller de bain improvisé
■ Donner à boire au chien

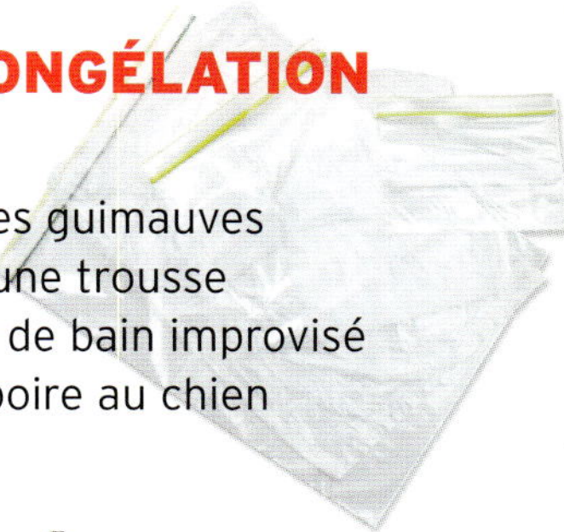

SEL

page 286

■ Entretenir un balai en paille ■ Nettoyer le cuivre ■ Dégraisser une poêle ■ Atténuer l'amertume d'un café ■ Un exfoliant pour le corps

THÉ

page 306

■ Un autobronzant
■ Soulager les gencives
■ Éliminer les odeurs de pieds ■ Nettoyer les surfaces en bois
■ Nourrir les rosiers

VASELINE

page 318

■ Apaiser une peau desséchée par le vent ■ Réussir la pose d'un vernis à ongles ■ Faire briller le cuir verni ■ Lubrifier la tringle du rideau de douche

VERNIS À ONGLES page 322

■ Garder des bijoux fantaisie bien brillants ■ Empêcher les vis de rouiller ■ Enfiler plus facilement un fil ■ Limiter un impact sur un pare-brise
■ Colmater des ébréchures
■ Boucher un trou dans une glacière

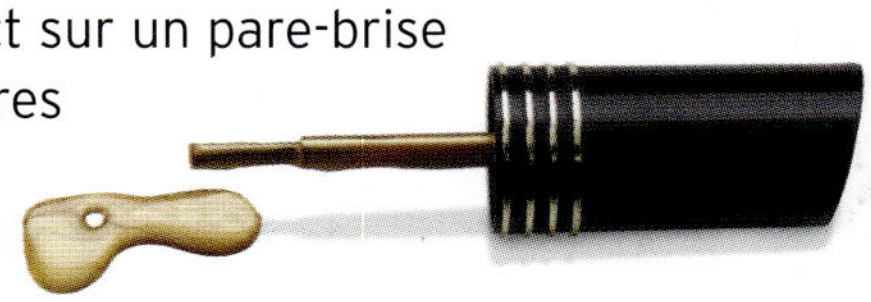

VINAIGRE

page 326

■ Déboucher les tuyaux d'évacuation ■ Rafraîchir l'air d'un placard ■ Détacher tapis et moquettes ■ Nettoyer un bac à glaçons
■ Supprimer les odeurs de tabac ■ Accélérer la germination des graines

WD-40

page 353

■ Se débarrasser des cafards et des insectes ■ Retirer un chewing-gum collé dans les cheveux ■ Protéger une mangeoire à oiseaux ■ Protéger un bateau de la corrosion ■ Effacer les taches d'huile de vidange

dans la maison dans la maison dans la maison DANS LA MAISON dans la maison

top 10 produits les plus utiles DANS LA MAISON

ASSOUPLISSANT EN FEUILLES page 56

■ Épousseter les stores ■ Parfumer les tiroirs ■ Éliminer l'odeur de chien mouillé ■ Un antimoustique inoffensif ■ Contre l'électicité statique ■ Plus de nœuds dans le fil à coudre

CD (DISQUE COMPACT) page 119

■ Décorer un sapin de Noël ■ Une coupelle originale ■ Recueillir les coulures de bougie ■ Confectionner une pendule ■ Tracer un cercle

COLLANT page 131

■ Retrouver de petits objets ■ Cirer des chaussures ■ Entretenir facilement une brosse à cheveux ■ Enlever du vernis à ongles ■ Éviter qu'un vaporisateur ne se bouche ■ Organiser sa valise ■ Faire sécher un pull-over ■ Nettoyer sous les appareils ménagers ■ Retenir la terre d'une plante d'intérieur

ÉLASTIQUE page 157

■ Récupérer un vieux balai ■ Verrouiller un placard ■ Empêcher une bobine de se dérouler ■ Égoutter un pinceau ■ Un marque-page astucieux ■ Desserrer un col de chemise ■ Protéger une télécommande ■ Fixer les lattes du lit

MOQUETTE (CHUTE DE) page 212

■ Faire de l'exercice confortablement ■ Assourdir les bruits d'un appareil électroménager ■ Arroser les plantes sans mouiller le sol ■ Se protéger les genoux

RUBAN ADHÉSIF D'ÉLECTRICIEN ET RUBAN ADHÉSIF ENTOILÉ pages 258 et 260

■ Stopper une invasion de fourmis ■ Remplacer une vitre cassée ■ Renforcer la reliure d'un livre ■ Rapiécer les coussins de sièges de jardin ■ Un pansement provisoire ■ Réparer un tuyau d'aspirateur percé, un cadre, une lunette de W.-C. ■ Boucher un trou dans une moustiquaire

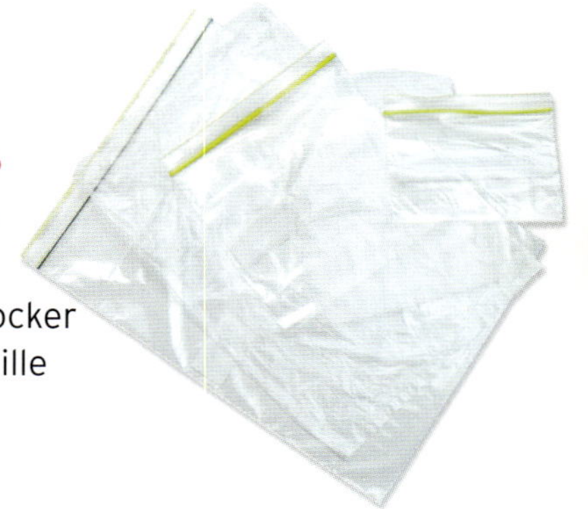

SAC À CONGÉLATION page 266

■ Protéger des photos ■ Adoucir le linge ■ Fabriquer des lingettes ■ Recycler les restes de savon ■ Amidonner facile ■ Stocker des glaçons ■ Fabriquer une poche à douille

SAC EN PAPIER page 272

■ Nettoyer un balai ■ Transporter du linge ■ Recouvrir des livres ■ Un centre de table original ■ Emballer un cadeau ■ Redonner leur forme aux lainages ■ Une housse de repassage provisoire ■ Faire mûrir les fruits ■ Peindre de petits objets à la bombe

SAC PLASTIQUE page 276

■ Protéger un matelas ■ Rembourrer une cantonnière ■ Égoutter les jouets pour le bain ■ Protéger la machine à laver ■ Cirer proprement les chaussures ■ Nettoyer les toilettes ■ Transporter un arbre de Noël

VERNIS À ONGLES page 322

■ Protéger une boucle de ceinture ■ Régler facilement un thermostat ■ Une douche à la bonne température ■ Rendre des graduations plus lisibles ■ Repérer les produits toxiques ■ Étiqueter un équipement de sport ■ Sceller une enveloppe ■ Protéger les chaussures ■ Empêcher les lacets de s'effilocher ■ Enfiler plus facilement un fil ■ Stopper les mailles d'un collant ■ Réparer provisoirement des lunettes ■ Combler les petites éraflures

À SAVOIR

Rembourrez un paquet à expédier avec une couche jetable page 138

top 12 produits les plus utiles DANS LA CUISINE

ALUMINIUM MÉNAGER page 40

■ Protéger le bord des tartes ■ Refaire du sucre en poudre ■ Fabriquer des moules originaux ■ Garder pains et croissants au chaud ■ Pour tourner une grosse salade

BAC À GLAÇONS page 60

■ Congeler en petites quantités du pesto, du céleri-rave râpé, du persil, un reste de potage, des œufs…

BICARBONATE DE SOUDE page 73

■ Nettoyer les aliments ■ Éliminer les odeurs de poisson ■ Réduire l'acidité des plats ■ Des haricots blancs plus digestes ■ Une omelette moelleuse ■ Remplacer la levure du boulanger

CITRON page 126

■ Empêcher pommes de terre et chou-fleur de noircir ■ Prévenir l'oxydation du guacamole ou d'une salade de fruits ■ Raffermir une salade flétrie ■ Rafraîchir une planche à découper

CURE-DENT page 145

■ Repérer la cuisson des steaks ■ Piquer des gousses d'ail ■ Contrôler l'ébullition ■ Cuire des pommes de terre au four à micro-ondes ■ Consommer moins d'huile ■ Cuire facilement des saucisses

ÉLASTIQUE page 157

■ Retenir une cuillère ■ Fixer un couvercle ■ Maintenir une planche à découper ■ Dévisser sans peine une capsule ■ Saisir un verre

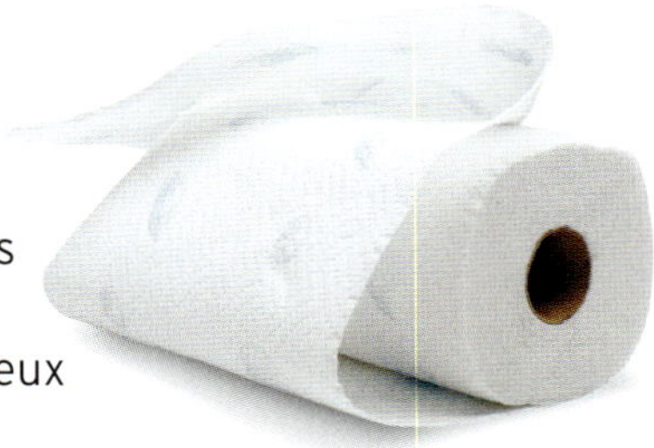

ESSUIE-TOUT page 165

- Cuire des tranches de lard au micro-ondes
- Conserver les fruits et légumes
- Empêcher du pain surgelé de devenir pâteux

FILTRE À CAFÉ EN PAPIER page 176

■ Couvrir les aliments à réchauffer ■ Filtrer le vin ■ Un cornet improvisé ■ Récupérer les gouttes de crème glacée

POMME page 244

■ Attendrir la chair du poulet rôti ■ Faire mûrir des tomates vertes ■ Neutraliser un excès de sel ■ Préserver la fraîcheur d'un gâteau

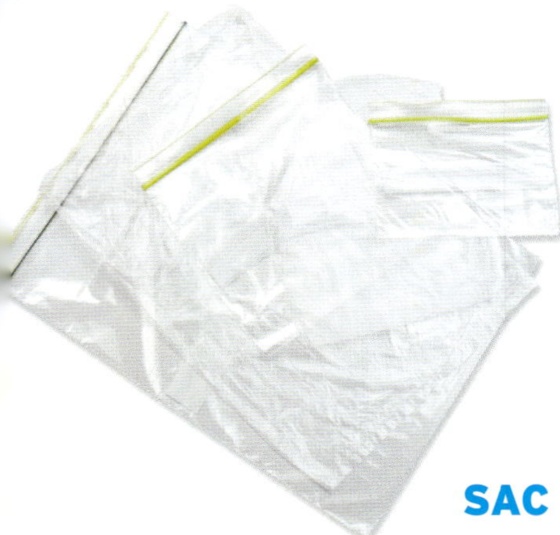

SAC À CONGÉLATION page 267

■ Conserver du fromage râpé ■ Colorer une pâte sans se tacher ■ Conserver les bulles de soda ■ Éviter les cristaux de glace ■ Ramollir les guimauves ■ Faire fondre le chocolat ■ Fabriquer un entonnoir

SAC PLASTIQUE page 276

■ Couvrir un livre ■ Protéger un téléphone ■ Préparer de la chapelure ■ Remplacer un saladier ■ Faire mûrir les fruits

À SAVOIR

Le secret d'un œuf poché parfait : le vinaigre
page 335

SEL page 286

■ Éviter les projections de graisse ■ Nettoyer facilement les plats ■ Écaler les œufs durs ■ Tester la fraîcheur d'un œuf ■ Fouetter la crème et battre les œufs ■ Conserver son croquant à une salade ■ Lisser la peau des pommes ■ Limiter l'oxydation des fruits coupés ■ Empêcher le fromage de moisir

top 11 produits les plus utiles POUR LA SANTÉ ET LA BEAUTÉ

ASPIRINE page 53

■ Assécher des boutons d'acné ■ Ramollir des cors aux pieds ■ Se débarrasser des pellicules ■ Soulager les piqûres d'insectes ■ Raviver la couleur des cheveux clairs

BAUME PECTORAL page 70

■ Faire disparaître des durillons ■ Soulager les pieds douloureux ■ Calmer les démangeaisons ■ Soigner une mycose des orteils ■ Éloigner les tiques et autres insectes

BEURRE page 71

■ Avaler les cachets facilement ■ Un massage relaxant pour les pieds ■ Enlever de la résine sur les mains ■ Une crème à raser de secours ■ Soigner les cheveux secs et cassants

BICARBONATE DE SOUDE page 73

■ Soulager les petites brûlures ■ Apaiser un léger coup de soleil ■ Soulager les piqûres d'orties ■ Soulager l'érythème fessier ■ Éliminer les pellicules ■ En gargarisme et bain de bouche ■ Désinfecter une brosse à dents ■ Nettoyer peignes et brosses ■ Un déodorant tout simple ■ Éliminer les croûtes de lait

CITRON page 126

■ Désinfecter coupures et égratignures ■ Calmer les démangeaisons d'urticaire ■ Soulager mains sèches et pieds irrités ■ Enlever des verrues ■ Éclaircir des taches de vieillesse ■ Des cheveux aux reflets blonds ■ Blanchir ses ongles ■ Lutter contre les pellicules

À SAVOIR

Retrouvez de beaux cheveux avec de l'eau gazeuse
page 154

HUILE POUR BÉBÉ page 189

■ Retirer un pansement ■ Soigner les croûtes de lait ■ Fabriquer de l'huile pour le bain ■ Retirer des taches de peinture acrylique

MAYONNAISE page 211

■ Soulager la brûlure des coups de soleil ■ Un soin pour les cheveux ■ Adoucir la peau des coudes et des pieds ■ Tonifier les ongles

MOUTARDE page 215

■ Soulager les douleurs ■ Décontracter les muscles ■ Soulager une congestion pulmonaire ■ Faire un soin du visage

THÉ page 306

■ Décongestionner les yeux ■ Soulager les gencives ■ Calmer les coups de soleil ■ Atténuer la douleur d'un vaccin ■ Contre le feu du rasoir ■ Faire briller les cheveux ■ Un autobronzant ■ Soigner un furoncle ■ Éliminer les odeurs de pieds ■ Calmer les douleurs dentaires

VASELINE page 318

■ Apaiser une peau desséchée par le vent ■ Prévenir l'érythème fessier ■ Un bon hydratant ■ Du maquillage maison ■ Apaiser des mains gercées ■ Prolonger l'odeur d'un parfum ■ Réussir la pose d'un vernis à ongles ■ Dompter des sourcils rebelles ■ Empêcher la teinture de déborder

VINAIGRE page 326

■ Faire disparaître les pellicules ■ Une protection pour cheveux blonds ■ Un déodorant bio ■ Soulager des muscles douloureux ■ Se rafraîchir l'haleine ■ Calmer coups de soleil et démangeaisons ■ Halte aux hématomes ! ■ Soulager les maux de gorge ■ Mieux respirer ■ Vaincre le pied d'athlète ■ Atténuer les taches brunes ■ Un soin pour les ongles ■ Renforcer le vernis à ongles

top 11 produits les plus utiles POUR LE NETTOYAGE

ALCOOL page 37

■ Nettoyer le téléphone ■ Enlever des taches d'encre ■ Nettoyer des stores vénitiens ■ Enlever de la laque sur un miroir ■ Ôter des taches de marqueur indélébile

ALKA-SELTZER page 39

■ Nettoyer un vase ■ Déboucher un lavabo ■ Détartrer une cafetière ■ Récurer un plat en verre ■ Nettoyer les toilettes ■ Des bijoux bien brillants

AMMONIAQUE page 47

■ Dégraisser les grilles d'un four ■ Faire scintiller le cristal ■ Nettoyer les vitres d'un insert ■ Entretenir évier et baignoire ■ Blanchir des chaussures ■ Faire briller le cuivre et l'argent ternis ■ Éliminer la cire sur un sol

ASSOUPLISSANT EN FEUILLES page 56

■ Récurer le fond d'une casserole ■ Nettoyer une porte de douche ■ Dépoussiérer les appareils électriques ■ Désodoriser les corbeilles à linge ■ Lustrer le chrome ■ Épousseter des stores ■ Rénover des peluches ■ Éliminer la sciure de bois

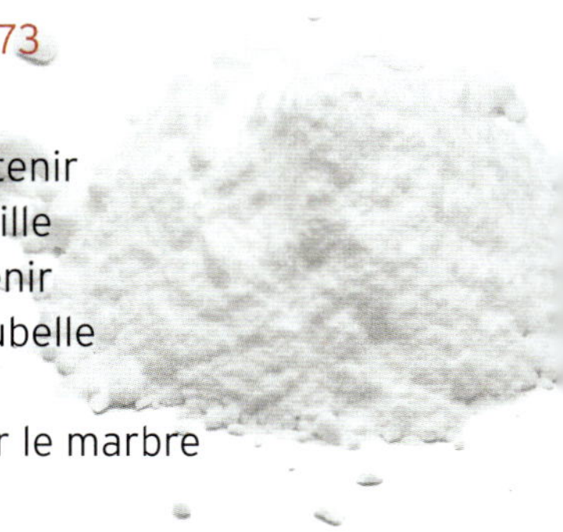

BICARBONATE DE SOUDE page 73

■ Stériliser un biberon et ses accessoires ■ Nettoyer une planche à découper ■ Entretenir un four à micro-ondes ■ Nettoyer une bouteille Thermos ■ Détacher la porcelaine ■ Entretenir cafetières et théières ■ Désodoriser une poubelle ■ Éliminer des traits de crayon sur les murs ■ Détacher moquettes et tapis ■ Faire briller le marbre

BORAX page 98

■ Déboucher un évier ou un lavabo ■ Détacher un évier en Inox ou en porcelaine ■ Nettoyer vitres et miroirs ■ Ôter une odeur d'urine sur un matelas

pour le nettoyage pour le nettoyage pour le nettoyage POUR LE NETTOYAGE

CITRON page 126

■ Ôter des taches sur le marbre ■ Faire briller l'aluminium terni ■ Nettoyer un four à micro-ondes ■ Désodoriser un réfrigérateur ■ Rafraîchir une planche à découper

DENTIFRICE page 148

■ Nettoyer les touches d'un piano ■ Rénover des tennis ■ Désodoriser un biberon ■ Enlever des taches de goudron ■ Nettoyer la semelle d'un fer à repasser ■ Faire briller les chromes

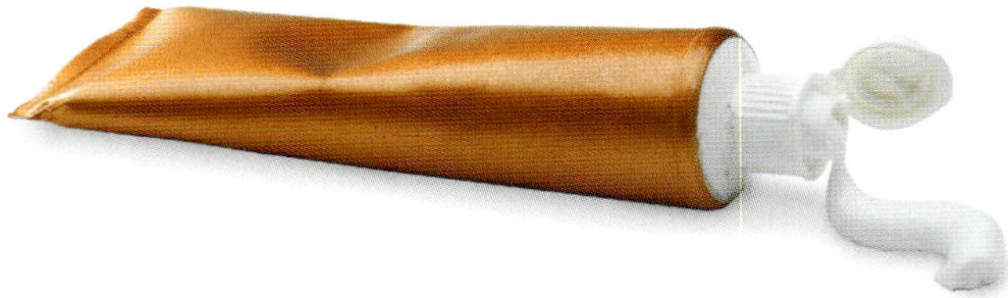

SEL page 286

■ Nettoyer un vase ■ Dépoussiérer des fleurs artificielles ■ Rafraîchir l'osier ■ Entretenir un balai en paille ■ Protéger de la rouille un wok en fonte ■ Dégraisser une poêle ■ Supprimer les auréoles sur le bois ■ Rajeunir une éponge ■ Nettoyer le four ■ Éliminer les traces de thé et de café ■ Récurer les casseroles émaillées

VINAIGRE page 326

■ Dépoussiérer ordinateurs et périphériques ■ Nettoyer la souris d'un ordinateur ■ Dégraisser des ciseaux ■ Effacer les traces de stylo-bille ■ Lustrer l'argent ■ Faire briller les sols en terre cuite ■ Retirer de la cire de bougie ■ Rénover un canapé en cuir ■ Récurer les joints de carrelage ■ Décoller étiquettes et autocollants ■ Atténuer les rayures sur le bois ■ Raviver un lambris

WD-40 page 353

■ Rénover un revêtement de sol en PVC ■ Nettoyer un réfrigérateur ■ Détacher la cuvette des W.-C. ■ Entretenir le cuir d'ameublement ■ Rénover un tableau noir ■ Enlever les traces de stylo sur les murs

À SAVOIR

Nettoyez les vitres de l'insert de la cheminée avec de la cendre page 120

top 11 produits les plus utiles AU JARDIN

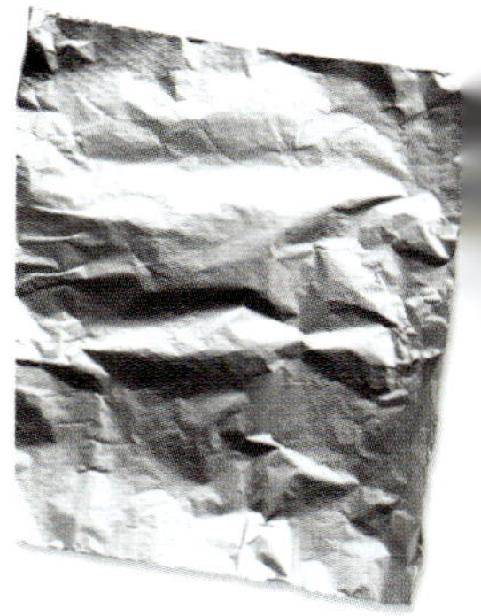

ALUMINIUM MÉNAGER page 40

■ Un solarium pour les plantes ■ Éloigner guêpes et abeilles ■ Fabriquer un incubateur pour graines ■ Éloigner corbeaux et autres oiseaux ■ Protéger les jeunes arbres

BOÎTE À CAFÉ page 89

■ Confectionner un semoir ■ Mesurer la pluviosité ■ Une mangeoire pour les oiseaux ■ Des soucoupes pour les plantes

BOÎTE EN PLASTIQUE page 97

■ Se débarraser des limaces ■ Un piège à guêpes ■ Éloigner les fourmis

BOUTEILLE EN PLASTIQUE page 103

■ Créer un système d'arrosage ■ Une mangeoire pour les oiseaux ■ Maintenir des filets de protection ■ Fabriquer un arrosoir ■ Protéger contre le désherbant ■ Improviser une douche de jardin ■ Des étiquettes qui résistent aux intempéries ■ Semer des graines avec précision ■ Piéger les guêpes

BRIQUE ALIMENTAIRE page 109

■ Nourrir les oiseaux en hiver ■ Des germoirs tout simples ■ Protéger un potager ■ Stocker des restes pour un compost

COLLANT page 131

■ Tuteurer les plantes fragiles ■ Couvrir un pot pour observer des insectes ■ Protéger les melons ■ Stocker des bulbes en hiver ■ Retenir la terre d'une plante d'intérieur ■ Se nettoyer les mains après avoir jardiné

JOURNAL page 196

■ Des tomates bien mûres en automne
■ Enrichir le compost ■ Préparer un paillis
■ Éliminer les perce-oreilles

SAC PLASTIQUE page 276

■ Protéger les plantes du gel ■ Accélérer la pousse des bourgeons de poinsettia
■ Protéger les fruits sur l'arbre ■ Ranger des manuels d'utilisation ■ Nettoyer le barbecue

SEL page 286

■ En finir avec les escargots et les limaces ■ Éliminer les mauvaises herbes ■ Nettoyer les pots de fleurs

THÉ page 306

■ Nourrir les rosiers ■ Préparer une plante pour le rempotage
■ Un stimulant pour le compost

WD-40 page 353

■ Éloigner les animaux des massifs ■ Une pelle antiadhésive ■ Empêcher les guêpes de nidifier
■ Chasser les pigeons ■ Se débarrasser des mauvaises herbes ■ Protéger une mangeoire à oiseaux ■ Raviver du mobilier de jardin en plastique

À SAVOIR

Éloignez les pucerons à l'aide de peaux de banane page 66

top 11 produits les plus utiles À L'EXTÉRIEUR

ALUMINIUM MÉNAGER page 40

■ Améliorer un éclairage extérieur ■ Éloigner guêpes et abeilles ■ Un plateau jetable ■ Une poêle improvisée ■ Recueillir la graisse du barbecue ■ Camper les pieds au chaud ■ Isoler un sac de couchage de l'humidité ■ Des allumettes toujours au sec

BICARBONATE DE SOUDE page 73

■ Plus de mauvaises herbes sur le ciment ■ Nettoyer du mobilier de jardin en résine ■ Nourrir certaines plantes ■ Traiter l'eau d'une piscine ■ Récurer la grille du barbecue

BOUTEILLE EN PLASTIQUE page 103

■ Une petite pelle ou une écope ■ Maintenir des filets de protection ■ Sabler la route ■ Garder une glacière bien froide

FILM À BULLES D'AIR page 173

■ Servir des boissons fraîches ■ Dormir sur un coussin d'air en camping ■ Protéger les plantes en terrasse

LITIÈRE POUR CHAT page 206

■ Augmenter l'adhérence des roues ■ Empêcher le matériel de camping de moisir ■ Empêcher la graisse de brûler

RUBAN ADHÉSIF D'ÉLECTRICIEN ET RUBAN ADHÉSIF ENTOILÉ pages 258 et 260

■ Décorer un vélo ■ Rapiécer les coussins de sièges de jardin ■ Réparer un feu arrière ■ Faire un ourlet provisoire ■ Se protéger des tiques ■ Réparer une piscine ■ Renforcer des protège-tibias ■ Réparer des gants de ski ■ Isoler du froid des bottes en caoutchouc

SAC À CONGÉLATION page 267

■ Mettre des objets à l'abri de l'eau ■ Se nettoyer les mains à la plage ■ Donner à boire au chien ■ Se protéger des insectes

SEAU page 284

■ Un garde-manger ■ Un lave-linge de camping ■ Une douche d'extérieur

VAPORISATEUR D'HUILE page 316

■ Empêcher l'herbe de coller à la tondeuse ■ Optimiser un lancer de canne ■ Éliminer les insectes collés sur le capot ■ Pelleter la neige plus facilement ■ Lubrifier une chaîne de bicyclette

VINAIGRE page 326

■ Purifier l'eau ■ Nettoyer du mobilier de jardin ■ Un piège à insectes ■ Se débarrasser des fourmis ■ Nettoyer les fientes d'oiseau

WD-40 page 353

■ Imperméabiliser des bottes ■ Retirer le fart sur les skis ■ Protéger un bateau de la corrosion ■ Attirer les poissons ■ Nettoyer et protéger des clubs de golf ■ Protéger les sabots des chevaux ■ Éloigner les mouches des vaches

À SAVOIR

Huilez les roues de rollers avec de l'après-shampooing page 52

top 13 produits les plus utiles POUR LE RANGEMENT

BOÎTE À BONBONS page 88

■ Organiser son matériel de couture ■ Conserver les bijoux cassés ■ Ranger les boucles d'oreilles ■ Stocker les bougies de voiture ■ Classer les accessoires dans l'atelier

BOÎTE À CAFÉ page 89

■ Fabriquer une tirelire ■ Une minipoubelle ■ Ranger des ceintures ■ Un vide-poches ■ Ranger l'atelier

BOÎTE À LINGETTES page 92

■ Ranger tout ce qui traîne ■ Stocker des sacs en plastique ■ Préparer un kit de premier secours ■ Ranger chiffons et feuilles d'essuie-tout

BOÎTE À ŒUFS page 93

■ Ranger des petits articles ■ Une boîte à friandises ■ Ranger des balles de golf ou de ping-pong

BOÎTE À PELLICULE PHOTO page 94

■ Stocker des pièces de monnaie ■ Un coffret à bijoux de voyage ■ Un pilulier de voyage ■ Conserver mouches et hameçons ■ Un distributeur d'étiquettes ■ Transporter des ingrédients de régime ■ Emporter des épices en camping

BOÎTE DE CONSERVE page 95

■ Confectionner une sacoche à outils ■ Un rangement de bureau ■ Ranger des ciseaux en lieu sûr

BOUTEILLE EN PLASTIQUE page 103

■ Un distributeur de sacs ou de ficelle ■ Des embauchoirs malins ■ Une boîte à sucre ■ Des rangements pour l'atelier

CARTON page 115

■ Fabriquer un porte-courrier ■ Stocker des revues ■ Ranger des décorations de Noël ■ Organiser un atelier ■ Ranger du matériel de sport ■ Ranger des outils de jardin

COLLANT page 131

■ Stocker des affiches ■ Ranger des couvertures ■ Organiser sa valise ■ Stocker des bulbes en hiver

PINCE À LINGE page 233

■ Conserver des denrées alimentaires ■ Présentoir range-tout ■ Organiser son dressing ■ Maintenir la forme des gants

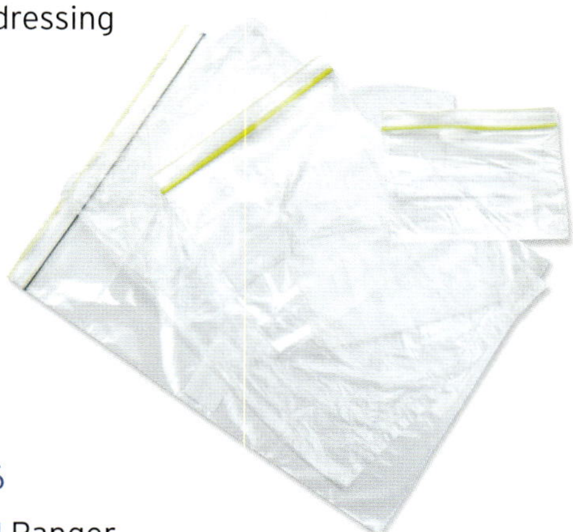

SAC À CONGÉLATION page 267

■ Protéger des objets fragiles ■ Conserver des dents de lait ■ Ranger les pulls ■ Trousse de maquillage express ■ Emporter des vêtements de rechange

SAC PLASTIQUE page 276

■ Des housses pour vêtements ■ Ranger un sac à main ■ Stocker des jupes ■ Emballer les chaussures ■ Ranger un parapluie

TUBE DE CARTON page 311

■ Ranger fils et câbles électriques ■ Protéger les papiers importants ■ Ranger des aiguilles à tricoter ■ Ranger des restes de tissu ■ Protéger des tubes fluorescents

À SAVOIR

Mettez vos affaires à l'abri dans une balle de tennis page 63

top 15 produits les plus utiles POUR LES ENFANTS

À SAVOIR

Fabriquez de la peinture à doigts avec du yaourt page 363

ANTIDÉRAPANT DE BAIGNOIRE page 51

- Sécuriser le fond d'une pataugeoire
- Un repas de bébé plus tranquille

ASSIETTE EN CARTON page 55

- Confectionner des fiches ■ Fabriquer des frisbees ■ Un petit bonhomme de neige

BICARBONATE DE SOUDE page 73

- Stériliser un biberon et ses accessoires ■ Éliminer des traits de crayon sur les murs ■ Nettoyer les régurgitations de bébé
- Le coin des enfants : fabriquer de la peinture à l'eau
- Éliminer les croûtes de lait

BOCAL page 86

- Observer des insectes ■ Emporter les aliments favoris de bébé
- Fabriquer une tirelire ■ Petite expérience : créer une biosphère miniature

BOUCHON DE LIÈGE page 100

- Un accessoire de maquillage ■ Des tampons personnalisés ■ Un rideau original

CARTON page 115

- Ranger du matériel de sport ■ Un garage pour petites voitures ■ Un luge improvisée ■ Un théâtre de marionnettes ■ Créer un château-fort
- Petite expérience : fabriquer un cadran solaire

CD (DISQUE COMPACT) page 119

- Décorer le sapin de Noël ■ Égayer les murs d'une chambre d'adolescent ■ Créer une toupie
- Le coin des enfants : encadrer une photo
- Un attrape-soleil

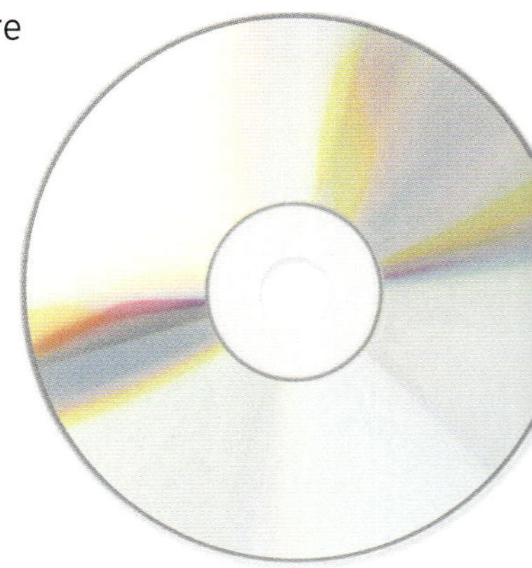

MARGARINE (BARQUETTE À) page 209

■ Un presse-papiers original ■ Préparer des portions de glace ■ Emporter un repas pour bébé ■ Fabriquer une tirelire

PLAT EN ALUMINIUM MÉNAGER page 236

■ Le coin des enfants : confectionner une décoration givrée
■ Pour des activités créatives sans dégâts

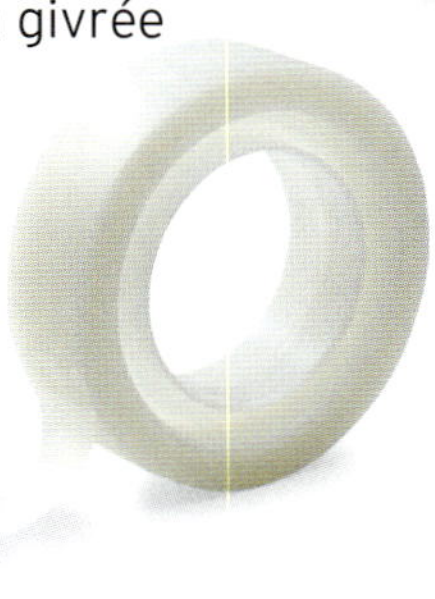

RUBAN ADHÉSIF page 254

■ Rendre un bavoir étanche ■ Sécuriser les prises de courant ■ Dessiner de toutes les couleurs ■ Le coin des enfants : un ballon surprise pour une fête d'anniversaire

RUBAN ADHÉSIF ENTOILÉ page 260

■ Imaginer des déguisements ■ Fabriquer une épée
■ Faire des bagues et des bracelets ■ Fabriquer des marionnettes
■ Protéger les chaussures de skateboard

SAC À CONGÉLATION page 267

■ Conserver les dents de lait ■ Fabriquer des lingettes ■ Le coin des enfants : colorer des pâtes alimentaires ■ Des gants pour enfants ■ Fabriquer une trousse ■ Emporter des vêtements de rechange ■ Atténuer le mal des transports ■ Le coin des enfants : préparer de la crème renversée

SAC EN PAPIER page 272

■ Recouvrir des livres
■ Le coin des enfants : réaliser un autoportrait
■ Fabriquer un cerf-volant

TAIE D'OREILLER page 302

■ Protéger une table à langer
■ Le coin des enfants : créer une tenture murale
■ Laver les peluches à la machine

TUBE DE CARTON page 311

■ Construire une cabane ■ Faire du bruit ■ Ranger les dessins des enfants ■ Confectionner des surprises de Noël

top 13 produits les plus utiles POUR LES BRICOLEURS

ALUMINIUM MÉNAGER page 40

■ Fabriquer un entonnoir ■ Tapisser des bacs à peinture ■ Recoller un carreau de vinyle ■ Fabriquer une palette d'artiste ■ Empêcher la peinture de durcir ■ Protéger des poignées de porte ■ Garder un pinceau humide

BICARBONATE DE SOUDE page 73

■ Nettoyer les bornes d'une batterie ■ Dégivrer en hiver ■ Détacher les briques d'une cheminée ■ Patiner une surface en bois ■ Retendre l'assise d'une chaise paillée ■ Retirer du cambouis d'une carrosserie ■ Nettoyer les filtres d'un climatiseur

BOUTEILLE EN PLASTIQUE page 103

■ Fabriquer un distributeur de peinture ■ Stocker provisoirement de la peinture ■ Un substitut de niveau ■ Des rangements pour l'atelier

CARTON page 115

■ Fabriquer un plateau de lit ■ Créer des sets de table ■ Réparer un toit ■ Protéger une surface de travail ■ Fabriquer un collecteur d'huile ■ Aider le mécanicien ■ Organiser un atelier ■ Ranger des outils de jardin ■ Planter des broquettes sans dévier

COLLANT page 131

■ Teinter du bois ■ Vérifier la qualité d'un ponçage ■ Nettoyer une piscine ■ Filtrer de la peinture

À SAVOIR

Réparez un tuyau d'arrosage avec un cure-dent
page 146

PINCE À LINGE page 233

- Fixer des guirlandes de Noël à l'extérieur
- Confectionner des petites marionnettes
- Se protéger les doigts

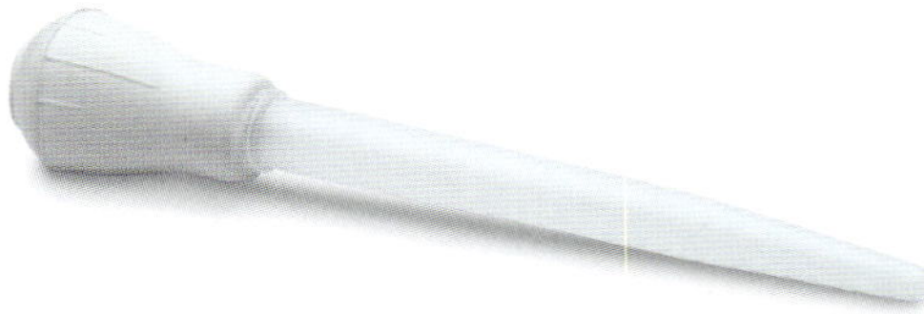

POIRE À SAUCE page 239

- Transvaser peintures et solvants
- Nettoyer un climatiseur
- Réparer un réfrigérateur qui fuit

RUBAN ADHÉSIF D'ÉLECTRICIEN page 258

■ Réparer un feu arrière ■ Remplacer une vitre cassée ■ Suspendre des tubes ■ Renforcer la reliure d'un livre

RUBAN ADHÉSIF ENTOILÉ page 260

■ Fabriquer un bardeau provisoire ■ Boucher un trou dans un bardage ■ Retirer une vitre cassée en toute sécurité ■ Rafistoler une poubelle

SAC PLASTIQUE page 276

■ Protéger un ventilateur de plafond ■ Stocker des pinceaux ■ Pulvériser sans faire de dégâts

SEAU page 284

■ Peindre en hauteur ■ Nettoyer les lames de scie ■ Un support pour sapin de Noël

TUYAU D'ARROSAGE page 314

■ Protéger les lames de scie ■ Poncer les courbes ■ Une poignée pour pot de peinture

VINAIGRE page 326

■ Contre les projections de béton ■ Neutraliser les odeurs de peinture ■ Dégraisser les grilles de climatiseur et de radiateur ■ Entretenir un sol en ciment peint ■ Des outils toujours propres ■ Rafraîchir un pinceau ■ Décoller du papier peint ■ Ralentir le durcissement du plâtre

Guide pratique des

PRODUITS de A-Z

ADHÉSIF ANTIDÉRAPANT

EMPÊCHER DES APPAREILS DE BOUGER • Fixez de petits bouts d'adhésif antidérapant sous vos téléphones, ouvre-boîtes électrique, haut-parleurs d'ordinateur et autres appareils du même type pour les empêcher de glisser sur votre plan de travail ou votre bureau.

DES BOTTES PLUS ADHÉRENTES • Pour éviter de glisser sur la neige ou le verglas, collez quelques bandes d'adhésif antidérapant bien plat à l'avant, à l'arrière et au milieu de la semelle de vos bottes en caoutchouc.

DES OUTILS BIEN EN MAIN

Enveloppez les manches de vos outils (marteau, hache, clés, etc.) d'adhésif antidérapant ; vous les aurez ainsi mieux en main et vous protégerez, en outre, les manches en bois. Enroulez plusieurs bandes d'adhésif autour du manche en les faisant se chevaucher (recouvrez chaque bande d'une moitié de la bande suivante).

AIMANT

RAMASSER DES PETITES PIÈCES MÉTALLIQUES • Pour pouvoir récupérer facilement clous, vis, punaises, rondelles et autres petites pièces métalliques éparpillés sur votre établi ou tombés par terre, gardez un bon aimant à portée de main dans votre atelier.

PROTÉGER DU GEL LES SERRURES DE VOITURE • Lorsque la température risque de descendre au-dessous de 0 °C pendant la nuit, placez des aimants sur les serrures de votre voiture.

DES TIROIRS DE BUREAU MIEUX RANGÉS • Pour éviter les trombones éparpillés dans le tiroir, il suffit d'y placer un aimant, qui se chargera de les rassembler !

UN RANGEMENT PRATIQUE POUR LE BALAI • Si vous disposez d'un peu de place entre le frigo et le mur, utilisez cet espace comme rangement discret et pratique pour votre balai : collez un aimant à mi-hauteur du manche et faites-le tenir sur le côté du réfrigérateur.

LE SAVIEZ-VOUS ?

Dans l'Antiquité, les Grecs et les Chinois découvrirent que certaines pierres rares, appelées magnétites ou aimants naturels, semblaient attirer des bouts de fer comme par magie et s'orientaient toujours dans la même direction lorsqu'on les laissait bouger librement. Les aimants ont de nombreuses formes et tailles, mais tous possèdent un pôle nord et un pôle sud. Si vous cassez un aimant en deux, chaque morceau, aussi petit soit-il, aura un pôle nord et un pôle sud. Le champ magnétique créé par chaque aimant est utilisé depuis longtemps pour exploiter de l'énergie ; un phénomène que les scientifiques n'expliquent toujours pas précisément.

ALCOOL

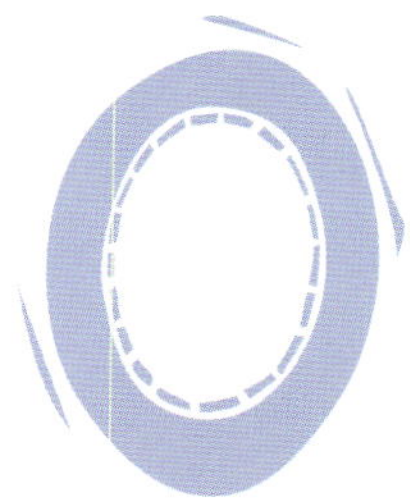

ENLEVER DE LA LAQUE SUR UN MIROIR • Si vous avez par mégarde projeté de la laque sur votre miroir, éliminez tous les résidus collants avec un chiffon imbibé d'alcool à brûler.

UNE SALLE DE BAINS ÉCLATANTE • Versez un peu d'alcool à brûler sur un chiffon doux bien absorbant pour nettoyer toutes les surfaces chromées. Inutile de rincer : l'alcool s'évapore. Vos chromes brilleront et l'alcool à brûler éliminera tous les germes se trouvant sur son passage.

NETTOYER DES STORES VÉNITIENS • L'alcool à brûler est particulièrement efficace pour nettoyer les lamelles des stores vénitiens. Utilisez un outil plat – une spatule ou un couteau à enduit – enveloppé dans un chiffon, que vous maintiendrez avec un élastique, et plongez-le dans l'alcool à brûler. Procédez délicatement, sans trop frotter, car les lamelles des stores sont souvent fragiles.

PROTÉGER DES FENÊTRES DU GIVRE • Pour éviter que vos fenêtres ne se couvent de givre en hiver, lavez-les d'abord avec une solution composée de 15 cl d'alcool à brûler pour 1 litre d'eau, puis faites-les briller en les frottant avec du papier journal.

ALCOOL suite →

NETTOYER LE TÉLÉPHONE

L'alcool à brûler élimine la saleté tout en désinfectant l'appareil. Prenez garde, toutefois, de ne pas en frotter les inscriptions, qui pourraient être effacées.

ENLEVER DES TACHES D'ENCRE • Faites tremper le vêtement taché durant quelques minutes dans l'alcool à brûler avant de le laver.

ÔTER DES TACHES DE MARQUEUR INDÉLÉBILE • Pour effacer des taches de marqueur indélébile sur un plan de travail en matériau non poreux (revêtement stratifié ou granit), employez de l'alcool à brûler, qui dissoudra la tache et l'éliminera rapidement.

ATTENTION : ne confondez pas l'alcool dénaturé à usage médical (vendu en pharmacie sous le nom d'alcool à 90° ou alcool isopropyl) avec l'alcool dénaturé, que l'on achète en bouteille ou en grandes quantités dans les grandes surfaces, les quincailleries et les magasins de bricolage (et appelé, le plus souvent, alcool à brûler). L'alcool à brûler est de l'éthanol auquel ont été ajoutés des produits chimiques qui le rendent impropre à la consommation (il contient du méthanol, qui est très toxique) et sont également nocifs pour la peau. En revanche, l'alcool dénaturé à usage médical est composé de produits chimiques sans aucun danger pour la peau (généralement 70 % d'alcool isopropyl et 30 % d'eau).

DÉGIVRER LES VITRES D'UNE VOITURE • Remplissez un vaporisateur d'alcool à brûler et pulvérisez-en les vitres : le givre s'en ira immédiatement, sans que vous ayez besoin de gratter !

UNE COMPRESSE GLACÉE ERGONOMIQUE • Pour préparer un bloc de glace dont la forme s'adaptera à la partie du corps à soulager (un genou par exemple), mélangez 1 volume d'alcool à brûler avec 3 volumes d'eau dans un sac plastique à fermeture étanche et mettez-le au freezer. Enveloppez-le dans un linge avant de le poser sur la zone douloureuse.

SE DÉBARRASSER DES MOUCHES DU VINAIGRE

Pour éliminer les petites mouches, pulvérisez de l'alcool à 90° à l'aide d'un vaporisateur à pulvérisation fine. Ce produit est certes moins efficace qu'un insecticide, mais il est plus sain et évite de diffuser un produit toxique dans toute votre cuisine.

ÉLARGIR DES CHAUSSURES NEUVES • Repérez à quel endroit de la chaussure votre pied est comprimé, puis frottez cette zone avec un morceau de coton imbibé d'alcool à brûler. Enfilez aussitôt vos chaussures et marchez quelques minutes. (Cette astuce ne fonctionne pas à tous les coups, mais qui ne tente rien…)

ALKA-SELTZER

PETITE EXPÉRIENCE

La fusée Alka-Seltzer en pleine effervescence.

La propulsion de la fusée se fait grâce au gaz produit par quelques cachets d'Alka-Seltzer placés dans une boîte de pellicule photo.
Le type de boîte est important. L'idéal est la boîte en plastique utilisée pour les pellicules de 35 mm, dont le couvercle s'enfonce dans la boîte ; les boîtes dont le couvercle vient recouvrir le bord supérieur ne conviennent pas.
Il vous faut également quelques feuilles de papier épais, du ruban adhésif et des ciseaux.
Pour former le corps de la fusée, fixez une feuille de papier autour de la boîte, ouverture vers le bas. Formez un cône à l'aide d'une seconde feuille de papier et fixez-le sur le sommet de la fusée.
Pour lancer la fusée, remplissez la boîte d'eau glacée (la température de l'eau est essentielle pour la réussite de l'expérience) jusqu'à mi-hauteur. Ajoutez 2 cachets d'Alka-Seltzer, fermez aussitôt la boîte, posez la fusée sur le sol et attendez. Le gaz, en faisant rapidement monter la pression dans la boîte, va faire sauter le couvercle. La fusée décollera alors de quelques mètres.

DÉTARTRER UNE CAFETIÈRE • Remplissez d'eau le percolateur ou le réservoir à eau de la machine à café et ajoutez 4 cachets d'Alka-Seltzer. Après dissolution, mettez l'appareil en marche pour nettoyer le circuit. Rincez deux ou trois fois le réservoir, puis refaites un cycle à l'eau claire.

NETTOYER UN VASE • Il est souvent impossible d'atteindre les résidus récalcitrants dans le fond des vases à col étroit. Pour les éliminer, remplissez le vase d'eau à mi-hauteur et ajoutez 2 cachets d'Alka-Seltzer. Attendez la fin de l'effervescence, puis rincez. Procédez de même pour nettoyer les bouteilles Thermos en verre.

RÉCURER UN PLAT EN VERRE • Remplissez le récipient d'eau, ajoutez 5 ou 6 cachets d'Alka-Seltzer et laissez tremper pendant 1 heure. Ainsi traitées, les taches devraient s'en aller facilement.

NETTOYER LES TOILETTES • Si vous n'avez rien d'autre sous la main, sachez que l'acide citrique et l'effet effervescent de l'Alka-Seltzer forment un excellent produit nettoyant pour les toilettes. Jetez 2 ou 3 cachets dans la cuvette et laissez agir pendant 20 minutes. Quelques coups de brosse suffiront pour faire briller la cuvette.

DES BIJOUX BIEN BRILLANTS • Trempez vos bijoux ternis dans un verre d'eau avec 1 cachet d'Alka-Seltzer. Au bout de quelques minutes, ils auront retrouvé tout leur brillant.

DÉBOUCHER UN LAVABO • Placez 2 ou 3 cachets d'Alka-Seltzer dans la bonde et versez-y 1 verre de vinaigre. Patientez quelques minutes puis faites couler de l'eau chaude pour déboucher le siphon. Recourez aussi à cette méthode pour vous débarrasser des mauvaises odeurs qui refluent des tuyauteries de la cuisine.

ALKA-SELTZER suite →

SOULAGER LES PIQÛRES • Si vous avez été piqué par un insecte, faites fondre 2 cachets d'Alka-Seltzer dans 1/2 verre d'eau. Trempez-y un morceau de coton et appliquez la solution sur la piqûre.

ATTENTION : cette application est à éviter en cas d'allergie à l'aspirine, composant de base de l'Alka-Seltzer.

ATTIRER LES POISSONS
Les poissons aiment les bulles. Si vous utilisez des leurres en plastique en forme de tubes, placez un morceau de cachet d'Alka-Seltzer dans l'un d'eux. Le leurre produira un attirant panache de bulles en s'enfonçant dans l'eau.

ALUMINIUM MÉNAGER

Dans la cuisine

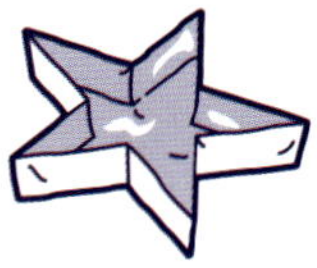

PROTÉGER LE BORD DES TARTES • Pour empêcher les bords de votre tarte maison de brûler, il suffit de les couvrir de bandes d'aluminium ménager. Le dessus de la tarte peut ainsi dorer à souhait, sans risque pour les bords.

FABRIQUER DES MOULES ORIGINAUX • Donnez une forme originale à votre gâteau selon l'occasion : une silhouette de nounours pour le gâteau d'anniversaire d'un enfant, un cœur pour la Saint-Valentin, une forme de sapin pour Noël, etc. Fabriquez un moule adéquat dans une double épaisseur d'aluminium ménager et, pour la cuisson, placez-le dans un moule à gâteau de plus grande taille.

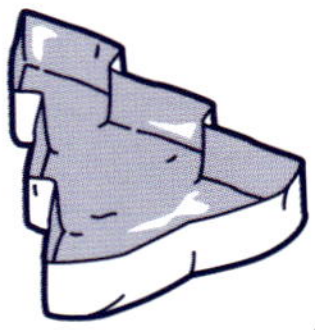

REFAIRE DU SUCRE EN POUDRE • Cassez le bloc qui s'est formé dans votre sucre en poudre, enveloppez-le dans de l'aluminium ménager et placez-le dans le four préchauffé à 150 °C ; au bout de 5 minutes environ, il sera de nouveau en poudre.

POUR TOURNER UNE GROSSE SALADE • Si vous n'avez pas de saladier assez grand pour tourner une grande quantité de salade, garnissez votre évier d'aluminium ménager ; vous aurez toute la place qu'il vous faut ! Répartissez la salade directement dans les assiettes de vos convives.

GARDER PAINS ET CROISSANTS AU CHAUD • Garnissez le fond d'un panier d'une couche d'aluminium ménager et disposez-y vos petits pains enveloppés, dès la sortie du four, dans une serviette de table. L'aluminium réfléchit la chaleur et permet de conserver les denrées au chaud pendant un certain temps.

DÉCORER UN GÂTEAU • Si vous n'avez pas de poche à douille, prenez une feuille d'aluminium ménager épais, roulez-la pour former un cône que vous remplirez avec le nappage. Et pas de corvée de nettoyage, puisqu'il suffit de jeter votre poche à douille improvisée à la poubelle lorsque vous avez fini.

EMPÊCHER UN CORNET DE GLACE DE COULER • Pour que les enfants ne salissent plus leurs vêtements ou la maison, enroulez la partie inférieure du cornet de glace dans un morceau d'aluminium ménager.

UN FOUR PROPRE PLUS LONGTEMPS • Pour éviter les coulures lorsque vous faites cuire des lasagnes ou un rôti au four, garnissez la grille inférieure d'aluminium ménager. Attention : ne recouvrez jamais les parois chauffantes, vous risqueriez de provoquer un incendie.

À SAVOIR

Utilisations à proscrire

*** *Attention, évitez d'envelopper ce qui reste de votre pain de viande dans de l'aluminium ménager, surtout s'il est à la sauce tomate.***

Les aliments acides ou salés tels que le citron, le pamplemousse, la sauce tomate ou les conserves au vinaigre accélèrent l'oxydation de l'aluminium. Un contact prolongé entraîne des trous dans l'aluminium, et cela peut même provoquer un transfert de l'aluminium vers la nourriture, ce qui en dénature le goût et peut nuire à la santé. Si vous tenez vraiment à utiliser de l'alu pour votre pain de viande, couvrez-le tout d'abord de 1 ou 2 couches de film alimentaire ou de papier sulfurisé. De même, utilisez du papier sulfurisé spécial cuisson pour confectionner vos papillotes si elles comportent un élément acide.

ENTRETENIR L'ARGENTERIE

POLIR DE L'ARGENTERIE • Nettoyez votre argenterie par échange d'ions, une réaction moléculaire dans laquelle l'aluminium joue le rôle de catalyseur. Garnissez un plat d'aluminium ménager, remplissez-le d'eau froide et ajoutez 2 cuillerées à café de sel. Laissez tremper votre argenterie dans cette solution pendant 2 ou 3 minutes, rincez et essuyez.

UNE ARGENTERIE SANS TACHES • Rangez votre argenterie fraîchement nettoyée sur une feuille d'aluminium ménager pour empêcher le ternissement. Pour un stockage à long terme, enroulez chaque pièce dans du film alimentaire en chassant le plus d'air possible, puis enveloppez le tout d'aluminium ménager en fermant hermétiquement les extrémités.

CONSERVER DE LA LAINE D'ACIER • Pour empêcher la rouille d'attaquer dès la première utilisation un tampon de laine d'acier, emballez-le dans de l'aluminium ménager et stockez-le dans le réfrigérateur. Vous prolongerez également la vie de votre laine d'acier en froissant une feuille d'aluminium ménager et en la disposant au fond du récipient où vous l'entreposez entre deux utilisations (n'oubliez pas de jeter régulièrement l'eau qui s'accumule au fond du récipient).

RÉCURER LES CASSEROLES • Si vous n'avez pas d'éponge grattante ni de brosse à récurer sous la main, froissez une feuille d'aluminium ménager et utilisez-la pour frotter vos casseroles.

ALUMINIUM MÉNAGER suite →

Dans la maison

DÉPLACER LES MEUBLES FACILEMENT • Pour faire glisser plus aisément de grands meubles sur un sol lisse, placez de petits morceaux d'aluminium ménager sous les pieds. Veillez à mettre le côté mat vers le sol, car il est plus glissant que le côté brillant.

PROTÉGER LE MATELAS D'UN ENFANT • À défaut d'alaise plastifiée pour protéger le matelas de votre enfant, placez plusieurs longueurs d'aluminium ménager en travers du matelas, couvrez-les d'une grande serviette de plage, puis disposez l'alaise de tissu et le drap comme d'habitude.

DES RADIATEURS PLUS PERFORMANTS • Pour obtenir quelques degrés de plus de vos vieux radiateurs en fonte sans pour autant augmenter la facture de chauffage, fabriquez un réflecteur de chaleur que vous placerez derrière. À l'aide de ruban adhésif, fixez de l'aluminium ménager épais sur du carton, côté brillant vers l'extérieur. Les ondes de chaleur dégagées par le radiateur seront réfléchies vers la pièce au lieu d'être absorbées par le mur. Si vos radiateurs sont couverts d'une tablette, il n'est pas inutile de fixer aussi un morceau d'alu sous la surface de la planche.

BAS LES PATTES

Avant de vous absenter, disposez une feuille d'aluminium ménager sur le coussin des sièges interdits. Après une tentative d'installation sur cette surface par trop bruyante, toutou changera de lui-même de place pour sa sieste.

Le coin des enfants

La peinture aux doigts est idéale pour apprendre aux enfants comment les couleurs se mélangent tout en stimulant leur créativité. Malheureusement, leurs premières expériences peuvent rapidement se transformer en cauchemar pour vous. Pour limiter les dégâts, coupez les bords d'une grande boîte en carton et ne gardez que 8 cm de hauteur environ. Garnissez l'intérieur de la boîte d'aluminium ménager et laissez les enfants y verser la peinture. Avec un peu de chance, elle devrait rester à l'intérieur, épargnant vos murs et vos sols.

AIGUISER DES CISEAUX • Utilisez des chutes d'aluminium ménager pour aiguiser vos ciseaux. Lissez les bandes si nécessaire, puis repliez-les en plusieurs épaisseurs et coupez. Sept ou huit coupes devraient suffire (voir aussi p. 43 et 44 comment utiliser les bouts d'aluminium ménager ainsi obtenus pour pailler vos semis ou éloigner les oiseaux des arbres fruitiers).

NETTOYER DES BIJOUX • Tapissez un bol d'aluminium ménager, remplissez-le d'eau chaude et ajoutez 1 cuillerée à café de lessive en poudre (pas de lessive liquide) sans eau de Javel. Placez les bijoux dans la solution et laissez-les tremper quelques minutes. Rincez soigneusement et laissez sécher à l'air. Cette méthode s'appuie sur un phénomène chimique appelé « échange d'ions », également utilisé pour nettoyer l'argenterie (voir p. 41).

MAINTENIR DES PILES EN PLACE • Vérifiez régulièrement le compartiment des piles de votre lampe torche, de votre baladeur ou des jouets de vos enfants. Avec le temps, les ressorts perdent de leur élasticité et ne maintiennent plus aussi bien les piles. Pour y remédier, pliez un petit morceau d'aluminium ménager jusqu'à obtenir l'épaisseur souhaitée et glissez-le entre la pile et le ressort.

PROTÉGER LES BRANCHES DE LUNETTES

Enveloppez les branches de vos lunettes dans de l'aluminium ménager pour les protéger si vous voulez lire un peu pendant le temps de pose de votre teinture capillaire.

RÉCUPÉRER LES CENDRES DE LA CHEMINÉE • Il sera facile d'enlever les cendres de l'âtre si vous le tapissez d'une double couche d'aluminium ménager épais. Le lendemain, lorsque vous êtes sûr que les cendres sont bien froides, repliez l'aluminium ménager et jetez le tout ou glissez les cendres dans un seau en métal pour les réutiliser (voir p. 120-121).

LE SAVIEZ-VOUS ?

Savez-vous pourquoi l'aluminium ménager a un côté plus brillant que l'autre ? Cela tient au procédé de fabrication, et plus précisément au processus d'enroulement final, où deux couches d'alu passent simultanément par l'enrouleuse. Les côtés qui se trouvent en contact avec les cylindres lourds et polis de la machine ressortent brillants, tandis que les côtés internes ont un fini mat. Le côté brillant est idéal pour réfléchir la chaleur et la lumière, mais pour envelopper la nourriture ou recouvrir la grille du four, les deux côtés se valent.

Dans la lingerie

ACCÉLÉRER LE REPASSAGE • Une grande partie de la chaleur du fer est absorbée par la planche, ce qui oblige à repasser plusieurs fois au même endroit pour éliminer les plis. Accélérez le processus en plaçant un morceau d'aluminium ménager sous le molleton de la planche. L'aluminium réfléchit la chaleur, et les tissus se défroissent plus rapidement.

FIXER DU RUBAN THERMOCOLLANT • Quand vous réparez un vêtement à l'aide de ruban thermocollant, placez un morceau d'aluminium ménager sous le trou pour éviter que le transfert ne reste collé à la planche à repasser. L'aluminium ne collera pas au ruban.

RETIRER LES TRACES D'AMIDON SUR UN FER • Pour vous débarrasser de l'amidon qui s'accumule sur la semelle de votre fer et la rend collante, passez le fer chaud sur une feuille d'aluminium ménager.

Au jardin

DU MORDANT DANS VOS PAILLIS • Pour éloigner insectes et escargots friands de concombres et autres légumes, mélangez quelques bandes d'aluminium ménager à votre paillis. En outre, l'aluminium réfléchira la lumière du soleil sur les plantes.

PROTÉGER LES TRONCS DES ARBRES • Pour empêcher efficacement certains animaux de manger l'écorce des jeunes arbres en hiver, enveloppez le tronc d'une double couche d'aluminium ménager épais à la fin de l'automne. Et pensez à le retirer au printemps.

DES BOUTURES BIEN MAÎTRISÉES • Démarrez vos boutures dans un récipient couvert d'une couche d'aluminium ménager. Pratiquez quelques trous dans l'alu et insérez-y les boutures. Autre avantage, l'aluminium ralentissant l'évaporation, vous aurez moins souvent besoin d'ajouter de l'eau.

ALUMINIUM MÉNAGER suite →

UN SOLARIUM POUR LES PLANTES • Pour baigner vos plantes de lumière de tous les côtés et les empêcher de se déformer pour suivre le soleil, fabriquez-leur un solarium. Ôtez le haut et un côté d'une grande boîte en carton et tapissez les trois autres côtés et le fond d'aluminium ménager, côté brillant vers l'extérieur. Fixez-le à l'aide de ruban adhésif ou de colle. Disposez les plantes dans la boîte et placez le tout près d'une fenêtre ensoleillée.

FABRIQUER UN INCUBATEUR POUR GRAINES • Pour donner à vos semis un bon démarrage, tapissez une boîte à chaussures d'aluminium ménager, côté brillant vers l'extérieur, en laissant dépasser 5 cm sur les bords. Pour l'écoulement de l'eau, pratiquez plusieurs trous dans le fond de la boîte en perçant également l'aluminium ménager. Remplissez à moitié la boîte de terreau et plantez vos graines. À l'intérieur de la boîte, l'aluminium ménager absorbe la chaleur, ce qui garde les graines au chaud pendant la germination, tandis que l'aluminium situé à l'extérieur réfléchit la lumière sur les jeunes pousses. Placez la boîte près d'une fenêtre ensoleillée et gardez le terreau humide.

À SAVOIR

Protéger les jeunes arbres

* ***Si vous habitez une région froide, entourez les troncs des jeunes arbres de quelques couches d'aluminium ménager pendant l'hiver pour éviter les brûlures du soleil – un problème qui touche souvent les arbres à écorce fine tels que les fruitiers, les frênes, les érables, les chênes et les saules.***

La brûlure intervient en hiver lorsque le soleil brille et que ses rayons réactivent des cellules dormantes sous l'écorce de l'arbre. La baisse nocturne de la température tue ces cellules et endommage l'arbre. Ôtez l'aluminium ménager au début du printemps, lorsque le danger est passé.

ÉLOIGNER CORBEAUX ET AUTRES OISEAUX • Pour empêcher les oiseaux de venir sur vos arbres fruitiers, fixez des bandes d'aluminium ménager aux branches à l'aide de fil de Nylon. Mieux encore, ajoutez quelques coquillages enveloppés d'aluminium pour faire un peu de bruit et effrayer les voleurs à plumes.

Dans la nature

ÉLOIGNER GUÊPES ET ABEILLES • Elles ne seront pas attirées par le verre de limonade que vous sirotez dans le jardin si vous le couvrez d'aluminium ménager et que vous insérez juste une paille en son centre.

RECUEILLIR LA GRAISSE DU BARBECUE • Pour empêcher la graisse de la viande de tomber sur les braises du barbecue, préparez une lèchefrite jetable en superposant plusieurs feuilles d'aluminium ménager. Façonnez-la à la main ou en vous aidant d'un moule (n'oubliez pas de retirer le moule lorsque vous aurez terminé). Pensez à faire votre lèchefrite un peu plus grande que le morceau de viande.

NETTOYER LA GRILLE DU BARBECUE • Avant que les braises ne s'éteignent, posez une feuille d'aluminium ménager sur la grille du barbecue pour faire brûler les restes de viande. Une fois la grille refroidie, froissez la feuille et utilisez-la pour gratter les résidus carbonisés en toute facilité.

AMÉLIORER UN ÉCLAIRAGE EXTÉRIEUR • Fabriquez un réflecteur en aluminium ménager et fixez-le à l'aide de quelques bandes de ruban adhésif d'électricien derrière une source de lumière. Veillez à ne pas le coller directement sur l'ampoule.

UN PLATEAU JETABLE • Pour les pique-niques, les kermesses de l'école, etc., fabriquez des plateaux en recouvrant un morceau de carton, ou le fond d'une boîte à pizza, d'aluminium ménager épais.

CAMPER LES PIEDS AU CHAUD • Enveloppez quelques pierres dans de l'aluminium ménager et mettez-les dans les braises du feu de camp pendant que vous faites cuire pommes de terre ou grillades. Au moment de vous coucher, ôtez l'aluminium ménager et enveloppez les pierres dans une serviette que vous glisserez au fond de votre sac de couchage.

ISOLER UN SAC DE COUCHAGE DE L'HUMIDITÉ • Placez une feuille d'aluminium ménager épais sous votre sac de couchage pour l'isoler de l'humidité.

UNE POÊLE IMPROVISÉE • En randonnée, fabriquez une poêle à l'aide d'une branche fourchue et d'une double couche d'aluminium ménager épais. Enroulez étroitement les bords de l'alu sur la fourche, tout en laissant un peu de jeu au milieu. Retournez la branche et creusez légèrement le centre pour y déposer les aliments à cuire.

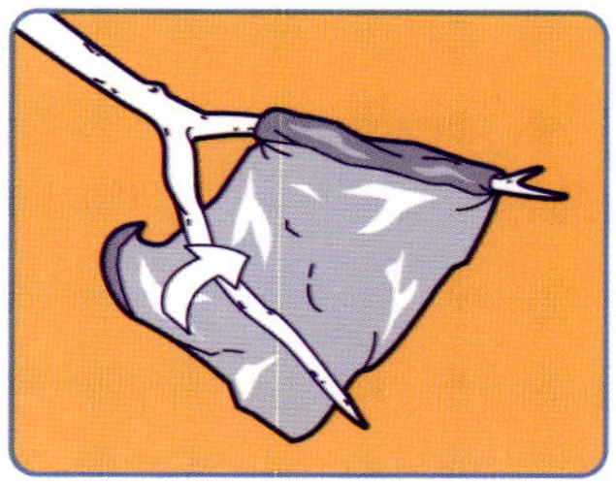

DES ALLUMETTES TOUJOURS AU SEC • En rando ou en camping, emballez vos allumettes dans une feuille d'aluminium ménager pour les garder au sec.

ATTIRER LES POISSONS • Pour votre prochaine partie de pêche, prévoyez un appât maison simple et rapide à fabriquer. Entourez un hameçon d'aluminium ménager. Laissez déborder une longueur suffisante pour pouvoir le déchirer en bandes, qui s'agiteront irrésistiblement lorsque vous remonterez votre ligne.

LE SAVIEZ-VOUS ?

L'ancêtre de l'aluminium ménager était en étain. Ce n'est qu'en 1947 que l'aluminium ménager fait son apparition, remplaçant petit à petit son prédécesseur dans nos cuisines.

Pour les bricoleurs

TAPISSER DES BACS À PEINTURE • Tapissez un bac à peinture métallique d'aluminium ménager avant d'y verser la peinture. Lorsque vous aurez terminé, il vous suffira de jeter l'aluminium à la poubelle.

FABRIQUER UN ENTONNOIR • Il vous suffit de rouler en cône une double épaisseur d'aluminium ménager pour obtenir un entonnoir improvisé ayant l'avantage de pouvoir être façonné pour entrer dans les trous les plus inaccessibles, comme celui du réservoir d'une tondeuse à gazon.

ALUMINIUM MÉNAGER suite →

aluminium ménager aluminium ménager aluminium ménager aluminium ménager

RECOLLER UN CARREAU DE VINYLE AU SOL • Repositionnez correctement le carreau de vinyle décollé, couvrez-le d'aluminium ménager et passez un fer à repasser chaud sur la surface jusqu'à ce que la colle fonde. Posez une pile de livres ou de briques sur le carreau et laissez la colle refroidir. Recourez aussi à cette technique pour éliminer les bulles d'air ou aplatir les bords des revêtements de sol en vinyle.

EMPÊCHER LA PEINTURE DE DURCIR • Pour éviter la formation d'une croûte à la surface de votre pot de peinture, posez le pot sur de l'aluminium ménager et découpez le disque d'alu correspondant à la circonférence du pot, puis placez-le sur la peinture. Inspirez profondément, soufflez dans le pot et remettez rapidement le couvercle. Le gaz carbonique de votre respiration va chasser une partie de l'air dans le pot et empêcher la peinture de durcir.

PROTÉGER DES POIGNÉES DE PORTE • L'aluminium ménager est idéal pour protéger les poignées des coulures de peinture. Enveloppez chaque poignée en laissant dépasser l'alu, puis découpez au cutter au ras de la base. Vous pourrez ainsi peindre jusqu'au bord de la poignée. Pensez à protéger toutes les poignées qui se trouvent sur le trajet que vous ferez pour aller nettoyer vos pinceaux.

GARDER UN PINCEAU HUMIDE • Si vous devez reprendre vos travaux de peinture le lendemain, ne nettoyez pas vos pinceaux. Éliminez l'excédent de peinture et enveloppez étroitement les pinceaux d'aluminium ménager ou de film alimentaire. Maintenez l'alu en place avec un élastique à la base du manche. Pour une attente prolongée, placez le pinceau ainsi emballé au congélateur. Sortez-le 1 heure avant de recommencer à peindre.

FABRIQUER UNE PALETTE D'ARTISTE

Découpez une longueur d'aluminium ménager épais et repliez les bords pour façonner une palette sur laquelle vous mélangerez vos couleurs. Pour un peu plus de sophistication, découpez un morceau de carton en forme de palette, sans oublier le trou pour le pouce, et recouvrez-le d'aluminium. Si vous possédez une palette en bois, couvrez-la d'aluminium avant chaque usage. Il vous suffira de jeter le papier au lieu de nettoyer la palette.

BRILLANTES IDÉES

RÉFLÉCHIR LA LUMIÈRE POUR UNE PHOTO • Les photographes professionnels utilisent des réflecteurs pour éclairer leur sujet. Pour en fabriquer un à peu de frais, passez une fine couche de mastic colle ou colle de contact sur un morceau de carton et couvrez-le d'aluminium ménager, côté brillant vers le haut. Si un seul réflecteur, de la taille que vous souhaitez, suffit, mieux vaut confectionner trois panneaux que vous assemblerez avec du ruban adhésif d'électricien pour les faire tenir debout. Le transport et le rangement s'en trouveront également facilités.

FAIRE BRILLER DES CHROMES • Pour des chromes irréprochables sur vos clubs de golf ou les pare-chocs de votre voiture ancienne, froissez une feuille d'aluminium ménager, côté brillant vers l'extérieur, et frottez vigoureusement. L'aluminium enlève même les taches de rouille. Attention, la plupart des éléments « chromés » sur les voitures récentes sont en plastique : ne les frottez surtout pas avec de l'alu !

26 USAGES

AMMONIAQUE

Dans la cuisine

NETTOYER LE FOUR • Préchauffer le four 10 minutes à 65 °C, puis éteignez-le. Placez un bol contenant 15 cl d'ammoniaque sur la grille la plus haute et un grand plat d'eau bouillante dans le bas du four. Fermez la porte et laissez agir toute la nuit. Le lendemain, retirez le bol et le plat, laissez la porte du four entrouverte et aérez la cuisine pendant un bon moment. Versez quelques gouttes de liquide vaisselle dans l'ammoniaque et ajoutez 1 litre d'eau chaude, puis nettoyez les parois à l'aide de cette solution. Même les vieilles taches de graisse carbonisée n'y résisteront pas.
ATTENTION : n'utilisez cette méthode pour nettoyer un four à gaz que si le voyant lumineux est éteint et l'alimentation principale du gaz fermée.

DÉGRAISSER LES GRILLES D'UN FOUR • Placez les grilles du four sur une vieille serviette étalée au fond d'une grande bassine (ou de la baignoire). Versez suffisamment d'eau chaude pour recouvrir les grilles et ajoutez 15 cl d'ammoniaque. Laissez-les tremper au moins 15 minutes, sortez-les du bain, rincez-les et essuyez-les.

ATTENTION : ne mélangez jamais d'ammoniaque avec de l'eau de Javel ou tout autre produit contenant du chlore. Cette association produit des fumées toxiques, parfois mortelles. Opérez toujours dans un local bien aéré et évitez d'inhaler les vapeurs. Portez des gants en caoutchouc et prenez garde aux projections d'ammoniaque dans les yeux ou sur la peau. Rangez toujours la bouteille d'ammoniaque hors de portée des enfants.

FAIRE SCINTILLER LE CRISTAL • Ravivez le lustre de vos verres en cristal en diluant quelques gouttes d'ammoniaque dans 50 cl d'eau. Frottez avec un chiffon doux imbibé de cette solution. Rincez à l'eau claire, puis séchez à l'aide d'un chiffon doux bien sec.

FAIRE FUIR LES MITES ALIMENTAIRES • Lavez les tiroirs, les étagères et les placards de la cuisine avec 15 cl d'ammoniaque dilués dans 1 litre d'eau. Laissez les portes et les tiroirs ouverts pour bien les laisser sécher à l'air libre.

Dans la maison

ÉLIMINER LES ODEURS DE PEINTURE • Absorbez l'odeur d'une pièce fraîchement repeinte en y plaçant des petites soucoupes d'ammoniaque… hors de portée des enfants et des animaux. Si l'odeur persiste au bout de quelques jours, remplissez de nouveau les soucoupes.

NETTOYER LES VITRES D'UN INSERT • Si votre cheminée à insert présente des salissures tenaces, mélangez 1 cuillerée à soupe d'ammoniaque, 2 cuillerées à soupe de vinaigre et 1 litre d'eau chaude. Remplissez un pulvérisateur de cette solution et vaporisez-en les taches. Laissez agir quelques secondes et essuyez avec un tissu absorbant. Répétez l'opération si nécessaire.

ASTIQUER DES BIJOUX EN OR ET EN ARGENT • Laissez tremper vos bijoux en or et en argent pendant 10 minutes dans une solution composée de 1 volume d'ammoniaque pour 2 volumes d'eau. Frottez avec un chiffon doux et laissez sécher.
ATTENTION : n'utilisez en aucun cas cette recette pour nettoyer des bijoux comportant des perles ; leur lustre risquerait de s'abîmer.

AMMONIAQUE suite →

FAIRE BRILLER LE CUIVRE ET L'ARGENT TERNIS • Pour que l'argent et le cuivre retrouvent tout leur brillant, frottez-les doucement avec une éponge trempée dans un peu d'ammoniaque. Essuyez toute trace de liquide à l'aide d'un chiffon doux ou d'une peau de chamois pour protéger la surface du métal.

ENTRETENIR ÉVIER ET BAIGNOIRE • Pour venir à bout du film graisseux et des salissures qui finissent par s'incruster dans l'évier, le lavabo ou la baignoire en porcelaine émaillée, versez 1 cuillerée à soupe d'ammoniaque dans 4 litres d'eau chaude et frottez doucement les parois de vos sanitaires. Rincez soigneusement.

BLANCHIR DES CHAUSSURES

Donnez une nouvelle jeunesse à vos chaussures de sport blanches en les frottant avec un chiffon trempé dans une solution composée d'eau et d'ammoniaque à parts égales.

LE SAVIEZ-VOUS ?

Au Moyen Âge, en Europe du Nord, on fabriquait l'ammoniaque en faisant chauffer des raclures de bois de cerf. C'est pourquoi cela s'appelait alors de « l'esprit de corne de cerf ». Avant la Première Guerre mondiale, l'ammoniaque était essentiellement produite par la distillation à sec de végétaux nitrogénés et de produits animaliers. À l'heure actuelle, elle est fabriquée synthétiquement selon le processus de Haber : des gaz d'hydrogène et d'azote sont combinés à des pressions extrêmes et des températures moyennes. La technique, mise au point par Fritz Haber et Carl Bosch en 1909, fut utilisée pour la première fois à grande échelle en Allemagne au cours de la Première Guerre mondiale, essentiellement pour produire des munitions.

À SAVOIR

Test avant détachage

Que faire lorsque vous n'êtes pas sûr de pouvoir utiliser sans danger une solution ammoniaquée, ou tout autre détergent, sur un tissu ?

Testez toujours la réaction en versant 1 goutte de produit sur une partie cachée du vêtement. Après l'application, frottez la tache avec un linge blanc pour tester la tenue de la couleur. Si la couleur déteint ou si vous constatez une quelconque modification de l'apparence de l'étoffe, passez à une autre méthode.

DÉTACHER LES VÊTEMENTS • L'ammoniaque est le produit idéal pour détacher les vêtements. Portez toujours des gants et aérez la pièce où vous opérez. Diluer impérativement l'ammoniaque dans 50 % d'eau au minimum avant de l'appliquer sur de la soie, de la laine ou de l'élasthanne.

- Taches de transpiration, de sang ou d'urine : tapotez avec une solution à parts égales d'ammoniaque et d'eau. Rincez puis lavez.
- Taches non graisseuses : mélangez un tiers d'ammoniaque, un tiers d'eau et un tiers de liquide vaisselle. Versez le mélange dans un vaporisateur, secouez bien, puis appliquez directement sur les taches. Laissez agir 2 ou 3 minutes avant de rincer.
- Taches d'encre : appliquez quelques gouttes d'ammoniaque pure, frottez légèrement et rincez. Si les taches résistent, traitez-les avec un peu lessive et rincez de nouveau.
- Taches de peinture incrustées : imbibez-les plusieurs fois avec un mélange à parts égales d'ammoniaque et de térébenthine, puis lavez le vêtement en machine.

ÉLIMINER LA CIRE SUR UN SOL

Les couches successives de cire sur un revêtement vinylique finissent par entraîner son jaunissement. Vous les éliminerez et redonnerez toute sa fraîcheur à votre sol en le lavant avec une solution de 25 cl d'ammoniaque pour 2 litres d'eau. Laissez agir 3 à 5 minutes, puis frottez avec une éponge à gratter pour retirer la cire. Essuyez les résidus à l'aide d'un chiffon ou d'une éponge, puis rincez à grande eau.

NETTOYER DU CARRELAGE • Faites briller le carrelage de votre salle de bains et éliminez les moisissures dans les joints à l'aide d'une solution de 8 cl d'ammoniaque pour 4 litres d'eau.

LE SAVIEZ-VOUS ?

L'ammoniac est un gaz incolore à l'odeur piquante facilement soluble dans l'eau. Les produits ammoniaqués contiennent ce gaz dissous dans de l'eau. L'ammoniaque, solution aqueuse de gaz ammoniac, est l'une des substances nettoyantes les plus anciennes encore utilisées, puisqu'elle remonte à l'Égypte ancienne. Le mot ammoniac vient du nom du dieu égyptien Amon, car le sel ammoniac était autrefois préparé près de son temple, dans l'actuelle Libye, à partir d'excréments de chameau brûlés.

NETTOYER MOQUETTES ET TISSUS • Détachez vos moquettes et tissus d'ameublement à l'aide d'une solution de 25 cl d'ammoniaque pour 2 litres d'eau chaude que vous appliquerez avec une éponge. Laissez sécher complètement et répétez l'opération si nécessaire.

FAIRE BRILLER LES VITRES • Il est facile d'enlever la saleté, les traces de doigts, la suie et la poussière qui couvrent les vitres en les frottant avec un chiffon doux imprégné d'une solution de 25 cl d'ammoniaque pour 75 cl d'eau. Vos fenêtres retrouveront une transparence sans aucune trace.

Au jardin

NOURRIR VOS PLANTES

De temps en temps, offrez à vos plantes à fleurs et à vos légumes friands de sols alcalins, tels que clématites, lilas, hortensias et concombres, un traitement de faveur en arrosant le sol avec une solution de 5 cl d'ammoniaque pour 4 litres d'eau. Ils apprécieront tout particulièrement ce coup de pouce azoté.

ÉLOIGNER LES ANIMAUX DES POUBELLES • Tenez définitivement les chats et les chiens errants à l'écart de vos poubelles en pulvérisant une solution à parts égales d'ammoniaque et d'eau sur la poubelle, le couvercle et/ou les sacs.

ENLEVER DES TACHES SUR LE BÉTON • Frottez énergiquement les taches avec une solution de 25 cl d'ammoniaque pour 4 litres d'eau. Rincez abondamment au jet d'eau.

AMMONIAQUE suite →

COMBATTRE LES MOISISSURES • L'ammoniaque et l'eau de Javel sont deux armes très efficaces pour combattre les moisissures. Elles ont cependant des applications distinctes et ne doivent en aucun cas être utilisées ensemble (voir encadré p. 47). Servez-vous d'ammoniaque dans les cas suivants et à condition d'être dans un endroit bien ventilé. N'oubliez pas de porter des gants en caoutchouc.

- Éliminez les moisissures sur vos meubles de jardin en bois à l'aide du mélange suivant : 25 cl d'ammoniaque, 12,5 cl de vinaigre, 5 cl de bicarbonate de soude et 4 litres d'eau. Rincez soigneusement puis épongez l'excédent avec un chiffon absorbant.

- Utilisez ce même mélange pour supprimer les moisissures sur des surfaces peintes en extérieur.

- Pour enlever les moisissures de vos meubles en rotin, lavez-les avec une solution de 2 cuillerées à soupe d'ammoniaque pour 4 litres d'eau. Utilisez une vieille brosse à dents pour atteindre les endroits difficiles. Rincez puis laissez sécher à l'air libre.

ANNEAU DE RIDEAU

EN GUISE DE MOUSQUETONS • Pour randonner léger, sans sac à dos, suspendez quelques articles à votre ceinturon avec des anneaux de rideau brisés, à l'instar des alpinistes, qui utilisent des mousquetons pour accrocher du matériel et contrôler le glissement des cordes. De la même façon, attachez vos chaussures de jogging à votre sac de couchage avec un anneau métallique ; vos gants et votre gourde peuvent aussi se balancer au bout d'un anneau de rideau.

SÉCURITÉ ENFANT • La curiosité est une étape naturelle du développement de l'enfant, mais il n'est pas toujours judicieux de l'encourager. Pour empêcher les enfants d'explorer les placards de cuisine, par exemple, condamnez ceux qui sont accessibles en bloquant le loquet des portes avec un anneau de rideau brisé que vous retirerez aisément.

LE COIN DES BRICOLEURS

MARTEAU À PORTÉE DE MAIN • Accrochez un solide anneau de rideau métallique à votre ceinture et glissez votre marteau dedans. Vous aurez les coudées franches pour grimper à l'échelle et travailler, et, si vous avez besoin du marteau, il sera toujours à portée de main.

RANGER ÉCROUS ET RONDELLES • Pour ranger efficacement votre atelier, enfilez écrous et rondelles sur des anneaux de rideau brisés que vous suspendrez à un crochet. Groupez sur le même anneau tous ceux qui ont à peu près la même taille pour les retrouver rapidement.

SUSPENDRE LES GANTS DES ENFANTS

Vos enfants passent leur temps à égarer – et donc à chercher – leurs gants ? Une solution : plantez un clou dans un mur de l'entrée ou derrière une porte, et montrez à vos enfants comment se servir d'un anneau de rideau brisé pour assembler les gants et les accrocher au clou… sans faire de trous dans la laine !

ANTIDÉRAPANT DE BAIGNOIRE

STABILISER UN ORDINATEUR • Pour immobiliser votre ordinateur et réduire les vibrations lorsqu'il a perdu les pastilles en caoutchouc sur lesquelles il reposait, découpez des petits carrés d'antidérapant autocollant et fixez-les aux quatre coins du boîtier.

ANTIGLISSE • Découpez de petits morceaux d'antidérapant autocollant et fixez-les sur la semelle de vos ballerines et autres chaussures neuves. Cousez-en aussi aux pieds de la grenouillère de votre tout-petit pour l'empêcher de glisser.

SÉCURISER LE FOND D'UNE PATAUGEOIRE • Quelques antidérapants autocollants placés au fond de la pataugeoire empêcheront les plus jeunes de glisser et de tomber. Placez-en aussi quelques-uns sur le bord de la piscine pour qu'ils puissent s'y agripper.

UN REPAS DE BÉBÉ PLUS TRANQUILLE • Votre tout-petit commence à boire et à manger tout seul dans sa chaise haute ? Découpez quelques morceaux d'antidérapant autocollant et fixez-les sur la base de son verre à bec pour minimiser les dégâts. Collez-en aussi sur l'assise de sa chaise haute pour éviter qu'il ne glisse.

APRÈS-SHAMPOOING

SE DÉMAQUILLER • Si vous n'avez plus de démaquillant, utilisez de l'après-shampooing (pas sur les yeux, bien sûr) ; il vous dépannera très bien.

RETIRER UNE BAGUE • Vos doigts sont gonflés et vous n'arrivez plus à retirer une bague ? Enduisez votre doigt d'après-shampooing : la bague devrait glisser sans problème.

PROTÉGER DES CHAUSSURES • À défaut de produit imperméabilisant, enduisez bottes et chaussures, en toile ou en cuir, avec de l'après-shampooing pour les protéger du mauvais temps.

LUBRIFIER UNE FERMETURE À GLISSIÈRE • Appliquez un peu d'après-shampooing le long des dents de la fermeture pour qu'elle glisse plus facilement.

FAIRE BRILLER DES PLANTES D'INTÉRIEUR • Versez un peu d'après-shampooing sur un chiffon doux et frottez-en les feuilles de vos plantes pour en ôter la poussière et les faire briller.

LE SAVIEZ-VOUS ?

C'est alors qu'ils cherchaient un remède contre les brûlures des victimes de la Seconde Guerre mondiale que des chimistes suisses ont développé un composé qui améliorait la santé des cheveux. Dans les années 1950, d'autres scientifiques, qui mettaient au point des adoucissants pour le linge, ont constaté que ces produits pouvaient aussi assouplir les cheveux. Cela dit, quels que soient nos efforts et la quantité d'après-shampooing utilisée, nous perdons entre 50 et 100 cheveux par jour. Il nous en reste heureusement encore beaucoup : les blonds ont en moyenne 140 000 cheveux, les bruns, 100 000 et les roux, 90 000.

EMPÊCHER LES OUTILS DE ROUILLER

Pour nettoyer vos outils et empêcher la rouille de les attaquer, frottez-les avec un après-shampooing bon marché.

TIRER FACILEMENT UN RIDEAU DE DOUCHE • Frottez la tringle avec un après-shampooing bon marché : le rideau glissera sans aucun problème.

HUILER LES ROUES DE ROLLERS • Si vos rollers grincent, frottez l'axe des roues avec de l'après-shampooing.

APAISER DES JAMBES IRRITÉES • Lorsque vos jambes sont rêches ou irritées par le feu du rasoir, frottez-les avec de l'après-shampooing, qui agira comme une lotion apaisante.

FAIRE BRILLER LE CHROME • Appliquez de l'après-shampooing à l'aide d'un chiffon doux sur vos robinets, clubs de golf ou tout autre objet en chrome pour les faire briller.

NETTOYER DES VÊTEMENTS EN SOIE • Remplissez le lavabo ou une petite bassine d'eau (chaude pour le linge blanc et froide pour les couleurs), ajoutez 1 cuillerée à soupe d'après-shampooing, plongez-y l'article en soie (chemisier, lingerie, foulard, etc.) et laissez-le tremper pendant quelques minutes. Rincez-le et faites-le sécher à plat. L'après-shampooing préservera la douceur de votre linge délicat.

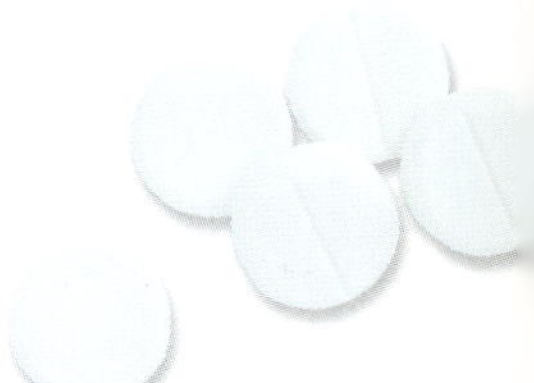

ASPIRINE

RANIMER LA BATTERIE D'UNE VOITURE • Si vous n'avez pas de câbles pour recharger votre batterie, vous réussirez peut-être à redémarrer en mettant 2 cachets d'aspirine directement dans la batterie. L'acide acétylsalicylique des cachets va se combiner à l'acide sulfurique de la batterie pour produire une dernière charge. Un petit tour au garage s'impose néanmoins rapidement pour une solution plus durable.

SOULAGER LES PIQÛRES D'INSECTES

Pour calmer l'inflammation causée par une piqûre de moustique, de guêpe ou d'abeille, mouillez votre peau et frottez-la avec un cachet d'aspirine à l'endroit de la piqûre. Attention, en cas d'allergie – si vous avez du mal à respirer, des douleurs abdominales et des nausées à la suite d'une piqûre d'insecte –, consultez immédiatement un médecin.

ÉLIMINER LES TACHES DE TRANSPIRATION REBELLES

Écrasez 2 cachets d'aspirine et versez-les dans 15 cl d'eau chaude. Laissez tremper la zone tachée du vêtement dans cette solution pendant 2 ou 3 heures.

ATTENTION : asthme et allergie à l'aspirine vont souvent de pair. Environ 10 % des asthmatiques sévères présentent des allergies à l'aspirine, ainsi qu'à tous les produits contenant de l'acide acétylsalicylique, le principe actif de l'aspirine (certains remèdes contre le rhume, certains fruits, condiments et additifs alimentaires).
Le pourcentage d'asthmatiques allergiques à l'aspirine est encore plus important chez les sujets âgés qui souffrent de sinusite ou de polypes nasaux.
Une sensibilité aiguë à l'aspirine est également constatée chez une petite partie de la population non asthmatique, notamment chez les personnes atteintes d'ulcère ou d'autres saignements.
Consultez toujours un médecin avant de prendre un médicament et n'utilisez jamais d'aspirine, même en usage externe, si vous y êtes allergique.

ASPIRINE suite →

LA MAIN VERTE

PROLONGER LA VIE DES FLEURS COUPÉES • Diluez 1 cachet d'aspirine dans l'eau du vase avant d'y mettre les fleurs. Vous prolongerez également la vie de vos bouquets avec 1 cachet de multivitamines, 1 cuillerée à café de sucre, 1 pincée de sel ou de bicarbonate de soude. N'oubliez pas de changer régulièrement l'eau des fleurs coupées.

SOIGNER LE JARDIN • Certains jardiniers utilisent l'aspirine comme poudre d'enracinement ou la mélangent à l'eau d'arrosage pour lutter contre les champignons présents dans le sol. Attention cependant à ne pas avoir la main trop lourde, car l'aspirine peut occasionner des brûlures et autres dommages. En traitement de sol, le dosage idéal est de 1 cachet par litre d'eau.

RAMOLLIR DES CORS AUX PIEDS • Réduisez 5 ou 6 cachets d'aspirine en poudre. Confectionnez une pâte en y ajoutant 1/2 cuillerée à café de jus de citron et 1/2 cuillerée à café d'eau. Appliquez le mélange sur les zones à traiter, enveloppez le pied dans une serviette chaude et couvrez à l'aide d'un sac en plastique. Ne posez pas le pied par terre pendant au moins 10 minutes, ôtez le sac et la serviette puis frottez doucement le cor ramolli avec une pierre ponce.

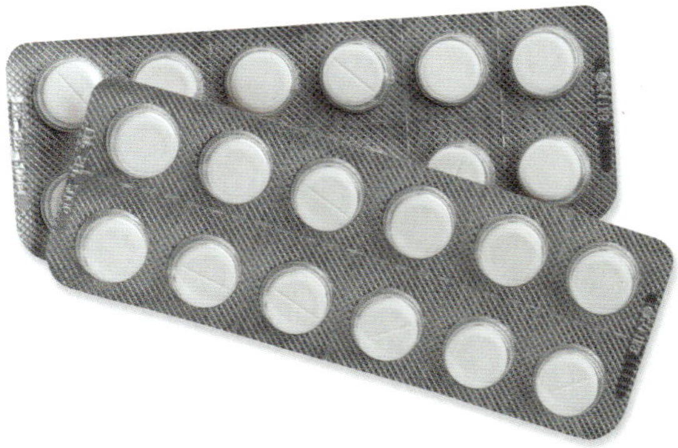

SE DÉBARRASSER DES PELLICULES • Réduisez 2 cachets d'aspirine en poudre et ajoutez-les à votre shampooing au moment de vous laver les cheveux. Laissez poser 1 ou 2 minutes, rincez soigneusement et faites un second shampooing normal. Rincez abondamment.

ENLEVER DES TACHES D'ŒUF SUR DES VÊTEMENTS

Commencez par en éliminer le maximum en grattant, puis frottez doucement la tache à l'eau tiède. N'utilisez surtout pas d'eau chaude, car elle fixe l'œuf. Si la tache n'est pas complètement partie, préparez une pâte avec de l'eau et de la crème de tartre (tartrate de potassium), et ajoutez-y 1 cachet d'aspirine réduit en poudre. Étalez ce mélange sur la tache et laissez agir 30 minutes. Rincez soigneusement à l'eau chaude.

LE SAVIEZ-VOUS ?

L'écorce de saule est riche en salicine, un antalgique et un antipyrétique naturel. Au IIIe siècle av. J.-C., Hippocrate y recourait déjà pour soulager maux de tête et autres douleurs, et de nombreux guérisseurs, chez les Indiens d'Amérique par exemple, utilisaient des végétaux contenant de la salicine pour traiter les symptômes du rhume et de la grippe. Ce n'est qu'en 1899 que Felix Hoffmann, chimiste allemand employé chez Bayer, développa un dérivé modifié, l'acide acétylsalicylique, plus connu sous le nom d'aspirine.

RAVIVER LA COULEUR DES CHEVEUX CLAIRS • Pour redonner de l'éclat à des cheveux clairs décolorés par l'eau chlorée des piscines, il suffit de dissoudre 6 à 8 cachets d'aspirine dans un verre d'eau chaude, d'appliquer la solution généreusement sur les cheveux, et de laisser agir pendant 10 à 15 minutes avant de rincer.

ASSÉCHER DES BOUTONS D'ACNÉ • Réduisez en poudre 2 ou 3 cachets d'aspirine, ajoutez quelques gouttes d'eau et appliquez la pâte ainsi obtenue sur les boutons. Laissez agir 5 minutes puis rincez à l'eau et au savon. Cette pâte à l'aspirine réduit les rougeurs et calme les picotements. Répétez l'opération jusqu'à disparition complète des boutons.

ASSIETTE EN CARTON

PROTÉGER LES ASSIETTES • Pour emballer la vaisselle en toute sécurité avant un déménagement, placez chaque assiette en porcelaine entre deux assiettes en carton. Et rangez vos assiettes très fragiles de la même façon, pour éviter qu'elles ne s'entrechoquent dans le buffet.

CONFECTIONNER DES FICHES • Votre enfant n'a pas de fiches cartonnées sous la main pour l'exposé du lendemain ? Fabriquez-en avec des assiettes en carton. Tracez un rectangle de 8 x 13 ou 10 x 15 cm au centre d'une assiette et découpez-le. Utilisez cette première fiche comme gabarit pour les suivantes.

ASSIETTE EN CARTON suite →

CONTRE LES GOUTTES DE PEINTURE • Pour éviter que des gouttes de peinture tombent par terre lorsque vous essuyez votre pinceau sur le côté du pot, placez une assiette en carton sous le pot.

FABRIQUER DES FRISBEES • Faites réviser vos enfants tout en les amusant. Écrivez sur des assiettes en carton les nombres, mots ou petites leçons qu'ils doivent connaître par cœur, puis interrogez-les et autorisez-les à lancer le frisbee avec la réponse chaque fois qu'ils ont répondu correctement.

UN PETIT BONHOMME DE NEIGE • Les assiettes en carton peuvent servir à fabriquer toutes sortes de choses pour amuser les enfants (masques, mobiles, décorations, etc.). Pour faire un petit bonhomme de neige, il vous faut 2 assiettes en carton. Découpez le bord d'une des assiettes puis agrafez cette petite assiette sur la grande de manière à former un corps et une tête. Découpez des bottes et un chapeau dans du papier à dessin noir et des gants dans du papier rouge, puis collez-les sur le bonhomme. Ajoutez des yeux rigolos, des boutons, des cure-pipes, ou dessinez des yeux, un nez et une bouche avec des crayons de couleur ou des feutres.

ASSOUPLISSANT EN FEUILLES

RAMASSER LES POILS DE CHIEN OU DE CHAT • Pour vous débarrasser des poils d'animaux disséminés sur les fauteuils et les vêtements, passez dessus une feuille d'assouplissant usagée.

DÉSODORISER UNE VOITURE • L'habitacle d'une voiture peut être envahi par de multiples odeurs : de neuf, de vieux, de moisi, de cigarette, de chien mouillé, etc. Pour ne plus être importuné, glissez une feuille d'assouplissant sous chaque siège.

PARFUMER LES TIROIRS

Pour emplir le contenu de vos tiroirs d'une senteur fraîche, glissez une feuille d'assouplissant à l'intérieur ou scotchez-la sur le panneau du fond.

RÉCURER LE FOND D'UNE CASSEROLE • Remplissez le récipient d'eau bouillante et ajoutez 3 ou 4 feuilles d'assouplissant usagées. Laissez tremper toute la nuit : les résidus calcinés se décolleront sans problème. Rincez abondamment.

NETTOYER UNE PORTE DE DOUCHE • Si vous en avez assez de frotter, essuyez plutôt les traces de savon sur la porte de votre douche avec une feuille d'assouplissant usagée ; le résultat est instantané.

DÉPOUSSIÉRER LES APPAREILS ÉLECTRIQUES • Parce qu'ils sont chargés d'électricité, les écrans de télévision et d'ordinateur attirent la poussière. Pour vous en débarrasser, le mieux est de les épousseter avec des feuilles d'assouplissant usagées. Non seulement, elles éliminent la poussière, mais elle l'empêchent de se redéposer pendant plusieurs jours.

ÉLIMINER L'ODEUR DE CHIEN MOUILLÉ • Lorsque votre chien rentre tout mouillé de sa promenade, essuyez-le avec une feuille d'assouplissant usagée pour qu'il sente bon.

DÉSODORISER LES CORBEILLES À LINGE • Pour empêcher les mauvaises odeurs de s'installer, déposez une feuille d'assouplissant au fond de votre corbeille à linge.

DES SACS ET DES CHAUSSURES SANS ODEUR • Mettez une feuille d'assouplissant au fond de votre sac de sport et remplacez-la quand les mauvaises odeurs reviennent à la charge. Glissez également une feuille d'assouplissant dans vos chaussures de sport et laissez agir toute la nuit pour neutraliser les odeurs (pensez à les retirer avant de vous chausser !).

UN ANTIMOUSTIQUE INOFFENSIF • Pour éloigner les moustiques, épinglez une feuille d'assouplissant usagée sur vos vêtements lorsque vous passez une soirée d'été dehors.

ÉVITER L'ODEUR DE MOISI DANS LES VALISES

Placez une feuille d'assouplissant dans vos valises et vos sacs de voyage vides avant de les ranger.

ATTENTION : les personnes allergiques ou sensibles aux produits chimiques peuvent développer des irritations cutanées au contact du linge traité avec un assouplissant liquide ou en feuilles. Si vous êtes allergique aux assouplissants du commerce, adoucissez votre linge en ajoutant 8 cl de vinaigre blanc, ou la même quantité d'après-shampoing, à l'eau du dernier cycle de rinçage.

LUSTRER LE CHROME • Après avoir été nettoyé, le chrome d'un grille-pain ou des enjoliveurs d'une voiture peut paraître terne. Frottez-le avec une feuille d'assouplissant usagée, il retrouvera tout son éclat.

UN PARFUM D'AMBIANCE • Ne vous ruinez pas en achetant des diffuseurs de parfum sophistiqués : placez quelques feuilles d'assouplissant usagées dans vos placards, derrière les rideaux, sous les chaises, etc.

CONTRE L'ÉLECTRICITÉ STATIQUE • Gardez une feuille d'assouplissant dans votre sac à main. Lorsque vous risquez de générer de l'électricité statique, en portant des collants par exemple, humidifiez la feuille et frottez-la sur vos collants afin d'empêcher votre jupe d'y adhérer.

ÉPOUSSETER DES STORES • Chacun sait que le nettoyage des stores vénitiens est un travail fastidieux à renouveler souvent. Pour retarder cette échéance, essuyez-les avec une feuille d'assouplissant usagée, qui éliminera la poussière. Recommencez dès que nécessaire.

ASSOUPLISSANT EN FEUILLES suite →

ÉLIMINER LA SCIURE DE BOIS • Avant de peindre ou de vernir un ouvrage de menuiserie, essuyez-le avec une feuille d'assouplissant usagée ; elle attirera la poussière tel un aimant.

RÉNOVER DES PELUCHES • Lavez les peluches au lave-linge sur cycle délicat puis mettez-les dans le sèche-linge avec une paire de vieilles chaussures de tennis propres et une feuille d'assouplissant. Elles ressortiront toutes souples et ultradouces.

PARFUMER LE LINGE DE MAISON • Pliez soigneusement vos draps, glissez chaque jeu dans une des taies d'oreiller assorties, puis insérez une feuille d'assouplissant dans la taie : elle donnera au linge une senteur fraîche et agréable.

PLUS DE NŒUDS DANS LE FIL À COUDRE • Pour éviter que les fils à coudre s'emmêlent, mettez une feuille d'assouplissant neuve dans votre nécessaire de couture. Une fois le fil enfilé, piquez l'aiguille dans la feuille et tirez-la jusqu'à l'extrémité du fil pour qu'il s'imprègne d'assouplissant : il ne fera plus de nœuds.

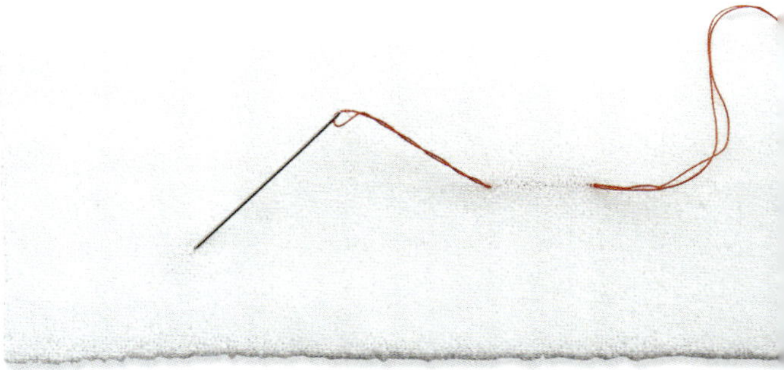

ASSOUPLISSANT LIQUIDE

CHASSER LA POUSSIÈRE D'UN TÉLÉVISEUR • Pour éliminer l'électricité statique qui attire la poussière sur l'écran du téléviseur ou sur d'autres surfaces en plastique, humidifiez votre chiffon avec de l'assouplissant liquide avant d'épousseter l'appareil.

RETIRER DU VIEUX PAPIER PEINT • Pour que cette corvée devienne un jeu d'enfant, versez 1 bouchon d'assouplissant liquide dans 1 litre d'eau et appliquez cette solution sur le papier peint avec une éponge. Laissez pénétrer pendant une vingtaine de minutes ; le papier se détachera très facilement du mur. S'il s'agit de papier peint hydrofuge, grattez la surface avec une brosse métallique avant d'appliquer le mélange.

PLUS D'ÉLECTRICITÉ STATIQUE

Pour éliminer l'électricité statique que vous générez en marchant sur une moquette, diluez 25 cl d'assouplissant dans 2,5 litres d'eau et vaporisez la moquette avec cette solution. Opérez le soir pour que la moquette sèche toute la nuit. Ce traitement restera efficace pendant plusieurs semaines.

ENLEVER DES RÉSIDUS DE LAQUE • Mélangez 1 part d'assouplissant liquide avec 2 parts d'eau et versez cette solution dans un pulvérisateur. Vaporisez la surface tachée (mur, vanity, etc.) puis lustrez avec un chiffon sec.

NETTOYER EN UN CLIN D'ŒIL • Pour dépoussiérer et nettoyer les tables en verre, les portes de douche, etc., en un éclair, préparez une solution avec 1 part d'adoucissant pour 4 parts d'eau et versez cette préparation dans un pulvérisateur. Vaporisez-en une petite quantité sur un chiffon, essuyez la surface à nettoyer, puis lustrez avec un chiffon sec.

DES CHEVEUX FACILES À DÉMÊLER • Pour pouvoir peigner aisément les cheveux fins et électriques, ou épais et bouclés, après le shampooing, appliquez une solution d'eau et d'assouplissant liquide. La dose d'assouplissant dépend de la nature des cheveux ; utilisez une solution faiblement dosée pour des cheveux fins et une solution plus fortement dosée pour des cheveux épais et bouclés. Démêlez au peigne et rincez.

SE DÉBARRASSER DE RÉSIDUS CALCAIRES • Pour éliminer des résidus calcaires sur une vitre ou toute autre surface en verre, déposez de l'assouplissant liquide pur sur les traces avec un chiffon et laissez agir une dizaine de minutes. Essuyez avec un chiffon humide puis rincez.

UN PINCEAU BIEN SOUPLE

Pour assouplir les poils d'un pinceau après usage, nettoyez-le soigneusement puis rincez-le dans un verre ou un bol rempli d'eau additionnée de 1 goutte d'assouplissant. Essuyez-le et laissez-le sécher complètement à l'air libre avant de le ranger.

DE L'ASSOUPLISSANT EN FEUILLES MAISON • L'assouplissant en feuilles est pratique à utiliser mais revient plus cher que l'adoucissant liquide. Faites des économies en le confectionnant vous-même. Humidifiez un gant de toilette avec 1 cuillerée à café d'adoucissant liquide et glissez-le dans le sèche-linge avec votre lessive.

TRAITER LES FONDS DE CASSEROLE • Plus besoin de frotter le fond d'une casserole dans laquelle une préparation a brûlé. Remplissez-la d'eau chaude, ajoutez un peu d'adoucissant liquide et laissez tremper pendant 1 heure, ou jusqu'à ce que les résidus se détachent aisément.

LE SAVIEZ-VOUS ?

Comment un adoucissant peut-il réduire l'électricité statique et également assouplir le linge ? Le secret réside dans les charges électriques. Les lubrifiants chimiques de charge positive contenus dans l'assouplissant sont attirés par les charges négatives de vos vêtements, et assouplissent le tissu. Les tissus assouplis génèrent moins d'électricité statique lorsqu'ils sont frottés les uns contre les autres dans le sèche-linge. Comme l'assouplissant attire l'humidité, ces tissus devenus légèrement humides en surface deviennent conducteurs d'électricité. Par conséquent, les charges électriques les traversent au lieu de rester à leur surface en produisant de l'électricité statique et des étincelles lorsque vous sortez le linge du sèche-linge.

BAC À GLAÇONS

CLASSER DU PETIT MATÉRIEL DE BUREAU • Placez vos trombones, élastiques, timbres et autres petits articles de bureau dans les compartiments d'un bac à glaçons en plastique.

RANGER UN COIN BRICOLAGE • Triez et stockez les vis, clous, boulons, rondelles et autres petites pièces dans les compartiments de bacs à glaçons en plastique.

GARDER DES PETITES PIÈCES DANS L'ORDRE • Servez-vous d'un bac à glaçons en plastique pour entreposer dans l'ordre de montage les petites pièces du gadget que vous venez de désosser, pour le remonter facilement plus tard. Indiquez l'ordre de montage des pièces par un numéro sur un bout d'adhésif à l'intérieur de chaque compartiment du bac. Une boîte à œufs fera également l'affaire.

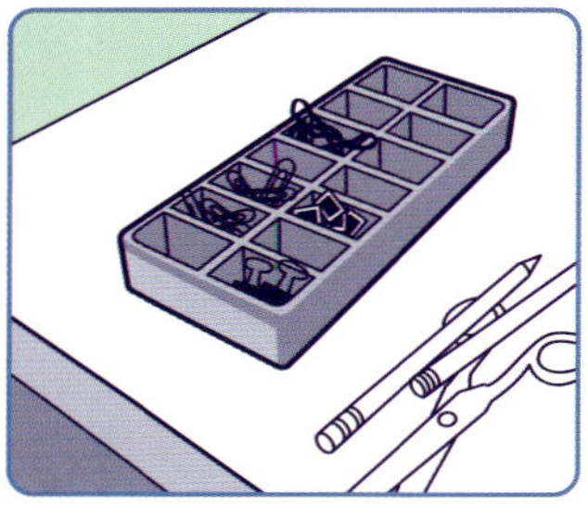

UNE PALETTE DE PEINTRE POUR ENFANT • Un bac à glaçons en plastique dur est parfait pour contenir et mélanger de petites quantités de peinture.

CONGELER EN PETITES QUANTITÉS • Mettez les aliments à congeler dans les compartiments du bac à glaçons puis placez-les dans un sac à congélation étiqueté. Voici quelques aliments qui peuvent être ainsi congelés.

- Le pesto : vous n'aurez qu'à décongeler vos glaçons de pesto, ajouter du fromage et mélanger le tout avec vos pâtes.
- Le céleri-rave râpé : répartissez-le dans les différents compartiments du bac à glaçons et ajoutez un peu d'eau avant de le mettre au congélateur. Cela vaut également pour les oignons, les carottes ou tout autre légume entrant dans la composition des ragoûts et des soupes.
- Le persil, et toutes les autres herbes fraîches : ciselez-les, mettez-les dans un bac à glaçons avec un peu d'eau puis congelez-les.
- Un reste de potage : agrémentez instantanément vos spécialités culinaires avec 1 ou 2 glaçons de potage de légumes maison.
- Un reste de bouillon : il vous permettra de parfumer en un rien de temps vos risottos, ragoûts, etc.
- Un reste de vin rouge ou blanc : vous pourrez l'utiliser pour confectionner une sauce, préparer un sauté, un ragoût, un civet, etc.

UN RÉCIPIENT POUR CONGELER DES ŒUFS

Pour ne pas jeter des œufs dont vous n'aurez pas l'usage avant la date limite de consommation, congelez-les ! La taille moyenne d'un œuf correspond à celle d'un compartiment de bac à gros glaçons en plastique. Cassez 1 œuf par compartiment, en veillant à ce qu'il ne déborde pas. Transvasez les œufs congelés dans un sac à congélation : vous les décongèlerez au fur et à mesure de vos besoins.

ATTENTION : lorsque vous congelez des aliments, pensez à étiqueter chaque paquet en indiquant la date de congélation, le contenu et la date limite d'utilisation.

Le coin des enfants

Rassemblez les petits objets qui traînent un peu partout dans la maison : boutons, perles, jouets miniatures, etc. Mettez une ou plusieurs de vos trouvailles dans chaque compartiment d'un bac à glaçons. Remplissez-le d'eau. Coupez une longueur de laine suffisante pour former un collier, un bracelet ou un anneau de cheville... Placez la laine dans le bac à glaçons, en vous assurant qu'elle passe dans chaque compartiment et qu'elle est recouverte d'eau, puis mettez le bac au congélateur. Lorsque les glaçons sont prêts, démoulez-les délicatement, puis attachez le bijou ainsi formé autour du cou, du poignet ou de la cheville de votre enfant... Et ne vous éloignez pas trop, pour voir sa tête lorsque cette « œuvre » commencera à fondre !

BAIN DE BOUCHE

NETTOYER UN ÉCRAN D'ORDINATEUR • Un bain de bouche fort, à base d'alcool, nettoiera tout aussi bien votre écran d'ordinateur ou de télévision qu'un nettoyant pour vitres. Éteignez l'appareil. Appliquez le bain de bouche avec un chiffon doux humide, puis séchez. Attention, utilisez cette astuce pour les écrans en verre mais pas pour ceux à cristaux liquides ; l'alcool pourrait endommager les matériaux employés dans les écrans LCD *(liquid crystal display)*.

EN LOTION FACIALE • Un bain de bouche antiseptique constitue une bonne lotion astringente pour le visage. Vérifiez toutefois que le produit ne contient pas de sucre. Lavez-vous le visage à l'eau chaude et savonneuse, rincez-le, puis imbibez un coton de bain de bouche et tamponnez-vous doucement le visage. Vous devriez ressentir une sensation de picotement agréable. Rincez-vous à l'eau tiède, et terminez par un jet d'eau froide.

BAIN DE BOUCHE suite →

DANS L'EAU DE LAVAGE

Les chaussettes de sport regorgent souvent de bactéries et de champignons, qui ne partiront tous au lavage que si vous ajoutez 1 tasse de bain de bouche à base d'alcool et sans sucre à votre cycle de lavage habituel.

SOIGNER UNE MYCOSE LÉGÈRE • Un bain de bouche antiseptique sans sucre devrait suffire à soigner une mycose légère du pied (si la peau est très rouge, sensible au toucher ou purulente, consultez un médecin sans attendre). Trempez un coton dans le bain de bouche et appliquez-le sur la zone atteinte plusieurs fois par jour. Attention, cela va un peu piquer ! La mycose devrait disparaître en quelques jours. Si vous ne remarquez aucun changement, prenez rendez-vous rapidement chez un généraliste, un dermatologue ou un podologue.

ÉLIMINER LES ODEURS DE TRANSPIRATION • Les déodorants masquent les mauvaises odeurs grâce à un fort parfum mais ne s'attaquent pas vraiment à la cause du problème. Pour éliminer la bactérie qui provoque l'odeur de transpiration, tamponnez vos aisselles avec un coton imbibé de bain de bouche à base d'alcool et sans sucre. Si vous venez de vous raser, attendez un petit peu avant de procéder à cette application.

À SAVOIR

Un bain de bouche maison

* ***Pour une haleine fraîche à tout moment de la journée.***

Placez 30 g de clous de girofle entiers et/ou 85 g de romarin frais dans un bocal et ajoutez 50 cl d'eau bouillante. Couvrez bien le pot et laissez macérer toute une nuit, puis filtrez. Pour préparer un bain de bouche express, dissolvez simplement 1/2 cuillerée à café de bicarbonate de soude dans 15 cl d'eau chaude.

DÉSINFECTER UNE COUPURE • Si vous vous êtes coupé ou blessé légèrement, vous pouvez désinfecter la plaie avec un bain de bouche à base d'alcool.

SE DÉBARRASSER DES PELLICULES • Lavez-vous les cheveux avec un shampooing neutre puis rincez-les avec un bain de bouche contenant de l'alcool. Appliquez ensuite votre après-shampooing habituel.

NETTOYER LES TOILETTES • Si vous n'avez plus de produit W.-C., versez environ 5 cl de bain de bouche contenant de l'alcool dans la cuvette, laissez tremper pendant 30 minutes, puis brossez énergiquement la cuvette et tirez la chasse d'eau. Le bain de bouche éliminera les germes et rendra votre cuvette propre et brillante.

BALLE DE TENNIS

PONCER FACILEMENT LES MEUBLES • Pour redonner un coup de neuf à vos meubles en bois, enveloppez une balle de tennis dans du papier de verre à grain fin et poncez délicatement les parties incurvées. Ces balles ont une taille idéale pour ce type de travaux et tiennent parfaitement dans la main.

UN MASSAGE RELAXANT • Empilez quelques balles de tennis dans une chaussette montante et nouez l'ouverture. Frottez-vous le dos avec votre ustensile de massage improvisé comme avec une serviette de bain. Détente garantie !

PETITE EXPÉRIENCE

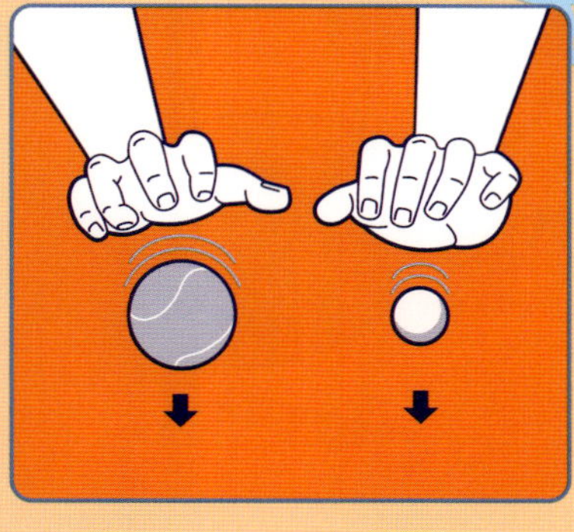

La gravité expliquée aux enfants

Asseyez-vous sur une chaise, une balle de tennis dans chaque main. Tendez les bras, les deux mains à la même distance du sol. Demandez aux enfants d'observer attentivement et lâchez les deux balles en même temps : elles vont toucher le sol au même moment. Répétez l'expérience avec une balle de tennis et une balle de ping-pong. Demandez aux enfants laquelle des deux touchera le sol en premier. Ils répondront « la balle de tennis », car elle est plus lourde. Pourtant, tous les objets subissant la même accélération (quelle que soit leur masse), les deux balles touchent le sol en même temps. Et si vous refaites l'expérience avec une balle de tennis et une plume, vous pourrez aussi leur montrer que les objets moins denses tombent plus lentement en raison d'une résistance à l'air supérieure.

METTRE SES AFFAIRES À L'ABRI • Pour dissimuler clés, montre et bijoux à la plage ou à la salle d'entraînement, glissez-les dans une balle de tennis fendue au cutter le long d'une couture. Laissez la balle dans votre sac, nul n'y prêtera attention.

PROTÉGER UN CROCHET DE REMORQUAGE • Pour protéger un crochet de remorquage de l'humidité et des rayures, coupez une balle de tennis en deux et fixez-en une moitié sur le crochet.

NETTOYER UNE PISCINE • Pour éliminer toute trace d'huile solaire dans la piscine, laissez-y flotter en permanence quelques balles de tennis. Pensez à les changer toutes les semaines en période d'utilisation intensive de la piscine.

UNE BÉQUILLE TOUT-TERRAIN • Pour empêcher la béquille de votre vélo de s'enfoncer dans un sol mou, pratiquez une entaille dans une balle de tennis et glissez-la à l'extrémité de la béquille.

SE MASSER LES PIEDS • Pour vous masser les pieds, placez une balle de tennis sur le sol et faites-la rouler sous votre voûte plantaire.

UN REPÈRE DANS LE GARAGE

Suspendez une balle de tennis au bout d'une ficelle au plafond du garage : elle vous servira de repère pour rentrer la voiture. Arrêtez-vous dès que la balle touche le pare-brise.

DÉVISSER FACILEMENT COUVERCLES ET CAPSULES • Si vous avez du mal à décapsuler les bouteilles ou à ouvrir les pots de confiture, de cornichons, etc., coupez une balle de tennis usagée en deux et servez-vous de l'une des moitiés pour affermir votre prise.

REDONNER DU VOLUME AUX VÊTEMENTS

Après un lavage en machine, doudounes, couettes et oreillers sont souvent raplapla.
Placez-les dans le sèche-linge avec quelques balles de tennis pour qu'ils retrouvent tout leur gonflant.

BALLON DE BAUDRUCHE

PROTÉGER UN DOIGT BANDÉ • Si faire un pansement sur une blessure au doigt ne présente pas de grandes difficultés, il est plus délicat de le garder au sec. La solution : glisser un petit ballon de baudruche sur le doigt pour faire la vaisselle, prendre un bain ou, plus simplement, se laver les mains.

NE PAS PERDRE DE VUE UN ENFANT • Plus qu'un simple cadeau pour votre enfant, le ballon gonflé à l'hélium vous aidera à le retrouver s'il s'est égaré, dans un supermarché par exemple. Même si vous surveillez étroitement votre enfant, n'hésitez pas à lui attacher ce genre de ballon au poignet (pas trop serré) quand vous allez dans des endroits où il y a beaucoup de monde.

DES BALLONS D'INVITATION • Gonflez un ballon (si possible avec une pompe pour des raisons d'hygiène) et pincez-en l'extrémité sans faire de nœud. Écrivez le texte de votre invitation sur le ballon au feutre indélébile, puis assurez-vous que l'encre est bien sèche avant de le dégonfler. Placez le ballon dans une enveloppe et envoyez-le à votre invité, qui n'aura plus qu'à le regonfler pour lire votre message.

TRANSPORTER DES FLEURS COUPÉES • Remplissez un ballon avec 15 cl d'eau et glissez l'extrémité des tiges de vos fleurs fraîchement coupées dedans. Pour l'empêcher de glisser, fermez-le à l'aide d'un élastique.

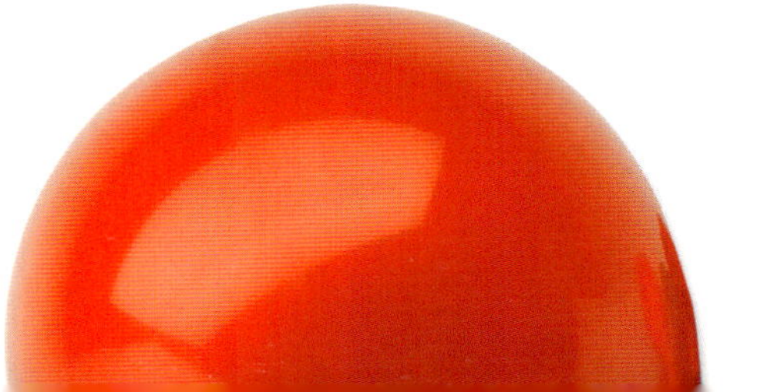

PETITE **EXPÉRIENCE**

S'il n'est pas rare de recevoir une décharge d'électricité statique en touchant une poignée de porte après avoir marché sur une moquette, on observe rarement ce phénomène à grande échelle, exception faite des éclairs lors d'un orage. L'expérience suivante permet de visualiser l'électricité statique en action.

Versez le contenu d'un sachet de gélatine en poudre sur une feuille de papier. Gonflez un ballon de baudruche, frottez-le sur un pull en laine et maintenez-le à 2 cm au-dessus de la poudre : les électrons négativement chargés du ballon (l'électricité statique) vont attirer les protons positivement chargés de la gélatine en poudre.

IMPROVISER UNE TÊTE PORTE-CHAPEAU • Pour éviter que bonnets de laine et chapeaux de toile fraîchement lavés ne se déforment, faites-les sécher sur un ballon gonflé. Pour empêcher le ballon de glisser, fixez-le à l'aide de ruban adhésif.

RETROUVER FACILEMENT SA TENTE • Quand vous partez camper dans la nature, emportez quelques ballons gonflés à l'hélium, que vous fixerez à votre tente ou à un arbre à l'aide d'une longue ficelle. Ils vous signaleront le lieu de votre campement si vous vous éloignez un peu trop.

PROTÉGER UN FUSIL • Si vous avez un permis de détention d'arme à feu, vous savez sans doute qu'un canon sale peut se boucher et représenter un danger. Enfilez un ballon à l'extrémité du canon pour empêcher l'accumulation de poussière à l'intérieur.

DES BALLONS RÉFRIGÉRANTS !

CONFECTIONNER UNE POCHE À GLACE • Remplissez d'eau un ballon de grande taille très solide et placez-le dans le congélateur. Pour lui donner une forme aplatie, écrasez-le avec une boîte de surgelés. Utilisez des ballons de taille plus petite pour la glacière.

DU PUNCH TOUJOURS FRAIS • Un bon truc pour que votre récipient de punch reste à la fois plein et frais toute la soirée : à l'aide d'un entonnoir, remplissez plusieurs ballons de punch et placez-les dans le congélateur. Retirez l'enveloppe de latex des blocs de punch glacés, puis plongez-les dans le saladier au fur et à mesure de vos besoins.

ÉLOIGNER LES INTRUS DU JARDIN

Découpez des bandes verticales dans des ballons aux couleurs métallisées (il en reste sans doute de la dernière fête d'anniversaire !). Fixez ces bandes sur des tuteurs en bambou autour des légumes du potager et dans les arbres fruitiers pour faire fuir les intrus.

BANANE

PRÉPARER UN MASQUE FACIAL • Pas besoin de crème hydratante quand on a des bananes ! Pour un masque hydratant et apaisant, écrasez 1 banane bien mûre et appliquez-la sur votre visage et votre cou. Laissez poser 10 à 20 minutes, puis rincez à l'eau froide. Pour un effet encore plus adoucissant, mélangez 6 cl de yaourt avec 2 cuillerées à café de miel et 1 banane de taille moyenne.

BANANE suite →

DES BANANES GIVRÉES • Pelez des bananes mûres et coupez-les en deux. Enfoncez une petite spatule en bois dans l'extrémité plate de chaque moitié. Disposez les bananes sur du papier sulfurisé et placez-les au congélateur quelques heures. Si vous aimez et pour plus d'effet encore, plongez rapidement les bananes givrées dans 170 g de chocolat fondu (avec éventuellement des noix hachées ou de la noix de coco râpée) et replacez-les au congélateur pour solidifier le chocolat.

ATTENDRIR UN RÔTI • Dans de nombreux pays d'Asie, on fait cuire la viande enveloppée dans des feuilles de bananier pour la rendre plus tendre. La banane ayant les mêmes propriétés, ajoutez-en une, mûre et pelée, dans le plat de vos rôtis.

ASTIQUER ARGENTERIE ET CHAUSSURES EN CUIR • Retirez tous les filaments à l'intérieur d'une peau de banane et frottez votre argenterie et vos chaussures en cuir avec cette peau. Séchez avec du papier absorbant ou un chiffon doux. Cette technique a également fait ses preuves sur le mobilier en cuir. Faites néanmoins un test sur une petite surface au préalable.

ATTIRER PAPILLONS ET OISEAUX • Placez des bananes bien mûres (ou des mangues, des oranges, des papayes) à un endroit surélevé (muret, poteau…) du jardin. Percez quelques trous dans les fruits pour rendre leur chair plus accessible aux papillons. Attention, cela peut également attirer les abeilles et les guêpes ! Veillez donc à bien mettre les fruits en hauteur (1,80 m au moins) et le plus loin possible du coin repas.

LA MAIN VERTE

DES FEUILLES DE PLANTES BRILLANTES • Pour nettoyer et faire briller les feuilles de vos plantes d'intérieur, plutôt que de les asperger d'eau, frottez-les avec l'intérieur d'une peau de banane.

ÉLOIGNER LES PUCERONS • Enterrez des peaux de bananes séchées et coupées en morceaux au pied des plantes (rosiers, etc.), pour faire fuir les pucerons. N'utilisez surtout pas le fruit, il attirerait d'autres nuisibles.

COMME ENGRAIS ET PAILLIS • La banane et sa peau sont riches en potassium, un nutriment important pour l'homme comme pour les plantes. Faites sécher des peaux de banane pendant tout l'hiver. Au début du printemps, passez-les au mixeur et ajoutez-les à la terre de vos jeunes plants et semis pour leur donner un bon départ. Les rosiers apprécient tout particulièrement la banane : coupez des morceaux de peau et disposez-les au pied des plantes.

ENRICHIR UN COMPOST • Avec leur taux élevé de potassium et de phosphore, les bananes et leur peau sont parfaites pour enrichir le compost. Le fruit se décompose très vite à la chaleur. N'oubliez pas de retirer les étiquettes collées sur la peau et de bien enfoncer les bananes au cœur du tas de compost pour éviter que des gourmands à quatre pattes ne viennent s'en régaler.

BARQUETTE EN PLASTIQUE

RECUEILLIR LES ÉPLUCHURES DE LÉGUMES • Servez-vous d'une barquette en plastique pour collecter les épluchures de légumes et les empêcher de boucher la bonde de l'évier.

STOCKER LES ÉPONGES MOUILLÉES • Pratiquez une ouverture dans un angle d'une barquette en plastique et tapissez-la d'aluminium ménager épais en formant un bec permettant d'évacuer l'eau. Posez la barquette à côté de l'évier et placez-y vos éponges de cuisine ; leur durée de vie s'en trouvera prolongée.

RANGER DES FEUILLES DE PAPIER ABSORBANT • Ne jetez pas les feuilles de papier absorbant à peine utilisées, gardez-les pour essuyer votre plan de travail ou éponger ce que vous renversez. Stockez-les dans une barquette à un endroit accessible de la cuisine.

UN PETIT PANIER POUR LE LAVE-VAISSELLE • Placez les petits objets tels que tétines, couvercles de bocaux de confiture, accessoires du robot dans une barquette à trous. Couvrez-les d'une seconde barquette, que vous maintiendrez en place avec un élastique. Placez le tout à l'étage supérieur du lave-vaisselle.

UNE PASSOIRE IMPROVISÉE • Servez-vous d'une barquette vide à trous pour nettoyer de petites quantités de fruits ou de légumes, ou pour égoutter la portion de pâtes d'un enfant.

Le coin des enfants

Avec des barquettes alimentaires en plastique et un peu d'imagination, nombreuses sont les activités que vous pourrez proposer aux enfants. Détachez les côtés et découpez-y des formes géométriques qui leur serviront de pochoirs. Ou bien transformez une barquette en panier de Pâques : il suffit de la remplir d'un peu de fausse paille et d'y fixer un nettoie-pipe de couleur en guise d'anse. Une barquette est parfaite pour faire des bulles de savon : trempez-la dans de l'eau additionnée de liquide vaisselle, puis agitez-la en l'air pour créer une multitude de bulles irisées. Et une barquette décorée de rubans et de papier coloré leur servira pour ranger leurs babioles...

UN DÉVIDOIR À FICELLE OU UN PORTE-TOURNEVIS

Couchez la bobine dans une barquette, passez la ficelle par le fond d'une seconde barquette que vous retournerez sur la première. Maintenez les deux barquettes à l'aide d'un élastique. Vous pouvez également fixer une barquette à l'envers sur la planche à trous de votre établi et y ranger des tournevis de différentes tailles.

BARQUETTE EN PLASTIQUE suite →

RANGER DES CACHETS • Si vous prenez régulièrement plusieurs médicaments, une barquette bien propre peut constituer un rangement idéal pour les avoir tous sous la main. Dans la pharmacie, classez boîtes et flacons dans différentes barquettes en fonction de leurs dates d'expiration.

PROTÉGER LES BULBES • Creusez un trou dans le jardin, placez-y une ou plusieurs barquettes, disposez vos bulbes à l'intérieur et recouvrez de terre. Ainsi, vos plantes seront protégées des rongeurs et autres nuisibles.

LA MAIN VERTE

ARRANGER UN BOUQUET • Placez une barquette à trous, coupée à la bonne taille, à l'envers dans un vase et piquez vos petites fleurs dans les trous. Elles resteront bien droites une fois que vous aurez ajouté de l'eau.

PROTÉGER DE JEUNES POUSSES • Couvrez vos jeunes pousses de barquettes à trous. Tout en laissant passer l'eau, le soleil et l'air, elles empêchent les oiseaux de venir picorer les plantes. Enterrez le bord de la barquette, puis posez quelques pierres tout autour pour la maintenir en place.

UNE SUSPENSION À ORCHIDÉES • Remplissez une barquette de mousse de sphaigne mêlée à un peu de terre pour fleurs en pots ; disposez-y vos orchidées et suspendez ce panier avec du fil de pêche.

BARQUETTE EN POLYSTYRÈNE

DES GENOUILLÈRES POUR JARDINER • Pour éviter d'avoir mal aux genoux en jardinant, scotchez une barquette en polystyrène sur chacun de vos genoux ou bien attachez-les avec une paire de vieilles jambières. Ces petits coussinets vous permettront de désherber, d'éclaircir carottes et radis ou d'enrichir la terre confortablement.

DES SEMELLES DE DÉPANNAGE • Si vous n'avez pas de semelles de rechange ou avez provisoirement besoin de plus de confort, découpez-en dans deux barquettes en polystyrène et glissez-les à l'intérieur de vos chaussures ou de vos bottes.

DES PLATS DE SERVICE JETABLES • Lavez des barquettes en polystyrène à l'eau et au savon, couvrez-les entièrement d'aluminium ménager et garnissez ces plats de service de petits gâteaux, par exemple, pour les emporter à l'école ou chez des amis. Ainsi, vous n'aurez pas à vous soucier de récupérer vos plats.

UNE PALETTE DE PEINTRE • Une barquette en polystyrène fera une palette idéale pour votre enfant, qu'il utilise de l'huile ou de la gouache. S'il s'essaie à l'aquarelle, préparez-lui deux palettes, une pour la peinture et l'autre pour l'eau. Il suffira de les jeter à la fin de la séance.

ENVOYER DES PHOTOS EN TOUTE SECURITÉ

Pourquoi vous ruiner en pochettes matelassées pour envoyer des photos à vos amis ? Découpez deux morceaux de barquette en polystyrène d'une dimension légèrement inférieure à celle de l'enveloppe. Insérez les photos entre les deux morceaux et glissez le tout dans l'enveloppe. Les photos arriveront intactes à destination.

BÂTONNET DE GLACE

IMPROVISER UNE ATTELLE • Utilisez un bâtonnet de glace pour soutenir un doigt blessé en attendant que vous arriviez à l'hôpital. Fixez-le à l'aide de ruban adhésif pour bien maintenir le doigt.

APPRENDRE L'ALPHABET AUX ENFANTS • Autorisez vos tout-petits à tracer des lettres avec des bâtonnets de glace dans de la mousse à raser, de la crème fouettée ou du yaourt pour s'entraîner à écrire de façon ludique.

DES BROCHETTES POUR ENFANTS

Pour amuser vos enfants, embrochez des morceaux de saucisse, de tomate, de melon, d'ananas... sur des bâtonnets de glace. Vous pouvez aussi les laisser étaler tout seuls leur pâte à tartiner favorite avec un bâtonnet.

ÉTIQUETER DES PLANTATIONS • Avec un marqueur indélébile, écrivez sur des bâtonnets de glace le nom des graines que vous avez plantées.

Le coin des enfants

Munissez-vous d'un bâtonnet de glace, de peinture, de caoutchouc mousse, de colle et d'un marqueur. Peignez le bâtonnet dans une couleur vive, comme le rouge. Une fois la peinture sèche, écrivez un message sur un côté du bâtonnet (« J'aime lire » ou « Je repère la page », etc.). Découpez une forme de votre choix dans le caoutchouc mousse (cœur, fleur, chat, chien...). Collez la forme en haut du bâtonnet : voilà un joli marque-page maison !

REPÉRER UNE COULEUR DE PEINTURE • Lorsque vous peignez une pièce, plongez un bâtonnet dans le pot de peinture et laissez sécher. Notez dessus le nom de la peinture et la pièce dans laquelle vous l'avez utilisée, et conservez précieusement ces références, qui pourront vous être utiles ultérieurement. Cet échantillon vous aidera aussi à choisir tissus, objets décoratifs, etc.

BAUME À LÈVRES

ÉVITER LES BRÛLURES DU SOLEIL • Tartinez-vous le visage de baume à lèvres avant de vous élancer sur les pistes ; vous protégerez ainsi votre peau contre les brûlures.

BAUME À LÈVRES suite →

RETIRER UNE BAGUE • Appliquez du baume à lèvres tout autour de votre doigt et enlevez doucement votre bague en la faisant tourner.

DISCIPLINER MOUSTACHE ET SOURCILS • Passez du baume à lèvres sur votre moustache et vos sourcils s'ils ont besoin d'être « matés ».

SUR LES COUPURES DE RASAGE • Appliquez un peu de baume à lèvres directement sur la coupure ; les saignements devraient s'arrêter rapidement.

LUBRIFIER UNE FERMETURE À GLISSIÈRE • Frottez les dents de la fermeture avec un peu de baume à lèvres bon marché. Fermez et ouvrez la fermeture plusieurs fois de suite. Le baume à lèvres agira comme un lubrifiant et la fermeture glissera plus facilement.

VISSER SANS EFFORT • Appliquez du baume à lèvres sur les vis que vous enfoncez dans le bois, elles pénétreront plus facilement.

OUVRIR DES TIROIRS FACILEMENT • Appliquez du baume à lèvres bon marché sur les glissières de vos tiroirs et fenêtres coulissantes pour les ouvrir et les fermer plus facilement.

À SAVOIR

Baume à lèvres et rouge à lèvres

* ***Durant les mois d'hiver, vous êtes peut-être tentée d'appliquer une couche de baume à lèvres avant votre rouge à lèvres pour prévenir les gerçures.***

Mieux vaut pourtant éviter. Les spécialistes de la beauté affirment en effet que le baume à lèvres rend le rouge à lèvres moins adhérent. Dans la journée, appliquez donc plutôt un rouge à lèvres hydratant, et mettez du baume à lèvres le soir, avant d'aller vous coucher.

EMPÊCHER UNE AMPOULE DE COLLER

Avant de visser une ampoule dans une douille extérieure, enduisez le filetage avec un peu de baume à lèvres. Cela évitera qu'elle colle et facilitera son remplacement.

BAUME PECTORAL

ÉLOIGNER LES TIQUES ET AUTRES INSECTES • Étalez un peu de baume pectoral sur vos jambes et vos pieds avant d'aller vous balader dans les champs. Vous dissuaderez tiques, moustiques et moucherons de venir vous importuner.

CALMER LES DÉMANGEAISONS • Couvrez les piqûres d'insectes d'une bonne couche de baume pectoral. Le menthol et l'eucalyptus qu'il renferme calmeront la démangeaison.

FAIRE DISPARAÎTRE DES DURILLONS • Enduisez-les de baume pectoral, couvrez-les d'un pansement et laissez agir toute la nuit. Renouvelez l'opération autant de fois que nécessaire ; la plupart des durillons auront disparu au bout de quelques jours.

SOULAGER DES PIEDS DOULOUREUX • Si vous avez mal aux pieds après une longue randonnée en montagne, enduisez-les d'une épaisse couche de baume pectoral et enfilez une paire de chaussettes avant d'aller au lit. Le lendemain au réveil, ils seront réhydratés et soulagés.

SOIGNER UNE MYCOSE DES ORTEILS • Si vous êtes atteint d'une mycose sur un ongle de pied ou un orteil, appliquez une épaisse couche de baume pectoral dessus plusieurs fois par jour. Si vous ne remarquez pas de résultats probants après quelques semaines de traitement, consultez un médecin généraliste, un dermatologue ou un podologue.

LE SAVIEZ-VOUS ?

Lunsford Richardson, le pharmacien qui a élaboré le Vapo Rub Vick en 1905, est aussi à l'origine de la distribution de prospectus dans les boîtes aux lettres. Richardson travaillait dans la pharmacie de son beau-frère quand il élabora un onguent à base de menthol destiné à dégager les sinus et les voies respiratoires. Il le baptisa Richardson's Croup and Pneumonia Cure Salve mais s'aperçut très vite qu'il devait trouver un nom plus vendeur. Il eut alors l'idée d'appeler son produit Vick's, en hommage à son beau-frère, Joshua Vick, et convainquit la poste américaine d'instaurer une politique de distribution de publicités directement dans les boîtes aux lettres. En 1918, pendant l'épidémie de grippe espagnole, les ventes de Vick's s'élevèrent à plus d'un million de dollars.

BEURRE

DU FROMAGE SANS MOISISSURES • Pour que les fromages gardent leur fraîcheur et ne moisissent pas, enduisez-les d'une très fine couche de beurre dès votre retour du marché. Chaque fois que vous prenez du fromage, étalez un peu de beurre sur le bord coupé avant de le remballer.

METTRE UN CHAT EN CONFIANCE • Les déménagements sont souvent traumatisants pour les animaux domestiques. Un bon moyen d'aider un chat adulte à s'habituer à sa nouvelle demeure consiste à étaler un peu de beurre sur ses pattes avant. Les chats aiment tellement le beurre qu'ils reviennent pour en réclamer.

✗ CONTRE LES ODEURS DE POISSON

Vous avez touché du poisson et vos mains sentent franchement mauvais ? Frottez-les avec un peu de beurre puis savonnez-les sous l'eau chaude. L'odeur aura disparu comme par miracle !

AVALER LES CACHETS FACILEMENT • Si vous avez du mal à avaler un cachet, essayez de l'enrober de beurre ou de margarine ; il glissera tout seul !

BEURRE suite →

Le coin des enfants

Fabriquer du beurre, rien de plus rigolo ! Il suffit d'un bocal à couvercle à vis, d'une bille et de 25 à 50 cl de crème épaisse (de préférence sans conservateur), le plus fraîche possible. Sortez la crème du réfrigérateur et attendez qu'elle atteigne une température de 15 °C. Versez-la alors dans le bocal, ajoutez la bille, vissez le couvercle et demandez à vos enfants d'agiter le bocal chacun à leur tour. Cela peut prendre de 5 à 30 minutes, mais il verront la crème passer par plusieurs stades de transformation. Quand la crème prend et s'affaisse, de minuscules grains de beurre apparaissent dans le babeurre liquide, puis une boule de beurre jaunâtre se forme. Jetez le babeurre et goûtez ce beurre tout frais : un vrai régal !

LE SAVIEZ-VOUS ?

Le beurre est un aliment semi-solide qui résulte du barattage de la crème du lait, un processus décrit sur une tablette sumérienne datant de 2500 av. J.-C. Une baratte pleine de beurre a été retrouvée dans une tombe égyptienne vieille de 2 000 ans et, à l'époque de Toutankhamon, on consommait déjà en grande quantité un beurre fait avec du lait de chamelle ou de bufflonne des Indes. La Bible mentionne à plusieurs reprises le beurre produit avec du lait de vache. Et ce sont les Vikings qui l'auraient introduit en Normandie, une région aujourd'hui renommée pour la qualité de son beurre.

Le beurre entier contient au moins 80 % de matière grasse, le reste étant constitué d'eau et de résidus solides du lait. Il faut environ 10 kg de lait frais de vache pour faire 500 g de beurre. Le sel ajouté est un exhausteur de goût et un conservateur.

UN MASSAGE RELAXANT POUR LES PIEDS • Massez-vous les pieds avec un peu de beurre, enveloppez-les dans une serviette chaude et humide et détendez-vous pendant une dizaine de minutes. Vos pieds seront revivifiés, défatigués… et sentiront un peu le pop-corn !

ENLEVER DE LA RÉSINE SUR LES MAINS • Frottez-vous les mains avec du beurre puis lavez-les à l'eau et au savon ; il ne restera aucune trace.

UNE CRÈME À RASER DE SECOURS • Étalez un peu de beurre sur votre peau humidifiée et procédez au rasage comme avec votre crème habituelle.

UN BON CONSERVATEUR POUR L'OIGNON • Si vous avez besoin d'un demi-oignon seulement pour une recette, étalez du beurre sur la partie coupée de la moitié restante et enveloppez-la dans de l'aluminium ménager puis mettez-la au réfrigérateur. Le beurre est un excellent conservateur.

DÉMAQUILLER UNE POUPÉE • Combien de poupées tant adorées ont été maquillées au stylo ou au feutre par les bons soins d'une esthéticienne en herbe par trop zélée ? Enduisez de beurre les traces disgracieuses, frottez puis exposez le visage de la poupée quelques jours au soleil. Lavez-le à l'eau et au savon.

COUPER FACILEMENT DES ALIMENTS COLLANTS • Pour empêcher les dattes, les figues, les guimauves et autres d'adhérer aux couteaux et aux ciseaux, enduisez les lames de beurre.

ÉVITER LES PROJECTIONS D'EAU BOUILLANTE • En ajoutant un peu de beurre à l'eau de cuisson des pâtes, du riz, des céréales, vous éviterez les projections d'eau qui tachent le dessus de la cuisinière.

SOIGNER LES CHEVEUX SECS ET CASSANTS • Massez-vous les cheveux avec un peu de beurre, couvrez-vous la tête d'une serviette, laissez poser ce masque 30 minutes environ, puis faites un shampooing et rincez abondamment.

BEURRE DE CACAHUÈTE

ÉVITER LES ODEURS DE POISSON • Pour que toute la maison ne sente pas le poisson frit, ajoutez un bon morceau de beurre de cacahuète dans la poêle ; il absorbera les odeurs.

APPÂTER LES SOURIS

Amorcez vos pièges avec du beurre de cacahuète, les souris n'y résistent pas et il est quasiment impossible qu'elles repartent sans déclencher le piège.

ÔTER UNE ÉTIQUETTE AUTOCOLLANTE • Il est parfois difficile de retirer complètement une étiquette autocollante, sur du verre par exemple. Frottez l'emplacement avec du beurre de cacahuète pour éliminer facilement tous les résidus.

ENLEVER DU CHEWING-GUM COLLÉ DANS LES CHEVEUX • Appliquez du beurre de cacahuète sur les mèches de cheveux collées et frottez jusqu'à ce que le chewing-gum s'en aille.

EMPÊCHER UN CORNET DE GLACE DE FUIR • Bouchez le fond de votre cornet avec un peu de beurre de cacahuète : la glace ne coulera pas sur vos doigts.

BICARBONATE DE SOUDE

Dans la cuisine

NETTOYER LES ALIMENTS

On n'est jamais trop prudent en matière d'hygiène alimentaire. Lavez fruits et légumes à l'eau froide additionnée de 30 à 40 g de bicarbonate de soude. Ou bien versez un peu de bicarbonate sur une brosse ou une éponge humide et frottez-en les aliments, puis rincez-les soigneusement.

BICARBONATE DE SOUDE suite →

RÉDUIRE L'ACIDITÉ DES PLATS • Si vous craignez l'acidité de la sauce tomate et du café, ajoutez 1 pincée de bicarbonate de soude au cours de la cuisson de la sauce ou dans le filtre à café. Le bicarbonate peut également adoucir une vinaigrette si vous avez eu la main trop lourde sur le vinaigre. Attention toutefois, ayez là aussi la main légère, car le mélange vinaigre-bicarbonate se mettrait alors à mousser !

ÉLIMINER LES ODEURS DE POISSON • Laissez tremper vos filets et darnes de poisson cru au réfrigérateur dans 1 litre d'eau additionnée de 20 g de bicarbonate de soude pendant 1 heure. Rincez le poisson et essuyez-le avec du papier absorbant au moment de le cuisiner.

DES HARICOTS BLANCS PLUS DIGESTES • En cours de cuisson, ajoutez 1 pincée de bicarbonate de soude aux haricots blancs cuisinés à la sauce tomate. Cela réduira considérablement leur tendance à provoquer des flatulences.

UNE OMELETTE MOELLEUSE

Cassez les œufs, ajoutez 5 g de bicarbonate de soude par œuf puis procédez à la cuisson de l'omelette comme à votre habitude.

ATTENDRIR LA VIANDE • Frottez le morceau de viande de bicarbonate de soude et laissez-le reposer pendant 3 à 5 heures dans le réfrigérateur. Rincez-le soigneusement avant de cuisiner.

REMPLACER LA LEVURE DE BOULANGER • La vitamine C (ou acide citrique) en poudre et le bicarbonate de soude peuvent remplacer la levure de boulanger si vous n'en avez pas sous la main. Mélangez-les à parts égales (le poids total doit être équivalent au poids de levure requis). Avantage non négligeable, vous n'aurez pas besoin de faire lever la pâte avant de la cuire.

CONTRE LES ODEURS DE POISSON ET D'AIL

Pour vous débarrasser des odeurs de poisson ou d'ail, mouillez-vous les mains et frottez-les vigoureusement avec 10 g de bicarbonate de soude, puis rincez.

À SAVOIR

À court de levure ?

*** *Remplacez la levure par du bicarbonate de soude alimentaire. Mélangez 2 parts de bicarbonate pour 1 part de crème de tartre (tartrate de potassium) et 1 part de fécule de maïs.***

Pour obtenir l'équivalent de 10 g de levure en poudre, il faut donc mélanger 5 g de bicarbonate de soude, 2,5 g de crème de tartre (tartrate de potassium) et 2,5 g de fécule de maïs. La fécule de maïs ralentit la réaction entre le tartrate de potassium, acide, et le bicarbonate, alcalin, ce qui lui conserve plus longtemps son pouvoir de fermentation.

STÉRILISER UN BIBERON ET SES ACCESSOIRES • Mettez les biberons, les tétines et les bagues de serrage à tremper toute la nuit dans l'eau chaude avec 1/2 boîte de bicarbonate de soude. Rincez bien chaque élément. Vous pouvez aussi les stériliser rapidement en les plongeant 3 minutes dans l'eau bouillante additionnée de 40 g de bicarbonate de soude.

NETTOYER UNE PLANCHE À DÉCOUPER • Qu'elle soit en bois ou en plastique, nettoyez régulièrement votre planche à découper à l'aide d'une pâte composée de 15 g de bicarbonate de soude, 15 g de sel et 1 cuillerée à soupe d'eau. Rincez soigneusement à l'eau chaude et laissez sécher à l'air libre.

DÉBOUCHER UN ÉVIER • Versez 50 g de bicarbonate de soude et 25 cl de vinaigre chaud dans l'évier. Laissez agir plusieurs minutes puis ajoutez 1 litre d'eau bouillante. Renouvelez l'opération si nécessaire. Si la bonde est bouchée par de la graisse, utilisez 25 g de bicarbonate et 25 g de sel, suivis de 25 cl d'eau bouillante. Laissez la solution agir toute la nuit, puis rincez à l'eau chaude le lendemain.

DÉCUPLER L'EFFICACITÉ DU LIQUIDE VAISSELLE • Ajoutez 30 g de bicarbonate de soude à votre eau de vaisselle et vous verrez la graisse disparaître comme par enchantement.

UN DÉTERGENT POUR LAVE-VAISSELLE • Si vous n'avez plus de produit de lavage, versez 30 g de bicarbonate de soude et 30 g de borax dans le compartiment pour détergent du lave-vaisselle. Le résultat vous étonnera.

DÉSODORISER UN LAVE-VAISSELLE • Pour éliminer les odeurs du lave-vaisselle, saupoudrez le fond de l'appareil avec 15 g de bicarbonate de soude. Laissez agir entre deux lavages. Pour les odeurs tenaces, versez un 1/2 paquet de bicarbonate dans la machine puis programmez un rinçage à vide.

LE SAVIEZ-VOUS ?

Le bicarbonate de soude est l'élément principal de nombreux extincteurs du commerce. On peut l'utiliser tel quel pour éteindre de petits feux. Laissez par exemple un seau à demi-rempli de bicarbonate près du barbecue et de la cuisinière pour pouvoir en jeter une poignée sur le feu si nécessaire. Dans le cas d'huile enflammée sur la cuisinière, éteignez le gaz puis couvrez les flammes avec un couvercle. Prenez garde aux projections de graisse sur la peau. Ayez toujours 1 ou 2 boîtes de bicarbonate dans votre garage et votre voiture. Il peut éteindre des feux d'origine électrique ainsi que les petites flammes sur les vêtements, le bois, les meubles et les tapis.

DÉSODORISER UN RÉFRIGÉRATEUR • Pour vous débarrasser des mauvaises odeurs, videz le réfrigérateur puis versez du bicarbonate de soude sur une éponge humide et frottez les parois, les étagères et les compartiments. Rincez soigneusement. À titre préventif, vous pouvez laisser un récipient plein de bicarbonate à l'intérieur du frigo.

ENTRETENIR UN FOUR À MICRO-ONDES • Pour éliminer les éclaboussures et les traînées à l'intérieur du four, versez 30 g de bicarbonate de soude dans 25 cl d'eau et faites chauffer à pleine puissance pendant 2 ou 3 minutes. Retirez la solution du four et essuyez l'humidité déposée sur les parois avec du papier absorbant.

NETTOYER UNE BOUTEILLE THERMOS • Pour éliminer les résidus à l'intérieur d'une bouteille Thermos, versez 15 g de bicarbonate de soude dans 1 litre d'eau. Remplissez la bouteille de cette solution ; si nécessaire, frottez l'intérieur avec un goupillon et laissez agir toute la nuit. Rincez abondamment.

BICARBONATE DE SOUDE suite →

DÉTACHER LA PORCELAINE • Pour éliminer les taches de tanin de thé ou de café sur la porcelaine, trempez un chiffon humide dans du bicarbonate de soude pour former une pâte épaisse, puis frottez doucement vos tasses et sous-tasses. Rincez et séchez.

NETTOYER FACILEMENT UNE CUISINIÈRE • Pour éliminer les taches de graisse, imprégnez-les d'eau et versez-y une petite quantité de bicarbonate de soude. Frottez avec une éponge humide, puis rincez et séchez.

RAFRAÎCHIR UNE ÉPONGE • Lorsqu'une éponge a pris une odeur aigre, mettez-la à tremper toute la nuit dans 50 cl d'eau chaude additionnée de 30 g de bicarbonate de soude et de quelques gouttes de liquide vaisselle antibactérien. Rincez à l'eau froide : elle sera comme neuve.

FAIRE BRILLER L'INOX ET LES CHROMES • Saupoudrez de bicarbonate de soude votre évier en Inox, puis frottez avec un chiffon humide. Pour nettoyer les chromes, versez un peu de bicarbonate sur une éponge humide et frottez doucement. Laissez agir pendant 1 heure, rincez à l'eau chaude et essuyez à l'aide d'un chiffon doux.

ENTRETENIR CAFETIÈRES ET THÉIÈRES • Vous éliminerez les dépôts de calcaire des parois des cafetières et des théières en les remplissant d'une solution de 25 cl de vinaigre pour 50 g de bicarbonate de soude. Portez le mélange à ébullition et laissez frémir pendant 5 minutes. Vous pouvez également faire bouillir 1 litre d'eau avec 30 g de bicarbonate et le jus de 1/2 citron. Rincez à l'eau froide. Pour nettoyer les taches extérieures, lavez vos récipients dans 1 litre d'eau chaude additionnée de 10 g de bicarbonate. Rincez à l'eau froide.

UNE CAFETIÈRE ÉLECTRIQUE BIEN ENTRETENUE

Toutes les 2 semaines environ, faites passer 1 litre d'eau additionnée de 15 g de bicarbonate de soude puis refaites un cycle avec 1 litre d'eau claire. Vous rafraîchirez également le porte-filtre en plastique en le frottant avec une vieille brosse à dents désinfectée et une pâte constituée de 30 g de bicarbonate et 1 cuillerée à soupe d'eau. Rincez le tout soigneusement à l'eau claire.

ENTRETENIR POÊLES ET CASSEROLES

DÉTACHER LES REVÊTEMENTS ANTIADHÉSIFS • Certaines taches s'accrochent même sur les revêtements antiadhésifs. Pour vous en débarrasser, faites bouillir pendant 10 minutes dans le récipient une solution de 25 cl d'eau, 30 g de bicarbonate de soude et 15 cl de vinaigre. Lavez à l'eau chaude savonneuse, rincez soigneusement et essuyez. Graissez légèrement le fond du récipient avec 1 goutte d'huile végétale.

NETTOYER UNE POÊLE EN FONTE • Vous viendrez à bout des taches les plus récalcitrantes en faisant bouillir pendant 5 minutes 1 litre d'eau et 30 g de bicarbonate de soude dans vos récipients en fonte. Jetez la plus grande partie de la solution, puis frottez doucement avec une éponge abrasive. Rincez soigneusement et graissez légèrement le fond du récipient avec 1 goutte d'huile végétale.

ÉLIMINER LES RÉSIDUS CALCINÉS • Remplissez le récipient d'eau au quart de sa hauteur, ajoutez 50 g de bicarbonate. Amenez à ébullition, éteignez le feu et laissez agir quelques heures. Les résidus calcinés se détacheront tout seuls.

ATTÉNUER TACHES ET ÉRAFLURES SUR DU BOIS • Fabriquez une pâte avec 2 volumes de bicarbonate de soude pour 1 volume d'eau et frottez-en doucement la surface abîmée. Pour éliminer les taches coriaces, ajoutez 1 goutte de chlore à la pâte. Nettoyez immédiatement la zone traitée à l'eau chaude savonneuse pour empêcher le chlore de décolorer le bois.

DÉSODORISER UNE POUBELLE • De temps à autre, nettoyez l'intérieur de la poubelle de cuisine avec 1 feuille de papier absorbant humide saupoudrée de bicarbonate de soude (n'oubliez pas de porter des gants en caoutchouc). Rincez avec une éponge humide puis laissez sécher. Saupoudrez d'un peu de bicarbonate le fond de la poubelle avant d'y insérer un nouveau sac.

Dans la maison

ÉLIMINER DES TRAITS DE CRAYON SUR LES MURS

Si vos enfants ont « redécoré » les murs avec leurs crayons de couleur, pas de panique ! Frottez doucement les marques avec un chiffon humide trempé dans un peu de bicarbonate de soude ; elles partiront assez facilement.

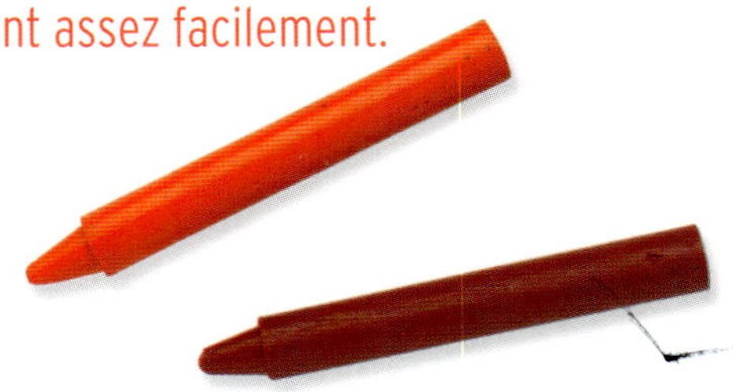

LAVER DES PAPIERS PEINTS • Versez 30 g de bicarbonate de soude dans 1 litre d'eau, puis appliquez cette solution sur les murs à l'aide d'un chiffon. Pour éliminer les taches de graisse, mélangez 15 g de bicarbonate et 1 cuillerée à café d'eau. Frottez la tache avec cette pâte, laissez agir 5 à 10 minutes, puis essuyez avec une éponge humide.

BICARBONATE DE SOUDE suite →

NETTOYER LES RÉGURGITATIONS DE BÉBÉ • Commencez par éliminer toute matière solide, puis humectez un gant, imprégnez-le de bicarbonate de soude et tapotez-en la tache. L'odeur et l'auréole ne tarderont pas à disparaître. Si votre bébé est sujet aux régurgitations, ayez toujours un flacon de bicarbonate sur vous.

DÉSODORISER MOQUETTES ET TAPIS • Saupoudrez de bicarbonate de soude vos tapis et moquettes, laissez agir environ 15 minutes, puis aspirez.

DÉTACHER MOQUETTES ET TAPIS • Les taches de vin et de gras peuvent être traitées avec du bicarbonate de soude. Posez aussitôt du papier absorbant sur la tache et saupoudrez-la généreusement de bicarbonate de soude. Laissez agir au moins 1 heure puis aspirez les restes de poudre.

RAFRAÎCHIR TIROIRS ET PENDERIES • Pour venir à bout des odeurs persistantes de renfermé dans les tiroirs, placards et autres penderies, versez 3 à 4 cuillerées à café de bicarbonate de soude dans une vieille chaussette, faites un nœud environ 2 cm au-dessus du renflement et suspendez ou posez ce sachet maison dans vos meubles. Utilisez plusieurs sachets pour les espaces plus grands et renouvelez-les tous les 2 mois si nécessaire. Cette astuce permet aussi de neutraliser les odeurs d'antimite.

Le coin des enfants

Fabriquez de la peinture à l'eau pour vos enfants à l'aide d'ingrédients de votre cuisine.

1 Mélangez 30 g de bicarbonate de soude, 30 g de fécule de maïs et 5 cl de vinaigre avec 1/2 cuillerée à café de sirop de sucre de canne. Attendez que l'effervescence disparaisse.

2 Répartissez le mélange dans divers petits récipients (verres, coupelles, etc.).

3 Ajoutez 8 gouttes de colorant alimentaire dans chaque pot et mélangez avec soin. Associez les couleurs pour obtenir de nouvelles teintes.

Les enfants pourront utiliser cette peinture immédiatement ou attendre qu'elle durcisse. Dans ce cas, ils devront bien sûr mouiller leur pinceau pour s'en servir.

DÉSODORISER DES LIVRES

Après un séjour dans une pièce humide, les livres sentent parfois le moisi. Placez chaque livre dans un sac en papier avec 30 g de bicarbonate de soude. Ne secouez pas le sac, fermez-le et stockez-le dans un endroit sec pendant 1 semaine. Il vous suffira de secouer les livres désodorisés pour éliminer les résidus de poudre.

NETTOYER DES BIJOUX EN OR ET EN ARGENT • Pour faire briller l'argent terni, fabriquez une pâte épaisse avec 15 g de bicarbonate de soude et 2 cuillerées à soupe d'eau. Appliquez doucement cette préparation à l'aide d'une éponge humide, rincez et séchez. Pour l'or, saupoudrez vos bijoux d'un peu de bicarbonate, ajoutez quelques gouttes de vinaigre, frottez doucement et rincez.

ATTENTION : n'utilisez pas cette méthode si vos bijoux sont ornés de perles ou de pierres précieuses ; la solution pourrait les endommager et dissoudre la colle de scellement.

DÉJAUNIR LES TOUCHES DE PIANO EN IVOIRE

Si les touches en ivoire de votre piano sont jaunies par le temps, versez 30 g de bicarbonate de soude dans 1 litre d'eau chaude. Appliquez cette solution sur chaque touche à l'aide d'un chiffon humide en coinçant un morceau de carton entre les touches pour empêcher les coulures. Rincez avec un chiffon trempé dans l'eau claire, puis essuyez avec un chiffon doux. Un mélange à parts égales de jus de citron et de sel donne également de bons résultats.

UNE SALLE DE BAINS ÉTINCELANTE

NETTOYER BAIGNOIRES ET LAVABOS • Mélangez 2 parts de bicarbonate de soude avec 1 part d'eau oxygénée et appliquez cette pâte sur les surfaces émaillées. Laissez agir 30 minutes environ puis frottez vigoureusement et rincez soigneusement. La pâte désinfectera également la canalisation en s'écoulant.

DISSOUDRE LES DÉPÔTS DE CALCAIRE • Si les trous de votre pomme de douche sont à moitié bouchés par des dépôts calcaire, glissez-la dans un sac plastique contenant 25 cl de vinaigre et 15 g de bicarbonate de soude. Fermez sans serrer (car le gaz doit pouvoir s'échapper) avec du ruban adhésif large. Laissez agir pendant 1 heure, puis ôtez le sac et faites couler l'eau pour éliminer les derniers débris de calcaire. La pomme de douche aura retrouvé tout son éclat !

DÉSINFECTER LA CUVETTE DES W.-C. • Plutôt que d'utiliser des produits chimiques polluants pour nettoyer vos toilettes, versez 1/2 paquet de bicarbonate de soude dans le réservoir de la chasse d'eau une fois par mois. Laissez reposer toute la nuit, puis tirez plusieurs fois la chasse. Cela a l'avantage de nettoyer à la fois le réservoir et la cuvette. Vous pouvez également verser 40 à 50 g de bicarbonate directement dans la cuvette sur les taches résistantes et frotter. Laissez agir quelques minutes avant de tirer la chasse d'eau.

DÉTACHER LES BRIQUES D'UNE CHEMINÉE • Faites dissoudre 30 g de bicarbonate de soude dans 1 litre d'eau chaude et frottez-en les briques tachées par la fumée.

BICARBONATE DE SOUDE suite →

ENLEVER UNE AURÉOLE BLANCHE SUR DU BOIS • Pour éliminer les marques laissées par une tasse chaude ou un verre humide, confectionnez une pâte avec 15 g de bicarbonate de soude et 1 cuillerée à café d'eau, appliquez-la sur les auréoles et frottez par petits mouvements circulaires jusqu'à complète disparition. N'utilisez surtout pas trop d'eau.

FAIRE BRILLER LE MARBRE • Faites dissoudre 40 g de bicarbonate de soude dans 1 litre d'eau tiède et lavez le tablier de votre cheminée ou le plateau de votre table basse en marbre avec un chiffon doux trempé dans cette solution. Laissez agir de 15 à 30 minutes, rincez à l'eau claire et essuyez.

ÉLIMINER LES ODEURS DE TABAC

Saupoudrez de bicarbonate de soude les fauteuils et canapés imprégnés de l'odeur du tabac. Laissez agir quelques heures, puis aspirez soigneusement.

Dans l'armoire à pharmacie

SOULAGER LES PETITES BRÛLURES • Si la brûlure est très superficielle, diluez 1 pincée de bicarbonate de soude dans un récipient d'eau glacée, trempez-y un linge ou un carré de gaze et appliquez-le sur la zone touchée. Renouvelez l'application jusqu'à ce que la sensation de brûlure s'atténue. Ce traitement empêche le plus souvent la brûlure de cloquer.

APAISER UN LÉGER COUP DE SOLEIL • Diluez 40 g de bicarbonate de soude dans 25 cl d'eau, trempez-y des carrés de gaze ou de coton et appliquez-les sur les zones sensibles. Dans le cas d'un coup de soleil un peu plus important sur le torse ou les jambes (mais aussi pour apaiser les démangeaisons dues à la varicelle), prenez un bain tiède dans lequel vous aurez versé toute une boîte de bicarbonate. Pour apaiser la brûlure du rasoir, tapotez votre peau avec un carré de coton imprégné d'une solution de 15 g de bicarbonate pour 25 cl d'eau.

SOULAGER LES PIQÛRES D'ORTIES • Mélangez 15 g de bicarbonate de soude à 1 cuillerée à café d'eau et appliquez la pâte ainsi obtenue sur les piqûres.
Le bicarbonate peut également calmer une urticaire. Diluez 15 g de bicarbonate dans 1 litre d'eau et saturez quelques carrés de gaze stérile avec cette solution. Couvrez la zone affectée avec la gaze plusieurs fois par jour pendant 10 minutes.
ATTENTION : évitez toujours le contour des yeux.

UN EMPLÂTRE POUR LES PIQÛRES D'ABEILLE • Mélangez 5 g de bicarbonate de soude avec quelques gouttes d'eau froide, appliquez la pâte sur la piqûre et laissez sécher.

ATTENTION : les réactions allergiques aux piqûres d'abeille peuvent être sévères. Si vous avez du mal à respirer ou constatez un gonflement important, consultez immédiatement un médecin.

ÉLIMINER LES PELLICULES • N'utilisez pas de shampooing : mouillez-vous les cheveux puis frottez-les avec 1 poignée de bicarbonate. Rincez et laissez sécher. Répétez l'opération tous les 4 ou 5 jours, toujours sans shampooing. Ce traitement a tendance à rendre les cheveux un peu secs mais, au bout de quelques semaines, le cuir chevelu se met à produire des graisses naturelles qui adoucissent les cheveux, et plus aucune trace de pellicules !

À SAVOIR

La durée de vie du bicarbonate

*** *Comment savoir si vous pouvez encore utiliser le paquet de bicarbonate de soude caché depuis des lustres au fond de la buanderie ?***

Versez-en 1 pincée dans un verre et ajoutez quelques gouttes de vinaigre ou de jus de citron frais. S'il ne se produit aucune effervescence, il faut acheter une nouvelle boîte. En règle générale, une boîte fermée a une durée de vie de 18 mois, une boîte ouverte, de 6 mois.

EN TRAITEMENT CAPILLAIRE • Un lavage au bicarbonate de soude suffit à éliminer tous les résidus qui souillent la chevelure (gel, laque, crème nourrissante, baume coiffant, etc.). Ajoutez simplement 15 g de bicarbonate à votre shampooing. Cela adoucit aussi l'eau et peut même vous éclaircir les cheveux.

NETTOYER PEIGNES ET BROSSES • Faites trempez vos peignes et vos brosses dans 75 cl d'eau additionnée de 10 g de bicarbonate de soude. Agitez-les dans la solution pour détacher tous les résidus coincés entre les dents ou les soies, puis laissez agir pendant 30 minutes. Rincez soigneusement et laissez sécher à l'air libre.

EN GARGARISME ET BAIN DE BOUCHE • Gargarisez-vous avec 1 cuillerée à café de bicarbonate de soude diluées dans 1/2 verre d'eau. Les odeurs désagréables (d'ail, par exemple) seront neutralisées par contact. En bain de bouche, le bicarbonate soulage également les aphtes.

POUR LES BÉBÉS

SOULAGER L'ÉRYTHÈME FESSIER • Vous soulagerez efficacement l'érythème fessier de votre nourrisson en ajoutant quelques pincées de bicarbonate à l'eau (tiède) de son bain. Si l'irritation persiste ou s'aggrave après plusieurs jours, consultez rapidement un généraliste ou un pédiatre.

ÉLIMINER LES CROÛTES DE LAIT • Confectionnez une pâte avec 15 g de bicarbonate et 1 cuillerée à café d'eau. Appliquez sur la tête du bébé environ 1 heure avant le coucher et rincez le lendemain, mais sans faire de shampooing. Il est parfois nécessaire de répéter l'opération plusieurs soirs de suite avant que les croûtes de lait ne commencent à disparaître (voir p. 190 comment traiter les croûtes de lait avec de l'huile pour bébé).

DÉSINFECTER UNE BROSSE À DENTS • Une ou deux fois par semaine, faites tremper votre brosse à dents toute la nuit dans une solution composée de 15 g de bicarbonate de soude pour 25 cl d'eau. Rincez avec soin.

POUR L'HYGIÈNE DENTAIRE • Trempez votre brosse à dents humide dans un peu de bicarbonate de soude, brossez-vous les dents et rincez comme d'habitude. Le bicarbonate peut également servir à nettoyer les appareils dentaires et les dentiers. Faites alors dissoudre 15 g de bicarbonate dans 25 cl d'eau tiède. Laissez tremper l'appareil pendant 1 heure et rincez soigneusement.

UN DÉODORANT TOUT SIMPLE • Appliquez 1 pincée de bicarbonate de soude sous vos aisselles à l'aide d'une houppette pour neutraliser efficacement les odeurs de transpiration.

BICARBONATE DE SOUDE suite →

APAISER LES DÉMANGEAISONS SOUS UN PLÂTRE • À l'aide d'un sèche-cheveux réglé sur position froide, tapissez l'intérieur de votre plâtre de bicarbonate de soude afin de calmer les démangeaisons et d'éviter la transpiration. Faites-vous aider pour ne pas recevoir de poudre dans les yeux.

SOULAGER UN PIED D'ATHLÈTE • Le bicarbonate de soude peut s'utiliser sec ou humidifié pour combattre une mycose du pied. Saupoudrez vos pieds, vos chaussettes et vos chaussures de bicarbonate pour assécher les plaies. Si ce traitement échoue, confectionnez une pâte avec 10 g de bicarbonate et 1 cuillerée à café d'eau, et appliquez-la entre les orteils. Laissez sécher pendant 15 minutes et rincez. Séchez soigneusement. Si vous ne remarquez pas assez rapidement une amélioration, prenez rendez-vous chez un médecin généraliste, un dermatologue ou un podologue.

RAFRAÎCHIR ET DÉSODORISER DES PIEDS FATIGUÉS • Plongez vos pieds dans 1 litre d'eau chaude additionnée de 40 g de bicarbonate de soude, vous les soulagerez tout en éliminant transpiration et bactéries. Renouveler régulièrement ce bain de pieds vous permettra de vous débarrasser des mauvaises odeurs persistantes.

PETITE EXPÉRIENCE

Utilisez le gaz produit par le mélange de bicarbonate de soude et de vinaigre pour gonfler un ballon.

Avec un entonnoir, versez 15 cl de vinaigre dans une bouteille à goulot étroit puis 50 g de bicarbonate de soude à l'intérieur d'un ballon de baudruche de taille moyenne. Placez le ballon sur le goulot de la bouteille et redressez-le doucement afin que le bicarbonate de soude tombe dans le vinaigre. Il se produira alors une réaction chimique se traduisant par une effervescence et une émission de gaz carbonique qui gonflera le ballon.

DÉSODORISER CHAUSSURES ET TENNIS

Saupoudrez généreusement l'intérieur de vos chaussures de bicarbonate de soude et laissez agir toute la nuit. Secouez bien pour éliminer toute trace de poudre (attention, des applications répétées peuvent dessécher le cuir). Fabriquez des « dévoreurs d'odeurs » réutilisables en versant 30 g de bicarbonate dans de vieilles chaussettes. Nouez-les, puis placez-les dans vos chaussures dès que vous les avez retirées.

Dans la lingerie

RENFORCER L'ACTION D'UNE LESSIVE • Ajoutez 15 g de bicarbonate de soude à votre dose de lessive habituelle pour obtenir un blanc éclatant et des couleurs ravivées. Le bicarbonate adoucit également l'eau, ce qui permet d'utiliser moins de détergent. Associez 15 g de bicarbonate à vos pastilles d'eau de Javel pour une machine à chargement par le haut, et 5 g pour une machine à chargement frontal, pour en augmenter l'effet.

CONTRE L'ODEUR D'ANTIMITE

Si vous n'aimez pas l'odeur du produit antimite sur vos vêtements, ajoutez 15 g de bicarbonate de soude à votre lessive; le linge retrouvera une bonne odeur de frais.

LAVER LES VÊTEMENTS NEUFS DE BÉBÉ • Éliminez tous les résidus chimiques des vêtements neufs de bébé en les lavant avec un savon doux et 20 g de bicarbonate de soude.

UN BON DÉTACHANT POUR LE LINGE • Prétraitez le vêtement taché par la transpiration avec une pâte faite de 50 g de bicarbonate de soude et 5 cuillerées à soupe d'eau tiède. Frottez les auréoles et laissez agir pendant 2 heures avant de laver. Pour éliminer les taches de cambouis, appliquez la pâte puis lavez au bicarbonate de soude pur. Enfin, pour les traces noires sur le col, appliquez la pâte et ajoutez quelques gouttes de vinaigre d'alcool avant de lancer la lessive.

NETTOYER UN RIDEAU DE DOUCHE • Si votre rideau de douche présente des taches de moisi, placez-le dans la machine à laver, avec 2 serviettes de bain pour qu'il se froisse le moins possible, et programmez le lavage sur fragile. Ajoutez 15 g de bicarbonate de soude durant le cycle de lavage et 15 cl de vinaigre d'alcool pendant le rinçage. Étendez et faites sécher à l'air libre et pas au sèche-linge.

Pour les bricoleurs

NETTOYER LES BORNES D'UNE BATTERIE • Mélangez 30 g de bicarbonate de soude à 1 cuillerée à soupe d'eau tiède et appliquez la pâte obtenue sur les bornes à l'aide d'une vieille brosse à dents. Essuyez avec un chiffon humide, puis séchez soigneusement avec un chiffon sec. Appliquez un peu de vaseline sur les bornes pour empêcher la corrosion.

DÉGIVRER EN HIVER

Le sel peut tacher, voire attaquer les sols en béton. Pour faire fondre efficacement le verglas sur les marches et les allées en béton, saupoudrez-les plutôt de bicarbonate de soude. Ajoutez-y un peu de sable pour un effet antidérapant.

BICARBONATE DE SOUDE suite →

Le coin des enfants

Comme les détectives, écrivez à l'encre sympathique. Mélangez 1 cuillerée à soupe de bicarbonate de soude et 1 cuillerée à soupe d'eau. Trempez un cure-dents ou un pinceau fin dans la solution et écrivez un message, ou faites un dessin, sur une feuille de papier blanc. Laissez sécher complètement le papier et l'encre.
Pour révéler le message ou le dessin, versez 6 gouttes de colorant alimentaire dans 1 cuillerée à soupe d'eau. Trempez un pinceau dans la solution et passez-le légèrement sur le papier. Pour un effet plus spectaculaire encore, utilisez des colorants différents.

PATINER UNE SURFACE EN BOIS • Diluez 100 g de bicarbonate de soude dans 4 litres d'eau, puis faites pénétrer la solution dans le bois à l'aide d'une brosse dure. Rincez à l'eau claire.

RETENDRE L'ASSISE D'UNE CHAISE PAILLÉE •
Diluez 25 g de bicarbonate de soude dans 1 litre d'eau chaude et trempez-y 2 torchons. Appliquez les torchons respectivement au-dessus et au-dessous de l'assise avachie pour la saturer de produit. Utilisez un chiffon sec pour absorber l'excès d'humidité puis laissez sécher au soleil.

RETIRER DU CAMBOUIS D'UNE CARROSSERIE •
Préparez une pâte molle avec 3 parts de bicarbonate de soude pour 1 part d'eau et appliquez-la sur les taches de cambouis à l'aide d'un chiffon humide. Laissez sécher 5 minutes puis rincez. Les taches vont disparaître sans que la peinture soit abîmée.

NETTOYER LES FILTRES D'UN CLIMATISEUR •
Aspirez la poussière qui encombre les filtres puis plongez-les dans 1 litre d'eau additionnée de 15 g de bicarbonate de soude. Frottez, rincez à l'eau claire et laissez sécher complètement avant de les remettre en place.

DÉSODORISER UN HUMIDIFICATEUR D'AIR •
Ajoutez 30 g de bicarbonate de soude à l'eau de l'humidificateur à chaque fois que vous la changez. **ATTENTION : vérifiez toutefois les recommandations sur le mode d'emploi de l'appareil avant d'appliquer cette méthode.**

Au jardin

PLUS DE MAUVAISES HERBES SUR LE CIMENT •
Si des mauvaises herbes ont tendance à pousser dans les fissures d'un sol en ciment, versez un peu de bicarbonate de soude par terre et balayez-le dans les fissures. Cet apport de sodium (sel) chassera les pissenlits et leurs amis.

NETTOYER DU MOBILIER DE JARDIN EN RÉSINE •
Vous ne risquez pas de rayer ni de ternir la surface de vos meubles en résine si vous les lavez avec une éponge humide trempée dans du bicarbonate de soude. Frottez par mouvements circulaires, puis rincez soigneusement.

NOURRIR CERTAINES PLANTES • Diluez 5 g de bicarbonate de soude dans 2 litres d'eau et vaporisez de temps à autre cette solution sur vos plantes à fleurs aimant les sols alcalins telles que clématites, delphiniums et œillets. Leur floraison n'en sera que plus généreuse.

TRAITER L'EAU D'UNE PISCINE • Ajoutez 680 g de bicarbonate pour 38 000 litres d'eau de piscine, afin d'augmenter l'alcalinité de 10 ppm (partie par million). La plupart des piscines nécessitent une alcalinité comprise en 80 et 150 ppm. Maintenir l'équilibre alcalin est important pour minimiser les changements de pH lorsque des produits chimiques ou des contaminants acides ou basiques sont introduits dans l'eau.

RÉCURER LA GRILLE DU BARBECUE • Préparez une pâte avec 15 g de bicarbonate de soude et 10 cl d'eau. Appliquez-la à la brosse métallique et laissez agir 15 minutes. Essuyez à l'aide d'un chiffon puis placez la grille sur la braise chaude pendant au moins 15 minutes pour éliminer les résidus avant de vous en servir.

Pour les animaux domestiques

UN SHAMPOOING DÉSODORISANT POUR CHIEN • Lorsque votre chien sent mauvais, appliquez quelques poignées de bicarbonate de soude sur sa fourrure et brossez énergiquement. Les odeurs disparaîtront et laisseront sa fourrure propre et brillante.

LAVER LES OREILLES DES ANIMAUX • Diluez 5 g de bicarbonate de soude dans 25 cl d'eau tiède. Trempez-y un morceau de coton et tamponnez doucement l'intérieur des oreilles de votre animal pour les nettoyer ou calmer les irritations dues aux mites (acariens) d'oreilles. Si les démangeaisons persistent et si vous observez des sécrétions brunâtres, il est préférable de consulter un vétérinaire.

DÉSODORISER LA LITIÈRE DU CHAT • Pour bien absorber toutes les odeurs, étalez une fine couche de bicarbonate de soude au fond du bac avant d'y verser la litière. Ou bien ajoutez du bicarbonate à la litière lorsque vous la changez partiellement.

ÉLOIGNER LES INSECTES DE LA GAMELLE D'UN ANIMAL

Saupoudrez un peu de bicarbonate de soude autour de la gamelle du chien ou du chat pour éloigner les insectes.

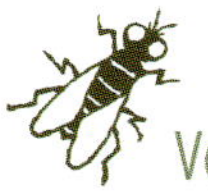

Votre animal ne court aucun risque s'il en avale un peu, et son goût amer risque de toute façon de l'en dissuader.

BIÈRE

EN APRÈS-SHAMPOOING • Mélangez 3 cuillerées à soupe de bière éventée et 15 cl d'eau chaude. Appliquez cette lotion après votre shampooing, laissez agir quelques minutes et rincez soigneusement. Le résultat sera si spectaculaire que vous stockerez toujours un peu de bière dans la salle de bains !

ATTENDRIR LA VIANDE • Placez la viande dans un plat à bord haut, recouvrez-la de bière et laissez-la mariner pendant 1 heure avant de la faire cuire. Mieux encore, gardez-la ainsi toute la nuit dans le réfrigérateur.

FAIRE BRILLER DES BIJOUX EN OR • Versez quelques gouttes de bière blonde sur un chiffon doux et frottez doucement vos anneaux en or (à condition qu'ils soient dépourvus de perles ou de pierres précieuses). Essuyez soigneusement à l'aide d'un chiffon sec.

NETTOYER DES MEUBLES EN BOIS • Versez de la bière éventée sur un chiffon doux et frottez-en vos meubles en bois. Essuyez à l'aide d'un chiffon sec.

LE SAVIEZ-VOUS ?

L'art de brasser la bière est presque aussi vieux que la civilisation. La bière est probablement, avec le pain, le plus ancien produit manufacturé connu. Les Chinois brassaient déjà la bière il y a 5 000 ans, et ce sont les Babyloniens qui ont amélioré la technique, comme l'atteste une tablette conservée au Metropolitan Museum of Art de New York. Dans certains pays, la production de bière a été encouragée dès la fin du XVIIIe siècle pour empêcher une consommation excessive de rhum.

PIÉGER ESCARGOTS ET LIMACES • Pour vous débarrasser de ces nuisibles qui envahissent le potager, placez en terre un récipient (par exemple, une brique à jus de fruits coupée en deux dans le sens de la longueur) et remplissez-le de 1/2 canette de bière éventée. Au bout de quelques jours, il sera plein de gastéropodes ivres et noyés.

DÉTACHER UN TAPIS • Pour éliminer une tache de thé ou de café sur un tapis, versez quelques gouttes de bière puis frottez doucement pour que le textile soit bien imprégné. Il vous faudra peut-être répéter l'opération plusieurs fois pour faire disparaître complètement la tache.

BOCAL

POUR LE CAMPING • Pour qu'ils restent bien au sec, conservez vos allumettes et autres objets sensibles à l'humidité dans des bocaux transparents munis de couvercles bien vissés. Les denrées alimentaires fragiles seront elles aussi mieux protégées dans un bocal que dans un simple sac plastique. Si vous randonnez sac au dos, emportez des bocaux en plastique, plus légers que ceux en verre.

OBSERVER DES INSECTES • Pour permettre à vos jeunes enfants de recueillir et d'observer des insectes, percez quelques trous d'aération dans les couvercles de quelques bocaux à vis, afin que les petites bêtes puissent respirer.

EMPORTE[illegible]IENTS FAVORIS DE BÉBÉ • Gardez quelques petits pot[illegible] bien lavés : ils vous seront utiles pour transport[illegible] de ses aliments en petites quantités (des céré[illegible]emple).

RANGER [illegible]R • Fixez les couvercles de quelques bocaux en verre ou en pla[illegible]ne étagère en bois ou en mélaminé avec de la colle forte ou une vis – qui ne devra, bien sûr, pas traverser l'étagère. Répartissez les petites pièces (clous, vis, écrous, rondelles) dans les différents bocaux et vissez chaque pot sur son couvercle. Utilisez de préférence des bocaux transparents pour trouver du premier coup d'œil ce dont vous avez besoin. Recourez aussi à cette astuce pour stocker des graines dans une remise.

DÉCOUPER DE LA PÂTE • Des bocaux vides de différentes tailles peuvent vous servir à découper des ronds de pâte quand vous préparez des biscuits.

FABRIQUER UNE TIRELIRE

Il vous faut un bocal en verre avec couvercle en métal. Posez le couvercle sur une surface bien plate et faites une fente au milieu avec un tournevis et un marteau. Pour ne pas vous blesser, ébarbez les bords sur l'envers du couvercle avec une râpe à métaux ou lissez-les avec un marteau. Décorez le bocal selon votre fantaisie.

PETITE EXPÉRIENCE

Transformer un pot à ouverture large en biosphère miniature.

Nettoyez un bocal et son couvercle puis placez quelques cailloux et fragments de charbon de bois au fond. Ajoutez du terreau de rempotage stérilisé légèrement humide. Sélectionnez des plantes qui apprécient l'humidité et une lumière modérée (fougères, mousses, etc.). Ajoutez quelques pierres colorées, des coquillages ou un bout de bois flotté. Humidifiez votre terrarium avec un peu d'eau. Vissez bien le couvercle et placez le pot à l'abri de la lumière durant 2 jours. Exposez-le ensuite à une lumière vive mais indirecte.

Vous ne devriez pas avoir besoin d'ajouter de l'eau, cette dernière circulant entre les plantes et le sol, et inversement. Les fragments de charbon de bois vont filtrer l'eau qui se recycle à l'intérieur du terrarium. Attention, il est important d'utiliser une terre stérilisée afin de ne pas introduire de parasites et maladies dans le terrarium.

BOCAL suite →

UN REPAS POUR BÉBÉ • Nettoyez soigneusement quelques petits pots pour bébé, puis remplissez-les de purée de légumes ou de compote de fruits maison. Congelez-les si besoin. Au moment de les utiliser, attachez une cuillère au pot avec un élastique : voilà un repas pour bébé prêt à emporter.

FAIRE SÉCHER DES GANTS

L'hiver, enfilez chacun de vos gants de laine mouillés autour d'un bocal vide retourné, puis placez les pots, côté ouvert vers le bas, sur un radiateur ou un ventilateur soufflant de l'air chaud. Celui-ci remplira les bocaux et séchera vos gants par rayonnement en un rien de temps.

BOÎTE À BONBONS

ORGANISER SON MATÉRIEL À COUTURE • Utilisez des boîtes à bonbons pour ranger boutons, épingles de nourrice, agrafes, perles, rubans, etc. Collez une étiquette ou un échantillon sur les couvercles afin de faciliter les recherches.

UN MINI-NÉCESSAIRE À COUTURE • Une petite boîte à bonbons a la taille idéale pour contenir une sélection d'aiguilles, de fils et de boutons à glisser dans votre sac à main.

CLASSER LES ACCESSOIRES DANS L'ATELIER • Les boîtes à bonbons sont très pratiques pour ranger clous, pointes de vitrier, vis, écrous, rondelles, joints et autres petits articles d'un atelier.

DES PETITS COFFRETS À BIJOUX

CONSERVER LES BIJOUX CASSÉS • Pour éviter de les perdre, rassemblez dans une boîte à bonbons les petites pièces de bijoux cassés que vous avez l'intention de réparer un jour.

HALTE AUX NŒUDS • Pour éviter les nœuds dans les colliers et les bracelets fins, rangez-les séparément dans des petites boîtes à bonbons.

RANGER LES BOUCLES D'OREILLES • Vous êtes en retard et, bien sûr, vous ne trouvez qu'une seule boucle de cette paire si bien assortie à votre robe ! Pour éviter ces mauvaises surprises, rangez chaque paire de boucles dans une petite boîte à bonbons dès que vous les ôtez.

STOCKER LES BOUGIES DE VOITURE • Vous trouverez toujours vos bougies de voiture du premier coup si vous les rangez dans une boîte à bonbons glissée dans la boîte à gants.

FABRIQUER UN ÉCRIN • Décorez l'extérieur d'une petite boîte à bonbons et tapissez l'intérieur de feutrine ou de soie : voilà un écrin original pour offrir une pièce de l'année de naissance du bébé de votre meilleure amie, par exemple.

BOÎTE À CAFÉ

SÉPARER DES STEAKS AVANT CONGÉLATION • Avant de glisser des steaks dans un sachet plastique pour les congeler, empilez-les en les séparant avec un couvercle de boîte à café en plastique ; il sera plus facile de les décongeler.

CONFECTIONNER DES PAINS CYLINDRIQUES • Préparez votre pâte à pain selon votre recette habituelle puis transférez-la dans une boîte à café bien graissée. Pour faire lever les pains, utilisez plusieurs boîtes si nécessaire et ne les remplissez qu'à moitié. Graissez l'intérieur des couvercles et placez-les sur les boîtes. Vous pourrez les enfourner lorsque la pâte, en levant, aura soulevé les couvercles. Faites cuire les pains au four, dans les boîtes mais sans les couvercles.

UNE MINIPOUBELLE

Tapissez une boîte à café d'un petit sac plastique et placez-la près de l'évier pour y déposer les petits débris de cuisine et les épluchures.

DES RANGEMENTS POUR PETITS JOUETS • Lavez les boîtes à café et limez les bords coupants. Appliquez deux couches de peinture acrylique blanche à l'éponge, en laissant sécher entre les deux couches. Tapissez l'extérieur de la boîte avec un morceau de tissu découpé dans un vieux drap ou une vieille nappe. Mélangez 4 cuillerées à café d'adhésif polyvinylique avec suffisamment d'eau pour obtenir une consistance identique à celle de la peinture. Appliquez cette mixture sur la surface externe de la boîte, positionnez le tissu et lissez-le du bout des doigts pour éliminer les plis. Coupez l'excédent de tissu à la base de la boîte et repliez le bord supérieur à l'intérieur. Appliquez deux couches de colle sur le tissu, en laissant sécher entre les deux.

FABRIQUER UNE TIRELIRE • Pratiquez à l'aide d'un cutter une fente de 3 mm de large au milieu du couvercle en plastique d'une boîte à café. Décorez celle-ci avec de l'adhésif de couleur. Si vous effectuez une collecte pour une œuvre de bienfaisance, utilisez l'extérieur de la boîte pour en faire la publicité.

UN VIDE-POCHES • Placez une boîte à café vide à proximité de votre lave-linge pour y déposer le contenu des poches des vêtements avant de les mettre dans la machine (les papiers de bonbon et toutes les petits choses que les enfants aiment garder). Prévoyez une autre boîte pour les pièces et les billets.

DES SOUCOUPES POUR LES PLANTES • Placez des couvercles de boîtes à café en plastique sous vos plantes d'intérieur en pot pour protéger vos revêtements de sol en cas de débordement.

RANGER DES CEINTURES • Stockez-les roulées dans des boîtes à café à couvercle transparent. Leur taille est idéale pour empêcher les ceintures en tissu de prendre des mauvais plis et, grâce aux couvercles transparents, vous trouverez plus aisément celle qu'il vous faut.

FABRIQUER UN DÉSHUMIDIFICATEUR • Remplissez de sel une boîte à café vide et placez-la dans un coin où elle ne gênera pas. Remplacez le sel dès qu'il est humide.

BOÎTE À CAFÉ suite →

UNE MANGEOIRE POUR LES OISEAUX

Pour transformer une boîte à café en une mangeoire solide, prenez une boîte pleine, ouvrez à moitié le dessus et transférez le café dans un récipient hermétique. Ouvrez le fond de la boîte de la même façon. Repliez soigneusement les parties coupées à l'intérieur de la boîte afin de ne pas vous blesser. Percez un trou sur le côté de la boîte à chacune des extrémités, là où se trouvera la partie supérieure de la mangeoire, et passez un morceau de fil métallique dans les trous pour la suspendre.

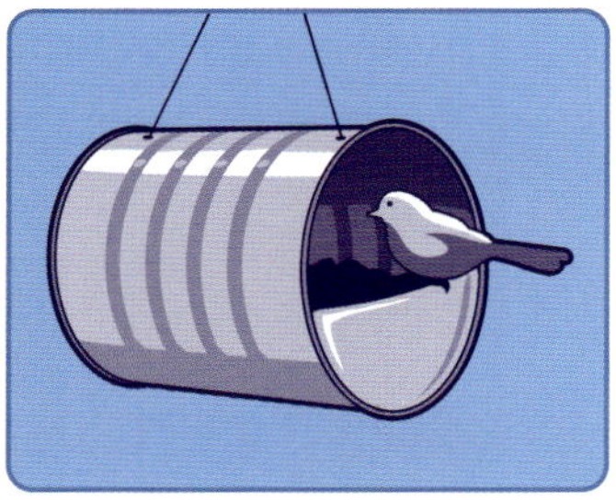

POUR LE CAMPING • Emportez quelques boîtes à café vides en camping ; vous pourrez les utiliser pour stocker le papier toilette par temps de pluie, mais aussi pour emporter des provisions lors d'une promenade en canoë ou en bateau.

MESURER LA PLUVIOSITÉ • Placez des boîtes à café à plusieurs endroits du jardin. Quand la pluie cesse, mesurez la hauteur d'eau recueillie dans les boîtes pour savoir s'il est nécessaire d'arroser. C'est aussi un excellent moyen de tester si votre système d'arrosage envoie suffisamment d'eau dans les endroits qu'il est censé atteindre.

LE COIN DES BRICOLEURS

RANGER L'ATELIER • Pour classer aisément vis, boulons et clous sans qu'ils encombrent votre établi, percez un trou près du bord supérieur de boîtes à café afin de les suspendre à des clous plantés dans le mur. Étiquetez les boîtes avec du ruban de masquage pour identifier rapidement leur contenu.

FAIRE TREMPER UN PINCEAU • Une boîte à café est le récipient idéal pour faire tremper dans du solvant un pinceau souillé de peinture jusqu'au lendemain. Taillez une croix dans le couvercle et insérez le pinceau de sorte que les soies se trouvent à 1 cm environ du fond de la boîte.

DES COUVERCLES PROTECTEURS • Pour éviter les taches, utilisez les couvercles en plastique de boîtes à café en les plaçant sous les pots de peinture ou sous les pieds des meubles lorsque vous les peignez. Protégez aussi les étagères de vos placards de cuisine en glissant ces couvercles sous les bouteilles d'huile, les pots de miel ou de confiture...

LE SAVIEZ-VOUS ?

S'il ne fait pas l'objet d'un conditionnement spécial, le café moulu perd immédiatement son arôme. C'est pourquoi le café fraîchement torréfié et moulu est souvent conditionné sous vide dans des sachets en papier plastifié ou dans des boîtes en fer hermétiques, où il se conserve 3 ans maximum. Les États-Unis sont les plus grands consommateurs de café, avec 1,1 million de kilos importés chaque année. En Europe, les Nordiques sont les plus grands consommateurs, avec une moyenne de 12 tasses par jour et par habitant. Les Anglais consomment environ 3 tasses par jour, et les Italiens, les Espagnols et les Belges sont proches de notre consommation, avec 4 à 5 tasses par jour.

CONFECTIONNER UN SEMOIR • Au moment d'engazonner les zones de pelouse où l'herbe a disparu ou séché, confectionnez un semoir avec une boîte à café et deux couvercles en plastique, pour répartir les graines avec précision. Percez le fond de la boîte de trous juste assez gros pour laisser passer les graines. Posez un couvercle sur le fond de la boîte, remplissez celle-ci de graines et fermez-la avec l'autre couvercle. Pour semer, retirez le couvercle inférieur. Une fois le travail terminé, remettez-le en place pour conserver le reste des graines dans de bonnes conditions.

BOÎTE À CHAUSSURES

UN DISTRIBUTEUR DE BOLDUC • Il vous faut une boîte à chaussures en bon état et un manche à balai inutilisé, ou un tuteur de jardin, ou tout autre bâton de ce genre, que vous couperez de façon à ce qu'il soit un petit plus long que la boîte. À chaque extrémité de celle-ci, découpez une ouverture à une hauteur permettant de dérouler aisément une bobine de ruban.

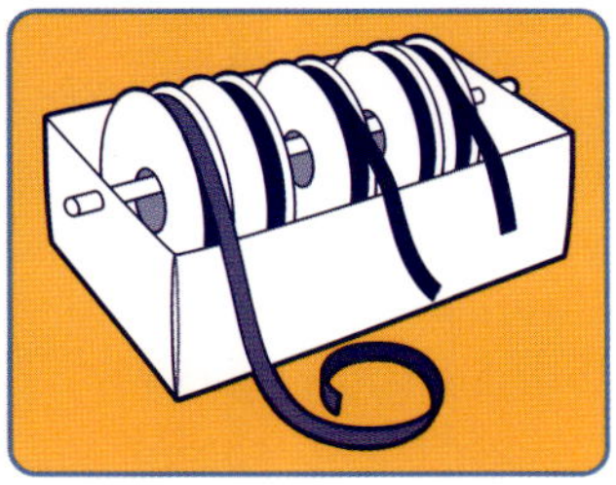

Enfilez les bobines sur le manche, introduisez ce dernier à travers les trous de la boîte à chaussures et fixez-le avec du ruban adhésif. Vous pouvez également pratiquer des ouvertures sur l'un des côtés de la boîte face à chaque bobine, pour y faire passer le ruban.

PAQUET CADEAU • Une boîte à chaussures a la taille idéale pour accueillir les miches de pain et autres pâtisseries maison que vous souhaitez offrir. Garnissez-la d'une jolie serviette en papier et décorez-en l'extérieur.

UNE COUVEUSE DE FORTUNE • Au moment où votre chienne ou votre chatte met bas, empêchez-la d'écraser ses nouveau-nés en les plaçant au fur et à mesure dans une boîte à chaussures tapissée de chiffons, le temps que tous les petits soient venus au monde.

RANGEMENTS MALINS • Les boîtes à chaussures font des rangements très pratiques : photos, souvenirs ou encore papiers, anciens chéquiers, factures, etc. N'oubliez pas d'étiqueter les boîtes en fonction de leur contenu et n'hésitez pas à les personnaliser !

DES BRIQUES POIDS PLUME

Pour des enfants créatifs, quelques boîtes à chaussures peuvent se transformer en briques de construction. Fixez les couvercles avec du ruban adhésif et proposez aux enfants de décorer leurs briques.

BOÎTE À LINGETTES

RANGER TOUT CE QUI TRAÎNE • Les boîtes à lingettes en plastique sont très utiles pour le rangement. Celles de forme rectangulaire peuvent même s'empiler. Rangez-y votre matériel de couture, des recettes de cuisine, des petites fournitures de bureau, de petits outils, ou bien encore des photos, reçus et factures, etc. N'oubliez pas d'étiqueter les boîtes.

PRÉPARER UN KIT DE PREMIER SECOURS • Au lieu d'acheter une boîte de premier secours en pharmacie, rangez les éléments indispensables (pansements, bandages, gaze stérile, ciseaux, désinfectant, pommade antibiotique, etc.) dans une boîte à lingettes rectangulaire. Lavez soigneusement la boîte avant de vous en servir et désinfectez-la avec de l'alcool à 90°. Collez une étiquette bien voyante sur le couvercle.

FABRIQUER UN DÉVIDOIR À FICELLE • Une boîte à lingettes cylindrique fera un excellent dévidoir. Retirez le couvercle, insérez la bobine dans la boîte, tirez le fil à travers la fente du couvercle et remettez ce dernier en place. Si le cœur vous en dit, peignez la boîte pour la décorer.

À SAVOIR

Pour retirer les étiquettes

* *Utilisez un sèche-cheveux à chaleur maximale pour chauffer les étiquettes collées sur la boîte à lingettes, elles seront plus faciles à enlever. Vous éliminerez toute trace de colle avec un peu de WD-40 (voir p. 357).*

STOCKER DES SACS EN PLASTIQUE • Conservez des sacs en plastique (tels ceux que donnent les commerçants), pour la promenade du chien par exemple, dans des boîtes à lingettes. Et sachez qu'une seule boîte peut contenir de 40 à 50 sacs en plastique.

RANGER CHIFFONS ET FEUILLES D'ESSUIE-TOUT • Une boîte à lingettes contient facilement 6 ou 7 chiffons de bonne taille, ou un très grand nombre de feuilles de papier absorbant. Une bonne idée pour en avoir toujours sous la main à l'atelier ou dans la voiture.

FABRIQUER UNE TIRELIRE

Servez-vous d'un canif bien aiguisé ou d'un cutter pour découper une fente dans le couvercle d'une boîte à lingettes rectangulaire (cette fente doit être assez grande pour accueillir les pièces de 2 euros). Si vous destinez la tirelire à un enfant, décorez-la avec lui.

BOÎTE À ŒUFS

RANGER DES PETITS ARTICLES • Les boîtes à œufs offrent des espaces de rangement pratiques pour les petits articles. Quelques idées pour démarrer.

- Au lieu de délester vos poches de leur menue monnaie en vrac, dans un bocal ou un vide-poches, sans trier les pièces, découpez un groupe de 4 ou 6 alvéoles dans une boîte à œufs, posez-le sur une commode ou une console dans l'entrée, et triez les pièces à mesure que vous videz vos poches.
- Groupez et rangez les boutons, épingles de nourrice et fusettes de fil qui encombrent votre table à couture dans des boîtes à œufs.
- Pour dégager le dessus de votre établi, triez vos écrous, vis, rondelles et boulons, puis rangez-les dans une boîte à œufs. Ou bien utilisez les boîtes pour classer les différentes pièces d'un mécanisme dans l'ordre où vous les avez démontées.
- Pour éviter de les abîmer, stockez les petites décorations de Noël dans des boîtes à œufs empilables, en plaçant un article par alvéole.

DÉMARRER UN FEU • Garnissez de charbon de bois une boîte à œufs en carton (vous pouvez y ajouter un reste de cire de bougie), placez-la dans votre barbecue et enflammez-la. Ou bien remplissez-la de petit bois ou de morceaux de papier et utilisez-la comme allume-feu dans une cheminée ou un poêle à bois.

DÉMARRER DES SEMIS • Une boîte à œufs en carton (ne prenez pas celles en polystyrène pour cet usage) est idéale pour les semis. Remplissez chaque alvéole de terre et semez-y quelques graines. Une fois qu'elles ont germé, séparez les alvéoles et plantez vos semis tels quels, sans les sortir des alvéoles.

PRÉPARER DES GLAÇONS • Si vous avez besoin d'une grande quantité de gros glaçons, transformez en bacs à glaçons les moitiés inférieures de boîtes à œufs en polystyrène.

RENFORCER UN SAC-POUBELLE • Pour éviter la mauvaise surprise du sac dégoulinant d'un liquide nauséabond quand vous le sortez de la poubelle, placez une boîte à œufs en carton au fond du sac : elle absorbera les liquides et évitera les fuites.

RANGER DES BALLES DE GOLF OU DE PING-PONG • Placez vos balles fraîchement nettoyées dans une boîte à œufs et glissez celle-ci dans votre sac.

UNE BOÎTE À FRIANDISES

Voilà une idée qui fera plaisir à un étudiant ou à un ami en mission à l'étranger. Couvrez une boîte à œufs de papier cadeau de couleur vive. Tapissez chaque alvéole de papier crépon ou de papier de soie, puis garnissez-les de friandises maison. Confiez votre colis surprise à La Poste et n'ayez aucune inquiétude : elle arrivera intacte.

BOÎTE À PELLICULE PHOTO

UN JOUET SONORE POUR LE CHAT • Les chats s'amusent comme des petits fous avec des objets qui cliquettent et se moquent totalement de leur apparence. Glissez quelques haricots secs ou 1 cuillerée de riz dans une boîte à pellicule photo. Remettez le couvercle. Le jouet de votre chat est prêt !

UN DISTRIBUTEUR D'ÉTIQUETTES • Pour éviter d'abîmer un rouleau de petites étiquettes, fabriquez un distributeur avec une boîte à pellicule photo. Tenez la boîte d'une main, découpez une petite entaille verticale dans la paroi, déposez le rouleau d'étiquettes à l'intérieur de la boîte, faites sortir l'extrémité du rouleau par la fente et fermez la boîte. Le distributeur est prêt à l'emploi.

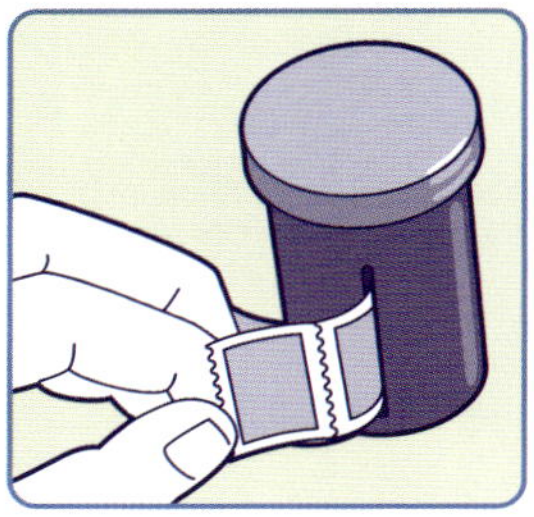

DES ROULEAUX À MISE EN PLIS • Collectionnez les boîtes à pellicule photo en plastique, même sans les couvercles (inutiles ici), pour les transformer en bigoudis. Il ne vous faudra que quelques pinces pour faire tenir vos cheveux mouillés sur ces rouleaux.

S.O.S. COUTURE • Garnissez plusieurs boîtes à pellicule photo de boutons, d'épingles et d'aiguilles préenfilées, et glissez ces minitrousses à couture dans vos sacs de voyage, votre sac de gym ou votre sac à main ; vous partirez l'esprit tranquille.

UN PILULIER DE VOYAGE • Convertissez quelques boîtes à pellicule photo en piluliers pour le sac ou la trousse de toilette. Ne mélangez pas les médicaments : utilisez une boîte pour chacun d'eux. Collez sur chaque boîte une étiquette portant le nom du médicament ainsi que la posologie. Pour les identifier au premier coup d'œil, colorez chaque étiquette avec un surligneur d'une couleur différente.

EMPORTER DES ÉPICES EN CAMPING • Les boîtes à pellicule photo sont idéales pour une sélection d'épices à emporter en petite quantité. Adoptez aussi cette solution pour les courts séjours dans votre résidence secondaire.

CONSERVER MOUCHES ET HAMEÇONS

Les boîtes à pellicule photo ne prennent pas de place dans une veste de pêche et, si vous en laissez tomber une dans la rivière, elle flottera grâce à son couvercle hermétique et, qui sait, vous pourrez peut-être la repêcher un peu plus loin.

TRANSPORTER DES INGRÉDIENTS DE RÉGIME • Emportez au restaurant, en toute discrétion, sauce de salade, édulcorant artificiel ou autres condiments dans des boîtes à pellicule photo en plastique ; elles sont hermétiques et suffisamment petites pour être glissées dans un sac à main.

UN COFFRET À BIJOUX DE VOYAGE • Une boîte à pellicule photo ne prend pas de place dans un sac de gym ou de piscine et se révèle très pratique pour ranger bagues et autres boucles d'oreilles.

STOCKER DES PIÈCES DE MONNAIE • Les boîtes à pellicule photo ont une taille idéale pour ranger les précieuses pièces de monnaie que l'on glisse dans distributeurs de boissons et les machines de la laverie automatique.

UN DISSOLVANT MALIN • Glissez un petit morceau d'éponge dans une boîte à pellicule photo, imbibez-le de dissolvant et fermez la boîte. Pour retirer votre vernis à ongles, il vous suffira d'insérer le doigt dans la boîte et de frotter votre ongle contre l'éponge.

À SAVOIR

Un objet qui se fait rare

* ***Les boîtes à pellicule photo en plastique ont de multiples usages, du cendrier improvisé au bocal à épices.***

Mais, avec l'avènement des appareils photo numériques, ces petites merveilles sont vouées à disparaître. Pour trouver encore des boîtes à pellicule photo, allez chez un photographe qui effectue les travaux photo en 1 heure, ou bien cherchez un laboratoire professionnel dans l'annuaire car les photographes professionnels utilisent encore des pellicules.

BOÎTE DE CONSERVE

DES RÉFLECTEURS DE DÉPANNAGE • Retirez le fond d'une grande boîte en fer-blanc avec un ouvre-boîtes et décollez l'étiquette. Avec des cisailles, coupez la boîte en deux dans la longueur : vous obtenez deux réflecteurs à utiliser en camping ou au jardin. Prenez garde à ne pas vous blesser avec les bords coupants.

RAPIÉCER LE SOL D'UN GRENIER • Pour boucher les trous dus aux nœuds dans un plancher en bois et décourager les rongeurs, clouez dessus des couvercles de boîtes de conserve.

POCHER UN ŒUF

Pour pocher joliment un œuf, retirez le fond, le couvercle et l'étiquette d'une petite boîte de thon. Placez l'anneau métallique obtenu dans une poêle remplie d'eau frémissante et cassez l'œuf dedans.

NOURRIR LES OISEAUX • Un oiseau se moque bien que sa mangeoire soit belle ou laide tant qu'elle est approvisionnée en graisse ou en graines. Pour lui fabriquer un garde-manger tout simple, coincez une petite boîte de conserve entre deux branches d'arbre après vous être assuré que les bords ne sont pas coupants.

BOÎTE DE CONSERVE suite →

ASSEMBLER DES TABLES

Si vous recevez beaucoup de monde pour le repas et disposez plusieurs tables côte à côte, réunissez-les en plaçant les pieds adjacents dans des boîtes de conserve. Les tables seront bien stables et assez serrées les unes contre les autres pour que les miettes ne tombent pas entre elles... Et le nettoyage en sera facilité.

UN BEAU BRIC-À-BRAC • Enduisez une bonne demi-douzaine de boîtes de conserve de laque de couleur vive. Une fois qu'elles sont sèches, collez-les ensemble et posez-les à l'horizontale sur une étagère, ouverture vers vous. Garnissez ces niches de bibelots, fournitures de bureau et autres bricoles qui traînent.

UN GOLF MINIATURE • Retirez les deux extrémités de plusieurs boîtes de conserve et disposez-les sur la pelouse selon un parcours préétabli afin qu'une balle puisse les traverser, monter une rampe placée à l'intérieur, ou ricocher sur une planche avant de passer à travers.

RANGER DES CISEAUX EN LIEU SÛR • Avec un ouvre-boîtes perforant, percez des trous à intervalles réguliers sur le pourtour du fond d'une grande boîte de conserve. Posez la boîte renversée sur votre établi ou sur votre plan de travail et glissez les pointes des ciseaux dans les trous.
C'est aussi très pratique pour ranger les tournevis.

LE SAVIEZ-VOUS ?

Le propre des boîtes de conserve est d'être hermétiques. Mais connaissez-vous l'origine du terme hermétique ? Il vient d'Hermès Trismégiste, qui fut assimilé au dieu égyptien Toth et à qui l'on attribua la paternité de livres de magie et d'alchimie à partir du IIIe siècle. Il aurait inventé un enduit magique pour rendre un récipient étanche à l'air. La boîte hermétiquement scellée fut inventée en 1810 par un marchand britannique du nom de Peter Durand. Ses boîtes étaient si épaisses qu'il fallait les ouvrir au marteau ! Un autre Anglais, Thomas Kensett, breveta l'invention en 1825 en Amérique, mais il fallut attendre plus d'un siècle (1957) pour voir apparaître la première boîte tout aluminium.

DES ÉCHASSES POUR ENFANT

Percez un trou de part et d'autre du fond de deux grosses boîtes de conserve solides et de même taille. Passez une cordelette de Nylon dans chaque trou et nouez-la pour former une poignée. Ajustez la longueur des poignées à la taille de l'enfant, qui n'aura plus qu'à monter sur les boîtes, tendre les poignées et... se lancer !

UN RANGEMENT DE BUREAU • Confectionnez un range-tout en assemblant des boîtes de conserve de dimensions variées. Peignez les boîtes à la bombe ou tapissez-les de jute ou de feutrine. Laissez sécher puis collez les boîtes ensemble avec un pistolet à colle thermofusible. Votre range-tout est prêt à recevoir stylos, pinces, ciseaux et autres petites fournitures.

CONSTRUIRE UN PIÉDESTAL • Remplissez plusieurs grandes boîtes de même taille de cailloux ou de sable et collez-les les unes sur les autres (voir encadré ci-contre pour le choix de la colle). Vissez une plaque de bois ronde ou carrée sur le fond de la boîte supérieure avant de la coller au-dessus des autres. Peignez votre piédestal et posez une plante en pot, une lampe ou une statuette dessus.

CONFECTIONNER UNE SACOCHE À OUTILS • Transformez les poches vastes et profondes d'un sac à outils en tissu en une sacoche compartimentée pratique pour ranger clés, pinces et tournevis entre deux chantiers. Retirez le fond et le couvercle d'autant de boîtes de conserve que les poches peuvent en contenir. Collez ou agrafez ces cylindres ensemble pour les empêcher de bouger et glissez-les dans les poches pour créer des compartiments.

À SAVOIR

Coller les boîtes de conserve

* ***Pour coller ensemble des boîtes et autres pièces en métal, utilisez une colle qui adhère bien au métal, comme une colle vinylique (PVC), époxy ou pour la soudure à froid.***

Si le joint ne subit pas de contrainte, servez-vous d'un pistolet à colle thermofusible. Pensez à bien laver et sécher les boîtes au préalable, pour éviter la rouille, et retirez les étiquettes. Laissez complètement sécher la peinture avant de coller.

DES LUMINAIRES DÉCORATIFS • Remplissez d'eau des boîtes de conserve de tailles diverses, et mettez-les au freezer ou au congélateur (remplie de glace, la boîte sera plus facile à percer de mille trous). Avec un marteau et un grand clou, ou une perceuse électrique, percez des trous dans les parois des boîtes en réalisant un motif, faites dégeler la glace et insérez des petites bougies dans les boîtes.

BOÎTE EN PLASTIQUE

SE DÉBARRASSER DES LIMACES • À proximité de la plante que vous souhaitez protéger, creusez un trou de la taille d'une de vos boîtes en plastique un peu profonde. Placez celle-ci dans le trou et remplissez-la de bière ou d'eau salée. Disposez quelques rondelles de pomme de terre autour de la boîte pour attirer les limaces, qui se noieront dans le liquide.

UN PIÈGE À GUÊPES • Remplissez une boîte en plastique d'eau sucrée. Dans le couvercle, faites un trou suffisamment grand pour qu'une guêpe puisse y entrer. Attiré par l'eau sucrée, l'insecte sera piégé et ne pourra plus sortir de la boîte.

ÉLOIGNER LES FOURMIS • Si les fourmis menacent d'envahir votre table de pique-nique, placez les pieds de la table dans des boîtes en plastique remplies d'eau ; vous n'aurez plus rien à craindre.

BOÎTE EN PLASTIQUE suite →

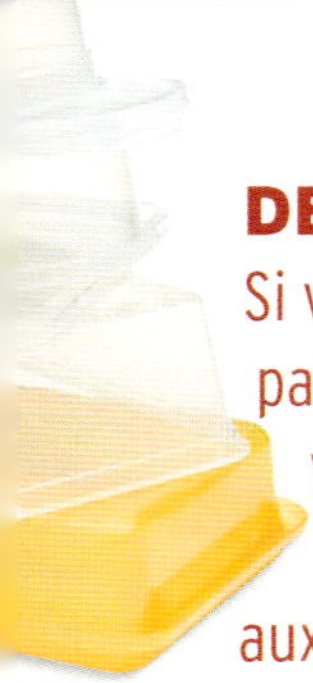

DES BOÎTES À COUTURE

Si vos travaux de couture n'avancent pas parce que vous passez votre temps à chercher vos ciseaux, votre mètre ou vos bobines de fil, pensez aux boîtes en plastique ! Dans l'une, rangez vos boutons, dans l'autre, vos bobines, dans la troisième, vos aiguilles...

DES GAMELLES PORTABLES • Quand vous partez en randonnée pour la journée avec votre chien, emportez sa nourriture et quelques friandises dans une boîte en plastique et votre repas dans une autre. Une troisième boîte pourra également vous servir de gamelle à eau.

LE SAVIEZ-VOUS ?

L'incroyable succès des boîtes en plastique Tupperware est dû à l'inventivité d'un homme et à la perspicacité d'une femme. Leur nom : Earl Tupper et Brownie Wise. En 1942, l'Américain Earl Tupper découvre que le polyéthylène, un plastique à la fois résistant et souple, peut être moulé sous la forme de petites boîtes fermant hermétiquement. Mais les ventes de Tupperware ne décollent réellement qu'en 1948, lorsque Earl Tupper rencontre Brownie Wise, une mère de famille divorcée originaire de Detroit. À cette époque, la société américaine condamne encore le travail des femmes. Brownie Wise invente donc un nouveau concept : la vente à domicile. Earl Tupper la nomme responsable de sa société, que le *Livre des records* lui-même a présentée comme l'un des symboles les plus durables de notre époque.

BORAX

DÉBOUCHER UN ÉVIER OU UN LAVABO • Versez 15 g de borax dans la bonde à l'aide d'un entonnoir, puis ajoutez doucement 50 cl d'eau bouillante. Laissez agir pendant 15 minutes et rincez à l'eau très chaude. Répétez l'opération si nécessaire.

DÉTACHER UN ÉVIER EN INOX OU EN PORCELAINE • Fabriquez une pâte avec 30 g de borax et 6 cl de jus de citron. Prélevez un peu de pâte avec un chiffon ou une éponge et frottez-en les taches de calcaire ou de rouille. Rincez à l'eau tiède.

NETTOYER VITRES ET MIROIRS • Pour un nettoyage impeccable, versez 15 g de borax dans 75 cl d'eau et nettoyez vitres et miroirs avec cette solution. Rincez. Essuyez.

CONTRE LES MOISISSURES • Si votre canapé ou votre fauteuil présentent des traces de moisissure, plongez une éponge dans 50 cl d'eau chaude additionnée de 15 g de borax et frottez. Laissez agir plusieurs heures, jusqu'à ce que les taches disparaissent, et rincez soigneusement. Pour enlever les moisissures des vêtements, plongez-les dans 2 litres d'eau pour 50 g de borax.

DÉTACHER MOQUETTE ET TAPIS • Humidifiez la tache et imprégnez-la de borax. Laissez sécher et aspirez, ou lavez à l'aide d'un mélange à parts égales d'eau savonneuse et de vinaigre. Répétez l'opération si nécessaire. N'oubliez pas de tester le produit sur l'envers du tapis, sur une chute de moquette ou un endroit invisible avant de traiter la tache.

Le coin des enfants

Fabriquez avec vos enfants une pâte molle et élastique avec laquelle ils adoreront jouer. Mélangez 25 cl d'eau, 25 cl de colle PVA (polyacétate de vinyle) et 10 gouttes de colorant alimentaire dans un saladier de taille moyenne. Dans un second saladier, plus grand, diluez 20 g de borax dans 30 cl d'eau, puis ajoutez lentement le contenu du premier saladier. À l'aide d'une cuillère en bois, faites rouler 4 ou 5 fois (ne mélangez surtout pas) la solution à base de colle dans la solution au borax. Retirez les paquets de mélange à la colle et pétrissez-les pendant 2 ou 3 minutes pour les amalgamer. Conservez votre pâte visqueuse dans un sac à congélation en plastique. Attention, cette pâte n'est pas comestible !

NETTOYER LES TOILETTES • Pour désinfecter la cuvette des toilettes et la rendre étincelante, versez-y 4 litres d'eau additionnée de 15 g de borax puis frottez la paroi à l'aide de la brosse à W.-C. Cette opération a l'avantage de ne pas provoquer de vapeurs toxiques.

ÔTER UNE ODEUR D'URINE SUR UN MATELAS • Humidifiez la zone puis frottez-la avec du borax. Laissez sécher puis aspirez la poudre résiduelle.

CONFECTIONNER DES FLEURS SÉCHÉES • Mélangez 25 g de borax et 50 g de polenta, puis tapissez-en le fond (sur 2 cm de hauteur environ) d'une grande boîte en plastique plate à fermeture hermétique. Coupez éventuellement les tiges des fleurs puis couchez-les dans la boîte et saupoudrez-les d'un peu de mélange en veillant à ne pas écraser les pétales et les feuilles. Fermez la boîte et laissez sécher 7 à 10 jours. Retirez les fleurs et éliminez les résidus de poudre à l'aide d'une brosse douce.

ATTENTION : le borax, comme son proche parent l'acide borique, a une faible toxicité et convient pour un usage domestique. Cependant, la poudre peut être dangereuse si elle est ingérée en grande quantité par de jeunes enfants ou des animaux domestiques : conservez-la hors de leur portée.
En revanche, ce produit est toxique pour les plantes. Manipulez-le avec la plus grande précaution à l'extérieur, car même une petite quantité répandue sur le sol peut tuer les plantes voisines et empêcher toute repousse à cet endroit.

CHASSER FOURMIS ET MAUVAISES HERBES

Appliqué au bas des murs extérieurs, le borax empêche les fourmis et autres insectes de pénétrer dans la maison.
Saupoudrez de borax les mauvaises herbes qui poussent dans les fissures du sol, pour vous en débarrasser une fois pour toutes.
Mais utilisez-le avec précision, car le borax est toxique pour les plantes.

CONTRÔLER LE DÉVELOPPEMENT DES PLANTES RAMPANTES • Versez 230 à 280 g de borax dans 1,2 litre d'eau tiède puis diluez cette solution dans 9 litres d'eau tiède – ce volume est suffisant pour traiter 90 m^2. Appliquez ce traitement une fois tous les 2 ans. Si le problème persiste, prenez du désherbant standard (voir encadré ci-dessus sur l'utilisation du borax dans le jardin).

BOUCHON DE LIÈGE

FABRIQUER UN FLOTTEUR • Un bouchon de liège fait un excellent flotteur pour la pêche : plantez une agrafe dans le haut du bouchon et tirez-la juste assez pour y insérer votre ligne.

IMPROVISER UN PIQUE-AIGUILLES • Quelques bouchons de liège vous seront fort utiles pour piquer aiguilles et épingles quand vous faites de la couture.

PROTÉGER LE MOBILIER • Découpez un bouchon de liège en fines lamelles que vous collerez sous les objets susceptibles de marquer le dessus de vos meubles (bibelots, vases, pots en céramique, etc.).

REMPLACER UNE CAPSULE • Si vous avez jeté par inadvertance la capsule d'une bouteille de boisson gazeuse, remplacez-la par un bouchon en liège. La plupart des bouchons des bouteilles de vin sont adaptés aux goulots des autres bouteilles ; sinon, taillez-en un à la bonne dimension.

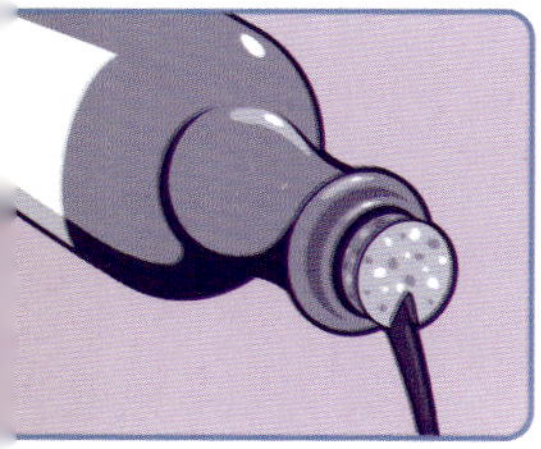

TAILLER UN BEC VERSEUR • Si vous ne possédez pas de bec verseur sophistiqué en métal pour réguler le flux d'huile ou de vinaigre, confectionnez-en un en taillant un coin dans la longueur d'un bouchon de liège avec un cutter. Mettez le bouchon en place, versez le liquide puis couvrez le trou avec du ruban de masquage.

UN ACCESSOIRE DE MAQUILLAGE • Pour le carnaval, les enfants adorent se déguiser en clochard ou en ramoneur. Noircissez l'extrémité d'un bouchon en le tenant au-dessus d'une bougie. Laissez refroidir un peu puis enduisez le visage de l'enfant de cette suie.

ATTÉNUER L'ÉCLAT DU SOLEIL • Autrefois, les joueurs de football passaient des bouchons de liège au-dessus des flammes et s'enduisaient le contour des yeux de cette suie pour éviter d'être éblouis par le soleil et les lumières du stade. Aujourd'hui, ils font exactement la même chose avec des produits du commerce, mais vous obtiendrez toujours le même effet avec des bouchons.

PRÉVENIR LES RACLEMENTS DES CHAISES • Pour éviter que vos chaises rayent bruyamment le parquet quand vous les déplacez, collez sous les pieds de fines rondelles de bouchon de liège.

ATTACHER DES BOUCLES D'OREILLES • Qui n'a jamais perdu la petite pièce qui fixe une boucle d'oreille derrière le lobe ? Un petit bout de liège de la même taille peut vous sauver provisoirement la mise. Un bout de gomme prélevé à l'extrémité d'un crayon fera aussi bien l'affaire.

UN RIDEAU ORIGINAL • Amusez votre enfant en créant un rideau étonnant pour sa chambre. Percez une série de bouchons et enfilez-les sur une ficelle, en alternant avec des perles et autres babioles décoratives. Garnissez autant de ficelles que nécessaire puis nouez-les sur une tringle à rideau.

LE SAVIEZ-VOUS ?

Le liège, issu de l'écorce du chêne-liège, est utilisé pour boucher des bouteilles de vin et autres récipients depuis plus de 400 ans. Il présente une structure cellulaire unique en son genre (chaque cellule est remplie d'air et elle est indépendante des autres cellules) qui le rend étanche et peu enclin à véhiculer la chaleur et les vibrations. En outre, le liège renferme de la subérine, une substance cireuse naturelle qui le rend imperméable aux liquides et aux gaz et l'empêche de pourrir. Pas étonnant qu'il demeure le matériau de prédilection de nos vignerons !

ATTENTION : n'utilisez jamais de tire-bouchon pour ouvrir les bouteilles de champagne ! Si vous enfoncez un tire-bouchon dans un bouchon de champagne, vous luttez contre la pression exercée par le gaz et risquez de faire exploser la bouteille. Enveloppez le bouchon d'un torchon et tournez lentement la bouteille (et non le bouchon), en la tenant légèrement inclinée. Attention, remettez toujours quelques heures au frais et au repos une bouteille de champagne qui a été transportée avant de l'ouvrir.

REDRESSER UN CADRE • Pour ne plus passer votre temps à remettre d'aplomb un cadre accroché au mur, découpez des morceaux de liège, petits et fins – tous de la même épaisseur – et collez-les au dos du cadre. Le liège adhérera au mur et empêchera le cadre de glisser, mais aussi d'abîmer le mur.

CONFECTIONNER UNE PLANCHE À SEMIS • Voilà une astuce ingénieuse pour semer vos graines en ligne droite et dans des trous régulièrement espacés. Marquez l'emplacement des trous sur une planche. Enfoncez des vis autoforeuses à l'endroit des traits en les faisant dépasser de 2 cm de l'autre côté de la planche. Coiffez les vis de bouchons de liège, posez la planche sur le massif à ensemencer, bouchons vers le bas, appuyez, retirez la planche : vos trous de semis sont prêts.

DES TAMPONS PERSONNALISÉS • Sculptez le motif de votre choix dans l'extrémité d'un bouchon de liège, encrez-le avec un tampon encreur et décorez-en vos lettres et vos cartes. Ou bien montrez à vos enfants qu'ils peuvent tremper l'extrémité des bouchons dans la peinture pour réaliser toutes sortes de dessins rigolos.

BOUCLES D'OREILLES

ÉGAYER UN PANNEAU D'AFFICHAGE • Personnalisez votre panneau d'affichage en fixant photos, notes, souvenirs et coupures de presse avec des boucles d'oreilles fantaisie (les boucles à clou sont les plus appropriées).

UN BOUTON DE FORTUNE

Remplacez un bouton manquant sur un chemisier par une boucle d'oreille à clip, puis insérez-la dans la boutonnière. Si vous avez un peu de temps, retirez le bouton du haut, cousez-le à la place du bouton manquant et fixez la boucle d'oreille près du col, que vous laisserez ouvert sur ce joli bijou.

ATTACHER UN FOULARD • Vous avez perdu l'une de vos boucles d'oreilles ? Ornez un foulard avec celle qui vous reste ; évitez toutefois de la piquer dans un tissu fragile comme la soie.

DÉCORER UN MAGNET • Coupez la tige d'une boucle d'oreille solitaire et collez-la sur un aimant ; une manière originale de mettre en valeur la carte postale d'un ami sur la porte du réfrigérateur.

BOUCLES D'OREILLES suite →

LE SAVIEZ-VOUS ?

Les gens portent (et perdent !) des boucles d'oreilles depuis près de 5 000 ans. D'après les historiens qui se sont intéressés aux bijoux, les boucles d'oreilles auraient été introduites en Asie occidentale en 3000 av. J.-C. Les plus anciennes ont été retrouvées en Irak et dataient de 2500 av. J.-C. Leur popularité fluctue au gré des coiffures et des modes. La boucle d'oreille à clip a fait son apparition dans les années 1930 et, 20 ans plus tard, les femmes à la mode ne se faisaient pas percer les oreilles. Il fallut attendre les années 1970 pour que les oreilles percées reviennent au goût du jour... et le restent !

CRÉER UNE BROCHE • Coupez les tiges de boucles d'oreilles dépareillées avec un pince coupante et laissez libre cours à votre créativité. Disposez les boucles sur un morceau de carton ou de mousse et fixez-les en place avec un pistolet à colle thermofusible. Ajoutez un fermoir derrière pour finaliser la broche. Vous pouvez aussi recycler des boucles en les fixant sur un cadre de photo.

DÉCORS DE NOËL • Dispersez des boucles d'oreilles à clip sur les branches de votre sapin de Noël : elles mettront en valeur les décorations plus classiques. Ou bien utilisez-les en solo sur un petit arbre ou une couronne.

BOUGIE

DES TIROIRS QUI GLISSENT • Si un tiroir de bureau ou de commode à tendance à se coincer ou à couiner sans arrêt, frottez les glissières avec de la bougie : le tiroir s'ouvrira tout en douceur.

IMPERMÉABILISER DES ÉTIQUETTES • Après avoir noté l'adresse sur un colis au stylo-feutre, imperméabilisez l'étiquette en frottant une bougie blanche sur l'inscription ; ni la pluie ni la neige ne pourront plus l'altérer.

UN PIQUE-AIGUILLES EXPRESS • Une grosse bougie peut faire un pique-aiguilles idéal. En outre, la cire facilite le passage des aiguilles et des épingles à travers le tissu. Assurez-vous toutefois que la bougie est assez molle pour que les aiguilles s'y enfoncent aisément.

DESSIN MAGIQUE

Pour les occuper, proposez à vos enfants de réaliser un dessin « invisible » avec de la bougie blanche puis montrez-leur comment révéler l'image en la couvrant d'une fine couche de peinture à l'eau. Expliquez-leur que la cire empêche le papier d'absorber la peinture sur les zones qu'il recouvre. Il pourront ainsi s'amuser à échanger des dessins et des messages magiques tout l'après-midi !

RESTAURER LE BOUT DES LACETS • Quand vous perdez la gaine en métal ou en plastique qui protège le bout de vos lacets, n'attendez pas que celui-ci s'effiloche : plongez-le dans de la bougie fondue, laissez un peu refroidir puis façonnez l'extrémité en pointe.

ALLUMER UN FEU AVEC UNE BOUGIE MAGIQUE • Allumez votre feu de cheminée ou votre barbecue avec une bougie d'anniversaire inextinguible. Une fois que le feu a bien démarré, étouffez la flamme de la bougie et gardez celle-ci pour un prochain usage.

FAIRE TAIRE UNE PORTE QUI GRINCE • Si le grincement d'une porte vous exaspère, frottez les gonds avec une bougie. La porte deviendra muette comme une carpe.

LE SAVIEZ-VOUS ?

On commence à utiliser la cire sécrétée par les abeilles pour fabriquer les rayons de miel dans la confection des bougies seulement au Moyen Âge. Avant, celles-ci sont faites avec du suif, une graisse animale qui produit une flamme à l'odeur âcre et à l'épaisse fumée noire. Les bougies en cire d'abeille ont une combustion dite propre et inodore, mais elles ne sont pas très répandues à l'époque, car bien trop chères pour les serfs et les paysans. L'expansion de la pêche à la baleine à la fin du XVIIIe siècle révolutionne le monde de la bougie car le spermaceti, ou blanc de baleine, substance semblable à la cire issue de l'huile de la baleine, est commercialisée en gros. Le XIXe siècle voit l'avènement de bougies produites en série et de la paraffine, d'un coût plus raisonnable, qui brûle sans dégager d'odeur désagréable et que l'on peut colorer et parfumer à loisir.

28 USAGES

BOUTEILLE EN PLASTIQUE

À la maison

UNE BOUILLOTTE DE FORTUNE • Par temps froid, il arrive que l'on ait le bout des orteils gelés et que l'on regrette de ne pas posséder de bouillotte ! Remplissez d'eau chaude une bouteille en plastique, fermez-la hermétiquement, asseyez-vous confortablement et roulez la bouteille sous vos pieds !

UN DISTRIBUTEUR DE SACS OU DE FICELLE • Une bouteille de 2 litres fait un parfait distributeur de sacs plastique. Coupez les deux extrémités et vissez la bouteille tête en bas à l'intérieur d'un placard de cuisine. Placez des joints en plastique sur les vis afin d'éviter qu'elles ne déchirent le plastique. Chassez bien l'air des sacs et emplissez-en la bouteille. De la même façon, vous pouvez fabriquer un distributeur de ficelle avec une bouteille de 1,5 litre, en laissant sortir la ficelle par le goulot.

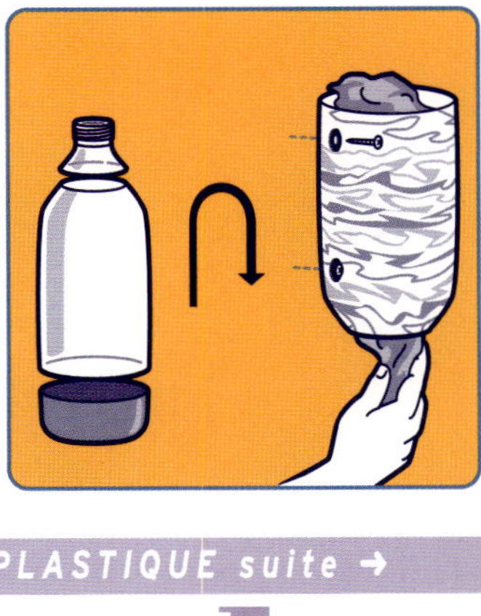

BOUTEILLE EN PLASTIQUE suite →

NETTOYER LES RECOINS

Un flacon de produit vaisselle nettoyé permet de chasser la poussière des endroits difficilement accessibles. Il suffit pour cela d'envoyer un jet d'air dans les recoins en appuyant énergiquement sur le flacon.

DES EMBAUCHOIRS MALINS • Pour éviter que vos bottes ne s'affaissent, glissez une bouteille en plastique vide et bien rincée dans chacune d'elles au moment de les ranger. Pour les maintenir avec plus de fermeté, enfilez chaque bouteille dans une chaussette ou enveloppez-les dans un chiffon.

UN JOUET POUR LE CHIEN • Médor préfère grignoter vos chaussons plutôt que de vous les apporter gentiment ? Donnez-lui une bouteille en plastique dont vous aurez retiré le bouchon, l'étiquette et, le cas échéant, le petit anneau de plastique autour du goulot. Pensez toutefois à changer la bouteille dès qu'elle est cassée pour qu'il n'avale pas de morceaux de plastique !

UN ÉCONOMISEUR D'EAU

Pour réduire la consommation d'eau des toilettes, surtout si c'est un modèle ancien, il vous suffit de placer une bouteille en plastique remplie d'eau au fond du réservoir (n'oubliez pas de retirer l'étiquette) ; le volume d'eau évacué à chaque fois que vous tirerez la chasse diminuera d'autant.

UNE BOÎTE À SUCRE • Si vous avez acheté du sucre en poudre conditionné dans du papier, versez-le dans une bouteille en plastique dotée d'une poignée latérale bien propre et sèche. Il aura moins tendance à se solidifier.

À SAVOIR

Un cutter rotatif

Couper une bouteille en plastique peut se révéler bien plus dangereux qu'il n'y paraît, notamment si vous utilisez un couteau tranchant.

Vous diminuerez grandement les risques de vous blesser en utilisant un cutter rotatif, en vente dans tous les magasins de bricolage et dans les merceries. Ne le confondez pas avec une roulette à pizza : il illustre le texte « Une petite pelle ou une écope », en haut de la page ci-contre. Mais, attention, si le cutter rotatif fait des miracles pour la découpe des plastiques durs, il n'en demeure pas moins un objet tranchant à utiliser prudemment.

UN MINICOFFRE À JOUETS PORTABLE • Pour fabriquer un petit rangement à jouets portable où vous glisserez les petites pièces de Lego et de Playmobil ou les mini-accessoires de poupée, nettoyez une bouteille en plastique dotée d'une poignée latérale et découpez-y un large trou face à la poignée. Ou bien rangez les jouets de petite taille et les crayons dans la moitié inférieure d'une grande bouteille coupée en deux.

UN ENTONNOIR • Pour fabriquer un entonnoir pratique et solide, coupez en deux une bouteille de lait dotée d'une poignée et servez-vous de la moitié supérieure.

ASPIRER DES LIQUIDES • Vous avez versé trop d'huile dans la poêle et souhaitez en retirer un peu ? Utilisez un flacon de produit vaisselle parfaitement nettoyé. Pressez-le pour le vider de son air. Plongez le bec dans l'huile et relâchez le flacon : l'huile remontera à l'intérieur du flacon.

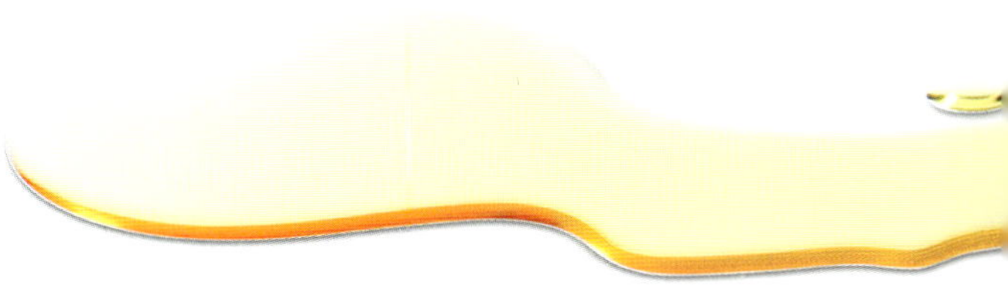

À l'extérieur de la maison

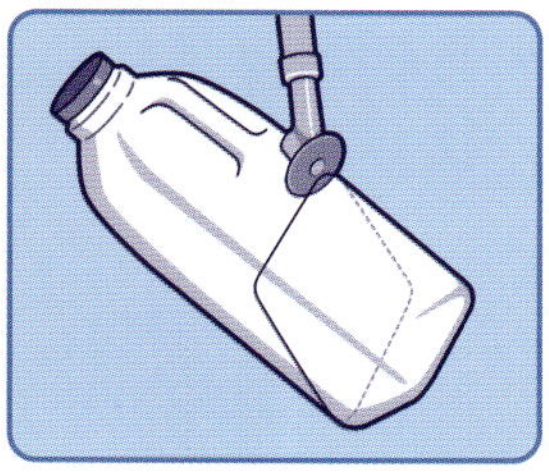

UNE PETITE PELLE OU UNE ÉCOPE • Découpez en diagonale le quart inférieur d'une bouteille de lait en plastique de 2 litres dotée d'une poignée (voir l'illustration). Vous obtenez une petite pelle bien pratique pour enlever les feuilles mortes et les résidus bouchant les gouttières, pour nettoyer la litière du chat, ramasser les crottes du chien, récupérer les croquettes au fond du sac ou épandre du sable en cas de gel. Vous pouvez aussi vous en servir pour écoper de l'eau (dans ce cas, laissez le bouchon sur la bouteille).

GARDER UNE GLACIÈRE BIEN FROIDE • Ne laissez pas la glacière se réchauffer quand vous partez en voyage. Remplissez des bouteilles en plastique d'eau ou de jus de fruits et mettez-les au congélateur. Dans la glacière, ces bouteilles vous permettront non seulement de maintenir la nourriture au frais mais également de vous désaltérer quand leur contenu aura dégelé. Par ailleurs, comme il faut remplir le congélateur au maximum pour en réduire la consommation, s'il vous reste de la place, n'hésitez pas à congeler des bouteilles d'eau. Attention, ne les remplissez pas à ras bord : en gelant, l'eau prend plus de place et les bouteilles risqueraient de se fendre !

SABLER LA ROUTE

En hiver, pensez à garder dans votre voiture quelques grandes bouteilles en plastique dotées de poignées (plus pratiques) remplies de sable ou de litière pour chat. Ainsi équipé, si la route est glissante et que votre véhicule patine, vous pourrez répandre du sable ou de la litière sous les roues pour augmenter l'adhérence des pneus et vous dégager.

Au jardin

UNE MANGEOIRE POUR LES OISEAUX • Découpez la poignée latérale d'une bouteille en plastique soigneusement rincée. Faites un trou dans le bouchon, passez-y une ficelle solide ou du fil de pêche et suspendez la bouteille à un arbre (ou bien percez un petit trou sous l'emplacement de la poignée pour y placer une tige de bois qui fera office de perchoir). Remplissez de graines à oiseaux jusqu'à hauteur du trou principal et observez le ballet !

CRÉER UN SYSTÈME D'ARROSAGE • En période sèche, le meilleur arrosage reste le goutte-à-goutte, au plus près de la racine des plantes. Pour cela, utilisez de grandes bouteilles en plastique soigneusement rincées. Découpez le fond puis percez 2 à 5 trous d'environ 2 mm de diamètre dans le bouchon ou tout autour. Enterrez les bouteilles aux trois quarts, goulot vers le bas, à côté des plantes et remplissez-les d'eau.

MAINTENIR DES FILETS DE PROTECTION • Pour lester efficacement le filet de protection du potager, disposez de grandes bouteilles en plastique remplies d'eau sur les bords : il ne bougera plus !

BOUTEILLE EN PLASTIQUE suite →

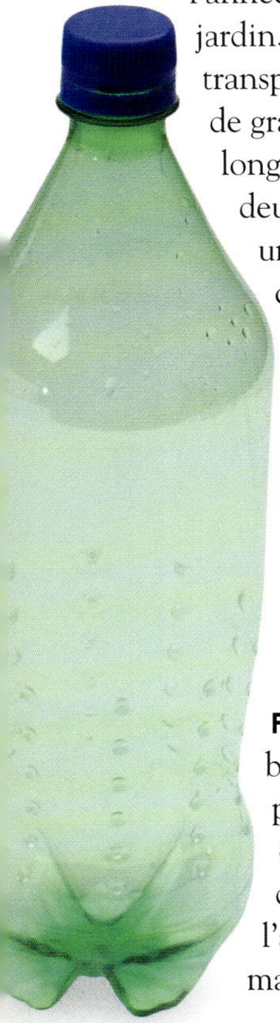

DES ÉTIQUETTES QUI RÉSISTENT AUX INTEMPÉRIES • Voici une astuce pour reconnaître, tout au long de l'année, les légumes, herbes, plantes et fleurs du jardin. Découpez dans une bouteille en plastique transparent des bandes de la largeur des paquets de graines des plantations, et deux fois plus longues. Placez chaque paquet de graines entre deux bandes de plastique et agrafez le tout sur un tuteur à côté de la plantation correspondante.

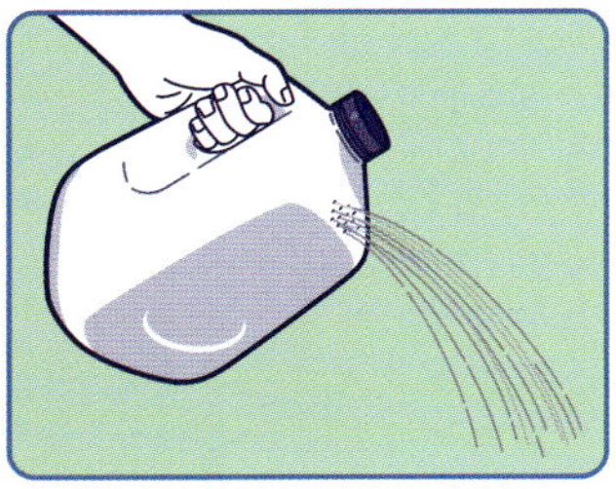

FABRIQUER UN ARROSOIR • Une grande bouteille de lait en plastique dotée d'une poignée fera l'affaire. Sous le goulot, sur le côté opposé à la poignée, percez une dizaine de trous d'environ 2 mm de diamètre, à l'aide d'une brochette en métal par exemple, mais prenez garde de ne pas vous blesser !

SEMER DES GRAINES AVEC PRÉCISION • Coupez le goulot d'une bouteille à l'endroit requis pour que le diamètre au niveau de la coupe soit égal à la distance de plantation recommandée entre les graines (le plus souvent, elle est indiquée sur le paquet). Appuyez la bouteille sur le sol afin de marquer une empreinte et placez la graine au centre. Recommencez un peu plus loin de sorte que les deux empreintes se touchent et répétez l'opération autant de fois que nécessaire.

UNE POUBELLE DE JARDIN PORTABLE • Découpez un grand trou dans une bouteille de lait en plastique de 2 litres, en face de la poignée latérale. Glissez une ceinture dans la poignée et passez-la autour de votre taille. Vous voilà muni d'une poubelle de jardin où jeter débris, cailloux et mauvaises herbes ! Vous pouvez aussi vous servir de ce type de poubelle pour récolter cerises, fraises ou tout autre fruit ou légume de petite taille.

PIÉGER LES GUÊPES

Utilisez une bouteille de 2 litres pour construire un piège écologique. Tout d'abord, dissolvez 1 cuillerée à soupe de sucre dans 15 cl d'eau et versez le tout dans une bouteille. Ajouter 25 cl de vinaigre de cidre ainsi qu'une peau de banane. Vissez le bouchon de la bouteille et secouez-la puis remplissez-la à moitié d'eau froide. Faites un trou de 2 cm de diamètre en haut de la bouteille et suspendez-la à une branche où les insectes sont particulièrement nombreux. Quand le piège est plein, jetez-le et fabriquez-en un autre.

bouteille en plastique
bouteille en plastique

PROTÉGER CONTRE LE DÉSHERBANT • Lorsque vous utilisez du désherbant au jardin, veillez à ne pas asperger les plantes alentour. Pour cela, coupez en deux une bouteille en plastique de 2 litres et disposez la moitié supérieure sur les herbes à éliminer. Introduisez le manche du pulvérisateur par le goulot de la bouteille et pulvérisez le désherbant. Attention, portez toujours des gants et des lunettes de protection quand vous manipulez des produits chimiques.

IMPROVISER UNE DOUCHE DE JARDIN • Pratiquez trois fentes verticales de 3 cm de long sur le côté d'une bouteille en plastique de 2 litres. Vous pouvez également faire de petites entailles irrégulières pour que l'eau jaillisse dans tous les sens. Reliez le tuyau d'arrosage à la bouteille avec du ruban adhésif entoilé. Ouvrez le robinet d'eau et conviez les enfants à un rafraîchissement ludique… À éviter toutefois en période de sécheresse pour ne pas gaspiller l'eau !

DES PISTOLETS À EAU

Remplissez d'eau des flacons de produit vaisselle bien nettoyés pour en faire des pistolets à eau avec lesquels les enfants pourront s'arroser à volonté dans le jardin les jours de grande chaleur. Ravis et rafraîchis, ils passeront une bonne nuit ! Attention : apprenez quand même à vos enfants à ne pas gaspiller l'eau, surtout pendant les périodes de sécheresse.

Pour les bricoleurs

FABRIQUER UN DISTRIBUTEUR DE PEINTURE • Découpez un trou de bonne taille en face de la poignée d'une grande bouteille en plastique. Versez-y de la peinture en vous arrêtant avant d'atteindre le bord du trou. Utilisez ce rebord pour éliminer le surplus de peinture des pinceaux. Vous pouvez également couper des bouteilles en deux et les utiliser comme pots lorsque vous peignez à plusieurs.

STOCKER PROVISOIREMENT DE LA PEINTURE • Utilisez un entonnoir pour verser vos restes de peinture dans des bouteilles en plastique. Ajoutez quelques billes qui faciliteront le mélange de la peinture. Il vous suffira d'agiter la bouteille à la prochaine utilisation. N'oubliez pas de mettre une étiquette ou un morceau de ruban de masquage sur la bouteille où vous indiquerez le nom du fabricant de la peinture, sa référence, ainsi que la date d'ouverture du pot.

UN SUBSTITUT DE NIVEAU • Comment être sûr que l'étagère que vous êtes en train de monter est bien horizontale si vous n'avez pas de niveau ? Remplissez aux trois quarts d'eau une bouteille en plastique de 2 litres, refermez-la et posez-la sur l'étagère. Si l'eau est également répartie, l'étagère est bien positionnée.

DES RANGEMENTS POUR L'ATELIER • Organisez vos rangements dans l'atelier avec quelques bouteilles en plastique de 2 litres. Découpez un trou en face de la poignée latérale de chaque bouteille et stockez toutes les petites choses difficiles à trouver dans un atelier.

BOUTEILLE EN PLASTIQUE suite →

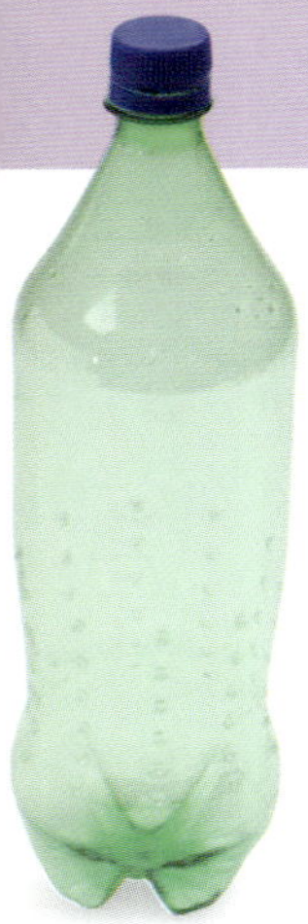

DES POIDS DE MAINTIEN OU DES HALTÈRES

Remplissez de sable une bouteille en plastique de 2 litres dotée d'une poignée et rebouchez-la. Elle vous permettra de retenir une bâche, de caler un parasol ou une table instable. La poignée peut permettre d'y fixer une corde.
Vous pouvez également utiliser comme haltères des bouteilles en plastique remplies de sable. Diminuez ou augmentez la quantité de sable en fonction du poids souhaité.

BOUTONS

DES PIONS OU DES JETONS • Remplacez les pièces manquantes d'un jeu de société comme le backgammon, les dames ou les petits chevaux par des boutons. Et, pour un poker improvisé, les boutons serviront de jetons, chaque couleur représentant une valeur différente.

DÉCORER UNE MAISON DE POUPÉE • Utilisez des boutons pour faire des appliques, des assiettes, des stores ou des tentures murales, selon votre inspiration et, surtout, jouez la carte de la diversité.

GARNIR UN PETIT FAUTEUIL POIRE • Écoulez votre stock de petits boutons en garnissant un fauteuil poire miniature ou pour tout-petit si vous en avez vraiment beaucoup !

UNE GUIRLANDE DE NOËL • Pour donner un look un rien vieillot à votre arbre de Noël, confectionnez une guirlande en nouant de gros boutons ensemble avec une cordelette.

REPÉRER LE BOUT D'UN ROULEAU DE SCOTCH • Collez un petit bouton plat à l'extrémité de votre rouleau et déplacez-le à chaque usage.

UN BRACELET ORIGINAL

Montez de jolis boutons sur un lacet de cuir de 3 mm (en vente dans les boutiques de loisirs créatifs) ou bien confectionnez un bracelet « menotte » simplement en cousant des boutons sur un large ruban élastique. Créez un motif original en alternant petits et grands boutons de couleurs différentes.

BRIQUE ALIMENTAIRE

DES BLOCS RÉFRIGÉRANTS • En prévision de votre prochaine grande fête d'été, rincez des petites briques alimentaires vides, remplissez-les d'eau et mettez-les au congélateur. Lorsque vous aurez besoin d'un bloc de glace, il vous suffira d'arracher le carton pour rafraîchir l'eau d'un grand seau.

NOURRIR LES OISEAUX EN HIVER • Faites fondre de la margarine, ou une autre matière grasse sur feu doux, ajoutez-y des graines et mélangez. Versez dans une brique alimentaire vide et insérez une boucle de ficelle dans le mélange alors qu'il est encore chaud. Une fois que le bloc aura durci, arrachez le carton qui l'entoure et accrochez votre nourriture pour oiseaux à une branche d'arbre. Bien sûr, cette méthode ne convient que si la température est trop basse pour que la graisse fonde !

STOCKER DES RESTES POUR UN COMPOST • Placez une brique alimentaire vide à côté de votre évier pour collecter petites épluchures et restes de nourriture propres à enrichir votre compost.

PROTÉGER UN POTAGER • Pour décourager les asticots et vers gris qui attaquent vos jeunes plants de tomate et de poivron, coupez le haut et le bas de briques alimentaires et, lorsque le sol est tendre, enfoncez-les autour de vos petites plantations.

DES GERMOIRS TOUT SIMPLES

Les briques alimentaires ont une taille idéale pour faire germer des graines. Coupez la moitié supérieure du carton, percez des trous dans le fond, remplissez-le de terreau de plantation et semez des graines en suivant les instructions données sur l'emballage.

BRIQUE ALIMENTAIRE suite →

CONFECTIONNER UNE BOUGIE EN DENTELLE DE CIRE • Ouvrez largement une brique alimentaire, rincez-la et graissez l'intérieur avec un peu d'huile. Placez une bougie fine au centre, en la fixant à l'aide d'un peu de cire fondue, puis remplissez la brique de glaçons. Ajoutez de la cire chaude ; une fois la cire refroidie, retirez le carton. En fondant la glace va laisser de jolies traces dans la cire.

IMPROVISER UNE PISTE DE BOWLING • Rincez des briques alimentaires (cartons de lait ou de jus de fruits de la taille de votre choix) et laissez-les sécher. Pour fabriquez une quille avec deux cartons de la même taille, glissez-en un à l'envers (côté ouvert vers le bas) dans l'autre, en appuyant un peu dessus pour qu'ils s'emboîtent. Préparez-en une dizaine puis placez-les au bout d'un couloir ; vos enfants pourront s'amuser à les faire tomber avec une balle de tennis.

TRANSPORTER DE LA PEINTURE • Coupez le haut d'une brique alimentaire bien rincée et versez-y la quantité de peinture dont vous avez besoin pour mener à bien vos petits travaux. Une fois que vous avez terminé, vous n'avez plus qu'à jeter le carton.

LE SAVIEZ-VOUS ?

John Van Wormer, propriétaire américain d'une usine de jouets, inventa en 1915 un carton de lait à base de papier qu'il appela « Pure-Pak ». Il lui fallut 10 ans pour mettre au point une machine qui recouvre le papier de cire et scelle le carton avec des colles animales. Ces premiers récipients cireux laissèrent les consommateurs sceptiques. Ils n'avaient d'ailleurs pas grand-chose à voir avec les cartons de lait que l'on connaît aujourd'hui. Pourtant, quelque 30 milliards de cartons Pure-Pak sont aujourd'hui vendus tous les ans dans le monde.

BROSSE À DENTS

UNE BROSSE À TOUT FAIRE • Une vieille brosse à dents permet de nettoyer de nombreux objets tels que les fleurs artificielles, les plantes, les boutons de manchette, les peignes, les endroits difficiles d'accès, les joints du carrelage, les robinets, les claviers d'ordinateur, les ouvre-boîtes, les grilles d'une Moulinette, les gazinières, les coutures de chaussures, les glissières de baies vitrées, etc.

SUPPRIMER LES TACHES • Pour venir à bout des taches incrustées dans un tissu, trempez une brosse à dents à poils souples dans un produit détachant et frottez doucement jusqu'à la disparition de la tache.

NETTOYER UNE RÂPE À FROMAGE • Pour éviter de boucher le filtre du lave-vaisselle, brossez préalablement la râpe à fromage avec une brosse à dents.

ENTRETENIR UN GAUFRIER • Pour nettoyer et graisser un gaufrier, utilisez une brosse à dents à poils souples.

APPLIQUER UN SHAMPOOING COLORANT • Une brosse à dents usagée possède la taille idéale pour appliquer un shampoing colorant sur toute la chevelure.

BROSSER UN ÉPI DE MAÏS

Avant de faire cuire un épi de maïs, frottez-le délicatement avec une brosse à dents.

POUR LES NETTOYAGES MINUTIEUX • Trempez une vieille brosse à dents dans de l'eau savonneuse pour nettoyer les boutons des appareils ménagers ou encore les inscriptions en relief des plaques minéralogiques et des boîtes aux lettres.

POUR NETTOYER LES RECOINS • Faites chauffer avec un sèche-cheveux le manche d'une vielle brosse à dents (de préférence à poils durs) pour pouvoir le couder. Procédez en plusieurs étapes si nécessaire. Vous obtiendrez une petite brosse très pratique pour nettoyer toutes sortes de recoins (sur les appareils sanitaires, par exemple).

LE SAVIEZ-VOUS ?

Dans l'Antiquité, les Chinois furent les premiers à utiliser des brosses à dents, qu'ils confectionnaient à partir de soies de porc. Ce n'est qu'à la fin du XIXe siècle que les premières brosses à dents furent fabriquées en Occident, mais il faudra attendre la fin de la Seconde Guerre mondiale pour que leur utilisation quotidienne se démocratise. C'est aux soldats revenus du front que l'on doit l'introduction de cette nouvelle habitude. Entre-temps, la société américaine DuPont avait inventé le Nylon, une fibre qui permet aux poils de la brosse de sécher entre chaque utilisation et de résister aux bactéries. Aujourd'hui encore, la plupart des brosses à dents sont en Nylon.

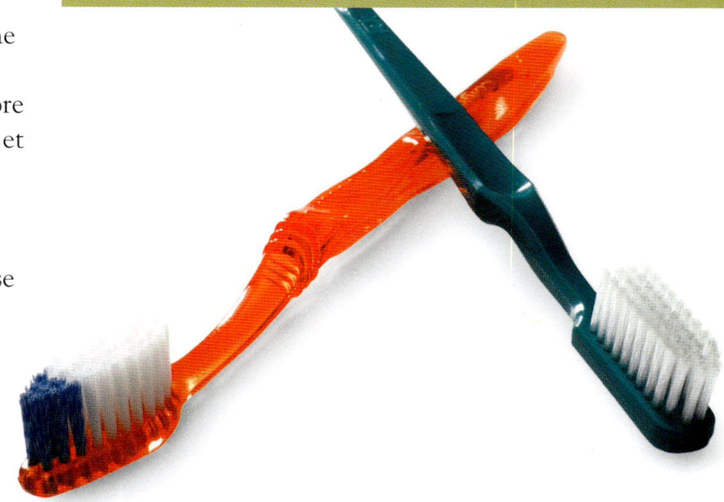

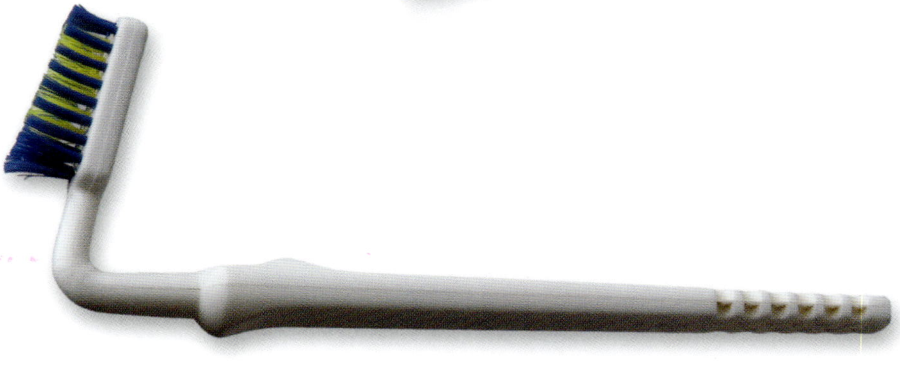

CAFÉ

SE RAFRAÎCHIR L'HALEINE • À défaut de pastilles de menthe, croquez deux ou trois grains de café ; l'effet sur l'haleine est identique.

SE DÉSODORISER LES MAINS • Si vos mains sentent l'ail ou le poisson, frottez-les avec quelques grains de café – l'huile qu'ils renferment absorbera les odeurs tenaces – puis lavez-vous les mains au savon et à l'eau chaude.

ACCENTUER LE GOÛT DU CHOCOLAT • Au lieu de faire fondre le chocolat dans un peu d'eau, mettez 1 cuillerée à soupe de café très fort ou 1/2 cuillerée à café de café instantané dilué dans 1 cuillerée à soupe d'eau. La saveur du chocolat sera rehaussée sans être altérée.

DÉSODORISER UN FREEZER

Pour vous débarrasser d'une odeur de pourriture dans le freezer après une panne d'électricité, remplissez deux bols de marc de café ou, mieux, de café fraîchement moulu, et laissez-les dans le freezer toute la nuit. Pour renforcer le parfum, ajoutez quelques gouttes d'essence de vanille à la mouture.

HALTE AUX CENDRES QUI VOLENT • Avant de nettoyer votre cheminée, saupoudrez les cendres de marc de café humide. Vous les retirez plus facilement et, surtout, vous éviterez de les répandre dans toute la pièce.

ÉLOIGNER LES CHATS DU JARDIN • Les chats ne prendront plus votre jardin pour des toilettes si vous répandez autour des plantes un mélange d'écorces d'orange et de marc de café, qui dégage une odeur âcre. C'est un excellent répulsif mais aussi un bon engrais.

PRÉPARER DES VERS POUR LA PÊCHE • Mélangez du marc de café à la terre de votre boîte à appâts avant d'y mettre les vers. Ils adorent le café, et les nutriments que renferme la mouture leur donnent l'énergie nécessaire pour vivre plus longtemps.

LE SAVIEZ-VOUS ?

Le café pousse sur des arbres qui peuvent atteindre 6 m de haut, mais les planteurs les taillent à 2 m pour simplifier la cueillette et augmenter la récolte. Le premier signe attestant la maturité d'un caféier est l'apparition de petites fleurs blanches dont l'arôme évoque le jasmin et l'orange. L'arbre adulte donne des fruits ovales de la taille d'une cerise, qui renferment deux grains de café, collés ensemble par leur côté plat. Il faut récolter environ 2 000 fruits de café arabica pour obtenir 450 g de café torréfié.

ENGRAISSER DES PLANTES • Le marc de café regorge de nutriments dont vos plantes acidophiles sont friandes. Mettez-le de côté pour en répandre au pied des rosiers, des azalées, des rhododendrons, des plantes à feuilles persistantes et des camélias. Utilisez plutôt le marc d'un café de cafetière électrique que celui d'un percolateur, car il est plus riche en azote.

AUGMENTER LA RÉCOLTE DE CAROTTES

Pour avoir une récolte de carottes plus importante, mélangez les graines avec de la mouture fraîche avant de les semer. Ce volume supplémentaire facilite l'ensemencement des minuscules graines, et l'arôme du café éloigne les vers gris ainsi que certains insectes. En outre, la mouture offre des nutriments à la terre en se décomposant autour des plantes. Vous pouvez également ajouter quelques graines de radis au mélange avant de semer : les radis, qui sortiront de terre au bout de quelques jours, marqueront l'emplacement des rangs, et vous en profiterez pour éclaircir les semis de carotte.

CANETTE EN ALUMINIUM

DES DÉCORATIONS DE NOËL EN MÉTAL REPOUSSÉ • Utilisez un cutter ou une vieille paire de ciseaux pour découper le sommet et le fond d'une canette, puis entaillez le cylindre pour pouvoir l'aplatir. Découpez des formes simples telles que ronds ou étoiles (dessinez les motifs sur l'envers à l'aide d'un marqueur). Décorez de strass autocollant ou de peinture acrylique, puis ajoutez du fil de fer pour la suspension.

CRÉER UNE LANTERNE CHINOISE

1 Tracez deux lignes horizontales sur une canette, à environ 2,5 cm du haut et du bas. À l'aide d'un cutter, découpez des bandes verticales d'environ 1,5 cm de large entre ces deux lignes horizontales.

2 Sectionnez le bas de deux bandes adjacentes pour pratiquer une ouverture pour la bougie.

3 Appuyez doucement sur la canette afin que les bandes se plient en leur milieu. Insérez une bougie chauffe-plat par l'ouverture, puis repoussez les extrémités des deux bandes découpées à l'intérieur.

4 Fixez un fil de fer à l'anneau d'ouverture de la canette. Si vous le souhaitez, peignez-la à la bombe avant de la découper.

CANETTE EN ALUMINIUM suite →

UN BONHOMME DE NEIGE DÉCORATIF

Scotchez du papier blanc autour d'une canette en aluminium. Pour faire la tête, utilisez une boule en polystyrène et fixez-la au sommet de la canette. Collez de la ouate de coton sur tout le corps. Fabriquez un chapeau pointu en papier. Des boutons noirs vous serviront pour les yeux et le nez. Pour les bras, faites un trou de chaque côté de la canette et insérez-y deux petits bouts de bois. Collez des ronds de feutre noir sur le ventre pour faire des boutons et nouez autour du cou une écharpe découpée dans une étoffe de laine.

LA MAIN VERTE

ALLÉGER LES JARDINIÈRES • Ne vous faites plus mal au dos en déplaçant vos jardinières. Réduisez le volume de terre en remplissant d'abord un tiers ou la moitié de la jardinière de canettes en aluminium, tête vers le bas. Comblez avec de la terre puis installez vos plantes. Votre jardinière sera plus légère et les canettes – inoxydables – permettront en outre un meilleur drainage.

PROTÉGER DE JEUNES PLANTS • À l'aide d'un gros cutter, ôtez les deux extrémités d'une canette en aluminium, puis enfoncez-la dans la terre autour de vos jeunes plants pour les protéger des vers gris. Utilisez si nécessaire une boîte de conserve plus large. Pensez à enlever auparavant toutes les étiquettes en papier.

IDENTIFIER PLANTES, BULBES ET SEMIS • Ôtez les deux extrémités d'une canette, puis découpez des étiquettes d'identification dans la plaque d'aluminium restante. Utilisez un marqueur indélébile pour noter le type et la couleur de vos plantes, puis fixez les étiquettes sur les tuteurs ou sur les pots.

CAOUTCHOUC À BOCAUX

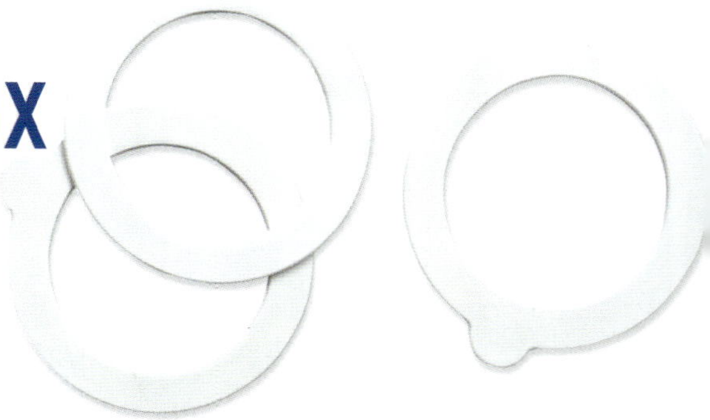

UN JEU DE LANCER D'ANNEAUX • Retournez un tabouret ou une table basse et distribuez des caoutchoucs à bocaux à vos enfants. Le gagnant est celui qui réussit à enfiler le plus de caoutchoucs sur les pieds du meuble.

PROTÉGER LES TABLES • Évitez auréoles et rayures sur les tables en plaçant un caoutchouc à bocaux sous les vases et les lampes.

ANTIDÉRAPANT • Pour maintenir un tapis en place sur du carrelage ou du parquet, cousez un ou deux caoutchoucs à bocaux dessous, dans les coins.

25 USAGES

CARTON

Dans la maison

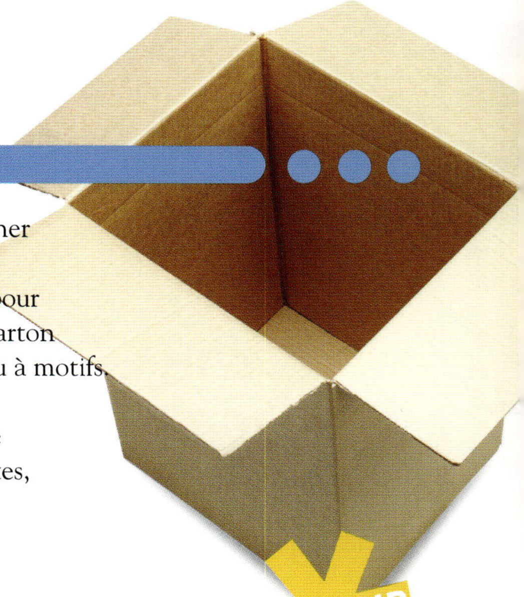

FABRIQUER UN PLATEAU DE LIT • Prenez votre petit déjeuner au lit sur un plateau en carton. Retirez simplement les rabats supérieurs et découpez des arcades dans les deux longs côtés pour pouvoir caler le plateau sur vos genoux. Décorez le fond du carton – le dessus de votre plateau – avec du papier adhésif coloré ou à motifs.

PROTÉGER PORTES ET MOBILIER • Lorsque vous astiquez les poignées et boutons des portes, fenêtres, tiroirs, etc., protégez la surface environnante des taches avec des morceaux de carton aux dimensions voulues.

À SAVOIR

Où trouver des cartons ?

Même si vous ne buvez pas d'alcool, votre caviste sera ravi de vous donner des cartons à bouteilles vides. Demandez-lui de ne pas retirer les séparations, elles peuvent être très utiles.

EMBALLAGE CADEAU GIGOGNE

Créez la surprise en vous inspirant des poupées russes pour vos paquets cadeaux. Placez le présent, de préférence peu volumineux, dans une série de boîtes de plus en plus grandes, toutes décorées ou enveloppées d'un joli papier.

PROTECTIONS CONTRE LA POUSSIÈRE • Choisissez un carton qui s'emboîte juste sur l'objet que vous souhaitez mettre à l'abri de la poussière (petit appareil ménager, clavier d'ordinateur, outil électrique, etc.), coupez les rabats et décorez le carton ou couvrez-le d'adhésif de couleur.

FABRIQUER UN PORTE-COURRIER • Pour organiser votre bureau et trier le courrier départ et arrivée, rien de plus simple. Coupez le haut et un bon morceau d'un des panneaux d'une boîte de céréales, puis les côtés étroits en biais. Habillez ce qui reste de la boîte avec du papier adhésif de couleur.

LE SAVIEZ-VOUS ?

Les Chinois ont inventé le carton au début du XVIe siècle... devançant ainsi les besoins en conteneurs des restaurateurs chinois pour emballer leurs plats plusieurs centaines d'années plus tard ! En 1871, le New-Yorkais Albert Jones brevette l'idée de coller un morceau de papier ondulé entre deux morceaux de carton plat afin de créer un matériau suffisamment rigide pour résister au transport. Mais il fallut attendre 1890 pour qu'un autre Américain, Robert Gair, invente les boîtes en carton ondulé. À l'origine, il s'agissait de plaques de carton prédécoupées manufacturées en gros, que l'on pliait à la demande pour confectionner un carton ou une boîte comme celles que nous connaissons aujourd'hui.

CARTON suite →

CRÉER DES SETS DE TABLE • Découpez des morceaux de carton de 30 x 45 cm environ et couvrez-les de papier adhésif coloré.

UN JEU DE BALLES • Calez un carton à bouteilles vide (avec ses cloisons séparatrices) en biais sur une pile de livres. Mettez en place un plan incliné devant (un tapis de mousse sur une pile de livres fera l'affaire). Numérotez chaque section du carton, réunissez quelques balles de tennis ou de golf et, allez-y, faites-les rouler.

Pour le rangement

PROTÉGER DES ARTICLES EN VERRE ET DES AMPOULES • Stockez sans risques les verres et les carafes en cristal ainsi que les ampoules dans les compartiments d'un carton à bouteilles. Prenez la précaution de classer les ampoules par puissance afin de trouver facilement celle qu'il vous faut.

STOCKER DES REVUES • Une bonne idée pour ranger vos magazines préférés à moindres frais : prenez un carton de lessive, retirez le haut puis coupez en biais du bord supérieur d'un côté jusqu'au tiers inférieur de l'autre. Habillez de papier adhésif coloré votre nouveau porte-revues.

CLASSER DES AFFICHES ET TRAVAUX D'ARTISTE

Un carton à bouteilles avec ses cloisons séparatrices est bien pratique pour ranger affiches et dessins roulés.

RANGER DES DÉCORATIONS DE NOËL • Enveloppez chaque décoration dans du papier journal ou du papier absorbant et rangez-les dans un carton à bouteilles pourvu de cloisons séparatrices, en essayant d'en empiler plusieurs dans un même compartiment.

Pour les enfants

RANGER DU MATÉRIEL DE SPORT • Récupérez un carton à bouteilles avec ses cloisons séparatrices, coupez le haut, décorez-le à votre goût et installez-le dans la chambre des enfants pour ranger raquettes de tennis et de badminton, cannes à pêche, etc.

UN GARAGE POUR PETITES VOITURES • Renversez un carton d'emballage d'appareil ménager sur le côté et mettez-le à disposition des enfants pour garer leurs petites voitures.

UNE LUGE IMPROVISÉE • Utilisez un grand carton pour traîner un petit enfant (ou un chargement de bois) sur la neige ou lui faire dévaler des talus herbeux.

UN THÉÂTRE DE MARIONNETTES • Posez un grand carton sur un côté, découpez un gros trou dans la face arrière pour permettre aux marionnettistes de se glisser à l'intérieur et un trou plus petit dans la partie supérieure de la face avant pour la scène. Décorez-le au stylo-feutre et collez des bouts d'étoffe pour faire des rideaux.

PETITE EXPÉRIENCE

Pour les enfants, un cadran solaire, même rudimentaire, est un bon moyen d'observer la course du Soleil au fil des heures.

Piquez un tuteur au milieu d'un morceau de carton de 25 x 25 cm. Si nécessaire, vissez ou clouez une petite planche sous le tuteur pour le maintenir à la verticale. Placez ce cadran solaire dans un coin ensoleillé. Toutes les heures, demandez aux enfants de marquer l'emplacement de l'ombre du tuteur sur le carton. Faites-les recommencer le lendemain, puis 1 semaine plus tard. Vous verrez alors que les ombres ne s'alignent pas sur les traits. Proposez aux enfants de chercher, sur Internet, l'explication de ce phénomène. En fait, c'est parce que la Terre est inclinée sur son axe.

CRÉER UN CHÂTEAU FORT

Pour transformer un grand emballage d'appareil électroménager en château médiéval, retirez les rabats supérieurs et, avec un cutter, découpez des créneaux le long du bord supérieur.
Pour le pont-levis, découpez une grande ouverture dans une des faces (le bord inférieur restant attaché). Raccordez le haut du pont aux murs latéraux en nouant des cordelettes de chaque côté ; au préalable, percez des trous pour passer la cordelette. Découpez également des meurtrières sur les faces latérales, puis laissez aux enfants le soin de dessiner des pierres et des briques sur les murs.

Pour les bricoleurs

RÉPARER UN TOIT • Pour effectuer une réparation provisoire, mettez un morceau de carton dans un sac en plastique et glissez l'ensemble sous les tuiles à l'endroit où la toiture est endommagée.

RANGER DES OUTILS DE JARDIN • Convertissez trois cartons à bouteilles en placard pour stocker les outils de jardin à long manche. Posez au sol un carton sans haut avec ses cloisons. Puis retirez le haut et le fond de deux autres cartons identiques et empilez-les sur le premier. Assemblez les cartons avec du ruban adhésif.

PROTÉGER UNE SURFACE DE TRAVAIL • Quand vous bricolez, protégez votre établi, table ou plan de travail avec un carton découpé aux dimensions voulues ; vous éviterez ainsi les coups de cutter, les taches d'encre, de peinture ou de colle, etc. Remplacez le carton lorsqu'il est trop abîmé.

ORGANISER UN ATELIER • Un carton à bouteilles avec ses cloisons séparatrices permet de stocker moulures, tasseaux, voliges, cornières, tiges métalliques, etc.

CARTON suite →

SE PROTÉGER LES DOIGTS

Aïe ! En essayant d'enfoncer un clou dans un morceau de bois, vous vous êtes donné un bon coup de marteau sur les doigts ! Pour éviter cela, piquez le clou dans un petit bout de carton fin avant de jouer du marteau. Tenez le bord du carton d'une main, positionnez le clou puis enfoncez-le. Retirez le bout de carton.

PLANTER DES BROQUETTES SANS DÉVIER • Vous avez entrepris de refaire le rembourrage d'une chaise ou d'une banquette ? Voici un excellent moyen de planter les broquettes (petits clous à large tête) à la verticale et à intervalles réguliers. Tracez les espacements sur la bordure d'une bande de carton mince, piquez une broquette sur chaque trait en les enfonçant jusqu'à mi-course. Retirez le carton et enfoncez-les complètement.

FABRIQUER UN COLLECTEUR D'HUILE • Pour empêcher les fuites d'huile de salir le sol du garage ou de l'allée, confectionnez un collecteur en plaçant quelques feuilles de carton ondulé sur un petit plateau ou dans une boîte en métal. Pour une meilleure absorption, recouvrez le carton de litière pour chat, de sciure de bois ou de flocons d'avoine, et remplacez-le quand il est trop sale.

AIDER LE MÉCANICIEN • Lorsque vous suspectez une fuite, placez un grand morceau de carton sous le moteur de la voiture pendant la nuit et emportez-le chez le mécanicien. La couleur et l'emplacement du liquide lui permettront d'identifier le problème.

CASSEROLE

RÉCUPÉRER DE L'HUILE DE VIDANGE • Nul besoin d'un bac de vidange pour récupérer l'huile de votre voiture. Munissez-vous d'une vieille casserole d'une contenance d'au moins 5 litres et placez-la sous le bouchon de vidange. Attention, les huiles de vidange ne doivent pas être jetées n'importe où ; renseignez-vous auprès de votre mairie.

UNE PELLE DE SECOURS • Laissez les sacs d'engrais et de graines sous l'abri de jardin et servez-vous d'une vieille casserole pour transporter le strict nécessaire jusqu'à vos plates-bandes. Une petite casserole est aussi très utile pour écoper ou pour servir la pâtée du chien.

IMPROVISER UN BARBECUE • Si vous êtes à court de place pour faire griller les saucisses du barbecue, remplissez de braises une vieille casserole de grande taille et recouvrez-la d'une grille à pâtisserie. Une fois le festin terminé, étouffez les braises en couvrant la casserole.

UNE BAIGNOIRE À OISEAUX • Pour permettre aux oiseaux de se rafraîchir dans votre jardin en été, placez une vieille casserole sur un pot de fleur et remplissez-la régulièrement d'eau.

CD (DISQUE COMPACT)

DÉCORER LE SAPIN DE NOËL • Suspendez aux branches des CD usagés, côté brillant à l'extérieur, pour créer un magnifique effet de scintillement, ou bien peignez et dessinez sur la face non gravée pour réaliser des ornements personnalisés peu coûteux. Jouez la carte de la diversité en découpant les CD en étoile et autres formes amusantes avec des ciseaux. Puis percez un trou et passez un ruban dans celui-ci pour les accrocher.

ÉGAYER LES MURS D'UNE CHAMBRE D'ADOLESCENT • Fixez des vieux CD au mur avec des punaises, en créant une frise au niveau du plafond ou à mi-hauteur des murs, ou bien utilisez-les pour encadrer des posters.

UNE COUPELLE ORIGINALE • Faites chauffer un CD au four à basse température sur un saladier ou un bol en métal ; laissez-le ramollir puis, les mains protégées par des gants, donnez-lui la forme souhaitée. Bouchez le trou central en collant le fond sur une autre surface, un plat par exemple, avec de la colle époxy ou PVC. Utilisez cette coupelle comme présentoir pour des petits objets mais pas pour des produits alimentaires.

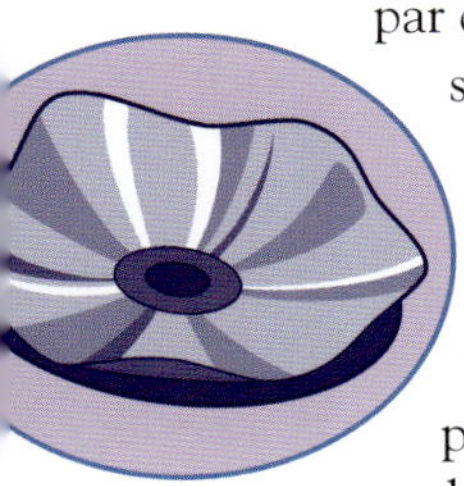

CRÉER UNE TOUPIE • Avec un cutter, pratiquez deux entailles de part et d'autre du trou central d'un vieux CD. Enfoncez une pièce dans le trou puis faites tourner le CD sur la tranche de la pièce.

RECUEILLIR LES COULURES DE BOUGIE • On devrait toujours utiliser un bougeoir spécialement conçu pour recueillir les coulures. Et un CD usagé peut parfaitement faire l'affaire. Il est préférable que la bougie soit petite et assez renflée pour rester stable sur son support ; son diamètre doit aussi être légèrement plus grand que le trou central. Posez ce bougeoir original sur une surface plane et résistant à la chaleur, et surveillez toujours vos bougies du coin de l'œil.

Le coin des enfants

Pour un cadeau original, encadrez une photo avec un CD. Il vous faut un CD usagé mais en bon état, une photo moins grande que le CD, une grosse perle, un ruban et de la colle. Collez la photo au milieu du CD, sur le côté brillant. Si vous le souhaitez, décorez le CD au marqueur permanent ou avec de l'adhésif de couleur. Fixez la perle en haut du CD avec un pistolet à colle thermofusible, laissez sécher et passez un ruban dans la perle.

FABRIQUER DES RÉFLECTEURS • Pour baliser l'allée qui mène à votre porte d'entrée, par exemple, percez des petits trous dans quelques vieux CD et vissez-les sur le poteau de votre boîte aux lettres ou sur un piquet de bois planté dans le sol.

UN ATTRAPE-SOLEIL • Collez ensemble deux CD, côtés brillants à l'extérieur. Passez un ruban ou de la laine de couleur dans le trou central et suspendez cet objet scintillant à une fenêtre. Au moindre rayon de soleil, il produira un superbe jeu de lumière.

CD (DISQUE COMPACT) suite →

TRACER UN CERCLE

À défaut de petit verre, tasse, bol ou compas, utilisez un CD pour tracer un cercle. Il fournit deux tailles de cercle, celle du trou central et celle de la circonférence externe.

CONFECTIONNER UNE PENDULE • Pour transformer un vieux CD en pendule ressemblant à celles que vendent les boutiques de gadgets, peignez l'une de ses faces et laissez sécher. Inscrivez les chiffres au stylo-feutre sur le pourtour de la surface peinte ou bien utilisez des autocollants. Fixez un mouvement d'horlogerie et une attache pour l'accrocher au mur au dos du CD.

UN DESSOUS-DE-PLAT DÉCORATIF • Découpez un rond de la taille d'un CD dans de la feutrine ou du liège et collez-le sur le côté imprimé du CD. Égayez votre table avec ce dessous-de-plat brillant, mais n'y posez que les plats froids : il ne supporte pas la chaleur.

À SAVOIR

Nettoyer et restaurer un CD

*** *Avant de jeter ou même de recycler un CD rayé ou abîmé, essayez de le sauver !***

Commencez par le nettoyer avec un chiffon non pelucheux ou un peu d'eau et de savon. Tenez le CD par le bord pour éviter de le marquer avec vos empreintes. Lustrez-le du centre vers l'extérieur, sans faire de mouvement circulaire. Si votre CD « saute » toujours, essayez avec du dentifrice (en pâte, pas en gel) car il renferme un abrasif fin qui éliminera peut-être la rayure. Du bout du doigt, déposez quelques touches de dentifrice sur le CD et étalez-le délicatement sur toute la surface. Retirez le dentifrice avec une serviette en papier humide, puis séchez le CD avec une autre serviette. Vous pouvez également utiliser du polish pour voiture (voir p. 242).

CENDRE

NETTOYER LES VITRES DE L'INSERT D'UNE CHEMINÉE • Appliquez un mélange de cendre de bois et d'eau à l'aide d'un chiffon humide, d'une éponge ou de papier absorbant. Ou bien plongez une éponge humide dans un tas de cendres, frottez-en les vitres de l'insert, puis essuyez-les avec du papier absorbant ou une éponge humide. Séchez avec un chiffon. Le résultat étonnera ceux qui ne savent pas que la cendre de bois était l'ingrédient de base du bon vieux savon de potasse.

NETTOYER L'ÉTAIN • L'étain retrouvera son brillant si vous le nettoyez avec de la cendre de cigarette. Prélevez un peu de cendre à l'aide d'une étamine ou d'un chiffon très fin humide et frottez. L'étain prendra tout d'abord une teinte plus foncée, mais il retrouvera tout son éclat après un bon rinçage.

NOURRIR LES PLANTES • Très alcaline, la cendre de bois contient également des traces de calcium et de potassium, deux substances qui favorisent la floraison. Si votre sol est plutôt acide, au printemps, saupoudrez de la cendre autour de plantes telles que clématites, hortensias, lilas et rosiers (mais évitez les plantes amoureuses des sols acides, comme les rhododendrons, les gardénias et les azalées). Abstenez-vous si vous avez utilisé des allume-feu ou brûlé autre chose que du bois, vous risqueriez d'ajouter à la terre des produits chimiques toxiques pour vos plantes. De même, ne jetez pas trop souvent la cendre de vos feux de bois sur votre compost, elle pourrait contrarier les effets du fumier et autres substances riches en azote.

À SAVOIR

Bien choisir son bois

* ***Pour un feu durable et bien chaud, utilisez des bûches parfaitement sèches.***

Le bois vert ou humide brûle mal et produit une accumulation de créosote (principale cause des incendies de cheminée) ; le sapin est un autre grand producteur de créosote. Ne brûlez jamais des morceaux de bois traités sous pression, car leur combustion libère des substances chimiques extrêmement toxiques.

Ne passez pas votre temps à nettoyer votre cheminée. Laissez une couche de 2 à 5 cm de cendre sous les chenets, elle réfléchira la chaleur du bois en train de se consumer et protégera le sol de la cheminée des braises chaudes. Assurez-vous simplement de ne pas laisser la cendre boucher l'espace sous le foyer, le tirage s'en ressentirait.

PROTÉGER POTAGER ET JARDIN • Saupoudrez de la cendre tout autour de votre potager pour éliminer vers gris, limaces et escargots. En se collant sur eux, la cendre les prive de leur humidité. Saupoudrez également de petites quantités de cendre sur vos plantes pour limiter les invasions de nuisibles à corps mou. Pensez à vous protéger les yeux et les mains.

DÉTACHER LES MEUBLES EN BOIS • Frottez légèrement les auréoles blanchâtres laissées sur le bois par les verres humides ou les tasses chaudes avec une pâte constituée de cendre de cigarette ou de cigare et de quelques gouttes d'eau. Puis appliquez votre cire habituelle.

CHARBON DE BOIS

FABRIQUER UN DÉSHUMIDIFICATEUR • L'humidité d'une penderie, d'un grenier ou d'une cave peut nuire à votre santé et abîmer vos vêtements. Pour y remédier, placez dans les zones humides une grande boîte métallique garnie de quelques morceaux de charbon de bois et fermée par un couvercle percé de quelques trous. Renouvelez les briquettes tous les 2 mois environ.

UNE EAU PURE POUR LES BOUTURES • En y ajoutant un morceau de charbon de bois, vous purifierez l'eau dans laquelle vous plongez vos boutures pour qu'elles prennent racine.

CHARBON DE BOIS suite →

ASSAINIR UNE SALLE DE BAINS

Si votre salle de bains sent l'humidité, dissimulez quelques morceaux de charbon de bois dans les recoins. Remplacez-les tous les 2 mois environ.

DES LIVRES SANS MOISISSURES • Les bibliothécaires expérimentés utilisent du charbon de bois pour se débarrasser des odeurs de moisi qui imprègnent les vieux livres. Si votre bibliothèque est fermée, par des portes vitrées par exemple, elle a peut-être tendance à être humide. Dans ce cas, placez quelques morceaux de charbon de bois à l'intérieur.

LE SAVIEZ-VOUS ?

C'est Henry Ford qui inventa les briquettes de charbon de bois. En effet, et cela peut surprendre, les premières briquettes furent fabriquées par la Ford Motor Company, à partir de chutes de bois venant d'une scierie appartenant à Ford, à Kingston, dans le Michigan, et spécialement construite pour fournir le bois des célèbres voitures familiales (des breaks) de Ford. Le charbon de bois restant fut transformé en briquettes. Henry Ford II ferma la scierie en 1951 et vendit l'usine à un groupe d'hommes d'affaires locaux, qui fondèrent la Kingsford Chemical Company.

CHAUSSETTES

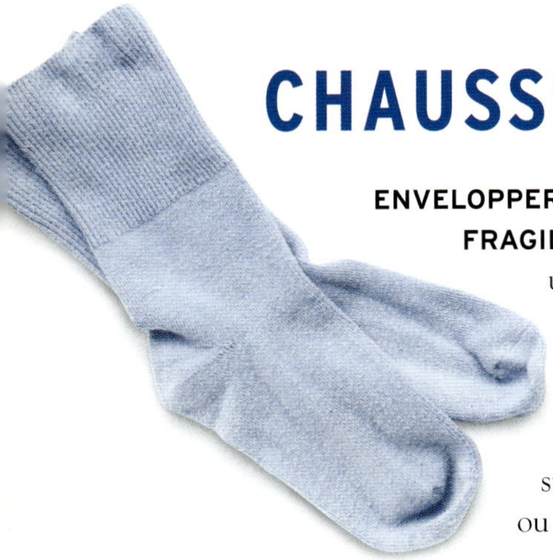

ENVELOPPER UN OBJET FRAGILE • Pour transporter un petit vase de valeur ou un bibelot précieux, glissez-le dans une chaussette. Il sera moins susceptible de se casser ou de se fêler.

DES GANTS ANTISALISSURES • En cas de crevaison, vous serez heureux de trouver une paire de chaussettes propres dans votre coffre. En glissant les mains dedans avant de manipuler les pneus, vous éviterez de vous salir.

EMBALLER LES CHAUSSURES DES ENFANTS • Au moment de faire la valise des enfants, placez chacune de leurs chaussures dans une chaussette d'adulte. Vous éviterez ainsi de salir ou de « parfumer » le reste de leurs affaires.

FAIRE GLISSER LES MEUBLES LOURDS • S'il vous faut déplacer une grande table ou un canapé sur un sol lisse, placez une chaussette sous les pieds du meuble pour le pousser facilement et sans endommager le sol.

PROTÉGER LA LINGERIE • À défaut de filet protecteur, placez votre lingerie dans une chaussette et fermez-la avec un élastique avant de la mettre dans la machine à laver.

UN CHIFFON DE MÉNAGE • Glissez la main dans une chaussette trouée ou dépareillée pour nettoyer les recoins difficilement accessibles.

CIRER LES CHAUSSURES • Une vieille chaussette de laine est idéale pour cirer les chaussures et les faire briller. Enfilez-la comme un gant, cirez avec un côté et faites briller avec l'autre. Ou prenez-en deux !

FAIRE BRILLER LA VOITURE

Rien de tel qu'une vieille chaussette pour lustrer la carrosserie de la voiture !

RANGER DES LUNETTES DE BRICOLAGE

Les lunettes de protection pour le bricolage ne tiennent pas dans les étuis classiques. Glissez-les dans une chaussette pour éviter de les rayer. Vous pouvez même clouer la chaussette au mur de votre atelier ou contre votre établi pour les avoir toujours sous la main.

NETTOYER STORES ET PERSIENNES • Nul besoin de gadgets sophistiqués pour éliminer la poussière des lames des stores vénitiens et des lattes des persiennes. Il suffit de glisser la main dans une vieille chaussette pour les nettoyer, en procédant délicatement avec les lames des stores, car elles sont en général très fragiles.

NETTOYER LES MURS EN PLÂTRE • Abandonnez éponge et chiffon pour utiliser des chaussettes en Nylon ou en microfibres : elles attirent et retiennent jusqu'à la plus petite saleté.

LAVER UN PETIT ANIMAL EN PELUCHE • Si la peluche préférée de votre petit dernier a besoin d'un bon bain, glissez-la dans une chaussette pour protéger les boutons, les yeux et les accessoires décoratifs pendant le lavage.

PROTÉGER UN MUR DES MARQUES D'UNE ÉCHELLE • Glissez des chaussettes sur les extrémités de l'échelle appuyées contre le mur. Et, pour votre sécurité, demandez toujours à quelqu'un de tenir l'échelle.

CHEWING-GUM

RÉCUPÉRER DES OBJETS DE VALEUR • Vous venez de laisser tomber l'une de vos bagues ou boucles d'oreilles dans le lavabo ou l'évier ? Collez un chewing-gum sous un plomb de pêche suspendu au bout d'une ficelle et repêchez votre bijou. Une fois qu'il s'est collé au chewing-gum, remonter la ficelle très délicatement.

BOUCHER DES FISSURES • Le chewing-gum bien mâché est parfait pour boucher les fissures des pots en terre cuite.

UN MASTIC DE FORTUNE • Maintenez provisoirement en place une vitre branlante avec une ou deux boulettes de chewing-gum fraîchement mâché.

LE SAVIEZ-VOUS ?

Les hommes mastiquent du chewing-gum depuis la nuit des temps. Dans l'Antiquité, les Grecs mâchaient du *mastiche*, fait avec de la résine de lentisque, et les Mayas, du *chicle*, la sève du sapotier. Les Indiens d'Amérique mâchaient de la sève d'épicéa et transmirent cette coutume aux premiers colons américains, qui confectionnaient du chewing-gum avec de la sève d'épicéa et de la cire d'abeille. C'est J.-B. Curtis qui, en 1848, produisit le premier chewing-gum commercial aux États-Unis ; il le baptisa State of Maine Pure Spruce Gum (pure gomme d'épicéa de l'État du Maine).

CHEWING-GUM suite →

RÉPARER DES LUNETTES • Si l'un de vos verres de lunettes bouge, calez-le avec une toute petite boulette de chewing-gum mâché en attendant d'aller chez l'opticien.

QUELQUES VERTUS MÉDICALES • Mâcher un chewing-gum à la menthe agit contre les flatulences et facilite la digestion. En outre, le chewing-gum stimule la production de salive, qui neutralise l'acidité de l'estomac et régule le flux des sucs digestifs.

À LA PÊCHE AUX CRABES

Mâchez un chewing-gum pendant quelques instants pour le ramollir puis attachez-le au bout d'une ligne. Plongez la ligne dans l'eau et attendez que les crabes mordent à l'hameçon.

CINTRE MÉTALLIQUE

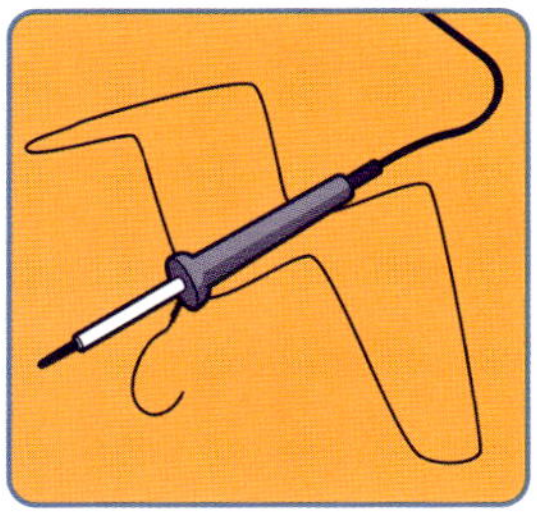

CALER UN FER À SOUDER • Pour empêcher un fer à souder chaud de rouler et de brûler l'établi ou ce qui s'y trouve, fabriquez un support. Pliez en deux un cintre métallique de façon à former un grand V, puis pliez chaque moitié en deux pour obtenir un W.

STOPPER L'ÉCOULEMENT D'UN MASTIC À CALFEUTRER

Lorsque vous avez terminé le calfeutrage, coupez 8 cm de fil métallique dans un cintre de teinturier, façonnez l'une des extrémités en crochet et insérez l'autre dans le tube pour pouvoir aisément retirer le bouchon de mastic.

LA MAIN VERTE

CONFECTIONNER UNE MINISERRE • Pour convertir une jardinière en miniserre, dépliez quelques cintres métalliques, coupez les fils obtenus à la dimension voulue à l'aide d'une pince coupante et pliez-les en formant un U. Piquez les extrémités dans la terre de la jardinière, percez un sac en plastique de quelques trous et enfilez-le sur les arceaux.

SUSPENDRE UNE PLANTE EN POT • Dépliez un cintre métallique et enroulez-le autour d'un pot de fleur de 15 à 20 cm de diamètre, juste en dessous du rebord. Torsadez-le pour le fixer en place, puis suspendez le pot.

REPÉRER DES PLANTATIONS • Découpez quelques rectangles dans une bouteille de lait en plastique ou dans du plastique rigide mais facile à couper. Inscrivez-y le nom de la plante au stylo-feutre indélébile. Coupez des petits tuteurs dans un cintre métallique, taillez deux fentes dans chaque rectangle et passez les tuteurs dedans. Ni la pluie ni les arrosages ne viendront effacer vos étiquettes.

LE SAVIEZ-VOUS ?

Le premier geste d'Albert J. Parkhouse en arrivant au bureau était de suspendre son pardessus. Nous étions en 1903, aux États-Unis, et Albert travaillait pour la Timberlake Wire and Novelty Company à Jackson (Michigan). Mais les patères que l'entreprise avait mises à la disposition de ses employés étaient toutes occupées ce jour-là. Vexé, Albert ramassa un bout de fil de fer, le plia en deux grandes boucles oblongues, torsada les deux extrémités au centre pour façonner un crochet et y installa son manteau : le cintre métallique était né. La direction trouva l'idée géniale, la fit breveter et... fit fortune. Le pauvre Albert, quant à lui, ne gagna pas un centime pour son invention.

PETITE EXPÉRIENCE

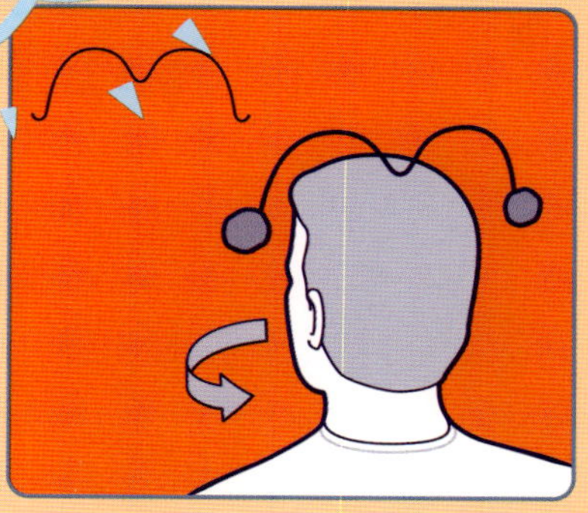

Voilà une manière simple et amusante de vérifier la première loi du mouvement de Newton, ou loi de l'inertie.

Pliez un cintre métallique en un grand M arrondi terminé par deux crochets, comme sur le schéma ci-dessus. Fixez une boule de pâte à modeler de même grosseur sur chacun des crochets. Placez le point bas du M sur votre tête. Si vous tournez la tête vers la gauche ou la droite, l'inertie des boules suffira à les maintenir en place, illustrant ainsi la première loi de Newton : « Tout objet au repos tend à le rester, à moins que quelque force n'agisse sur lui et ne le contraigne à changer d'état. » Avec un peu d'entraînement, vous pourrez exécuter un tour complet sur vous-même sans faire bouger les boules !

RÉCUPÉRER UN OBJET

Pour atteindre un objet tombé derrière le réfrigérateur, par exemple, déployez un cintre métallique en conservant le crochet, qui sera sans doute très utile.

FAIRE DES BULLES DE SAVON GÉANTES • Les enfants vont adorer. Façonnez le cintre en une boucle munie d'un manche et plongez celle-ci dans un seau rempli de 2 volumes d'eau pour 1 volume de liquide vaisselle ; ajoutez quelques gouttes de colorant alimentaire pour obtenir des bulles chatoyantes. Quelques cuillerées à café de glycérine leur donneront aussi un peu plus de tenue et de brillant.

DÉBOUCHER W.-C. ET TUYAU D'ASPIRATEUR • Transformez un cintre métallique en furet pour débusquer le corps étranger qui obstrue vos W.-C. De même, si un objet est resté coincé dans le tuyau de votre aspirateur, glissez doucement un cintre dedans pour éliminer l'obstacle.

ALLUMER UNE VEILLEUSE PEU ACCESSIBLE • Pour rallumer la veilleuse de votre four ou de votre chauffe-eau à gaz sans risquer de vous brûler, déployez un cintre métallique, collez l'allumette sur l'une des extrémités avec de l'adhésif, craquez l'allumette et glissez le fil métallique jusqu'à la veilleuse.

UNE SUSPENSION POUR POT DE PEINTURE • Avec une pince coupante, prélevez le crochet d'un cintre métallique plus 3 cm de fil. Torsadez ce fil autour de l'anse pour accrocher le pot où bon vous semblera.

36 USAGES

CITRON

Dans la maison

ÉLIMINER DES ODEURS DE CHEMINÉE • Si votre feu de cheminée dégage une odeur désagréable, jetez quelques écorces de citron dans les flammes, ou brûlez-en quelques-unes à titre préventif.

PARFUMER ET HUMIDIFIER UNE PIÈCE • Pour parfumer votre maison l'hiver, préparez un pot-pourri tout simple. Si vous avez un poêle à bois, posez un bol ou un pot en fonte émaillée rempli d'eau dessus et ajoutez des écorces de citron et/ou d'orange, des bâtons de cannelle, des clous de girofle et des pelures de pomme. Si vous n'avez pas de poêle, faites chauffer le mélange sur la cuisinière en remuant régulièrement.

ÔTER DES TACHES SUR DU MARBRE • Frottez vigoureusement les taches avec 1/2 citron trempé dans le sel côté pulpe.

NEUTRALISER L'ODEUR DE LITIÈRE • Placez quelques demi-citrons sur un plat dans la pièce où se trouve la litière du chat.

DÉSODORISER UN HUMIDIFICATEUR • Versez 3 ou 4 cuillerées à café de jus de citron dans l'eau de l'humidificateur. Les mauvaises odeurs céderont rapidement la place à un agréable parfum de citron. Répétez cette opération tous les 15 jours, ou plus si nécessaire.

NETTOYER DES OBJETS EN CUIVRE OU EN INOX • Appliquez sur la zone ternie une pâte à base de jus de citron et de sel (qui peut aussi être remplacé par du bicarbonate de soude). Laissez agir environ 5 minutes. Lavez à l'eau chaude, rincez et séchez. Vous pouvez également nettoyer votre évier de cuisine en Inox avec ce mélange : appliquez, brossez doucement puis rincez.

POLIR LES CHROMES • Frottez les robinets et les chromes avec une écorce de citron, rincez soigneusement et séchez avec un chiffon doux.

Dans la cuisine

EMPÊCHER POMMES DE TERRE ET CHOU-FLEUR DE NOIRCIR • Ajoutez 1 cuillerée à café de jus de citron frais à l'eau de cuisson. Vos légumes garderont leur belle couleur et n'en seront que plus appétissants.

FAIRE BRILLER L'ALUMINIUM TERNI • Astiquez vos casseroles en aluminium avec le côté coupé de 1/2 citron. Polissez-les avec un chiffon doux ; rincez et essuyez.

EMPÊCHER LE RIZ DE COLLER

Ajoutez 1 cuillerée à café de jus de citron à l'eau de cuisson du riz. Laissez-le égoutter et refroidir durant quelques minutes, puis égrainez-le à la fourchette.

Le coin des enfants

Faites découvrir à vos enfants cette méthode simple pour écrire des messages secrets à l'encre invisible. Il vous faut du jus de citron, fraîchement pressé ou en bouteille, un Coton-Tige, qui vous servira de stylo, et une feuille de papier blanc. Lorsque l'« encre » est sèche, tenez le papier face aux rayons du soleil ou près d'une ampoule. La chaleur assombrira le texte du message, qui prendra une couleur marron clair et deviendra lisible. Surveillez vos enfants pour qu'ils n'approchent pas trop le papier de la source de chaleur : il risquerait de s'enflammer.

DÉSODORISER UN RÉFRIGÉRATEUR • Après vous être débarrassé du produit à l'origine de la mauvaise odeur, laissez plusieurs heures à l'intérieur du réfrigérateur un morceau de coton ou une éponge imprégnés de jus de citron.

RAFRAÎCHIR UNE PLANCHE À DÉCOUPER • Pour éliminer de votre planche à découper les odeurs persistantes (d'ail, d'oignon, de poisson, etc.), frottez-la avec le côté pulpe de 1/2 citron, ou lavez-la directement dans du jus de citron (achetez-le non dilué en bouteille).

NETTOYER UN FOUR À MICRO-ONDES • Faites chauffer 3 cuillerées à soupe de jus de citron avec 25 cl d'eau au four à micro-ondes à puissance maximale pendant 5 à 10 minutes, le temps que la vapeur se condense sur les parois intérieures du four. Nul besoin de frotter : vous n'avez plus qu'à enlever les dépôts avec un chiffon.

RAFFERMIR UNE SALADE FLÉTRIE • Laissez tremper la salade au réfrigérateur, dans un grand saladier d'eau froide additionnée du jus de 1/2 citron pendant environ 1 heure. Essorez bien les feuilles.

ÉLOIGNER LES INSECTES • Le citron remplace très bien l'insecticide ou les pièges à fourmis. Versez-en quelques gouttes sur le seuil des portes et le rebord des fenêtres. Aspergez de jus de citron tous les trous ou fissures par lesquels les fourmis entrent. Enfin, placez des petits bouts d'écorce de citron tout autour de la porte d'entrée. Le citron est également efficace contre les cafards et les puces, qui détestent son odeur : rincez vos sols avec un mélange composé du jus de 4 citrons (et de leurs écorces) et de 2 litres d'eau.

EMPÊCHER L'OXYDATION DU GUACAMOLE OU D'UNE SALADE DE FRUITS

Pour que votre guacamole reste bien vert, arrosez-le de jus de citron frais. Le parfum du jus de citron s'associe en outre très bien à la saveur des avocats. Et si vous préparez votre salade de fruits plusieurs heures à l'avance, arrosez-la de jus de citron.

CITRON suite →

Dans la lingerie

BLANCHIR DES TISSUS DÉLICATS • Pour un blanchissage doux et sans taches, faites tremper votre linge dans un mélange de jus de citron et de bicarbonate de soude pendant au moins 1/2 heure avant de le laver.

ÉLIMINER LES AURÉOLES DE TRANSPIRATION • Ôtez les auréoles sous les manches de vos chemisiers et chemises en les brossant avec un mélange à parts égales de jus de citron (ou de vinaigre blanc) et d'eau.

ÉLIMINER DES TRACES DE MOISI SUR LE LINGE • Frottez les taches avec une pâte composée de jus de citron et de sel. Faites sécher le vêtement au soleil. Répétez l'opération jusqu'à ce que la tache disparaisse. Cette pâte est également efficace pour enlever les taches de rouille.

BLANCHIR DES VÊTEMENTS • Le jus de citron, dilué ou pur, est un agent blanchissant efficace que vous pouvez ajouter sans crainte de décolorer le linge à l'eau de votre machine à laver.

À SAVOIR

Avant de presser le citron

***** *Pour tirer le maximum de jus d'un citron qui sort du réfrigérateur, laissez-le à température ambiante et roulez-le sous votre paume contre le plan de travail avant de le presser. Vous briserez ainsi le tissu conjonctif et les parois cellulaires, permettant au citron de rendre plus de jus.*

RENFORCER L'EFFET D'UNE LESSIVE • Pour ôter des taches tenaces (de rouille, par exemple) sur vos tee-shirts et sous-vêtements en coton, ajoutez 25 cl de jus de citron à votre lessive avant de mettre la machine en route. L'action naturellement décolorante du jus de citron éliminera les taches et donnera une bonne odeur de frais à vos vêtements.

Santé et beauté

ÉCLAIRCIR DES TACHES DE VIEILLESSE • Le jus de citron est un agent éclaircissant pour la peau sûr et efficace. Appliquez du jus de citron directement sur les taches, laissez poser durant 15 minutes, puis rincez.

BLANCHIR SES ONGLES • Faites tremper vos ongles dans 25 cl d'eau chaude additionnée du jus de 1/2 citron pendant 5 minutes, puis frottez-les avec l'écorce du citron.

UN SOIN POUR LE VISAGE • Exfoliez en douceur la peau de votre visage en la nettoyant avec du jus de citron. Pour retirer facilement des points noirs, appliquez également du jus de citron dessus pour dilater les pores. Votre peau devrait embellir après plusieurs jours de ce traitement.

LE SAVIEZ-VOUS ?

Avec ses branches tortueuses, ses fleurs aux pétales blanc rosé et au parfum délicat, le citronnier n'a pas grand-chose à voir avec l'oranger. Quant à son fruit, il est si acide – en raison de sa forte teneur en acide citrique – qu'il est presque impossible de le manger. Pourtant, les marins sucent des citrons, riches en vitamine C, depuis des centaines d'années, pour éviter le scorbut. Aujourd'hui encore, la marine britannique demande aux bateaux de transporter suffisamment de citrons pour que chaque marin puisse avaler 30 ml de jus tous les jours.

PETITE EXPÉRIENCE

Transformez un citron en batterie ! Cela ne fera pas démarrer votre voiture, mais vous pourrez sentir le courant avec votre langue.

Faites rouler le citron sur une surface plate pour « activer » le jus puis incisez-le en deux endroits, à 1,25 cm de distance. Insérez une pièce en cuivre dans l'une des fentes et une pièce en argent dans l'autre. Touchez en même temps les deux pièces avec votre langue ; vous ressentirez un léger picotement, car l'acide du citron réagit différemment avec chacun des deux métaux : l'une des pièces contient des charges électriques positives, tandis que l'autre contient des charges électriques négatives. Ces charges génèrent du courant, et votre langue conduit les charges, entraînant un léger flux d'électricité.

DES CHEVEUX AUX REFLETS BLONDS • Le jus de citron est un décolorant naturel que l'on peut utiliser pour la chevelure. Rincez-vous les cheveux avec un mélange composé de 4 cuillerées à soupe de jus de citron pour 20 cl d'eau, puis faites-les sécher au soleil. Pour un effet renforcé, répétez l'opération une fois par jour pendant 1 semaine.

SE RAFRAÎCHIR L'HALEINE

Du jus de citron pur (en bouteille) est un bain de bouche efficace pour se rafraîchir l'haleine. Avalez-le pour garder une haleine fraîche plus longtemps. L'acide citrique du jus modifie le pH de la bouche, tuant les bactéries responsables de la mauvaise haleine. Rincez au bout de quelques minutes car une exposition prolongée à l'acide du jus de citron pourrait éroder l'émail de vos dents.

LUTTER CONTRE LES PELLICULES • Massez-vous le cuir chevelu avec 2 cuillerées à soupe de jus de citron et rincez à l'eau. Puis versez sur vos cheveux un mélange composé de 1 cuillerée à café de jus de citron pour 25 cl d'eau. Répétez cette opération tous les jours jusqu'à ce que les pellicules aient complètement disparu.

ADOUCIR LA PEAU DES COUDES • Frottez vos coudes avec une pâte abrasive composée de bicarbonate de soude et de jus de citron pour les adoucir, tout en les exfoliant.

ENLEVER DES TACHES DE BAIES SUR LES MAINS • Lavez-vous les mains avec du jus de citron pur. Attendez quelques minutes, puis rincez à l'eau chaude savonneuse. Répétez l'opération jusqu'à la disparition complète des taches.

DÉSINFECTER COUPURES ET ÉGRATIGNURES • Versez quelques gouttes de jus de citron directement sur les petites plaies ou appliquez un coton imbibé de jus de citron que vous maintiendrez bien en place pendant 1 minute.

CALMER LES DÉMANGEAISONS D'URTICAIRE • Appliquez du jus de citron pur directement sur la zone atteinte.

SOULAGER MAINS SÈCHES ET PIEDS IRRITÉS • Rincez-les avec un mélange à parts égales de jus de citron et d'eau, puis massez-les avec de l'huile d'olive et séchez avec un linge doux.

ENLEVER DES VERRUES • Appliquez du jus de citron sur la verrue avec un Coton-Tige. Répétez l'opération durant plusieurs jours, jusqu'à ce que les acides du jus de citron dissolvent complètement la verrue.

CLÉ

LESTER DES RIDEAUX • Glissez quelques vieilles clés, maintenues en place par deux ou trois points de couture, à l'intérieur de l'ourlet de vos rideaux pour qu'ils tombent bien. De la même manière, attachez des clés à l'extrémité de vos cordons de rideaux pour éviter qu'ils ne s'emmêlent.

DES PLOMBS DE PÊCHE • De vieilles clés inutilisées feront d'excellents lests pour une canne à pêche. Passez un fil de Nylon dans leur trou et attachez-les à la ligne.

UN FIL À PLOMB IMPROVISÉ

Vous allez tapisser une pièce et vous voulez tracer une ligne bien verticale pour démarrer la pose du papier peint ? Attachez une ou deux clés à l'extrémité d'une corde ou d'une ficelle. Vous pouvez aussi remplacer les clés par une paire de ciseaux.

COLD-CREAM

EFFACER LES TATOUAGES PROVISOIRES • Les enfants adorent les tatouages, mais ils sont souvent assez difficiles à effacer. Appliquez un peu de cold-cream dessus puis frottez avec un gant de toilette ; ils disparaîtront rapidement.

LE SAVIEZ-VOUS ?

Oui, le cold-cream – littéralement crème froide – est vraiment froid. Il est obtenu par émulsion d'eau dans un mélange de blanc de baleine, de cire d'abeille et d'huile d'amande douce. C'est l'eau qui, en s'évaporant, rafraîchit la peau. Le cold-cream a été inventé par le médecin grec Galien en 157. La médecine de l'Antiquité préconisant de soigner avec les contraires, Galien cherchait peut-être à traiter une peau desséchée et enflammée par un eczéma ou un psoriasis. Mais les femmes de l'époque découvrirent rapidement les bienfaits de cette crème et l'utilisèrent comme démaquillant, ce qui est, aujourd'hui encore, le principal usage du cold-cream.

DU MAQUILLAGE POUR ENFANT

Voici une recette simple : mélangez 1 cuillerée à café de fécule de maïs, 1/2 cuillerée à café d'eau, 1/2 cuillerée à café de cold-cream et 2 gouttes de colorant alimentaire (choisissez une couleur assortie à celle du costume). Avec un petit pinceau, dessinez des motifs sur le visage de votre enfant. Ce maquillage a l'avantage de s'éliminer sans problème à l'eau et au savon.

RETIRER DES AUTOCOLLANTS SUR UNE VOITURE

Badigeonnez l'autocollant de cold-cream, et laissez pénétrer un moment ; l'autocollant devrait lâcher prise facilement.

32 USAGES

COLLANT

Dans la maison

ENTRETENIR FACILEMENT UNE BROSSE À CHEVEUX • Découpez une bande de 5 cm dans une jambe de collant. Placez-la au-dessus des poils de votre brosse à cheveux neuve et servez-vous d'une pince à cheveux ou d'un peigne pour que les soies traversent complètement la bande de collant. Pour nettoyer votre brosse, retirez délicatement le morceau de collant – avec tous les cheveux, peluches et poussière dessus – et remplacez-le par une nouvelle bande.

COLLANT suite →

RETROUVER DE PETITS OBJETS • Si vous avez perdu un petit objet sur un tapis ou une moquette, coupez la jambe d'un vieux collant en vous assurant que le pied est bien intact et placez-la autour du suceur de l'aspirateur (pour plus de sécurité, coupez également la seconde jambe du collant et enfilez-la sur la première). Maintenez le collant en place à l'aide d'un élastique bien serré. Allumez l'aspirateur et déplacez doucement le suceur sur la moquette ou le tapis : les petits bijoux ou autres minuscules objets que vous avez égarés se colleront rapidement au collant.

NETTOYER UN AQUARIUM

Si vous avez un aspirateur à eau et poussière, vous pouvez changer l'eau de votre aquarium sans avoir à sortir décor et accessoires. Placez le pied d'un vieux collant en Nylon au bout du suceur de l'aspirateur, maintenez-le en place avec un élastique et aspirez l'eau.

CIRER DES CHAUSSURES • Faites briller vos chaussures en les cirant avec une bande de collant.

STOCKER DES AFFICHES • Pour stocker des affiches ou des rouleaux de papier cadeau et éviter qu'ils ne se cornent et se froissent, glissez-les dans les jambes de vieux collants (vérifiez au préalable que le pied est intact).

ENLEVER DU VERNIS À ONGLES • Utilisez un carré découpé dans un vieux collant et imbibez-le de dissolvant. Découpez plusieurs carrés de 8 cm environ et stockez-les dans une ancienne boîte à pansements bien étanche pour les utiliser au fur et à mesure.

ÉVITER QU'UN VAPORISATEUR NE SE BOUCHE • Couvrez l'extrémité du tube intérieur avec un petit carré de collant maintenu en place à l'aide d'un élastique. Cette astuce fonctionne particulièrement bien pour filtrer les mélanges de concentrés à vaporiser.

REMBOURRER UNE PELUCHE • Remplacez le rembourrage usé par d'étroites bandes de collant (si possible roulées en boule), puis recousez bien l'ouverture. Rembourrez de la même façon coussins et oreillers.

RANGER DES COUVERTURES • Roulez vos couvertures et entourez-les de larges « élastiques » confectionnés avec les ceintures de vos anciens collants.

ORGANISER SA VALISE • Si vous avez du mal à faire tenir toutes vos affaires dans votre valise, pour gagner de la place, roulez les vêtements qui ne craignent rien et glissez-les dans les jambes coupées d'un vieux collant.

UN BAIN AU CITRON • Préparez votre huile de bain parfumée : faites sécher des écorces de citron et/ou d'orange, écrasez-les et placez-les dans le pied d'un vieux collant. Faites un nœud à environ 3 cm au-dessus des morceaux d'écorce et gardez un bout de 15 cm pour attacher le tout sous le robinet ouvert de la baignoire. Dans votre bain fraîcheur citron, utilisez le sachet pour vous faire un gommage exfoliant sur tout le corps. Efficacité garantie.

UN SACHET DE NAPHTALINE OU UN POT-POURRI • Placez des boules de naphtaline, ou des ingrédients parfumés, dans le pied d'un vieux collant et nouez-le. Pour suspendre le sachet dans une armoire, coupez le collant à plusieurs centimètres au-dessus du nœud.

UN CHOUCHOU IMPROVISÉ • Coupez une bande horizontale d'environ 8 cm de large dans la jambe d'un vieux collant et attachez-vous les cheveux avec.

FAIRE SÉCHER UN PULL-OVER • Pour éviter que votre pull-over ne se déforme en séchant, passez un vieux collant par le cou et faites glisser les jambes du collant à l'intérieur des manches. Étendez le pull-over sur votre corde à linge en fixant les pinces à linge sur le collant et pas sur la laine.

FAIRE DES PILES DE JOURNAUX • Si vous n'avez plus de ficelle, servez-vous d'un vieux collant, dont vous ôterez les pieds et la ceinture, pour attacher vos piles de journaux ou de magazines à recycler.

Dans la cuisine

STOCKER DES OIGNONS • Pour préserver la fraîcheur de vos oignons, placez-les un à un dans la jambe d'un collant. Faites glisser le premier oignon jusqu'au bout du pied, faites un nœud (pas trop serré) au-dessus et ajoutez l'oignon suivant, et ainsi de suite. Coupez le bout de collant restant et suspendez vos oignons dans un endroit frais et sec. Pour prendre un oignon, défaites le premier nœud en partant du bas.

FABRIQUER UN TAMPON À RÉCURER • Imprégnez un vieux collant roulé en boule d'eau chaude additionnée de quelques gouttes de produit vaisselle pour récurer vos plats efficacement mais en douceur. Vous pouvez également nettoyer vos plats – mais aussi les murs et autres surfaces non poreuses – avec une éponge glissée dans le pied d'un collant.

DOSER LES PETITES QUANTITÉS DE FARINE • Coupez le pied d'un collant, remplissez-le de farine, faites un nœud et laissez ce sachet doseur dans votre pot de farine. Secouez-le doucement au-dessus de votre plan de travail ou de votre plaque à pâtisserie pour les fariner.

EMPÊCHER UN ROULEAU À PÂTISSERIE DE COLLER

Entourez-le d'un bout de collant qui retiendra suffisamment de farine pour éviter que la pâte, aussi humide soit-elle, colle au rouleau.

COLLANT suite →

FERMER UN SAC-POUBELLE • Pour être sûr qu'une poubelle reste bien fermée, faites un nœud bien serré avec la ceinture élastique d'un vieux collant à la place du lien habituel.

NETTOYER SOUS LES APPAREILS MÉNAGERS • Si vous avez du mal à atteindre le dessous et les côtés de votre réfrigérateur, par exemple, attachez avec un élastique un vieux collant roulé en boule à un cintre ou au manche d'un balai. La poussière et la saleté adhéreront au collant, que vous pourrez laver pour le réutiliser.

LE SAVIEZ-VOUS ?

Vous avez probablement entendu dire que vous pouviez remplacer temporairement une courroie de ventilateur cassée par un collant en cas d'urgence. C'est faux, les poulies de la plupart des véhicules requièrent des courroies plates et non arrondies. Même sur une poulie à courroie en V, les collants ne résisteraient pas au démarrage du moteur. Il est nettement préférable de remplacer les courroies dès qu'elles présentent des signes de fatigue.

Au jardin

TUTEURER DES PLANTES FRAGILES • Attachez-les à leurs tuteurs avec des bandes de collant. La souplesse du Nylon leur permettra de s'étirer lorsque vos jeunes plants ou arbres forciront et grandiront – contrairement à la corde ou à la laine, qui peuvent vraiment abîmer les tiges des plantes, surtout si vous les serrez trop fort.

RETENIR LA TERRE D'UNE PLANTE D'INTÉRIEUR • Lorsque vous mettez une plante en pot, placez un bout de collant au fond du pot. Il permettra au surplus d'eau de s'écouler sans emporter la terre avec lui.

SE NETTOYER APRÈS AVOIR JARDINÉ • Placez vos restes de savon dans le pied d'un vieux collant, nouez l'extrémité et disposez ce sachet près d'un robinet extérieur. Vous pourrez vous laver les mains dehors après avoir jardiné et ne salirez plus la poignée de la porte d'entrée ni l'évier de la cuisine.

STOCKER DES BULBES EN HIVER • Coupez la jambe d'un collant, placez vos bulbes à l'intérieur, puis nouez l'extrémité pour la fermer. L'air circulera librement et empêchera les bulbes de pourrir. Étiquetez vos « sacs » de bulbes avec du ruban de masquage et suspendez-les dans un endroit frais et sec jusqu'au printemps prochain.

COUVRIR UN POT POUR OBSERVER DES INSECTES

Plutôt que de percer des trous dans le couvercle en métal du pot, découpez un carré de 15 cm de côté dans un vieux collant et fixez-le sur le pot à l'aide d'un élastique. Le Nylon laisse l'air entrer dans le pot, et ce couvercle s'enlève facilement pour faire entrer ou sortir des insectes.

PROTÉGER LES MELONS • Pour mettre vos petits melons à l'abri des insectes et des maladies, utilisez les jambes de vieux collants. Lorsque les melons commencent à grossir, glissez chacun d'eux dans le pied d'un collant et fixez la jambe à un pieu pour que le melon se retrouve suspendu. Cet étui en Nylon s'étirera au fur et à mesure que le melon grossira, tout en l'empêchant de toucher la terre humide, qui pourrait le faire pourrir ou le livrer aux insectes.

Pour les bricoleurs

TEINTER DU BOIS • Pour atteindre les recoins et les fissures de votre bibliothèque ou de votre commode en bois, coupez une bande dans un vieux collant, pliez-la plusieurs fois sur elle-même et fixez-la à l'aide d'un élastique au bout d'un bâtonnet de glace. Vous n'avez plus qu'à plonger votre applicateur maison dans la teinture ou le vernis.

VÉRIFIER LA QUALITÉ D'UN PONÇAGE • Entourez la paume de votre main d'un long morceau de collant et passez-la sur le bois. Si le collant accroche à un endroit, poncez de nouveau, jusqu'à ce que vous ne sentiez plus aucun accroc.

LE SAVIEZ-VOUS ?

D'après la US Toy Industry Association, la légendaire fabricante de poupées Madame Alexander inventa le concept du collant au début des années 1950, lorsqu'elle commença à coudre de minuscules paires de bas de soie sur les culottes de ses poupées pour les empêcher de glisser. Mais c'est l'Américain Allen Grant Senior qui inventa les collants tels que nous les connaissons aujourd'hui, fabriqués en masse pour la première fois en 1959 par Glen Raven Mills, son entreprise textile familiale. L'actrice hollywoodienne Julie Newmar, interprète de la femme-chatte de l'ancienne série télévisée *Batman* à la fin des années 1960, est une autre pionnière dans le domaine du collant et détient un brevet pour les collants « ultrafins, ultraconfortables ».

RÉPARER PROVISOIREMENT UNE MOUSTIQUAIRE

Utilisez un carré de collant pour combler temporairement un petit trou dans une moustiquaire. Appliquez de la colle mastic autour des trous avant de mettre en place le morceau de collant. Pour que votre réparation dure plus longtemps, cousez le bout de collant sur la moustiquaire.

NETTOYER UNE PISCINE • Tapissez votre épuisette de nettoyage avec un grand carré de Nylon découpé dans un collant ; vous attraperez de nombreuses particules de saleté et des cheveux que l'épuisette aurait laissé passer et qui finiraient peut-être par boucher le filtre de votre piscine.

FILTRER DE LA PEINTURE • Pour filtrer les grumeaux de peinture d'un ancien pot, détachez le pied d'un vieux collant et découpez la jambe sur toute sa longueur de manière à disposer d'un morceau plat de Nylon. Coupez cette pièce en morceaux de 30 cm pour réaliser les filtres. Étirez le Nylon au-dessus d'un seau ou d'un récipient quelconque et maintenez-le en place avec un élastique ou même la ceinture du collant. Versez enfin la peinture doucement dans le seau, à travers le morceau de collant.

COMPRIMÉ NETTOYANT POUR APPAREIL DENTAIRE

RAVIVER L'ÉCLAT D'UN DIAMANT • Plongez votre bague ou vos boucles d'oreilles dans un verre d'eau additionnée d'un comprimé nettoyant pour appareil dentaire. Laissez agir quelques minutes et rincez. Vos bijoux brilleront d'un nouvel éclat.

ÉLIMINER DES DÉPÔTS MINÉRAUX SUR LE VERRE • Lorsque des fleurs coupées ont séjourné un certain temps dans un vase, des dépôts minéraux laissent souvent une trace circulaire impossible à retirer, même en frottant très fort. Remplissez le vase d'eau et ajoutez un comprimé nettoyant. À la fin du pétillement, tous les dépôts auront disparu. Employez la même méthode pour nettoyer les bouteilles Thermos, les flacons, les verres et les carafes à vin.

DÉTARTRER UNE CAFETIÈRE

L'eau calcaire laisse dans le réservoir des cafetières électriques des dépôts qui ralentissent la préparation du café et en affectent le goût. Les comprimés nettoyants éliminent ce tartre ainsi que les éventuelles bactéries. Destinés à nettoyer et à désinfecter les appareils dentaires, ces comprimés feront le même travail dans votre cafetière. Placez 2 comprimés dans le réservoir de la cafetière et remplissez-le d'eau. Mettez la cafetière en marche, jetez l'eau puis effectuez deux ou trois cycles de rinçage à l'eau claire avant de refaire du café.

LE SAVIEZ-VOUS ?

Les agents de blanchiment que contiennent les comprimés nettoyants pour appareils dentaires contribuent à l'élimination de la plaque dentaire ainsi qu'au blanchiment et au détachage. C'est la raison pour laquelle ces comprimés peuvent être très utiles pour nettoyer les cafetières, les bijoux, les casseroles en émail, et même les toilettes !

NETTOYER DES TOILETTES • Les articles en porcelaine réagissent bien à l'agent détersif des comprimés nettoyants. À défaut de produit nettoyant pour les toilettes, utilisez-les pour effectuer cette corvée en un clin d'œil : mettez 1 comprimé nettoyant dans la cuvette, laissez agir environ 20 minutes et tirez la chasse.

DÉTACHER DE LA VAISSELLE EN ÉMAIL • Les comprimés nettoyants sont parfaits pour éliminer les taches sur l'émail. Remplissez d'eau chaude la casserole ou la cocotte tachée et ajoutez 1 ou 2 comprimés, selon la taille du récipient. Une fois le pétillement terminé, votre casserole sera propre comme un sou neuf !

DÉBOUCHER UN TUYAU D'ÉVACUATION • Jetez 1 ou 2 comprimés nettoyants dans le tuyau et faites couler de l'eau jusqu'à dissolution du bouchon. Si ce dernier est récalcitrant, mettez 3 comprimés et 25 cl de vinaigre d'alcool dans le tuyau puis laissez agir quelques minutes. Faites couler de l'eau bouillante jusqu'à désagrégation du bouchon.

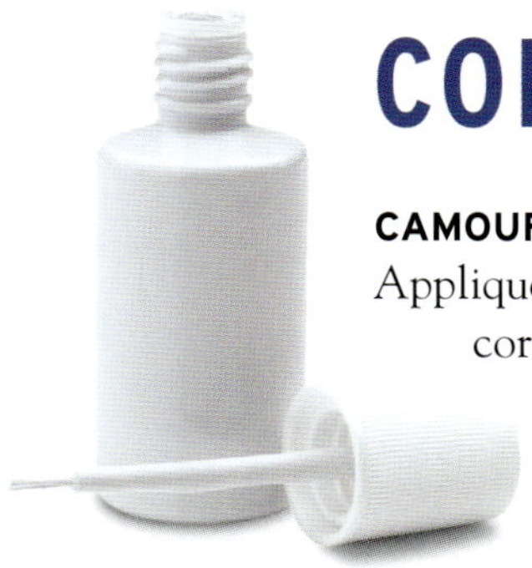

CORRECTEUR LIQUIDE

CAMOUFLER DES RAYURES • Appliquez soigneusement du correcteur liquide sur les rayures des appareils électroménagers. Laissez sécher et couvrez de vernis à ongles transparent. Cette solution est également valable pour les objets décoratifs en porcelaine blanche (vases, bibelots, etc.).

RÉNOVER DES CHAUSSURES BLANCHES • Couvrez les éraflures de correcteur liquide. Sur des chaussures en cuir, frottez délicatement la zone retouchée après séchage.

RETOUCHER UN PLAFOND • Dissimulez des traces sur un plafond blanc ou crème en les recouvrant de correcteur liquide ; travaillez avec un pinceau et par petites touches. Après séchage, atténuez la brillance en frottant la zone retouchée avec une serviette en papier.

LE SAVIEZ-VOUS ?

Le correcteur liquide a été inventé en 1951 par Bette Nesmith Graham, la mère de Michael Nesmith, du groupe pop les Monkees. Bette Graham, qui était alors secrétaire dans une entreprise texane, utilisait de la peinture à l'eau pour corriger les fautes de frappe et la conditionnait en petites bouteilles pour approvisionner les autres secrétaires ; elle baptisa ce liquide *mistake out* (plus de fautes). Cinq ans plus tard, elle améliora la formule et rebaptisa son produit *liquid paper* (papier liquide). Après avoir essuyé un refus de la part d'IBM, elle décida de commercialiser elle-même son produit. Dans les années 1960, son invention commença à générer des profits et, en 1979, elle la vendit à Gilette Corp. pour 47,5 millions de dollars plus des royalties sur chaque flacon vendu jusqu'en 2000. Aujourd'hui, avec l'avènement de l'ordinateur, le correcteur liquide n'est plus un article aussi indispensable dans un bureau, mais on lui a trouvé bien d'autres usages.

ÉGAYER UNE MAISON

Toutes les occasions sont bonnes pour décorer les fenêtres d'une maison. Selon la saison, peignez des flocons de neige, dessinez des fleurs ou écrivez des messages de bienvenue avec du correcteur liquide. Effacez vos travaux d'artiste avec du dissolvant ou une solution ammoniaquée, avec du vinaigre et de l'eau ou un nettoyant pour les vitres, ou bien grattez-les avec une lame à rasoir spécialement réservée à cet usage.

COUCHE JETABLE

UNE COMPRESSE POUR CALMER LA DOULEUR • Humidifiez une couche superabsorbante et placez-la 2 minutes au micro-ondes, à chaleur modérée. Vérifiez qu'elle n'est pas brûlante puis appliquez-la en compresse sur les muscles douloureux.

REMBOURRER UN PAQUET À EXPÉDIER • Utilisez des couches pour emballer les articles très fragiles ou tapisser l'intérieur du colis dans lequel vous allez les expédier. Les couches coûtent plus cher qu'un emballage de protection comme le plastique à bulles, mais vos cadeaux arriveront assurément intacts.

RÉGULER L'ARROSAGE DES PLANTES • Avant de rempoter une plante, disposez une couche au fond du pot, côté absorbant dessus. Elle absorbera l'eau qui se serait écoulée par le trou de drainage et empêchera la plante de s'assécher trop vite.

LE SAVIEZ-VOUS ?

C'est alors qu'elle cherchait à remplacer les couches en tissu qu'une maman américaine, Marion Donovan, eut l'idée de créer une enveloppe en plastique. Elle fabriqua un prototype dans un rideau de douche puis dans de la toile de parachute. Mais les industriels ne furent pas intéressés par cette invention. Pourtant, en 1949, lorsqu'elle créa son entreprise et lança le produit sur le marché dans le prestigieux magasin Sacks de la 5e Avenue, à New York, celui-ci remporta un immense succès. Très vite, miss Donovan ajouta un matériau absorbant à cette couche revêtue de plastique : la première couche jetable était née. En 1951, elle céda son entreprise contre la coquette somme de 1 million de dollars.

COURGETTE

UN ROULEAU À PÂTISSERIE IMPROVISÉ • La courgette (bien ferme) a une forme et un poids idéals pour étaler une pâte ; en outre, sa peau étant particulièrement lisse, la pâte n'y adhérera pas.

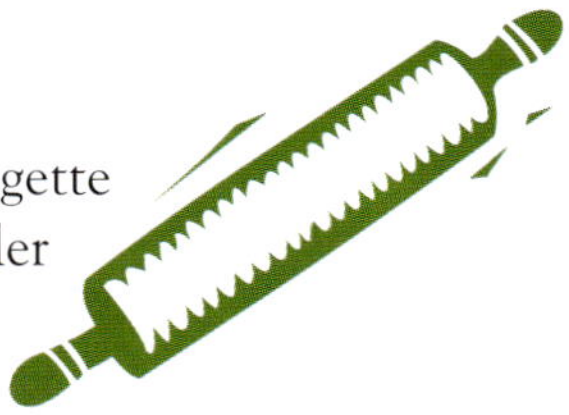

DES JOUETS MALINS • Distrayez les enfants en leur donnant quelques courgettes, dans lesquelles ils s'amuseront à sculpter des bonshommes ou ce qui leur passera par la tête.

COUVERCLE EN MÉTAL

FABRIQUER DES RÉFLECTEURS • Si votre allée n'est pas bien éclairée, vaporisez de la peinture réfléchissante sur des couvercles en métal, puis vissez-les sur les côtés de pieux en bois enfoncés dans le sol. Ainsi guidés, vos visiteurs pourront emprunter plus facilement l'allée en voiture.

GARDER DES MOITIÉS DE FRUITS • Enveloppez un couvercle dans du plastique alimentaire ou du papier sulfurisé, puis placez le fruit côté entamé dessus et mettez-le au réfrigérateur. Un peu de jus de citron sur le côté entamé empêchera le fruit de s'oxyder et de changer de couleur. Vous pouvez également conserver un verre de jus de fruits ou de lait au frigo en posant un couvercle dessus.

DES MOULES À BISCUITS • Des couvercles métalliques à hauts bords peuvent faire office de moules à biscuits. Tapissez de farine le fond de couvercles de différentes tailles afin que la pâte ne colle pas. Évitez les couvercles dont les bords s'enroulent vers l'intérieur : la pâte pourrait passer sous les rebords et les biscuits seraient difficiles à démouler.

FABRIQUER UN REPOSE-COUVERTS • Placez un couvercle à côté de vous quand vous cuisinez pour y poser votre cuillère en bois ou votre couteau entre deux utilisations : vous limiterez ainsi le nettoyage de la cuisine.

DES DESSOUS-DE-VERRE • Pour protéger les meubles, fabriquez des dessous-de-verre en collant des ronds de feutrine ou de liège sur les deux faces de différents couvercles. Pour y penser, gardez-en une pile à proximité des tasses et des verres.

Le coin des enfants

Mettez à la disposition de vos enfants peintures, colle, chutes de tissu, photos de famille, yeux rigolos, paillettes, pompons..., mais aussi simplement papier et feutres, pour qu'ils décorent quelques couvercles. Collez de gros aimants (vendus dans les magasins de bricolage) à l'arrière (un pistolet à colle thermofusible fera parfaitement l'affaire) : les magnets sont prêts !

1 Donnez à vos enfants de quoi décorer des couvercles qu'ils auront peints au préalable.

2 Quand la déco est terminée et que tout est bien sec, ajoutez un aimant à l'arrière des couvercles. Laissez à nouveau bien sécher avant de coller ces magnets sur le frigo ou ailleurs.

COUVERCLE EN MÉTAL suite →

DES SOUCOUPES POUR LES PLANTES • Les couvercles pourvus d'un bord assez haut sont parfaits pour récupérer le surplus d'eau sous des petites plantes d'intérieur et, contrairement à des soucoupes en céramique, vous pouvez les jeter lorsqu'ils sont sales.

RANGER UN BUREAU • Rassemblez les trombones et autres petites pièces qui envahissent votre bureau dans des couvercles. Vous pouvez également vous en servir de vide-poches. Pour rendre vos couvercles plus gais, recouvrez-les d'un peu de peinture mate.

COUVERCLE EN PLASTIQUE

UN BOUCHON DE RECHANGE

Vous avez égaré le bouchon de l'évier, du lavabo ou de la baignoire ? Remplacez-le par un couvercle en plastique posé sur la bonde ; c'est la pression exercée par l'eau qui le maintiendra en place.

DES DESSOUS-DE-VERRE POUR LE GOÛTER • Pour que les enfants ne salissent pas la nappe avec leur verre de soda, donnez-leur des couvercles en plastique en guise de dessous-de-verre. Inscrivez leur nom dessus ou laissez-les choisir chacun une couleur différente.

NETTOYER UN REVÊTEMENT ANTIADHÉSIF • N'utilisez surtout pas d'objets métalliques pour venir à bout des dépôts tenaces sur les poêles à revêtement antiadhésif. Essayez plutôt de gratter les résidus avec un couvercle en plastique.

GARDER UN RÉFRIGÉRATEUR PROPRE • Placez un couvercle en plastique sous les bouteilles et autres récipients susceptibles de fuir dans le réfrigérateur. Il vous suffira de laver les couvercles, et les étagères du réfrigérateur resteront plus longtemps impeccables.

DES SOUCOUPES POUR PLANTES D'INTÉRIEUR • Des couvercles en plastique feront de parfaites soucoupes pour de petites plantes d'intérieur, évitant les marques d'eau si difficiles à éliminer sur les meubles en bois.

DÉTACHER FACILEMENT DES STEAKS CONGELÉS • Pour préparer votre barbecue à l'avance, assaisonnez la viande ou faites-la macérer puis congelez les morceaux en intercalant des couvercles en plastique. Le jour du festin, vous les séparerez en un clin d'œil !

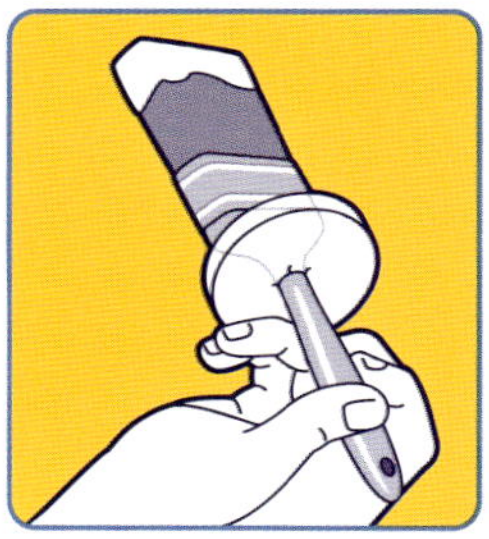

PRÉVENIR LES COULURES DE PEINTURE • Pour éviter de faire des taches partout en peignant le plafond, pratiquez une fente au centre d'un couvercle en plastique (les couvercles des boîtes métalliques sont parfaits pour cela). Passez le manche du pinceau dans l'ouverture jusqu'aux poils pour bien le tenir en main. Toutes les coulures tomberont dans le couvercle. Veillez néanmoins à ne pas trop charger le pinceau en peinture.

FERMER UN SAC-POUBELLE • Vous n'avez plus de cordon pour fermer un sac-poubelle ou tout autre sac plastique ? Pratiquez une fente dans un couvercle en plastique et passez-y la partie supérieure du sac, que vous pourrez même rouvrir facilement au besoin.

UN DESSOUS DE POT DE MIEL

À table, placez le pot de miel sur un couvercle en plastique pour récupérer les coulures. Pour protéger aussi l'étagère de votre placard, le mieux est cependant de laisser un couvercle sous le pot de miel en permanence.

CRAIE

ÉLOIGNER FOURMIS ET LIMACES • Le meilleur moyen de faire barrage aux fourmis est de tracer un trait à la craie autour des entrées de la maison ; le carbonate de calcium de la craie, fait de coquilles d'animaux marins pulvérisées, agit en effet comme un répulsif. Éparpillez de la poudre de craie autour des plantes de votre jardin pour éloigner limaces et fourmis.

POLIR LE MÉTAL ET LE MARBRE • Pour faire briller le métal et lui rendre l'aspect du neuf, essuyez-le avec un chiffon humide saupoudré de poussière de craie. Lustrez avec un chiffon doux. Essuyez le marbre avec un chiffon doux humide trempé dans de la poudre de craie. Rincez et laissez sécher.

CONSERVER SON ÉCLAT À L'ARGENT • Vous aimez l'argenterie mais détestez l'astiquer ? Mettez un ou deux morceaux de craie dans le tiroir où vous la rangez ; la craie absorbera l'humidité et ralentira le ternissement du métal. Glissez-en aussi quelques petits bouts dans votre coffret à bijoux.

ENLEVER DES TACHES DE GRAISSE • Passez de la craie sur les taches de graisse des vêtements ou des nappes, et attendez qu'elle absorbe le gras puis brossez. Si les taches persistent, frottez-les à la craie avant le lavage. Pour éliminer les dépôts gris sur les encolures, enduisez-les de craie avant le lavage ; la craie absorbera le gras qui retient la saleté.

LE SAVIEZ-VOUS ?

C'est en Italie, au XVIe siècle, que des artistes commencèrent à dessiner à la craie sur les trottoirs, réalisant les premières peintures de rue. Ces artistes, appelés *madonnari*, représentaient souvent la Vierge Marie. Il menaient une vie itinérante et s'arrangeaient toujours pour assister aux nombreuses fêtes régionales qui se déroulaient dans toutes les provinces italiennes. Aujourd'hui, ces *madonnari* et leurs pittoresques dessins continuent de faire partie intégrante des festivités de l'Italie moderne.

EMPÊCHER UN TOURNEVIS DE GLISSER

Si votre tournevis a tendance à glisser de la fente de la vis quand vous serrez, frottez l'extrémité de la pointe avec de la craie.

CRAIE suite →

RÉDUIRE L'HUMIDITÉ DANS UNE ARMOIRE • Attachez une douzaine de bâtonnets de craie ensemble et suspendez-les parmi vos vêtements. La craie absorbera l'humidité et préviendra la moisissure ; pensez à renouveler les bâtonnets au bout de quelques mois.

CAMOUFLER DES TACHES AU PLAFOND • En attendant d'appliquer une nouvelle couche de peinture ou d'effectuer les réparations nécessaires, frottez les taches du plafond avec de la craie jusqu'à ce qu'elles disparaissent ou s'atténuent.

PRÉVENIR LA ROUILLE • Dispersez quelques bouts de craie à l'intérieur de votre boîte à outils pour éliminer l'humidité et prévenir la formation de rouille sur les outils.

CRAYON

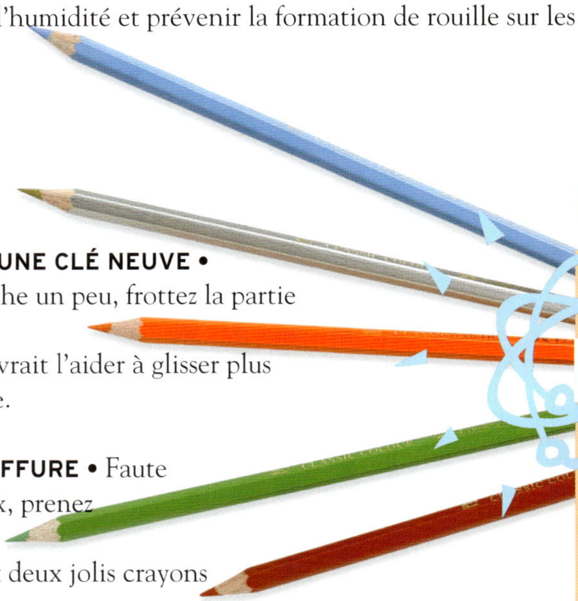

UTILISER FACILEMENT UNE CLÉ NEUVE • Si votre clé neuve accroche un peu, frottez la partie dentelée avec un crayon. La poudre de graphite devrait l'aider à glisser plus facilement dans la serrure.

UN ACCESSOIRE DE COIFFURE • Faute de grosse pince à cheveux, prenez un crayon et stabilisez votre chignon en glissant deux jolis crayons croisés en X dans vos cheveux.

DÉCORER UN CADRE • Encadrez votre vieille photo de classe en collant deux crayons bien taillés sur les grands côtés et deux autres sur les petits.

ÉLOIGNER LES MITES • Videz les copeaux d'un taille-crayon dans de petits sachets en tissu que vous suspendrez dans la penderie pour dissuader les mites de s'y installer.

TUTEURER UNE PETITE PLANTE FRAGILE • Un long crayon constitue un tuteur idéal pour une petite plante ; attachez-le avec le bout d'un vieux collant ou une bande de tissu. Avec un crayon, vous pouvez aussi vérifier si la terre de vos plantes d'intérieur a besoin d'être arrosée.

LUBRIFIER UNE FERMETURE À GLISSIÈRE • Faites courir la pointe d'un crayon à papier (mine en graphite) le long des dents de la fermeture ; le curseur montera et descendra plus facilement.

PETITE **EXPÉRIENCE**

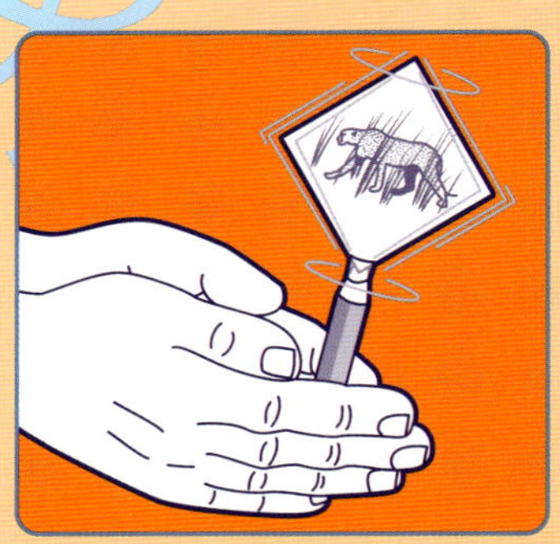

Vos yeux vous trompent-ils ?

Découpez un carré de papier de 5 cm environ de côté. Faites-le pivoter de manière à voir un losange. Dessinez un animal ou un personnage au recto. Dessinez un décor pour votre animal, ou un chapeau et des cheveux pour le personnage au verso (par exemple, un zèbre dans une prairie, ou un petit garçon avec un chapeau). Collez ensuite la pointe inférieure du losange sur la pointe d'un crayon. Tenez le crayon à la verticale et faites-le rouler rapidement entre vos mains. Vous devriez voir en même temps les deux images des deux côtés.

CRAYON DE CIRE

UN BOUCHE-PORES EFFICACE • Les crayons de cire sont très pratiques pour combler les petits trous dans les revêtements de sol vinyliques. Choisissez la couleur la mieux assortie à celle du sol. Faites fondre le crayon à température moyenne au four à micro-ondes, sur un morceau de papier sulfurisé, jusqu'à obtention d'une petite flaque de couleur. Avec un couteau en plastique ou un couteau à mastic, remplissez le trou de cette matière visqueuse, lissez avec un rouleau à pâtisserie ou un objet plat. Laissez refroidir, puis cirez le sol pour couvrir la retouche d'un film protecteur transparent.

MASQUER LES ÉRAFLURES SUR UN MEUBLE • Les animaux domestiques prennent parfois les meubles pour des grattoirs mais, ne vous inquiétez pas, les dommages sont réparables ! Il suffit de passer sur les éraflures un crayon de cire d'une couleur proche de celle du bois. Au préalable, ramollissez le crayon au sèche-cheveux ou au four à micro-ondes réglé sur décongélation. Pour finir, lustrez délicatement la zone retouchée avec un chiffon.

MAQUILLER UNE TACHE SUR UN TAPIS • Pour enlever une tache récalcitrante sur un tapis ou une moquette, prenez un crayon de cire d'une couleur assortie et ramollissez-le légèrement au sèche-cheveux ou au un four à micro-ondes réglé sur décongélation. Colorez la tache puis couvrez la retouche de papier sulfurisé et pressez avec un fer doux. Répétez l'opération autant de fois que nécessaire.

DES DÉCORS MOBILES ET COLORÉS • Voilà un projet amusant à réaliser avec des enfants. Confectionnez d'attrayants mobiles multicolores en râpant des crayons de cire sur une feuille de papier sulfurisé de 10 à 12 cm de côté avec une râpe ou un couteau éplucheur. Posez une seconde feuille de papier sur les copeaux de crayon et pressez avec un fer chaud pour les faire fondre. Percez un trou dans la couche de cire obtenue. Une fois votre décor refroidi, retirez délicatement les papiers, passez un ruban dans le trou et accrochez votre mobile.

LE SAVIEZ-VOUS ?

Jazberry Jam et Mango Tango ne sont pas de nouveaux parfums de crème glacée mais de nouvelles couleurs de crayons de cire lancées par Crayola. En 1903, quand Edwin Binney et C. Harold Smith commercialisent les premiers crayons de cire destinés aux enfants, il n'existe que 8 couleurs, aux noms plus prosaïques : noir, marron, bleu, rouge, violet, orange, jaune et vert. Depuis lors, plus de 400 couleurs ont vu le jour mais beaucoup ont également disparu, si bien qu'il n'en reste qu'environ 120 au catalogue.

CRÈME DE TARTRE

RECETTE DE PÂTE À MODELER

Mélangez 2 cuillerées à soupe de crème de tartre, 200 g de sel, 500 g de farine sans agent levant et 1/2 cuillerée à soupe d'huile végétale. Remuez avec une cuillère en bois puis incorporez peu à peu 1 litre d'eau. Faites chauffer cette préparation à feu doux, en remuant de temps en temps, jusqu'à ce qu'elle épaississe. Dès qu'elle forme une boule non collante, elle est prête à l'emploi. Ajoutez éventuellement du colorant alimentaire. Faites refroidir puis laissez vos enfants donner libre cours à leur créativité. Comme cette pâte sèche plus vite que celle du commerce, stockez-la au réfrigérateur, dans un récipient hermétique.

DÉTACHER LA BAIGNOIRE • Remplissez une tasse de crème de tartre et ajoutez de l'eau oxygénée goutte à goutte jusqu'à obtention d'une pâte épaisse. Appliquez ce mélange sur les parois tachées de la baignoire et laissez-le bien sécher. Rincez avec la douchette : les taches auront disparu.

ASTIQUER UNE BATTERIE DE CUISINE • Les casseroles en aluminium retrouveront leur éclat initial si vous les nettoyez avec cette solution miracle. Dans la casserole, faites dissoudre 2 cuillerées à soupe de crème de tartre dans 1 litre d'eau. Portez le mélange à ébullition et laissez bouillir pendant 10 minutes.

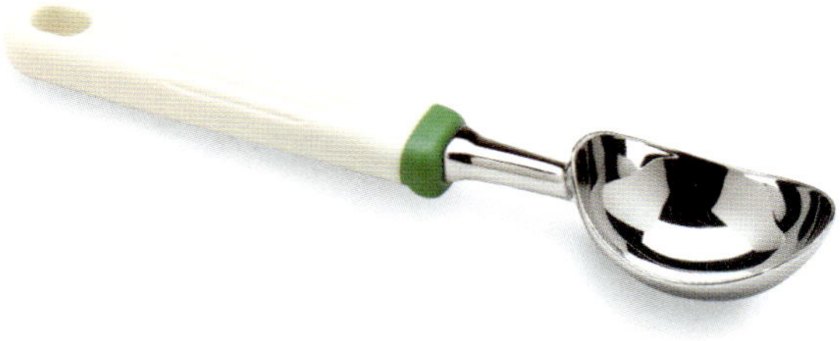

CUILLÈRE À GLACE

DE JOLIES PORTIONS DE BEURRE • Formez des portions de beurre individuelles pour vos invités à l'aide d'une cuillère à glace.

JOUER DANS LE SABLE • Pour occuper les jeunes enfants à la plage, emportez une cuillère à glace ; ils s'amuseront des heures durant à modeler du sable.

FORMER DES BOULETTES • Pour que vos boulettes de viande soient bien toutes de la même grosseur, utilisez une cuillère à glace. De même, pour préparer des biscuits de taille homogène, plongez la cuillère dans la pâte et déposez vos boules de pâte sur la plaque à pâtisserie ou votre plan de travail fariné.

SEMER DES GRAINES • Utilisez une cuillère à glace pour creuser les trous dans lesquels vous enfouirez les graines de vos plantations.

REMPOTER UNE PLANTE D'INTÉRIEUR • Pour ajouter du terreau de rempotage dans le pot sans en mettre partout, servez-vous d'une cuillère à glace.

LE SAVIEZ-VOUS ?

En forme de pelle, de louche, de spatule..., les modèles de cuillères à glace sont quasiment aussi nombreux que les parfums de glaces. Un site Internet en propose jusqu'à 168 modèles (en résine, en fonte d'aluminium, en Inox...) ! Voici quelques anecdotes et informations relatives à cet accessoire de cuisine.

- Durant la grande dépression apparut aux États-Unis une cuillère à glace permettant aux propriétaires des salons de thé de servir la même quantité de glace à tout le monde et d'éviter d'en mettre trop.
- De nombreuses astuces ont été imaginées pour détacher facilement la glace des parois de la cuillère : certaines cuillères se séparent en deux parties, d'autres possèdent une sorte de racloir pour pousser la glace, d'autres encore ont le manche rempli d'antigel ou sont munies d'un bouton poussoir à l'arrière pour faire tomber la glace.

DES PORTIONS DE GLACE PRÊTES À DÉGUSTER

Préparez plusieurs boules de glace sur une plaque à pâtisserie recouverte de papier sulfurisé, en les espaçant suffisamment. Placez la plaque au congélateur. Ôtez les boules bien dures du papier et empilez-les dans un sac plastique à fermeture hermétique ; vos enfants pourront désormais se servir tout seuls facilement !

CURE-DENT

PIQUER DES GOUSSES D'AIL • Quand vous préparez une marinade à l'ail, piquez les gousses avec un cure-dent pour les retirer facilement du plat au moment de servir.

CUIRE DES POMMES DE TERRE AU FOUR À MICRO-ONDES • Pour une cuisson uniforme et plus rapide des pommes de terre au micro-ondes, piquez-les de 4 cure-dents et faites-les tenir debout sur la plaque tournante.

CONTRÔLER L'ÉBULLITION • Placez un cure-dent à plat entre la casserole et son couvercle. Le petit espace ainsi pratiqué permettra à la vapeur de s'échapper et empêchera la casserole de déborder. L'astuce est également valable pour un plat au four.

CURE-DENT suite →

REPÉRER LA CUISSON DES STEAKS • Lorsque vous recevez, piquez des cure-dents de couleurs différentes dans les steaks pour en indiquer la cuisson : saignant, à point ou bien cuit.

CONSOMMER MOINS D'HUILE • Pour réduire votre consommation de matière grasse, percez quelques trous dans le bouchon ou l'opercule de votre bouteille d'huile à l'aide d'un cure-dent ; le liquide coulera moins vite, et vous pourrez le doser plus précisément.

CUIRE FACILEMENT DES SAUCISSES • Piquez les saucisses deux par deux à l'aide d'un cure-dent : elles seront plus faciles à retourner, ne rouleront pas dans la poêle et cuiront uniformément.

MARQUER LE DÉBUT D'UN ROULEAU DE RUBAN ADHÉSIF • Pour retrouver facilement le bout d'un rouleau de ruban adhésif, repliez-le sur un cure-dent à la fin de chaque utilisation.

ALLUMER UNE BOUGIE • Si vous avez du mal à atteindre la mèche d'une bougie entamée, utilisez un cure-dent en bois plutôt qu'une allumette pour l'allumer sans vous brûler les doigts.

ATELIER DE COUTURE

COLLER DES PAILLETTES • Pour coller des paillettes ou des boutons sur du tissu sans faire de bavures, déposez un peu de colle sur une feuille de papier puis prélevez-en de petites quantités avec un cure-dent.

PRÉPARER LA MACHINE À COUDRE • Utilisez un cure-dent à bout arrondi pour pousser le tissu sous le pied-de-biche de la machine à coudre.

RÉPARER UN TUYAU D'ARROSAGE

Un tuyau d'arrosage légèrement percé peut encore servir. Repérez la fuite, insérez un cure-dent dans le trou et cassez la partie qui dépasse. L'eau va rapidement faire gonfler le bois, et donc empêcher le tuyau de fuir.

NETTOYER LES RECOINS • Pour nettoyer les endroits difficiles d'accès comme le pourtour des touches d'un téléphone ou d'une télécommande, utilisez un cure-dent en bois trempé dans de l'alcool à 90°.

COMBLER UN PETIT TROU DANS LE BOIS • Pour faire disparaître un trou de petite taille dans un meuble ou autre objet en bois, trempez un cure-dent dans de la colle à bois de couleur blanche ou jaune et enfoncez la pointe dans le trou. Cassez le cure-dent au ras du trou, laissez sécher et poncez pour que rien ne dépasse.

RETOUCHER UN MEUBLE • Pour camoufler une craquelure sur la peinture d'un meuble, troquez le pinceau contre un cure-dent et trempez-en la pointe dans la peinture. Cela vous permettra d'appliquer la juste quantité de produit, pas une goutte de plus.

FIXER UN GOND • Quand vous dégondez une porte et retirez les gonds pour la peindre, il arrive que les vis tournent dans le vide au moment de remettre les gonds en place. Trempez un cure-dent dans de la colle et enfoncez-le dans le trou de la vis. Répétez l'opération jusqu'à ce que le trou soit complètement rebouché. Cassez le cure-dent au ras de la porte et poncez. Replacez la vis dans le trou et fixez le gond.

ATTENTION : utiliser trop souvent des cure-dents peut endommager l'émail des dents et irriter les gencives. Si vous avez des couronnes ou des plombages, faites attention de ne pas les abîmer.
Les cure-dents peuvent également dénuder le collet des dents et provoquer une hypersensibilité, surtout chez les personnes âgées.

LE SAVIEZ-VOUS ?

- L'histoire du cure-dent est très ancienne. Les moines bouddhistes en utilisaient déjà au VIIIe siècle. Des chercheurs ont même retrouvé des traces de cet instrument sur les dents des hommes préhistoriques.
- Aux États-Unis, le cure-dent fut utilisé pour la première fois dans le plus vieux restaurant de Boston, l'Union Oyster House, inauguré en 1826.
- En 1872, les Américains Silas Noble et J. P. Cooley brevetaient la première machine à cure-dents.
- Trente-neuf mètres cubes de bois de bouleau blanc peuvent produire jusqu'à 7,5 millions de cure-dents.

PROTÉGER LES JEUNES PLANTS • Certaines chenilles s'enroulent autour des jeunes plants et les tuent en les sectionnant. Pour empêcher cela, piquez un cure-dent dans la terre à environ 6 mm des tiges.

UN TUTEUR IMPROVISÉ • Pour soutenir une plante dont l'une des tiges est fragilisée, placez un cure-dent contre la partie endommagée et fixez-le avec du ruban adhésif. Arrosez et surveillez régulièrement la plante : comme elle continuera de pousser, vous devrez ensuite retirer ce tuteur pour ne pas étrangler la tige.

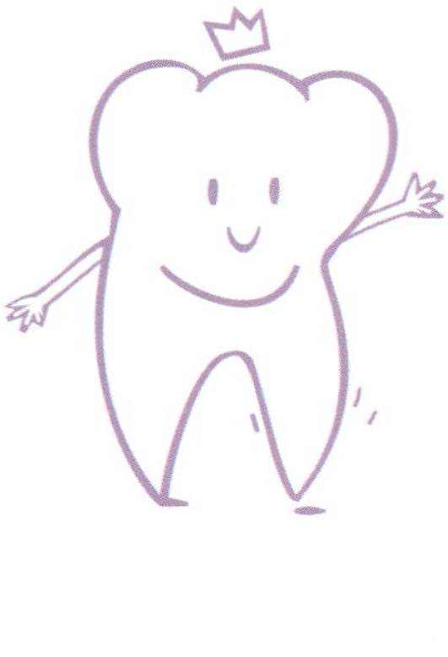

DENTIFRICE

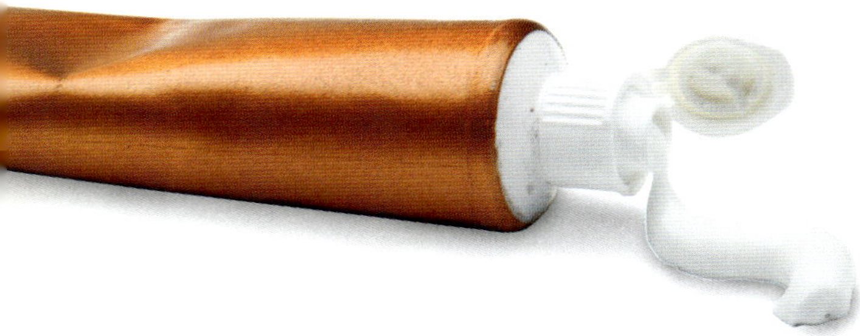

ESTOMPER DES RAYURES SUR LE CUIR • Pour estomper des rayures sur des chaussures en cuir, étalez une noisette de dentifrice sur la zone à traiter, frottez avec un chiffon doux et enlevez l'excédent à l'aide d'un chiffon humide.

NETTOYER LES TOUCHES D'UN PIANO • Nettoyez les touches avec du dentifrice et une brosse à dents, puis essuyez avec un chiffon humide. L'astuce fonctionne aussi bien avec les touches en ivoire des pianos anciens que sur le plastique des instruments modernes.

NETTOYER LA SEMELLE D'UN FER À REPASSER • L'abrasif doux contenu dans la pâte dentifrice est idéal pour nettoyer la semelle du fer à repasser. Appliquez-le sur la semelle froide, frottez avec un chiffon et rincez soigneusement.

ÉVITER LA BUÉE

Pour éviter la buée (toujours dangereuse) sur les masques de bricolage, de ski ou de plongée, étalez du dentifrice à l'intérieur, puis essuyez les verres.

RÉNOVER DES TENNIS

Nettoyez la partie en plastique de vos tennis avec de la pâte dentifrice (évitez les dentifrices en gel) et une vieille brosse à dents. Essuyez avec un chiffon humide.

LUSTRER UNE ALLIANCE EN DIAMANTS • Étalez une pointe de dentifrice sur une vieille brosse à dents et frottez doucement la bague. Ôtez l'excédent avec un chiffon humide.

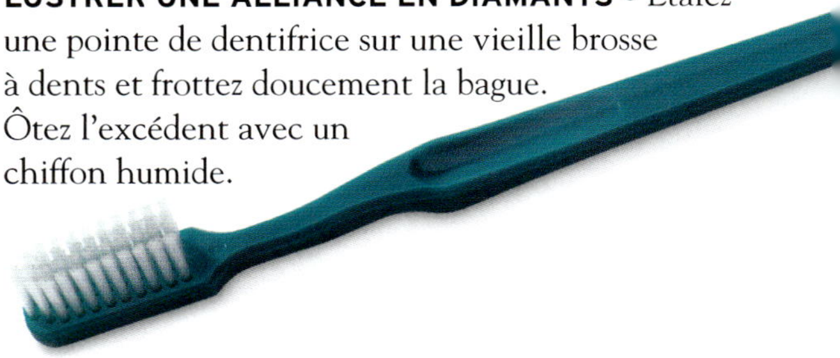

LE SAVIEZ-VOUS ?

Les habitants de l'Égypte ancienne utilisaient un mélange de cendre de sabot de bœuf, de coquille d'œuf brûlée, de myrrhe, de pierre ponce et d'eau pour se nettoyer les dents. Mais, jusqu'aux années 1850, les mélanges nettoyants pour les dents ont toujours été réservés aux plus riches. C'est alors que le médecin américain Washington Sheffield développa un produit très proche de ce que nous appelons aujourd'hui le dentifrice. Son fils eut, quant à lui, l'idée de conditionner le dentifrice dans des tubes de peinture. La société Sheffield Laboratories, fondée en 1850, est toujours en activité aujourd'hui.

DANS LA SALLE DE BAINS

EMPÊCHER LES MIROIRS DE S'EMBUER • Pas pratique de se raser face à un miroir embué. Avant de vous doucher, appliquez donc un peu de pâte dentifrice sur le miroir, puis essuyez-le.

FAIRE BRILLER LES CHROMES • Pour faire briller les parties chromées des lavabos et des éviers, appliquez une noisette de pâte dentifrice sur un chiffon humide et lustrez.

NETTOYER LE LAVABO • Pour nettoyer le lavabo, mettez une petite quantité de pâte dentifrice sur une éponge, frottez et rincez. Le dentifrice a, en outre, l'avantage de supprimer les mauvaises odeurs.

DÉSODORISER UN BIBERON • Le dentifrice supprime l'odeur de lait des biberons. Mettez un peu de dentifrice sur le goupillon avant de laver le biberon. Rincez abondamment.

EFFACER DES TRACES DE CRAYON SUR LES MURS • Pour supprimer des marques de crayon sur les murs, déposez une petite quantité de pâte dentifrice sur un chiffon ou sur une brosse et frottez doucement. Rincez.

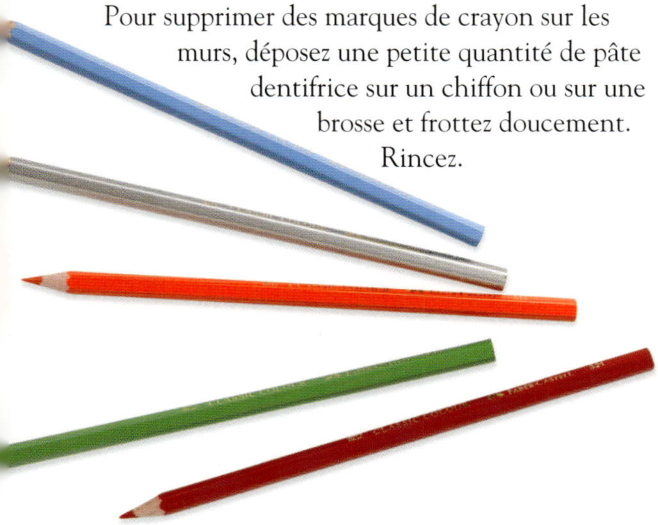

ENLEVER DES TACHES DE GOUDRON • Pour éliminer du goudron collé sur la plante de vos pieds, appliquez un peu de pâte dentifrice sur la zone à nettoyer, frottez et rincez.

ÉLIMINER DES AURÉOLES SUR LE BOIS • Pour effacer des marques de verres sur les meubles en bois, appliquez de la pâte dentifrice et frottez délicatement à l'aide d'un chiffon doux. Essuyez avec un chiffon humide et laissez sécher avant de cirer.

SE DÉSODORISER LES MAINS • Pour vous laver les mains lorsqu'elles sentent mauvais, remplacez le savon par du dentifrice.

ÉLIMINER CERTAINES TACHES SUR LES TISSUS • Étalez de la pâte dentifrice sur une tache d'encre ou de rouge à lèvres et frottez vigoureusement le vêtement. Rincez à l'eau : la tache devrait s'estomper. Répétez ce geste autant de fois que nécessaire.

ASSÉCHER UN BOUTON D'ACNÉ • Pour vous débarrasser d'un bouton déjà mûr, recouvrez-le de pâte dentifrice et laissez sécher une nuit. Le lendemain matin, le bouton devrait être sec. **ATTENTION : cette méthode peut être irritante pour les peaux les plus sensibles. Il est recommandé de tester au préalable une petite zone cutanée.**

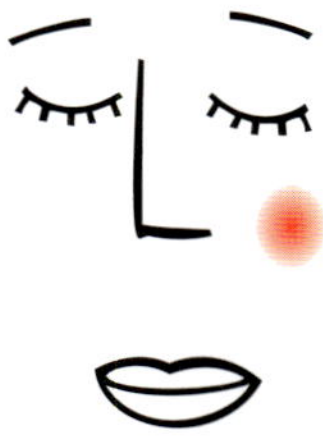

ATTENTION : le dentifrice a des propriétés abrasives. Il peut abîmer l'émail des dents. Si elles sont particulièrement sensibles, achetez un dentifrice peu abrasif après avoir demandé conseil à votre dentiste.

DISSOLVANT

ÔTER DES TACHES SUR LA PORCELAINE • Nettoyez votre porcelaine à l'aide d'un coton imbibé de dissolvant, puis rincez-la comme à l'habitude.

ENLEVER DE LA PEINTURE SUR UNE VITRE • Travaillez dans une pièce bien aérée. Appliquez du dissolvant sur les taches, laissez agir pendant quelques minutes et frottez avec un chiffon. Une fois que vous avez terminé, frottez de nouveau avec un chiffon humide.

ÉLIMINER DU PLASTIQUE FONDU • Si vous avez laissé un sac ou un objet en plastique trop près d'un grille-pain brûlant, utilisez du dissolvant pour nettoyer les résidus de plastique fondu. Commencez par débrancher votre grille-pain et attendez qu'il refroidisse. Versez un peu de dissolvant sur un chiffon doux et frottez doucement les zones abîmées. Une fois le plastique fondu enlevé, nettoyez avec un chiffon humide et séchez avec une serviette en papier.

ÉLIMINER DES TACHES D'ENCRE SUR LA PEAU • Enlevez les taches d'encre avec un coton imbibé de dissolvant, puis lavez-vous à l'eau et au savon.

ENLEVER DE LA SUPERGLUE SUR LA PEAU

Imbibez un coton de dissolvant contenant de l'acétone, puis appliquez-le sur votre peau jusqu'à ce que la colle se dissolve.

PETITE EXPÉRIENCE

Du dissolvant pour conserver les insectes

Placez un morceau de coton imbibé de dissolvant contenant de l'acétone dans un large pot en verre ou en plastique, avec quelques mouchoirs en papier et les insectes que vous voulez conserver. Les mouchoirs empêcheront les insectes d'abîmer leurs ailes. Fermez soigneusement le couvercle ; vos spécimens mourront et se déshydrateront rapidement. Puis fixez chaque insecte avec une épingle sur un panneau en liège ou un carton ondulé.

ATTENTION : utilisé trop fréquemment, le dissolvant contenant de l'acétone peut assécher la peau et rendre les ongles cassants. Tous les dissolvants sont inflammables et dangereux s'ils sont inhalés pendant un long moment ; utilisez-les toujours dans une pièce bien aérée et loin du feu. Soyez prudent (en cas de doute, faites un test), les dissolvants peuvent aussi abîmer les tissus synthétiques, le bois plaqué et le plastique.

DILUER DU CORRECTEUR LIQUIDE • Versez quelques gouttes dans le flacon de correcteur et secouez-le. Si nécessaire, ajoutez quelques gouttes pour obtenir la consistance désirée. Cette astuce vaut également pour diluer le vernis à ongles.

PRÉPARER UN LAITON OU UN CUIVRE À ÊTRE RELAQUÉ • Versez un peu de dissolvant sur un chiffon doux et frottez l'objet pour enlever les résidus de laque.

ENTRETENIR UNE MONTRE EN PLASTIQUE • Pour enlever des éraflures sur votre montre en plastique, frottez-les avec du dissolvant jusqu'à ce qu'elles s'atténuent ou disparaissent.

RETIRER DES TRACES D'AUTOCOLLANT • Qu'il soit collé sur du verre ou sur du métal, commencez par enlever l'autocollant, puis nettoyez les restes de colle avec un dissolvant contenant de l'acétone.

RÉNOVER DES CHAUSSURES VERNIES • Pour atténuer les rayures et marques d'usure, frottez-les légèrement mais d'un geste vif avec un chiffon doux ou une serviette en papier que vous aurez trempés dans du dissolvant. Enlevez ensuite les éventuels résidus avec un chiffon humide.

NETTOYER UN CLAVIER D'ORDINATEUR • Humidifiez une vieille brosse à dents à poils souples, imbibez-la de dissolvant et frottez doucement les touches de votre clavier après l'avoir débranché.

DRAP

ÉVACUER UN SAPIN DE NOËL • Une fois les décorations rangées après les fêtes, enveloppez le sapin dans un vieux drap pour pouvoir le sortir sans semer des aiguilles partout dans la maison ou dans l'immeuble.

DU BLANC POUR ÉLOIGNER LES CHEVREUILS • Si les chevreuils sont nombreux dans votre région et qu'ils viennent manger vos jeunes pousses, tendez une corde à environ 1 m de hauteur tout autour de votre terrain. Dans un vieux drap, découpez des bandelettes et nouez-les à la corde tous les 60 cm. Le blanc fait fuir les chevreuils.

RAMASSER LES FEUILLES D'AUTOMNE • Ne vous faites plus mal au dos en ramassant les feuilles mortes pour les mettre dans la brouette ! Étendez un vieux drap sur le sol, ramenez les feuilles dessus puis rabattez les coins du drap et traînez-le jusqu'au tas de compost.

PROPOSER UN JEU D'ADRESSE AUX ENFANTS • Pour distraire les enfants quand il pleut, dessinez une grande cible sur un vieux drap. Fixez le drap au mur avec de l'adhésif d'emballage et laissez les enfants s'amuser à viser la cible avec de petits sachets remplis de grains de riz ou de haricots secs.

UNE NAPPE DE FORTUNE • Toute la famille s'est retrouvée chez vous et vous êtes à court de nappe ? Prenez donc un grand drap. Pour une table encore plus gaie, choisissez un drap à motifs.

EAU DE JAVEL

FAIRE DISPARAÎTRE DES MOISISSURES • L'eau de Javel et l'ammoniaque éliminent efficacement les moisissures à l'intérieur comme à l'extérieur de la maison. Mais ils ne doivent jamais être utilisés ensemble. L'eau de Javel est plus particulièrement indiquée dans les cas suivants (quelles que soient les circonstances, le port de gants ménagers et d'un tablier est vivement conseillé).

- Pour éliminer les moisissures d'un vêtement, mouillez la zone concernée et frottez-la avec de la lessive en poudre, puis lavez le vêtement avec 10 à 15 cl d'eau de Javel à la température la plus élevée possible (vérifiez sur l'étiquette). S'il craint les températures élevées et l'eau de Javel, faites-le tremper dans une solution de 10 cl d'eau oxygénée à 3 % pour 4 litres d'eau pendant 30 minutes avant de le laver normalement en machine.

- Pour faire disparaître les moisissures sur les joints dans la cuisine ou la salle de bains, mélangez de l'eau et de l'eau de Javel à parts égales dans un vaporisateur et traitez les zones concernées. Laissez agir 15 minutes, frottez avec une brosse dure et rincez.

- Lavez vos rideaux de douche en plastique noircis par les moisissures avec deux ou trois serviettes de bain (pour empêcher les rideaux de se froisser) à 30-40 °C en ajoutant 15 cl d'eau de Javel et 10 cl de lessive liquide. Mettez le tout dans le séchoir pendant 10 minutes à la température la plus basse, puis étendez immédiatement.

- Débarrassez votre tapis de douche de toute trace de moisissure en le faisant tremper pendant 3 à 4 heures dans 4 litres d'eau additionnée de 3 cl d'eau de Javel. Rincez abondamment.

- Pour éliminer les moisissures sur les surfaces peintes et les revêtements muraux, diluez 8 cl d'eau de Javel dans 50 cl d'eau et appliquez cette solution à la brosse sur les parties atteintes. Laissez agir 15 minutes et rincez. Répétez l'opération si nécessaire.

- Pour traiter le ciment brut, les dalles de sol ou le carrelage, diluez 25 cl d'eau de Javel dans 7 litres d'eau et frottez les moisissures ou autres taches à l'aide d'une brosse dure. Rincez. Pour les taches résistantes, frottez de nouveau avec une solution de 10 cl de soude ménagère (carbonate de sodium, à ne pas confondre avec le bicarbonate de soude) pour 7 litres d'eau tiède.

STÉRILISER LES OBJETS D'OCCASION

Si vous achetez des jouets ou des ustensiles de cuisine d'occasion, dans un vide-grenier par exemple, n'hésitez pas à désinfecter tout ce qui supporte l'eau. Préparez une solution avec 4 litres d'eau tiède, 20 cl d'eau de Javel et quelques gouttes de liquide vaisselle antibactérien. Mettez les objets à tremper 5 à 10 minutes, rincez et laissez sécher à l'air libre.

ATTENTION : ne mélangez jamais de l'eau de Javel avec de l'ammoniaque, de la soude caustique, de l'antirouille, du produit nettoyant pour les toilettes ou du vinaigre. Chacune de ces combinaisons peut produire des vapeurs toxiques de dioxyde de chlore, un gaz potentiellement mortel. Certaines personnes sont même sensibles aux vapeurs d'eau de Javel pure. Assurez-vous de vous trouver dans un endroit bien aéré avant d'utiliser ce produit.

AU JARDIN

PROLONGER LA VIE DES FLEURS COUPÉES • Ajoutez 0,5 cl d'eau de Javel par litre d'eau dans le vase. Tout aussi efficace : 3 gouttes d'eau de Javel et 10 g de sucre par litre d'eau. Cette méthode empêche également les bactéries de proliférer et l'eau de se troubler.

NETTOYER DU MOBILIER DE JARDIN • Pour nettoyer les meubles en plastique, diluez 10 cl d'eau de Javel et quelques gouttes de détergent liquide doux dans 4 litres d'eau. Frottez les meubles, rincez et laissez sécher à l'air libre.

SE DÉBARRASSER DES MOUSSES • Pour éliminer les mousses sur la brique, la pierre ou le béton, dans vos allées ou sur votre terrasse par exemple, frottez la surface à traiter avec une solution de 20 cl d'eau de Javel pour 4 litres d'eau. Attention à ne pas mettre d'eau de Javel sur le gazon ou les plantes ornementales.

DES ALLÉES SANS MAUVAISES HERBES • Versez quelques gouttes d'eau de Javel pure sur les mauvaises herbes qui envahissent vos allées et arrachez-les un jour ou deux plus tard. L'eau de Javel empêche la repousse. Veillez à ne pas en verser sur le gazon.

STÉRILISER DES OUTILS DE JARDIN • Ajoutez 10 cl d'eau de Javel à 1 litre d'eau pour laver les outils de jardin entrés en contact avec des plantes malades, et éviter ainsi de répandre la maladie. Laissez-les sécher au soleil, puis frottez-les avec quelques gouttes d'huile pour prévenir la rouille.

NETTOYER BILLOTS, PLANCHES À DÉCOUPER… • Frottez la surface en bois à nettoyer avec une brosse trempée dans 2 litres d'eau additionnée de 1 cuillerée à café d'eau de Javel. Faites de petits mouvements circulaires en veillant à ne pas saturer le bois. Essuyez avec du papier absorbant légèrement humide, puis avec un chiffon sec.

FAIRE BRILLER DES VERRES • Ajoutez 1 cuillerée à café d'eau de Javel à votre eau savonneuse lorsque vous lavez vos verres et plats en verre. Rincez abondamment et essuyez soigneusement.

FAIRE ÉTINCELER LA PORCELAINE BLANCHE • Opérez dans une pièce bien aérée ; protégez votre surface de travail d'une bâche en plastique, placez plusieurs serviettes en papier sur l'objet à nettoyer (ou dans le fond de l'évier) et saturez-les d'eau de Javel pure. Laissez agir de 15 à 30 minutes, rincez et séchez avec un torchon.
ATTENTION : n'utilisez pas cette méthode sur des objets anciens, vous risqueriez de les abîmer. N'utilisez jamais d'eau de Javel sur de la porcelaine de couleur, car elle pourrait se décolorer.

FABRIQUER UN SPRAY DÉSINFECTANT • Versez dans un vaporisateur 4 litres d'eau chaude et 1 cuillerée à soupe d'eau de Javel. Humectez une feuille de papier absorbant et servez-vous-en pour nettoyer tables, nappes, mobilier de jardin… Assurez-vous seulement de ne pas l'utiliser en présence d'ammoniaque ou d'autres détergents.

DÉSINFECTER LES POUBELLES • Rincez l'intérieur de la poubelle au jet d'eau pour éliminer tout débris, puis versez-y 4 litres d'eau tiède, 15 cl d'eau de Javel et quelques gouttes de liquide vaisselle. Frottez les côtés et le fond de la poubelle avec une brosse à W.-C. neuve ou une brosse à récurer à long manche. Videz, rincez au jet d'eau et laissez sécher à l'air libre.

ATTENTION : il est plus prudent de ne pas verser d'eau de Javel dans les toilettes, car les traces d'ammoniaque contenue dans l'urine peuvent produire des vapeurs toxiques. Pour éliminer tout risque d'accident, récurez plutôt vos W.-C. avec de l'ammoniaque, du bicarbonate de soude (voir p. 79) ou du borax (voir p. 99).
Rangez toujours l'eau de Javel hors de portée des enfants.

EAU GAZEUSE

ALLÉGER LES CRÊPES ET LES GAUFRES • Si vous aimez les crêpes et les gaufres légères, remplacez le lait par de l'eau gazeuse. Vous serez surpris du résultat !

REMINÉRALISER LES PLANTES • Ne jetez plus l'eau gazeuse qui ne pétille plus ; utilisez-la pour arroser vos plantes. Les minéraux présents dans ce type d'eau favorisent la croissance des plantes vertes. Pour un apport optimal, répétez l'opération chaque semaine.

SUPPRIMER LES TACHES • Éliminez les taches de graisse sur les textiles en les imbibant d'eau gazeuse et en les frottant plus ou moins vigoureusement selon la nature du tissu.

NETTOYER LES PIERRES PRÉCIEUSES • Laissez tremper diamants, rubis, saphirs et autres émeraudes pendant une nuit entière dans un verre d'eau gazeuse. Les pierres retrouveront tout leur éclat.

ASTIQUER LE PARE-BRISE DE LA VOITURE • Gardez toujours un vaporisateur rempli d'eau gazeuse dans le coffre de la voiture. Les bulles vous faciliteront la tâche pour nettoyer les déjections d'oiseaux et les traînées grasses qui souillent parfois le pare-brise.

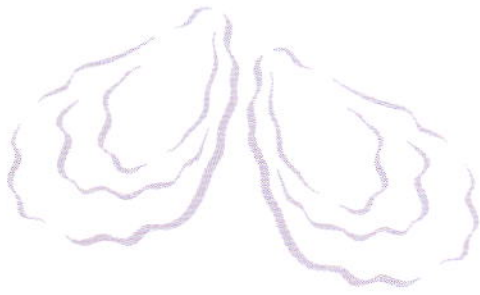

OUVRIR LES HUÎTRES

Lorsque les huîtres vous résistent, laissez-les tremper quelques instants dans de l'eau gazeuse, elles seront plus faciles à ouvrir.

RETROUVER DE BEAUX CHEVEUX • Votre chevelure blonde a pris de vilains reflets à la suite d'un bain dans une piscine trop chlorée ? Rincez-vous les cheveux avec de l'eau gazeuse et ils retrouveront leur couleur naturelle.

NETTOYER INOX, PORCELAINE, RÉFRIGÉRATEUR... • Versez de l'eau gazeuse directement sur le plan de travail ou l'évier en Inox. Essuyez avec un chiffon doux et rincez à l'eau chaude. Séchez en frottant avec le chiffon. Pour nettoyer de la porcelaine, frottez-la avec un chiffon doux humecté d'un peu d'eau gazeuse. Nul besoin de savon ni de produit de rinçage. Pour nettoyer votre réfrigérateur, utilisez un mélange d'eau gazeuse et de sel.

ÉLIMINER LA ROUILLE • Pour dégripper les écrous et les boulons rouillés, arrosez-les d'eau gazeuse. Le gaz contenu dans les bulles fera céder la rouille.

CALMER LES MAUX DE VENTRE • De l'eau gazeuse mélangée à un peu de bière soulage les indigestions ou les indispositions dues aux excès d'alcool.

CONTRE LES TACHES D'URINE • Si votre animal de compagnie a tendance à s'oublier sur les tapis, ôtez le plus d'urine possible avec du papier absorbant, versez immédiatement de l'eau gazeuse sur la tache et épongez sans attendre. L'eau éliminera à la fois la tache et l'odeur.

NETTOYER LES COCOTTES EN FONTE • Les petits plats sont souvent meilleurs quand ils ont mijoté dans des cocottes en fonte, malheureusement difficiles à nettoyer. Facilitez-vous la tâche en versant de l'eau gazeuse dans le récipient vide encore chaud. Les bulles empêcheront les restes de coller.

LE SAVIEZ-VOUS ?

Depuis l'époque romaine, l'eau gazeuse est synonyme de santé. Les Romains la prisaient pour sa richesse en minéraux ; ils y prenaient même des bains ! En Amérique du Nord, la première eau gazeuse artificielle fut commercialisée à la fin du XVIIIe siècle, lorsque des chimistes mirent au point un procédé permettant de mélanger de l'eau plate à du gaz carbonique. C'est en effet à ce gaz qu'ils imputaient les propriétés thérapeutiques de l'eau pétillante. La véritable eau pétillante, que l'on appelait alors eau de Seltz, du nom de la région d'Allemagne où elle était extraite, était une eau de source naturellement gazeuse et non une eau gazéifiée.

EAU OXYGÉNÉE

ÔTER DES TACHES D'ORIGINE INCONNUE • Mélangez 1 cuillerée à café d'eau oxygénée à 3 % avec un peu de crème de tartre ou de dentifrice (qui ne soit pas un gel). Frottez la tache avec un chiffon doux, puis rincez. La tache devrait avoir disparu.

ÉLIMINER DES MOISISSURES • Dans la salle de bains, appliquez de l'eau oxygénée à 3 % pure sur la zone à traiter, puis rincez.

ATTENTION : l'eau oxygénée est considérée comme corrosive, même la solution à 3 % vendue comme antiseptique ménager. Ne vous en mettez jamais dans les yeux ou à proximité, ou encore autour du nez. N'en avalez sous aucun prétexte et évitez également tout contact avec le feu.

ENLEVER DES TACHES D'HERBE • Mélangez quelques gouttes d'ammoniaque avec 1 cuillerée à café d'eau oxygénée à 3 %. Appliquez ce mélange sur la tache. Dès qu'elle a disparu, rincez et lavez votre vêtement.

DÉSINFECTER UNE PLANCHE À DÉCOUPER

Pour tuer les germes sur une planche à découper, nettoyez-la avec une serviette en papier imbibée de vinaigre, puis avec une autre serviette imbibée d'eau oxygénée ordinaire à 3 % ; c'est un antibactérien infaillible.

EAU OXYGÉNÉE suite →

LE SAVIEZ-VOUS ?

L'eau oxygénée, ou péroxyde d'hydrogène (H_2O_2), a été découverte en 1818. Elle est communément utilisée comme antiseptique ménager et agent blanchissant. C'est, par exemple, l'ingrédient de base de la plupart des produits blanchissants pour les dents et des lessives blanchissantes. Les fabricants de textiles emploient des concentrations élevées d'eau oxygénée pour blanchir leurs tissus. Durant la Seconde Guerre mondiale, on utilisait des solutions de péroxyde d'hydrogène pour propulser les torpilles et les fusées.

RETIRER UNE TACHE DE SANG OU DE VIN SUR UN VÊTEMENT • Appliquez de l'eau oxygénée à 3 % directement sur la tache, rincez à l'eau fraîche, puis lavez votre vêtement comme vous le faites habituellement. Mais attention ! Plus la tache est fraîche, meilleur sera le résultat.

ÉCHELLE

DES ÉTAGÈRES ORIGINALES • Transformez un petit escabeau de bois en étagères pour exposer vos plantes et autres objets de collection.

1 • Enlevez les pièces métalliques qui relient l'avant et l'arrière de l'escabeau. Placez les montants arrière contre le mur et clouez provisoirement deux tasseaux entre l'avant et l'arrière pour maintenir l'escabeau écarté le temps de fabriquer les tablettes.

2 • Chaque tablette reposera à l'avant sur une marche existante et à l'arrière sur un tasseau que vous aurez fixé entre les deux montants arrière, au même niveau que la marche.

3 • Découpez les tablettes dans du contreplaqué et vissez-les sur les marches et les tasseaux. Enfin, fixez le tasseau central arrière dans le mur.

EXPOSITION DE TRAVAUX DE COUTURE • Servez-vous d'une échelle pour exposer vos travaux de dentelle ou de crochet. Pour que les surfaces rugueuses n'abîment pas les tissus délicats, poncez les barreaux en bois avec du papier de verre et les barreaux métalliques avec de la laine de verre, ou recouvrez-les d'un vieux drap.

UNE TABLE DE DÉPANNAGE • Si vous n'avez pas de planche solide, posez une échelle droite sur deux tréteaux de bois. Recouvrez-la d'un panneau de contreplaqué, puis d'une grande nappe. Votre table supportera sans broncher tout le buffet estival !

AU JARDIN

UNE ARCHE DÉCORATIVE • Coupez deux morceaux d'échelle et placez-les de chaque côté du chemin qui traverse votre jardin. Vissez les pieds de chacun d'eux dans deux pieux solidement enfoncés dans la terre. Coupez un troisième bout d'échelle que vous poserez à l'horizontale sur les deux échelles verticales. Liez solidement le tout, puis donnez libre cours à votre imagination pour décorer votre arche, en y suspendant par exemple de vieux outils. Mais vous pouvez aussi vous contenter de laisser les plantes grimpantes – chèvrefeuille, clématite, glycine, vigne, jasmin, bougainvillée..., le choix est vaste – la recouvrir. Cette arche peut également marquer l'entrée d'un espace clos.

DES PLANTATIONS ENCADRÉES • Posée par terre, une échelle droite en bois (ou l'avant d'un escabeau) offre un espace peu profond pour vos plantations, muni de compartiments tout prêts qui seront du plus bel effet une fois remplis de plantes annuelles, d'herbes ou de salades. Mais, après quelques années au contact de la terre, l'échelle se décomposera, n'espérez donc pas la réutiliser.

TREILLAGE D'INTÉRIEUR

Fixez au mur des crochets plastifiés et suspendez-y une échelle droite (entière ou non), en posant ses pieds par terre, à quelques centimètres du mur. Ce support rustique pour vos plantes grimpantes ou vos suspensions peut aussi être du plus bel effet contre un porche.

UN PORTE-CASSEROLES • Utilisez un morceau d'échelle en bois à fins barreaux arrondis pour suspendre vos casseroles et autres ustensiles de cuisine. Poncez les extrémités sciées de l'échelle, puis fixez deux bouts de corde solide aux barreaux de chaque extrémité. Suspendez votre porte-casseroles à l'aide de quatre larges crochets en métal que vous fixerez dans le plafond en traversant les solives ; fixez ensuite dessus les autres extrémités des cordes. Prévoyez des crochets en S pour suspendre vos ustensiles. Laissez le porte-casseroles tel quel si vous voulez préserver son aspect rustique ; peignez-le ou vernissez-le pour obtenir un aspect plus fini.

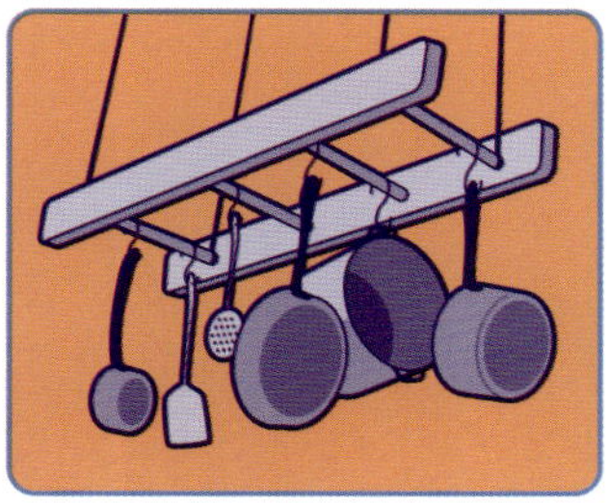

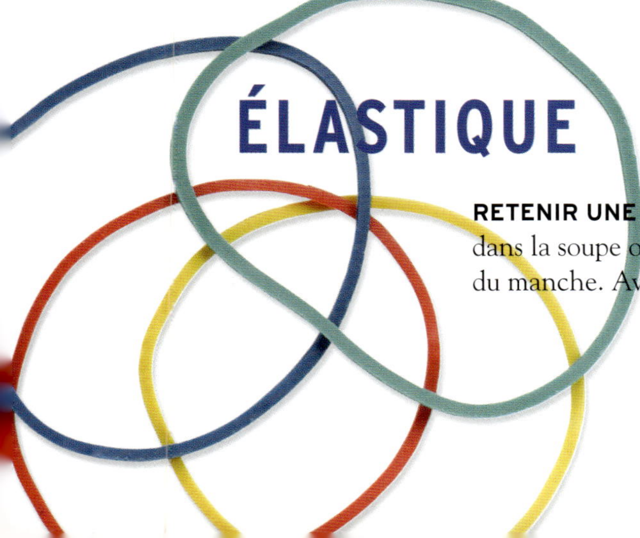

ÉLASTIQUE

RETENIR UNE CUILLÈRE • Pour empêcher la cuillère en bois de sombrer dans la soupe ou la pâte à crêpes, entortillez un élastique à l'extrémité du manche. Avec un peu de chance, il fera office d'antidérapant !

ÉLASTIQUE suite →

FIXER UN COUVERCLE • Pour transporter un plat cuisiné dans un faitout en toute sécurité, fixez le couvercle à l'aide de quelques gros élastiques.

MAINTENIR UNE PLANCHE À DÉCOUPER • Pour empêcher la planche de glisser lorsque vous découpez un poulet rôti, par exemple, enfilez un élastique large à chaque extrémité de la planche ; grâce à ces antidérapants, celle-ci restera bien en place sur la table.

DÉVISSER SANS PEINE UNE CAPSULE

Enroulez un gros élastique autour d'une capsule métallique récalcitrante pour éviter de vous faire mal aux mains en la dévissant. Cette astuce s'applique également aux capsules en plastique des bouteilles de soda.

RÉCUPÉRER UN VIEUX BALAI • Ne jetez pas votre balai uniquement parce que les poils sont écartés. Entourez la brosse de plusieurs élastiques pendant quelques jours afin de resserrer les poils.

VERROUILLER UN PLACARD • Sécurisez les placards de la cuisine et de la salle de bains en attachant les poignées avec des élastiques pour empêcher les enfants en bas âge de fouiller à l'intérieur.

RANGER MALIN DANS LA VOITURE • Passez des élastiques autour des pare-soleil de la voiture. Voilà un endroit parfait pour conserver les tickets de péage, les plans et même un ou deux CD.

FIXER LES LATTES DU LIT • Pour empêcher les lattes d'un sommier de sortir de leurs fixations, entourez leurs extrémités d'élastiques.

EMPÊCHER UNE BOBINE DE SE DÉROULER

Pour empêcher une bobine de se dérouler dans votre boîte à couture, entourez-la d'un élastique.

SAISIR UN VERRE • Si vous avez du mal à saisir un verre (parce que vous souffrez d'arthrose, par exemple), entourez-le de plusieurs élastiques pour en faciliter la prise. Cette astuce est également utile pour les enfants, qui ont parfois du mal à attraper les verres avec leurs petites mains.

FEUILLETER FACILEMENT DES PAPIERS • Lorsque vous feuilletez des papiers, entourez votre doigt d'un élastique pour ne pas avoir à le lécher sans cesse. Veillez à ne pas trop serrer pour ne pas entraver la circulation sanguine.

DESSERRER UN COL DE CHEMISE • Si votre col de chemise est trop juste, au lieu d'utiliser le bouton, glissez un petit élastique dans la boutonnière et passez les boucles autour du bouton. Cette astuce sera invisible sous une cravate.

UN MARQUE-PAGE ASTUCIEUX • Les marque-pages classiques ont tendance à glisser du livre. Pour éviter cela, passez un élastique autour des pages que vous avez déjà parcourues. Vous ne perdrez pas la page, même si le livre tombe.

PROTÉGER UNE TÉLÉCOMMANDE

Pour ne plus risquer de rayer vos meubles avec la télécommande, enroulez un élastique à chacune de ses extrémités. En outre, elle risquera moins de glisser… et de tomber.

MAINTENIR LES ROULETTES D'UN MEUBLE • Avec le temps, les roulettes fixées aux pieds de certains meubles peuvent se déchausser. Pour éviter de les perdre, entourez les tiges d'un élastique et réinsérez-les dans les pieds du meuble.

ÉGOUTTER UN PINCEAU • Pour empêcher la peinture de couler sur les bords extérieurs du pot lorsque vous égouttez le pinceau, passez un élastique autour du pot, dans le sens de la hauteur. Enlevez l'excédent de peinture du pinceau en l'égouttant sur la partie de l'élastique au-dessus du pot. La peinture retombera dans le pot.

MESURER DES LIQUIDES • Pour connaître en permanence le niveau de peinture restant dans un pot, placez un élastique autour et ajustez-le à hauteur du niveau de peinture après chaque utilisation. Vous n'aurez plus à ouvrir le pot pour vérifier.

LE SAVIEZ-VOUS ?

L'élastique fut breveté en 1845, par le Londonien Stephen Perry. Un des composants essentiels des élastiques est le soufre, qui, ajouté au caoutchouc puis chauffé, rend les élastiques plus résistants et les empêche de pourrir (ce procédé est appelé vulcanisation). La fabrication des élastiques n'est pas très différente de celle du pain. On commence par mélanger les matières sèches avec du caoutchouc naturel. La friction et la réaction chimique en découlant vulcanisent partiellement le caoutchouc, que l'on fait alors refroidir puis que l'on roule comme de la pâte à pain. Il est ensuite placé dans un long tube et chauffé pour achever la vulcanisation. Il ne reste plus qu'à le rincer, le laisser refroidir et le couper en bandelettes.

ENTONNOIR

FABRIQUER UN DÉVIDOIR • Pour ne plus perdre de temps à dénouer les nœuds d'une ficelle, fixez un gros entonnoir au mur, tube vers le bas. Placez une pelote de ficelle dans le cône et passez l'extrémité de la ficelle dans le tube ; votre dévidoir est prêt à l'emploi.

CASSER DES ŒUFS EN SÉPARANT LES BLANCS DES JAUNES • Essayez ce truc original pour séparer les blancs des jaunes : cassez les œufs dans un entonnoir. Le blanc s'écoulera dans le récipient tandis que le jaune restera dans l'entonnoir. Veillez seulement à ne pas crever le jaune en cassant l'œuf !

UN TÉLÉPHONE POUR TOUT-PETITS • Il vous faut deux petits entonnoirs. Pour chaque entonnoir, attachez un bouton à l'extrémité d'un fil de pêche assez long et passez celui-ci par la grosse extrémité de l'entonnoir. Attachez un autre bouton au bout du tube pour maintenir le fil en place et donnez le téléphone à vos bambins pour qu'ils puissent bavarder comme des grands.

ENVELOPPE

DÉCHIQUETER RAPIDEMENT DES PAPIERS • La solution la plus sûre pour détruire des reçus de carte de crédit ou des papiers confidentiels consiste à les déchiqueter, mais l'opération est assez fastidieuse. Pour la simplifier, conservez ceux-ci dans quelques enveloppes usagées et glissez celles-ci directement dans la déchiqueteuse.

CONFECTIONNER DES MARQUE-PAGES • Recyclez vos enveloppes en marque-pages de différentes tailles. Coupez le rabat gommé et une des extrémités de l'enveloppe, puis glissez la partie restante sur le coin de la page à laquelle vous avez arrêté votre lecture.

CLASSER ET STOCKER DU PAPIER ABRASIF • Les feuilles de papier abrasif ont tendance à s'enrouler. Pour éviter ce problème, rangez-les dans des enveloppes cartonnées grand format. Utilisez une enveloppe pour chaque grammage de papier et notez le numéro du grammage sur l'enveloppe.

DES ENTONNOIRS JETABLES • Pas pratiques, les épices en vrac ? Transférez-les dans des petits bocaux à l'aide d'entonnoirs maison : fermez une enveloppe, coupez-la en deux dans la diagonale et coupez un coin sur chaque moitié pour obtenir deux petits entonnoirs.

FABRIQUER DES DOSSIERS DE CLASSEMENT • Ouvrez le côté et le bas d'une vieille enveloppe cartonnée, puis retournez-la pour avoir la surface vierge à l'extérieur. Avec des agrafes ou du ruban adhésif, refermez le bas afin de ne laisser que deux ouvertures. Enfin, découpez une bande de 2 cm de large en haut d'une des faces ; vous écrirez le contenu de la chemise sur l'autre bordure.

ÉPICES ET AROMATES

TONIFIER LES CHEVEUX • Voici quelques recettes pour tonifier les cheveux et les rendre plus brillants. Pour les cheveux bruns, mélangez 1 cuillerée à soupe de sauge en poudre ou un brin de romarin finement broyé ; ou bien 1 cuillerée à café de piments, 1 cuillerée à café de cannelle et 1/2 cuillerée à café de clous de girofle. Pour les cheveux blonds, utilisez 1 cuillerée à soupe de camomille. Versez 25 cl d'eau bouillante sur les épices et aromates choisis et laissez infuser 30 minutes. Passez la préparation à travers un filtre à café et laissez refroidir. Pendant ce temps, lavez-vous les cheveux comme d'habitude, puis, penché au-dessus du lavabo, versez progressivement cette infusion sur vos cheveux en guise de dernier rinçage.

SOIGNER LES PETITES COUPURES • Vous vous êtes coupé en épluchant des légumes ? Le remède est dans la cuisine ! Versez du gros sel sur la coupure pour empêcher le sang de couler ; le sel est un formidable astringent.

COMBATTRE LES ODEURS DE PIEDS • La sauge n'est pas réservée à la cuisine. Elle est également très efficace pour combattre les bactéries responsables des odeurs de pieds particulièrement désagréables et souvent tenaces. Écrasez quelques feuilles de sauge séchées et glissez-les dans vos chaussures avant de les enfiler. À la fin de la journée, jetez les feuilles. Vous sentirez la différence !

ÉLIMINER DES ODEURS DANS UN RÉCIPIENT • Pour réutiliser une bouteille ou un bocal imprégné d'une odeur forte, versez 1 cuillerée à café de graines de moutarde dans 1 litre d'eau. Remplissez le récipient de ce mélange et laissez reposer toute la nuit. Après ce traitement, le récipient sentira bon le frais. Cette solution permet notamment d'éliminer les odeurs tenaces d'ail, d'oignon, de poisson, etc.

PARFUMER LA MAISON

Au lieu d'utiliser des désodorisants chimiques, jetez quelques clous de girofle ou un bâton de cannelle dans de l'eau bouillante et maintenez à feu doux une bonne demi-heure. Vous pouvez également faire griller des épices au four, à 100 °C, porte entrouverte, pendant 30 minutes. Ces deux recettes parfumeront délicatement la maison.

À SAVOIR

Soulager le mal de dents

En attendant le rendez-vous chez le dentiste, voici comment vous soulager.

Déposez 1 goutte d'huile de clou de girofle – qui agit comme un antalgique naturel – directement sur la dent douloureuse ou avec un Coton-Tige. Mais veillez bien à ne pas appliquer d'huile sur la gencive.

DÉSODORISER UNE BOUTEILLE THERMOS • Lorsqu'une bouteille Thermos est restée inutilisée pendant un long moment, une odeur désagréable s'y développe. Pour éviter cela, laissez un clou de girofle au fond de la bouteille quand vous ne vous en servez pas. 1 cuillerée à café de sel se révélera tout aussi efficace. Bien entendu, n'oubliez pas de vider et de rincer la bouteille Thermos avant utilisation.

PROTÉGER LES LAINAGES • Un pull en laine peut tenir de longs hivers à condition de ne pas être dévoré par les mites. Vous éloignerez durablement ces nuisibles avec un sachet en mousseline ou en organza rempli de clous de girofle. Pour éviter de tacher les vêtements avec les épices, placez le sachet dans un sac en plastique non fermé. Attachez le sac à un cintre dans la penderie ou glissez-le au cœur d'une pile de linge.

ÉLOIGNER LES FOURMIS • La farine, le sucre et le paprika, notamment, attirent les fourmis. Conservez ces ingrédients dans des boîtes hermétiques et collez une feuille de laurier à l'intérieur du couvercle. Pour décourager les fourmis tout en embaumant vos étagères et vos placards, déposez-y des sachets de laurier ou de sauge, des bâtons de cannelle ou des clous de girofle.

ÉPICES ET AROMATES suite →

SE DÉBARRASSER DES POISSONS D'ARGENT • Ces petits nuisibles également appelés lépismes envahissent les endroits humides comme la cuisine et la salle de bains. Suspendez un sachet contenant des épices (cannelle, noix de muscade et piment), de la sauge et des feuilles de laurier dans la salle de bains, derrière la machine à laver ou le long des plinthes : vous ne verrez plus un seul poisson d'argent !

LUTTER CONTRE LA PROLIFÉRATION DES INSECTES • Pour éviter l'utilisation intempestive d'insecticide au jardin, mélangez 1 cuillerée à soupe de poivre noir moulu (ou toute autre épice dégageant une odeur très forte telles que clous de girofle ou graines de moutarde moulus) et 250 g de farine tamisée. Répandez ce mélange dans vos allées et sur les envahisseurs : ils disparaîtront dans l'heure. N'utilisez pas d'eau pour nettoyer, le mélange deviendrait collant.

PROTÉGER LE POTAGER • Les agriculteurs savent depuis longtemps que l'on peut chasser les insectes nuisibles en faisant pousser certaines plantes à proximité des cultures. Les plantes aromatiques comme le basilic, la tanaisie, le souci et la sauge ont toutes des propriétés répulsives. N'hésitez pas à en planter à côté des légumes. La menthe, le thym, l'aneth et la sauge sont traditionnellement plantés à côté des choux (chou vert, brocoli, chou-fleur, choux de Bruxelles) pour leurs capacités à faire fuir la mite du chou. De plus, ces herbes sont toutes comestibles et délicieuses !

LE SAVIEZ-VOUS ?

Une épice est une substance piquante ou aromatique, d'origine végétale, utilisée pour assaisonner ou conserver les aliments. La reine de Saba offrit, dit-on, au roi Salomon des épices, des pierres précieuses et de l'or, ce qui prouve qu'il fut un temps où elles étaient rares et chères. Nombre d'entre elles sont originaires d'Asie : la cannelle, le clou de girofle, la noix muscade, le poivre et le gingembre, entre autres. Les deux Amériques ont donné au reste du monde les piments et la vanille ; les pays méditerranéens, la coriandre, la moutarde, le fenouil et le fenugrec ; les régions plus froides de l'Europe, le carvi, l'aneth et le genièvre.

ÉLOIGNER LES ANIMAUX NUISIBLES DU JARDIN • Le piment rouge est particulièrement relevé, c'est pourquoi il entre dans la composition de nombreux répulsifs du commerce. Si les rongeurs s'attaquent malgré tout à vos plantations, augmentez la dose. Hachez un piment très fort et mélangez-le à 1 cuillerée à soupe de piment de Cayenne moulu et 2 litres d'eau. Faites bouillir 15 à 20 minutes et laissez refroidir. Filtrez, ajoutez 1 cuillerée à soupe de liquide vaisselle et versez le tout dans un pulvérisateur. Pulvérisez tous les 5 jours les plantes les plus fragiles. Ce remède est aussi très efficace pour faire fuir les lapins.

ÉPLUCHE-LÉGUMES

DÉTAILLER FROMAGE ET CHOCOLAT EN COPEAUX

Pour décorer un gâteau de fins copeaux de chocolat ou agrémenter un plat de minces lamelles de parmesan, utilisez un épluche-légumes.

DU BEURRE MOU EN UN CLIN D'ŒIL • Si vous n'avez que du beurre très ferme à disposition au moment de préparer un gâteau ou une pâte, détaillez-le en lamelles avec un épluche-légumes pour le ramollir.

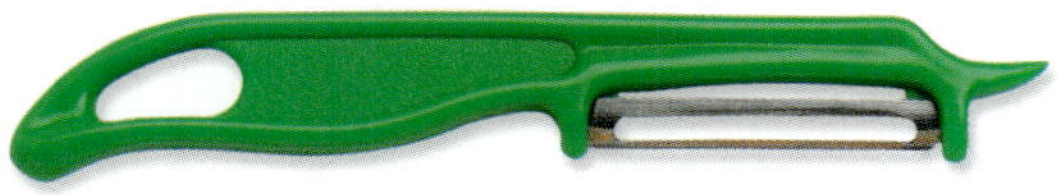

RAVIVER DES SAVONNETTES • Redonnez aux savonnettes de votre salle de bains leur senteur et leur éclat d'origine en retirant une mince pelure avec un épluche-légumes.

TAILLER DES CRAYONS • Si vous n'avez pas de taille-crayon à portée de main, utilisez un épluche-légumes.

ÉPONGE

PROLONGER LA VIE D'UN SAVON • Pour éviter que le savon ne trempe dans l'eau et ne fonde trop rapidement, déposez une éponge au fond du porte-savon.

HYDRATER LES PLANTES • Si la terre de vos plantes d'intérieur sèche trop vite après le rempotage, déposez une éponge humide au fond du pot avant de le remplir. L'éponge servira de réservoir et évitera les inondations quand vous arrosez trop.

CONSERVER LES LÉGUMES • Pour éviter que les légumes ne moisissent dans le bac du réfrigérateur, déposez-les sur des éponges sèches. Lorsque les éponges sont humides, essorez-les, laissez-les sécher et remettez-les en place. De temps en temps, faites-les tremper dans de l'eau chaude additionnée de quelques gouttes d'eau de Javel pour éviter les moisissures.

ENLEVER LES PELUCHES DES VÊTEMENTS • Pour débarrasser sans peine vos vêtements des peluches et des poils d'animaux, frottez-les avec une éponge humide. Nettoyez l'éponge avec les doigts.

REPOUSSER LES ANIMAUX • Placez des éponges imbibées d'ammoniaque autour du potager, notamment aux abords des légumes arrivés à maturité. L'odeur particulièrement tenace de l'ammoniaque fera fuir les amateurs.

PROTÉGER UN OBJET FRAGILE

Pour envoyer par la poste un petit objet fragile qui ne craint pas l'eau, humidifiez une éponge et enveloppez-en l'objet à l'aide de ruban adhésif. En séchant, l'éponge prendra la forme de l'objet et le protégera efficacement.

ÉPONGE suite →

UN ÉGOUTTOIR POUR PARAPLUIES • Les soirs de pluie où le porte-parapluie du perron a tendance à déborder parce qu'il reçoit tous les parapluies de la famille, placez 1 ou 2 éponges dans le fond, elles absorberont tout l'excédent. Et si vous oubliez de les essorer, elles sécheront d'elles-mêmes dès le retour du soleil.

Le coin des enfants

Improvisez une serre miniature avec un vieux porte-savon, une éponge et des graines telles que du millet, du lin, des graines de moutarde et des graines pour oiseaux. Taillez l'éponge aux dimensions du porte-savon et humidifiez-la. Posez les graines sur l'éponge et couvrez d'un bol en verre pour faire germer les graines. Avec une exposition solaire généreuse et un arrosage quotidien, la serre durera des semaines.

ESSENCE

ÉLIMINER LA ROUILLE • Frottez une tache de rouille avec un chiffon imbibé d'un peu d'essence à briquet (ou d'essence C, vendue en grande surface). Éliminez tout reste de liquide à l'aide d'un second chiffon.

DÉCOLLER FACILEMENT DES ÉTIQUETTES • L'essence à briquet et l'essence C sont efficaces pour retirer les étiquettes et adhésifs de presque toutes les surfaces (verre, appareils électroménagers, couvertures de livre, etc.).

ÔTER LES TRACES DE TALONS SUR LE SOL • Pour retirer les traces laissées par les chaussures sur les revêtements de sol vinyliques, versez un peu d'essence à briquet ou d'essence C sur une serviette en papier et frottez les taches, qui s'en iront immédiatement.

ENLEVER DES TRACES DE CRAYON

Pour nettoyer des marques de crayon sur un mur, frottez-les avec un chiffon imbibé d'un peu d'essence à briquet ou d'essence C.

ATTENTION : l'essence à briquet et l'essence C (moins chère, disponible en bidons de 1 litre dans les grandes surfaces et les magasins de bricolage) sont efficaces mais dangereuses. Toutes deux sont inflammables et ne doivent être ni inhalées ni avalées. Manipulez toujours l'essence dans une pièce bien aérée et loin d'une flamme, en évitant de fumer à proximité.

DÉTACHER UN VÊTEMENT • Si vous avez reçu des projections d'huile sur vos habits en faisant la cuisine, versez un peu d'essence à briquet ou d'essence C directement sur les taches puis procédez au lavage.

ENLEVER UN CHEWING-GUM DANS LES CHEVEUX • Appliquez quelques gouttes d'essence à briquet ou d'essence C directement sur la zone collée, laissez agir quelques secondes puis retirez le chewing-gum, en vous aidant éventuellement d'un peigne. Les solvants que contient l'essence décomposent le chewing-gum, le rendant plus facile à enlever, notamment dans les cheveux.

PETITE **EXPÉRIENCE**

Comment toutes les autres couleurs résultent des couleurs primaires rouge, bleu et jaune.

Coupez une feuille d'essuie-tout en bandes. Avec un marqueur, dessinez un rectangle ou un gros cercle sur l'une des extrémités de chaque bande. Utilisez des nuances d'orange, de vert, de pourpre ou de marron, ou encore du noir. Placez l'autre extrémité de la bande dans un bocal rempli d'eau, en laissant l'extrémité colorée pendre sur le côté du verre. Lorsque l'eau du pot remonte doucement (en 20 minutes environ) le long de l'essuie-tout et atteint la tache de couleur, vous apercevez des couleurs séparément. L'expérience met également en évidence l'attraction capillaire, phénomène qui permet à l'eau de gagner petit à petit la partie sèche de la bande de papier absorbant.

ESSUIE-TOUT

CUIRE DES TRANCHES DE LARD AU MICRO-ONDES • Superposez 2 feuilles d'essuie-tout sur le plateau du four à micro-ondes. Placez vos tranches de lard dessus, côte à côte. Couvrez avec 2 autres feuilles d'essuie-tout. Réglez le four sur puissance maximale et mettez-le en marche en vérifiant régulièrement la cuisson ; le lard devrait être croustillant en 3 ou 4 minutes, selon la puissance du four. Aucune poêle à nettoyer, et la graisse est absorbée par l'essuie-tout, que vous n'avez plus qu'à jeter !

ENLEVER LES SOIES D'UN ÉPIS DE MAÏS FRAIS • Retirez les feuilles qui entourent l'épi. Mouillez une feuille d'essuie-tout et frottez l'épi avec ; le voilà prêt à être cuit à l'eau ou grillé au barbecue.

CONSERVER LES FRUITS ET LÉGUMES • Tapissez votre bac à légumes d'essuie-tout. Ce dernier va absorber l'humidité qui fait pourrir fruits et légumes. Il facilite également le nettoyage du bac à légumes : il suffit de le changer régulièrement.

DÉGRAISSER UN BOUILLON • Mettez une casserole dans l'évier, posez dessus une passoire tapissée d'essuie-tout et versez le bouillon au travers : la graisse restera sur l'essuie-tout. Si le liquide est encore très chaud, enfilez des gants de cuisine.

EMPÊCHER DU PAIN SURGELÉ DE DEVENIR PÂTEUX • Placez 1 feuille de papier absorbant dans chaque sachet de pain à congeler. Lorsque vous le ferez décongeler, l'essuie-tout absorbera l'humidité.

ESSUIE-TOUT suite →

NETTOYER UN OUVRE-BOÎTE

Pour que votre ouvre-boîte soit toujours impeccable, faites tournez la roue sur le bord d'une feuille d'essuie-tout : les saletés resteront collées dessus.

PRÉSERVER LES FAITOUTS EN FONTE DE LA ROUILLE • Après le nettoyage de vos faitouts, placez une feuille d'essuie-tout à l'intérieur afin d'absorber l'humidité. Stockez les couvercles à part en les séparant avec des feuilles d'essuie-tout.

DES SETS DE TABLE POUR ENFANTS • N'hésitez pas à vous servir de feuilles d'essuie-tout en guise de sets de table pour un goûter ou un repas d'enfants ; vous vous éviterez ainsi un long travail de nettoyage.

TESTER DE VIEILLES GRAINES • Humectez 2 feuilles d'essuie-tout et posez quelques graines dessus. Couvrez de 2 autres feuilles d'essuie-tout. Attendez 2 semaines en réhumidifiant régulièrement le papier absorbant et surveillez les graines. Si la plupart d'entre elles germent, vous pouvez planter le reste au jardin.

NETTOYER UNE MACHINE À COUDRE • Si vous craignez que de la graisse provenant de votre machine tache le vêtement que vous voulez coudre, commencez par faire quelques points sur une feuille d'essuie-tout ; la graisse sera ainsi absorbée.

UN PAPILLON POUR LES ENFANTS • Dessinez deux motifs symétriques avec des feutres de différentes couleurs sur une feuille d'essuie-tout, puis vaporisez un peu d'eau dessus – il faut qu'elle soit suffisamment mouillée pour que les couleurs commencent à dégorger, mais pas saturée d'eau. Laissez sécher, puis pliez la feuille en deux, rouvrez-la et froncez le papier le long du pli ; enroulez un nettoie-pipe tout autour pour former le corps du papillon et tordez-le pour le fermer. Pour faire les antennes, pliez un autre nettoie-pipe en V et glissez-le sous le premier, en haut du papillon.

ÉTAMINE

CONFECTIONNER UN FILET À PAPILLONS • Pliez un morceau d'étamine en deux et cousez-le sur les côtés pour en faire un sac. Collez ou agrafez ce sac sur un cerceau en bois ou en métal (fait à partir d'un cintre métallique, par exemple). Vous pouvez également fabriquer une petite épuisette pour une partie de pêche.

UN DÉGUISEMENT PEU ONÉREUX • Déguisez votre enfant en petite momie à l'occasion d'Halloween en l'enveloppant dans une étamine des pieds à la tête.

RETIRER LA FARCE D'UNE VOLAILLE SANS DIFFICULTÉ • Pour empêcher la farce d'adhérer à l'intérieur d'une volaille, mettez celle-ci dans une étamine avant de l'insérer dans le ventre de la pintade ou de la dinde. Lorsque le plat est prêt, retirez l'étamine, la farce viendra avec.

NETTOYER RAPIDEMENT UN TIROIR • Pour aspirer la poussière dans un tiroir rempli de petits objets sans pour autant avoir à le vider de son contenu, coiffez le suceur de l'aspirateur d'un morceau d'étamine attaché avec un élastique.

MOUSTIQUAIRE POUR PIQUE-NIQUE • Pour mettre le pique-nique à l'abri des insectes et de la poussière, confectionnez une moustiquaire en forme de cloche en habillant d'étamine l'armature d'un vieux parapluie. Coupez la poignée du parapluie avec une scie à métaux et cousez l'étamine aux baleines. Posez cette moustiquaire sur les plats et les assiettes.

TRANSFORMER UNE PASSOIRE EN TAMIS • À défaut de tamis, tapissez une passoire d'étamine, et le tour est joué.

FAIRE SÉCHER DES HERBES • Pour faire sécher des herbes fraîches sans en gâcher, mettez-les dans une étamine.

CONFECTIONNER DES RIDEAUX DE FÊTE • Pour égayer les pièces à peu de frais, teignez de l'étamine (achetée en gros chez un marchand de tissu) dans des couleurs éclatantes et coupez-la aux dimensions souhaitées. Fixez des crochets à pince sur la bordure supérieure pour suspendre les rideaux sur la tringle.

ÉTIQUETTE

IDENTIFIER SACS ET BAGAGES • Placez une étiquette d'adresse, recouverte de ruban adhésif transparent pour éviter l'usure, à l'intérieur de l'étui de votre ordinateur, de votre sac de sport, de votre sac à dos et de tout autre bagage, même si vous les avez déjà pourvus d'une étiquette extérieure. Si vous les égarez, ils retrouveront ainsi plus facilement le chemin de la maison.

ÉTIQUETER SES AFFAIRES • Peu de personnes prennent une assurance pour leurs équipements électroniques personnels, mais le remplacement d'un appareil photo numérique, d'une caméra ou d'un lecteur MP3 peut sérieusement entamer le budget. Une étiquette d'adresse placée en évidence sur ces objets facilite souvent leur retour. Bien sûr, il n'y a aucune garantie, mais la précaution ne coûte pas bien cher.

PERSONNALISER SON PARAPLUIE • Collez une étiquette avec votre nom et votre adresse sur la poignée de votre parapluie. Recouvrez l'étiquette d'adhésif large transparent pour la protéger de la pluie et des frottements, mais aussi pour la rendre plus difficile à enlever.

IDENTIFIER LES OBJETS À RÉPARER • Si l'idée de porter votre précieuse chaîne stéréo à réparer vous angoisse, vous vous sentirez peut-être mieux en plaçant une étiquette d'adresse sur la base de l'appareil.

SÉCURISER DES FOURNITURES SCOLAIRES • Il est possible de limiter les pertes de trousses, classeurs, feutres et autres fournitures scolaires en apposant des étiquettes d'adresse recouvertes d'adhésif transparent sur le contenu du cartable de votre enfant. Pensez à étiqueter aussi les étuis à lunettes.

FARINE

ÉLOIGNER LES FOURMIS • Versez une ligne de farine au fond des étagères de vos placards de cuisine et partout où vous voyez des fourmis entrer dans la maison ; elles seront stoppées net.

UNE PÂTE POUR LOISIRS CRÉATIFS • Dans une casserole, incorporez 150 g de farine à 75 cl d'eau. Portez à ébullition en remuant constamment. Réduisez la flamme et laissez frémir jusqu'à obtention d'une pâte onctueuse. Laissez refroidir et transférez dans une bouteille en plastique. Cette pâte se conserve plusieurs semaines au réfrigérateur et se nettoie aisément à l'eau et au savon. Bon marché, sans danger, elle est idéale pour les travaux manuels, notamment le papier mâché.

ASTIQUER LE CUIVRE ET LE LAITON • Inutile d'acheter un nettoyant spécial pour vos objets en cuivre et en laiton. Préparez ce produit vous-même : mélangez de la farine, du sel et du vinaigre à parts égales jusqu'à obtention d'une pâte. Étalez cette pâte sur le métal, laissez sécher, puis frottez avec un chiffon doux.

CONFECTIONNER DE LA PÂTE À MODELER • Mélangez 500 g de farine, 50 g de sel, 25 cl d'eau, 1 cuillerée à soupe d'huile et éventuellement 1 ou 2 gouttes de colorant alimentaire ; pétrissez bien. Si la pâte est trop collante, ajoutez un peu de farine, si elle est trop ferme, un peu d'eau, jusqu'à ce qu'elle soit suffisamment souple. Conservez-la dans un sac en plastique.

LE SAVIEZ-VOUS ?

Ne vous êtes-vous jamais demandé pourquoi en anglais, le mot *flour* (farine) se prononce exactement comme le mot *flower* (fleur) ? L'anglais a fait de nombreux emprunts au français en matière de terminologie alimentaire et culinaire, et le mot *flour* vient en réalité du mot français fleur, qui désigne la farine de meilleure qualité, très blanche et très fine, servant à confectionner les sauces et certaines pâtisseries.

REDONNER DE L'ÉCLAT À UN ÉVIER EN INOX • Pour astiquer votre évier en Inox, saupoudrez-le de farine, frottez délicatement avec un chiffon doux, puis rincez à grande eau.

RÉNOVER DES CARTES À JOUER

Au bout de quelques parties, les cartes se couvrent d'une patine grasse. Pour leur donner une nouvelle jeunesse, mettez-les dans un sac en papier, couvrez-les de farine et agitez vigoureusement. La farine va absorber toute la graisse. En sortant les cartes du sac, il vous suffira de les battre plusieurs fois de suite pour éliminer la farine.

FÉCULE DE MAÏS

UN SHAMPOOING SEC POUR CHIEN • Frottez le pelage de votre animal avec de la fécule de maïs, puis brossez-le énergiquement pour éliminer la poudre. Ce shampooing sec donnera du volume à ses poils et vous permettra de différer le prochain bain.

DÉNOUER FACILEMENT DES NŒUDS • Pour vous faciliter la tâche, saupoudrez de fécule de maïs les nœuds formés dans des lacets ou de la ficelle.

UNE COLLE À PAPIER MAISON • Mélangez 3 cuillerées à café de fécule de maïs avec 4 cuillerées à café d'eau froide. Remuez jusqu'à obtention d'une consistance pâteuse. Cette colle est parfaite pour les enfants car elle peut s'appliquer avec les doigts ou une petite spatule en bois. Si vous ajoutez du colorant alimentaire, vous pouvez l'utiliser pour peindre des objets.

FABRIQUER DE LA PEINTURE À DOIGTS • Voici une recette toute simple pour occuper vos enfants pendant un bon moment. Mélangez 40 g de fécule de maïs et 50 cl d'eau froide. Portez à ébullition et laissez bouillir jusqu'à ce que le mélange épaississe. Versez votre peinture dans plusieurs petits récipients et ajoutez quelques gouttes de colorant alimentaire.

SÉPARER LES GUIMAUVES

Les guimauves, ou marshmallows, sont souvent collées les unes aux autres à l'intérieur du sachet. Pour les séparer, mettez 1 bonne cuillerée à café de fécule de maïs dans le sachet et agitez. La fécule va absorber l'humidité, et les guimauves devraient se décoller toutes seules. Pour les préserver de l'humidité, stockez-les au congélateur, dans un récipient hermétique.

NETTOYER À SEC LES PELUCHES DES ENFANTS • Frottez les peluches avec de la fécule de maïs, laissez agir 5 minutes, puis brossez pour éliminer la poudre. Ou bien placez les peluches dans un sac, saupoudrez-les de fécule de maïs, fermez le sac et agitez. Brossez bien les peluches.

EFFACER UNE TRACE DE BRÛLURE SUR UN VÊTEMENT • Un repassage trop insistant ou à température trop élevée occasionne parfois des brûlures légères. Mouillez aussitôt la zone affectée et couvrez-la de fécule de maïs. Laissez sécher puis brossez, la trace de brûlure aura disparu.

UN DÉTERGENT MIRACULEUX !

ABSORBER UN RESTE DE CIRE • Vous venez de cirer vos meubles, et il reste un léger film gras en surface ? Répandez un peu de fécule de maïs sur le bois et essuyez avec un chiffon doux.

DÉTACHER UN TAPIS • Mélangez quelques gouttes de lait avec de la fécule de maïs et appliquez cette pâte sur la tache. Laissez sécher quelques heures puis brossez et passez l'aspirateur.

DÉSODORISER LES TAPIS • Avant de passer l'aspirateur dans une pièce, saupoudrez les tapis de fécule de maïs. Laissez agir 1/2 heure, puis aspirez.

FÉCULE DE MAÏS suite →

NETTOYER LES MURS TACHÉS DE GRAISSE • Étalez un peu de fécule de maïs sur un chiffon doux puis frottez-en délicatement les taches graisseuses jusqu'à ce qu'elles disparaissent.

ASTIQUER LES OBJETS EN ARGENT • Préparez une pâte en mélangeant de la fécule de maïs et de l'eau et appliquez-la sur les articles ternis avec un chiffon humide. Laissez sécher puis frottez avec une étamine ou un chiffon doux.

ÉLIMINER LES TACHES DE SANG

Une seule contrainte : agir vite. Avec cette méthode, vous pourrez éliminer ou atténuer une tache de sang sur un vêtement ou du linge de table. Préparez une pâte en mélangeant de la fécule de maïs avec de l'eau froide. Couvrez la tache de cette mixture et frottez doucement pour la faire pénétrer dans le tissu. Laissez sécher au soleil puis brossez. Recommencez jusqu'à complète disparition de la tache.

LE SAVIEZ-VOUS ?

La fécule de maïs sert aussi à fabriquer des billes d'emballage biodégradables vendues en vrac. Si vous recevez un article emballé dans ce matériau, vous pouvez jeter les billes sur la pelouse, la pluie et l'eau d'arrosage les dissoudront, et elles ne laisseront aucun déchet toxique. Pour vérifier, mettez une bille dans de l'eau ; si elle se dissout, c'est qu'elle est bien faite avec de la fécule.

FAIRE ÉTINCELER LES VITRES • Mélangez 2 cuillerées à soupe de fécule de maïs avec 15 cl d'ammoniaque et 15 cl de vinaigre blanc pour 3 ou 4 litres d'eau chaude. Remuez bien et transférez ce liquide laiteux dans un pulvérisateur. Vaporisez la solution sur les vitres et essuyez avec un chiffon imbibé d'eau chaude. Faites briller avec de l'essuie-tout ou un chiffon non pelucheux.

SE DÉBARRASSER DES BLATTES • Mélangez du plâtre de Paris et de la fécule de maïs à parts égales. Appliquez cette mixture sur les fissures où vous avez vu apparaître les blattes. Une recette particulièrement efficace.

FERMETURE À GLISSIÈRE

PARÉ POUR LA PLAGE

Piquez sur l'envers de votre drap de bain, de préférence dans un angle, une petite poche à zip juste assez grande pour y loger vos clés de voiture, vos lunettes de soleil et éventuellement un peu de monnaie. Vous pourrez profiter de la plage en toute sérénité.

FERMER LA POCHE INTÉRIEURE D'UNE VESTE • Découragez les pickpockets en zippant la poche intérieure de votre veste afin que portefeuille, passeport et autres objets de valeur soient en sécurité.

CONFECTIONNER UNE MARIONNETTE • Voilà un cadeau qui amusera les enfants. Sur une jolie chaussette colorée, cousez quelques boutons pour représenter le nez et les yeux, des brins de laine pour les cheveux et une petite fermeture à glissière incurvée pour le sourire.

UN BERMUDA CONVERTIBLE EN PANTALON • Les randonneurs et les cyclistes qui aiment voyager léger apprécieront ce « deux en un ». Coupez les jambes d'un jeans (ou de tout autre pantalon confortable) au-dessus des genoux pour obtenir un bermuda, puis cousez de longues fermetures à glissière sur chacune des pièces (jambes de pantalon et bas de bermuda) afin de pouvoir les assembler quand bon vous semble.

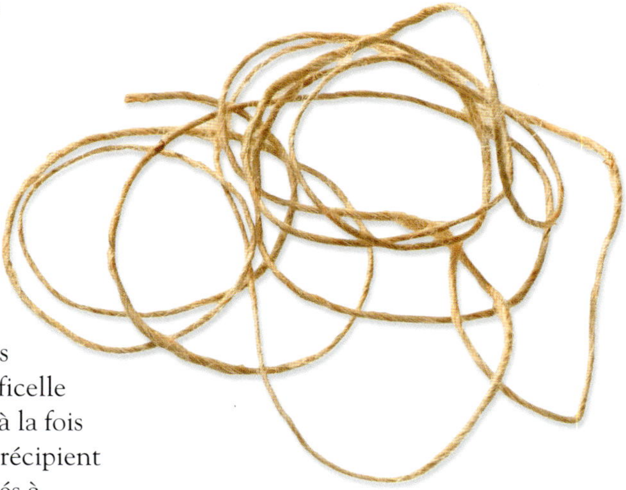

FICELLE

ARROSAGE FACILE • Pour éviter que les plantes ne se dessèchent en votre absence, posez un grand récipient plein d'eau à côté des plantes à hydrater. Coupez quelques bouts de ficelle d'une longueur suffisante pour qu'ils puissent à la fois toucher le fond du récipient d'eau et être enterrés à quelques centimètres de profondeur dans les pots. Lorsque la terre s'asséchera, l'eau remontera par capillarité jusqu'aux plantes.

FAIRE TAIRE UN ROBINET QUI GOUTTE • En attendant de changer le joint ou la venue du plombier, nouez une ficelle à l'endroit où les gouttes se forment et laissez pendre l'autre extrémité jusque dans la bonde. Les gouttes d'eau glisseront – en silence ! – le long de la ficelle.

FAIRE BRILLER L'ARGENTERIE • Enduisez une ficelle de pâte à lustrer et utilisez-la pour nettoyer les couverts dans les moindres recoins.

FACILITER L'OUVERTURE D'UN CARTON • Placez une longueur de ficelle sur les jointures supérieures du carton avant de le fermer. En mettant le ruban adhésif, laissez dépasser un petit bout de ficelle d'un côté. Il suffira de tirer sur la ficelle pour ouvrir le carton.

MESURER UN OBJET IRRÉGULIER • Pour prendre les mesures d'un objet aux contours irréguliers sans mètre ruban, entourez l'objet d'une ficelle puis mesurez-en la longueur avec une règle. Renouveler l'opération si nécessaire pour les autres dimensions.

FICELLE suite →

LA MAIN VERTE

TRACER DES ALLÉES DE JARDIN • Délimitez les allées entre les plantations à l'aide d'une ficelle blanche. Vérifiez si possible d'une fenêtre du premier étage que tout est correctement aligné et que votre tracé est agréable à l'œil.

TAILLER UNE HAIE • Pour tailler une haie bien droit, surtout si elle est longue, il suffit de planter deux piquets, de les relier par une ficelle blanche
à la hauteur souhaitée, et de suivre la ficelle avec le taille-haie !

PLANTER DES GRAINES • Pour obtenir des plants parallèles, aidez-vous d'une ficelle.

- Pour les grosses graines, plantez un tuteur à chaque extrémité de la rangée de graines et reliez-les par une ficelle. Semez les graines le long de la ficelle, à intervalles réguliers.

- Pour semer des dizaines de petites graines d'un seul geste, coupez une ficelle de la longueur de la rangée, mouillez-la et saupoudrez-la de graines. L'humidité va coller les graines sur la ficelle, qu'il suffit alors de placer dans le sillon avant de la recouvrir de terre.

EMPÊCHER LES PORTES DE CLAQUER • Une porte qui claque, c'est agaçant ! Essayez donc ces deux astuces pour y remédier

- Reliez la poignée intérieure et la poignée extérieure de la porte par une ficelle. L'épaisseur ainsi créée sur la tranche va ralentir la fermeture de la porte et l'empêcher de claquer violemment.

- Utilisez une ficelle plus épaisse, voire une corde, pour empêcher la porte de se fermer. C'est une astuce particulièrement utile pour les portes qui se verrouillent automatiquement après fermeture.

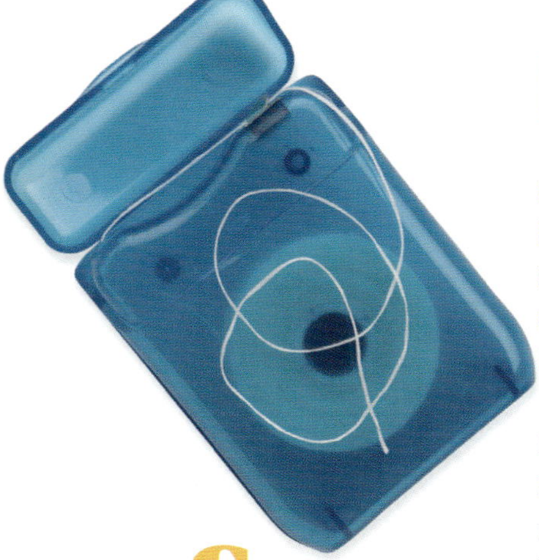

FIL DENTAIRE

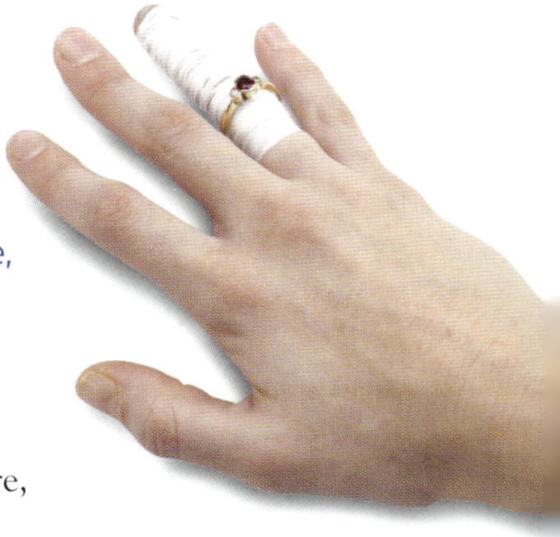

RETIRER UNE BAGUE RÉCALCITRANTE • Enroulez régulièrement du fil dentaire autour de votre doigt, de la bague à l'ongle, en serrant un peu, puis faites glisser la bague sur le doigt ainsi gainé.

DÉCOLLER UN BISCUIT DE LA PLAQUE DU FOUR • Coupez un morceau de fil dentaire, tendez-le bien et faites-le glisser entre le biscuit et la plaque.

TRANCHER UN GÂTEAU OU DU FROMAGE • Le fil dentaire est idéal pour couper les gâteaux, notamment ceux qui sont collants, fragiles et qui adhèrent au couteau. Tendez un morceau de fil dentaire et tranchez le gâteau en déplaçant légèrement le fil de droite à gauche à mesure que vous descendez. Vous pouvez aussi utiliser du fil dentaire pour détailler du fromage à pâte tendre en petits carrés.

POUR SUSPENDRE DES OBJETS • Le fil dentaire, bien que très fin, est d'une extrême solidité. Vous pouvez l'utiliser à la place du fil métallique ou de la ficelle pour suspendre de légers cadres et mobiles. Enfilez-le sur une aiguille et reliez des papiers que vous souhaitez conserver ou que vous voulez accrocher, comme du linge sur un fil.

RECOUDRE SOLIDEMENT UN BOUTON • Utilisez du fil dentaire, beaucoup plus solide que du fil à coudre et donc mieux adapté, pour recoudre les boutons sur les manteaux, les vestes et les surchemises, à condition bien sûr qu'un fil de couleur claire puisse convenir.

SÉPARER DES PHOTOS • Parfois, les photos se collent entre elles et l'on n'ose pas les séparer de peur de les abîmer. Essayez de glisser un morceau de fil dentaire tendu entre pour les détacher délicatement.

TRAVAUX DE COUTURE • Le fil dentaire est fin, mais très solide ; il est parfait pour réparer des articles de plein air comme un parapluie, une tente ou un sac à dos décousus, troués ou tailladés…

FILM À BULLES D'AIR

PROTÉGER LES PLANTES EN TERRASSE • Juste avant les premiers frimas, enveloppez chaque pot de film à bulles d'air. Laissez-le dépasser de plusieurs centimètres en haut et fixez-le avec du ruban adhésif ou de la ficelle. Cette protection isolera du froid les plantes durant tout l'hiver.

PRÉVENIR LA CONDENSATION SUR LES W.-C. • Si le réservoir de vos toilettes condense par temps chaud et humide, coupez l'arrivée d'eau, tirez la chasse pour vider complètement le réservoir, essuyez la paroi intérieure et collez du film à bulles d'air sur les principales surfaces lisses avec du mastic silicone.

SERVIR DES BOISSONS FRAÎCHES • En été, au moment de les servir, habillez les canettes fraîches de soda, de bière, de jus de fruits ou d'eau minérale de film à bulles d'air. À défaut de glacière, juste avant de quitter la maison, faites de même pour garder au frais les ingrédients d'un pique-nique.

FILM À BULLES D'AIR suite →

film à bulles d'air film à bulles d'air film à bulles d'air
FILM À BULLES D'AIR
FILM À BULLES D'AIR

PROTÉGER LES ALIMENTS FRAGILES • Tapissez le bac à légumes de votre réfrigérateur de film à bulles d'air pour empêcher les fruits et les légumes de se taler. Cette astuce facilite également le nettoyage : il suffit de retirer le film sale et de le remplacer.

UNE ISOLATION DE FORTUNE • Par grand froid, pour réchauffer une pièce sans augmenter la facture de gaz, d'électricité ou de fioul, collez du film à bulles d'air sur la face interne des vitres avec du ruban adhésif. Pour le camoufler un peu, baissez les stores ou tirez les voilages.

UNE COUETTE INSOLITE • Pour dissuader l'air froid de se glisser dans votre lit les nuits d'hiver, étalez une grande feuille de film à bulles d'air entre le couvre-lit ou la couverture et le drap du dessus (ou au-dessus de la housse de couette).

MATELASSER UNE SURFACE DE TRAVAIL • Pour éviter la casse lorsque vous réparez un objet fragile en verre ou en porcelaine, recouvrez votre surface de travail de film à bulles d'air.

CAPITONNER UNE BOÎTE À OUTILS • Protéger vos outils de l'usure et des coups en tapissant votre boîte de film à bulles d'air. Fixez-le avec du ruban adhésif.

REMBOURRER SIÈGES ET BANCS • Pour rendre plus confortable votre place sur les gradins d'un stade, la chaise d'un gymnase ou le banc d'une table de pique-nique, tapissez-la d'un morceau film à bulles d'air que vous aurez glissé dans votre sac.

LE SAVIEZ-VOUS ?

Du film à bulles d'air en revêtement mural ? Eh bien oui, cela existe ! Les inventeurs, Alfred Fielding et Marc Chavannes, en ont eu l'idée vers la fin des années 1950, le jour où ils commencèrent à développer le produit à Saddle Brook, dans le New Jersey, aux États-Unis. Peut-être pensaient-ils alors au marché des cellules capitonnées. Quoi qu'il en soit, ils s'aperçurent vite que leur invention avait bien plus de potentiel qu'un simple matériau d'emballage. En 1960, ils réunirent 85 000 dollars et fondèrent la Sealed Air Corporation. Aujourd'hui, Sealed Air est une des premières entreprises américaines, avec 3,5 milliards de dollars de chiffre d'affaires annuel. Elle fabrique du film à bulles d'air d'une multitude de dimensions, de couleurs et de propriétés, ainsi que d'autres matériaux d'emballage protecteurs, comme les pochettes d'expédition matelassées.

DORMIR SUR UN COUSSIN D'AIR EN CAMPING

Pour passer une bonne nuit en camping, emportez un rouleau de film à bulles d'air de 2 mètres de large, et glissez ce matelas sous votre sac de couchage. Si vous n'avez pas de sac de couchage, pliez en deux une feuille de film à bulles de 4 mètres de long, côté bulles dessus, et scotchez les bords ensemble. Glissez-vous à l'intérieur de ce sac à sommeil de fortune.

FILM ALIMENTAIRE

BIEN CONSERVER LES GLACES • Pour éviter la formation de cristaux sur la crème glacée d'une boîte entamée, enveloppez étroitement le paquet de film alimentaire avant de le remettre au congélateur.

PROTÉGER LE RÉFRIGÉRATEUR • Pour ne plus avoir à nettoyer le dessus du réfrigérateur, dépoussiérez-le soigneusement puis recouvrez-le de quelques longueurs de film alimentaire. Il vous suffira de le jeter à la poubelle quand il sera sale, puis de le remplacer.

COUVRIR UN CLAVIER D'ORDINATEUR • Si votre ordinateur doit rester inutilisé pendant plusieurs semaines, couvrez le clavier de film alimentaire pour éviter que la poussière ne se dépose sur les touches et dans les interstices.

PREMIERS SOINS

SOIGNER LES ENVIES • Pour vous débarrasser de ces petites peaux douloureuses à la base des ongles, recouvrez-les de crème hydratante, enveloppez l'ongle dans du film alimentaire que vous fixerez à l'aide de ruban adhésif. En ramollissant les envies, la pellicule de plastique permet de les ôter sans douleur.

CALMER LE PSORIASIS • Voici une méthode recommandée par les dermatologues pour soigner les petites lésions dues au psoriasis. Après avoir appliqué une crème à base de stéroïdes, couvrez la zone avec du film alimentaire et fixez-le avec une bande adhésive. Le film plastique augmente l'effet des stéroïdes et empêche la prolifération des rougeurs.

OPTIMISER L'EFFET D'UNE POMMADE • En cas de douleur articulaire, passez de la pommade sur la zone sensible et enveloppez-la de film alimentaire pour augmenter l'effet de la pommade. Faites un test sur une petite zone cutanée pour vous assurer que la pommade ne vous irrite pas la peau.

LE SAVIEZ-VOUS ?

Le film alimentaire fut découvert accidentellement en 1933 par l'Américain Ralph Willey, travaillant au laboratoire de la société de produits chimiques Dow Chemical Company. Ralph s'aperçut un jour qu'une de ses fioles était bouchée par un film vert transparent et odorant impossible à enlever. Il appela cette substance *eonite* en hommage à un matériau indestructible de la bande dessinée américaine *Little Orphan Annie*. Après avoir analysé l'*eonite*, les chercheurs de son entreprise la rebaptisèrent *Saran*. L'Armée ne tarda pas à en recouvrir ses avions et l'industrie automobile à l'utiliser pour protéger les sièges des voitures. Puis Dow parvint à se débarrasser de la couleur verte et de l'odeur nauséabonde de cette substance, qu'il transforma en matériau solide. Et en 1956, le Saranwrap® (film plastique) fut déclaré adapté au contact alimentaire.

RÉPARER UN CERF-VOLANT • Pour réparer temporairement un cerf-volant, couvrez les déchirures de film alimentaire fixé à l'aide de ruban adhésif transparent.

FILM ALIMENTAIRE suite →

ATTENTION : lorsque vous réchauffez au four à micro-ondes des aliments couverts de film alimentaire, veillez à soulever un coin du plastique ou à y percer un trou pour laisser s'échapper la vapeur. Vous pouvez aussi vous procurer du film spécial micro-ondes, déjà percé de petits trous. N'utilisez jamais de film alimentaire pour réchauffer au four à micro-ondes des aliments très sucrés ; cela risquerait de faire fondre le plastique.

CONSERVER LA PEINTURE • Un pot de peinture entamé se conservera plus longtemps si vous couvrez de film alimentaire la surface de la peinture avant de refermer hermétiquement le couvercle.

FILTRE À CAFÉ EN PAPIER

COUVRIR LES ALIMENTS À RÉCHAUFFER • Pour éviter les éclaboussures dans votre four à micro-ondes, couvrez les plats que vous souhaitez réchauffer avec un filtre à café conique, qui résiste à la chaleur du four.

FILTRER DU VIN • Ne laissez pas quelques miettes de liège vous gâcher le plaisir de déguster un bon verre de vin. Si le bouchon s'est un peu délité au moment du débouchage, passez le vin à travers un filtre à café avant de le servir.

PURIFIER L'HUILE DE FRITURE • Pour prolonger la durée de vie de votre huile de friture, tapissez une passoire avec un filtre à café conique et versez-y l'huile pour la débarrasser de ses impuretés.

RÉCUPÉRER LES GOUTTES DE CRÈME GLACÉE • Servez un cornet de glace ou un esquimau à vos enfants dans un « attrape-gouttes » confectionné avec deux filtres à café coniques superposés. Placez le cornet ou l'esquimau au centre, et les gouttes tomberont dans le papier plutôt que sur les vêtements ou le tapis.

NETTOYER DES LUNETTES • Pour nettoyer vos lunettes, utilisez un filtre à café plutôt qu'un mouchoir en papier. Les filtres à café de bonne qualité sont faits avec du papier 100 % vierge, qui ne peluche pas. Ils sont aussi parfaits pour nettoyer les miroirs, les écrans de télévision et d'ordinateur.

UN CORNET IMPROVISÉ • Les filtres à café coniques sont parfaits pour servir hot dogs, tacos, pop-corn, marrons chauds, kebabs et frites. Comme ils absorbent le gras, ils évitent de se salir les mains.

LE SAVIEZ-VOUS ?

Le filtre à café fut inventé en 1908 par une ménagère allemande de Dresde, Melitta Bentz, qui cherchait un moyen de préparer un café exempt de l'amertume souvent due à une trop longue infusion. Elle décida de filtrer son café en versant de l'eau bouillante sur du café en poudre, puis en éliminant la mouture. Pour cela, Melitta expérimenta divers matériaux, avant de jeter son dévolu sur le papier buvard, qui lui paraissait le mieux adapté. Elle découpa un rond de papier buvard et le mit dans une tasse en métal : le premier filtre à café Melitta était né. Peu de temps après, Melitta fonda, avec son mari, Hugo, la société qui porte toujours son nom.

EMPÊCHER LA FONTE DE ROUILLER • Prolongez la vie de vos poêles et cocottes en fonte en couvrant le fond d'un filtre à café entre deux utilisations ; le filtre absorbera l'humidité et préviendra la rouille.

REMPOTER PROPREMENT • Pour rempotez une petite plante, placez le pot dans un filtre à café conique pour empêcher la terre de passer par le trou de drainage.

DÉSODORISER LA MAISON

Remplissez un filtre à café de bicarbonate de soude, fermez-le en torsadant l'extrémité. Placez le sachet dans l'armoire ou la pièce qui a pris de mauvaises odeurs.

FLOCONS D'AVOINE

PRÉPARER UN MASQUE FACIAL • Mélangez 15 cl d'eau chaude – mais pas bouillante – et 1 cuillerée à soupe de flocons d'avoine. Au bout de 2 ou 3 minutes, lorsque le mélange a bien gonflé, ajoutez 2 cuillerées à soupe de yaourt entier, 2 cuillerées à soupe de miel et 1 blanc d'œuf. Appliquez une fine couche de ce mélange sur votre visage et laissez-le agir de 10 à 15 minutes. Rincez à l'eau chaude (pensez à placer une passoire dans le lavabo afin de ne pas boucher la bonde).

AGRÉMENTER UN BAIN • Mixez 3 cuillerées à soupe de flocons d'avoine, versez-les dans un sachet en étamine, ajoutez quelques gouttes de votre huile parfumée préférée et suspendez le sachet sous le robinet au moment où vous faites couler votre bain. Votre peau sera douce et apaisée. Vous pouvez également utiliser le sachet d'avoine pour vous faire un gommage du visage.

FAIRE UN SHAMPOOING SEC • Mixez 3 cuillerées à soupe de flocons d'avoine en une fine poudre. Ajoutez 25 cl de bicarbonate de soude et mélangez bien. Massez-vous les cheveux avec un peu de ce mélange. Laissez poser 1 ou 2 minutes, puis brossez énergiquement (de préférence au-dessus d'une serviette ou d'un sac plastique pour éviter d'en mettre partout). Ce shampooing sec est en outre efficace pour neutraliser la désagréable odeur de « chien mouillé » de votre animal de compagnie.

LE SAVIEZ-VOUS ?

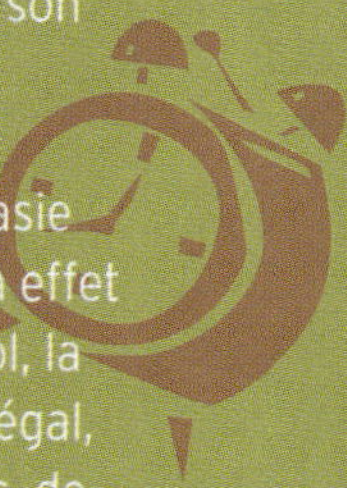

L'avoine sous toutes ses formes, y compris le son d'avoine, constitue une source économique, savoureuse et commode de nutriments et de phytocomposants. Non seulement l'avoine rassasie parce qu'elle est longue à digérer, mais elle a un effet bénéfique sur la tension artérielle, le cholestérol, la glycémie et le transit gastro-intestinal. À poids égal, elle renferme davantage de protéines, de lipides, de minéraux (calcium, fer, manganèse) et de vitamines (acide folique, thiamine, vitamine E) que toute autre céréale. Elle renferme aussi deux puissants antioxydants aux effets protecteurs.

CALMER DES DÉMANGEAISONS • En cas d'urticaire ou de varicelle, mixez en une fine poudre 3 cuillerées à soupe de flocons d'avoine, puis versez-les dans un morceau d'étamine, le pied d'une chaussette en Nylon ou la jambe d'un vieux collant. Nouez le haut du sachet et fixez-le sous le robinet de la baignoire. Remplissez la baignoire d'eau tiède et plongez-vous dans ce bain adoucissant et calmant environ 30 minutes. Vous pouvez aussi appliquer le sachet directement sur la zone atteinte d'urticaire.

FREEZER

RÉUSSIR LE MAÏS SOUFFLÉ • Il n'est jamais agréable de tomber sur des grains de maïs non soufflés quand on mange du pop-corn. Pour éviter cela, conservez votre réserve de grains de maïs au freezer.

NETTOYER SES BOUGEOIRS • Ravivez l'éclat de vos bougeoirs en argent massif en les plaçant dans le freezer afin de faire durcir les dépôts de cire pour les retirer facilement.
ATTENTION : ne procédez pas ainsi si les bougeoirs ne sont pas en argent massif. Comme chaque métal se dilate et se contracte de manière différente sous l'effet du froid, vous risquez d'abîmer les bougeoirs.

PROLONGER LA DURÉE DE VIE DES BOUGIES • Placez les bougies au freezer au moins 2 heures avant de les allumer ; elles se consumeront moins vite.

SÉPARER DEUX PHOTOS COLLÉES • Si vous essayez de séparer deux photos collées, vous risquez de les déchirer. Mettez-les au freezer pendant une vingtaine de minutes, puis séparez-les délicatement avec un couteau à bout rond ou du fil dentaire. Si vous échouez, remettez-les un moment au freezer. Cette astuce est également valable pour décoller les timbres des enveloppes.

ÉLIMINER LES MAUVAISES ODEURS • Un de vos livres sent le moisi, un de vos récipients en plastique a conservé une odeur de poisson ? Mettez-les au freezer toute la nuit ; au matin, ils ne sentiront plus rien. Cette méthode donne d'excellents résultats avec presque tous les petits articles qui ont pris une odeur désagréable.

NETTOYER UNE COCOTTE • Vous avez oublié votre cocotte sur le feu et vous devez maintenant venir à bout des résidus calcinés collés au fond ? Placez la cocotte au freezer pendant 2 heures environ. Une fois gelés, les dépôts seront beaucoup plus faciles à retirer.

À SAVOIR

Bien utiliser le freezer

Voilà quelques conseils pour tirer le meilleur parti du compartiment freezer de votre réfrigérateur ou de votre congélateur.

- Pour éviter le gaspillage, réglez la température de votre freezer sur – 18 °C, et vérifiez-la régulièrement en glissant un thermomètre de congélation entre deux plats congelés.

- Un freezer plein fait tourner le compresseur moins souvent et reste froid plus longtemps, un détail qui prend toute son importance en cas de panne d'électricité.

- Les étagères de la porte du freezer étant exposées à l'air extérieur quand le réfrigérateur est ouvert, elles sont un peu plus chaudes que l'intérieur du freezer, et donc idéales pour stocker des articles comme le café et le pain.

- Lorsque vous dégivrez votre freezer, mettez une serviette sur l'étagère inférieure pour récupérer l'eau qui goutte et faciliter le nettoyage.

- Après avoir dégivré votre freezer, appliquez une fine couche de vaseline sur les parois pour empêcher le givre d'y adhérer trop vite.

GANT

OUVRIR FACILEMENT LE COUVERCLE D'UN POT • Pour dévisser un couvercle qui vous résiste, enfilez un gant en caoutchouc : il donnera une meilleure prise.

RÉALISER UN BLOC RÉFRIGÉRANT • Si vous avez besoin rapidement d'une compresse de glace, remplissez de glaçons un gant de ménage en caoutchouc, fermez le poignet avec un élastique et appliquez-le à l'endroit douloureux. Retournez bien le gant après usage afin d'en faire sécher l'intérieur.

FEUILLETER FACILEMENT LIVRES ET MAGAZINES • Pour tourner les pages sans avoir à vous lécher le doigt, coupez l'index d'un vieux gant en caoutchouc et enfilez-le sur votre doigt.

FABRIQUER DE SOLIDES ÉLASTIQUES • Coupez des bandes horizontales dans les doigts d'un vieux gant en caoutchouc pour fabriquer de petits élastiques, et dans le corps pour obtenir des élastiques plus larges.

DÉPOUSSIÉRER UN LUSTRE EN CRISTAL • Faites tremper de vieux gants en tissu dans du produit pour les vitres, enfilez-les et nettoyez le lustre.

ENLEVER DES POILS DE CHAT SUR UN SIÈGE • Enfilez un gant en caoutchouc, humidifiez-le, puis frottez-le contre le tissu. Les poils de chat viendront se coller au gant.

NETTOYER DES BIBELOTS • Pour dépoussiérer soigneusement de petits bibelots, enfilez des gants en tissu, le plus doux possible, et essuyez les objets. Secouez-les régulièrement, comme un chiffon à poussière.

DES MAINS MIEUX PROTÉGÉES DU FROID • Par grand froid, enfilez des gants chirurgicaux en latex sous vos gants en laine. Le caoutchouc est un isolant fantastique, vos mains resteront bien au chaud et au sec.

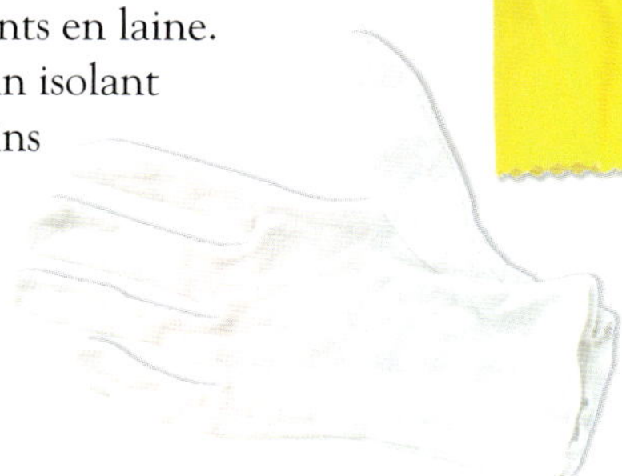

GANT ISOLANT

DES ŒUFS OU UNE BOISSON BIEN AU CHAUD • Un coup de fil au moment du café ? Placez un gant de cuisine sur votre tasse ; le café restera chaud jusqu'à votre retour. Procédez de la même façon avec des œufs ; le gant les empêchera de refroidir pendant 1/2 heure maximum. Inversement, utilisez un gant de cuisine pour garder une boisson fraîche plus longtemps.

GANT ISOLANT suite →

DÉPOUSSIÉRER ET CIRER LES MEUBLES • Les gants isolants ne sont pas utiles qu'à la cuisine. Enfilez-en un pour astiquer les meubles : une face du gant pour appliquer la cire et l'autre face pour les faire briller.

SE PROTÉGER LES MAINS AU JARDIN • Enfilez un gant de cuisine pour tailler vos arbres, haies et buissons épineux – comme le houx, les bougainvillées et les roses.

SE PROTÉGER LES MAINS SOUS LE CAPOT • Ayez toujours un gant isolant dans la boîte à gants. Il vous sera utile pour ouvrir le capot et manipuler le bouchon brûlant du radiateur, par exemple, en cas de panne sur la route.

CHANGER UNE AMPOULE ENCORE CHAUDE • Si vous ne pouvez pas attendre qu'une ampoule refroidisse pour la changer, enfilez un gant isolant pour la retirer de la douille.

GLAÇONS

LISSER LES JOINTS D'UN CARRELAGE • Passez simplement un glaçon le long des joints. Ils seront bien réguliers et la pâte, qui colle aux mains, ne collera pas au glaçon.

MASQUER LE GOÛT D'UN MÉDICAMENT • Si votre enfant trouve que le médicament qu'il doit avaler est infect, faites-lui sucer un glaçon juste avant. Ses papilles gustatives seront anesthésiées par le froid, et le médicament passera tout seul.

ÉLIMINER DES MARQUES DE MEUBLES SUR LES TAPIS

Quand vous changez des meubles de place, utilisez des glaçons pour faire disparaître les marques laissées sur le tapis ou la moquette. Laissez le glaçon fondre sur la trace, puis brossez.

ARROSER DES PLANTES SUSPENDUES • Pour arroser des plantes suspendues difficiles d'accès sans faire déborder l'eau, déposez juste quelques glaçons dans les pots. Arrosez de la même façon votre arbre de Noël, dont la base est parfois difficile à atteindre avec un arrosoir.

FAIRE DISPARAÎTRE DES PLIS

Pour obtenir un meilleur résultat sur un vêtement difficile à repasser, frottez les plis un à un avec un glaçon emballé dans un torchon fin ou un mouchoir juste avant de les repasser.

ÔTER UNE ÉCHARDE FACILEMENT • Passez un glaçon sur la zone concernée afin de l'anesthésier un peu et de retirer l'écharde plus rapidement et sans douleur.

ÉVITER QU'UNE BRÛLURE BOURSOUFLE • Pour limiter les boursouflures, appliquez un glaçon directement sur la brûlure.

DÉCOLLER UN CHEWING-GUM D'UN VÊTEMENT • Faites durcir le chewing-gum en le frottant avec un glaçon, puis enlevez-le, à l'aide d'une cuillère par exemple.

LE SAVIEZ-VOUS ?

- Pour fabriquer des glaçons transparents, utilisez de l'eau distillée bouillie, car c'est l'air contenu dans l'eau qui donne des glaçons troubles.
- Une société de Colombie-Britannique vend de faux glaçons qui rougeoient et clignotent dans les verres.
- Les glaçons qu'utilisent les photographes professionnels sont en plastique ou en verre ; car la chaleur que dégagent les éclairages des studios ferait fondre de vrais glaçons.

LE COIN CUISINE

POUR OBTENIR UNE VINAIGRETTE CRÉMEUSE • Versez tous les ingrédients de la vinaigrette dans un pot muni d'un couvercle, puis ajoutez un glaçon. Fermez le couvercle et remuez vigoureusement. Retirez le glaçon et servez.

SAUVER UNE SAUCE QUI A TOURNÉ • Pour « rattraper » une sauce au beurre qui a tourné (une hollandaise, par exemple), mettez un glaçon dans la casserole, puis mélangez ; la sauce devrait retrouver la bonne consistance.

DÉGRAISSER BOUILLONS ET RAGOÛTS • Remplissez une louche métallique de glaçons et effleurez la surface du bouillon ou du ragoût avec le fond de la louche : la graisse va se coller sur la louche.

RÉCHAUFFER DU RIZ • Posez un glaçon au-dessus du riz lorsque vous le réchauffez au four à micro-ondes. En fondant, le glaçon va apporter au riz l'humidité dont il a besoin pour que ses grains conservent tout leur moelleux.

DE L'EAU FRAÎCHE POUR LES ANIMAUX • Lorsqu'il fait très chaud, pensez à rafraîchir l'eau de vos animaux domestiques en y ajoutant 1 ou 2 glaçons.

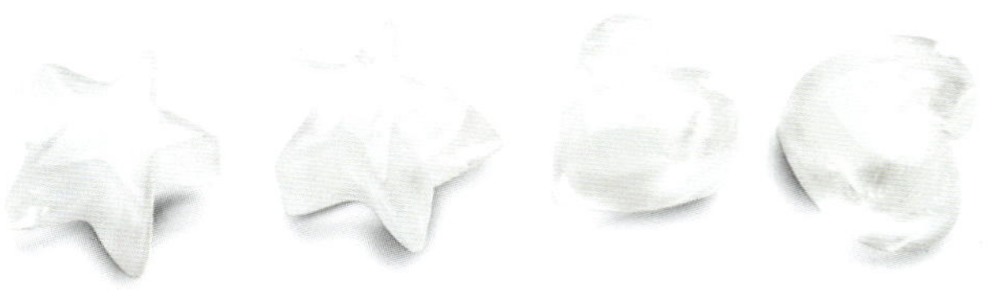

GLYCÉRINE

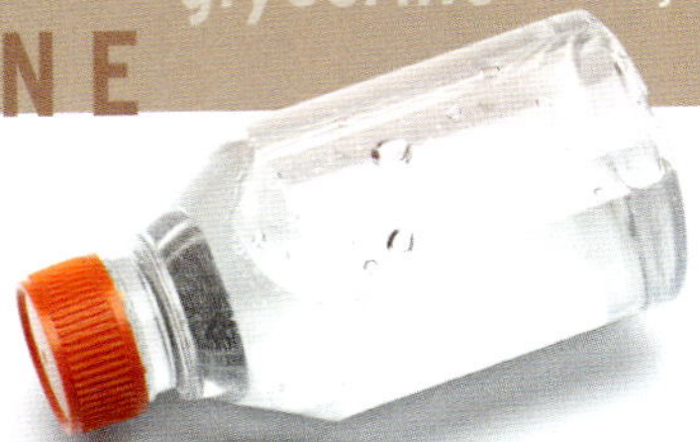

FABRIQUER SON SAVON • Achetez une base de savon à la glycérine (généralement vendue sous forme de bloc) et découpez-la en cubes de 5 cm de côté. Mettez plusieurs cubes dans un récipient en verre et faites-les fondre au micro-ondes à chaleur modérée environ 30 secondes, en surveillant et en remuant si nécessaire. Ajoutez quelques gouttes de colorant ou de parfum, puis versez la glycérine fondue dans des petits moules à savons ou alimentaires. Ou bien remplissez sur 2 cm de hauteur un petit récipient en polystyrène. Laissez durcir pendant 30 minutes.

NETTOYER UN CONGÉLATEUR • Pour retirer les coulures et résidus de nourriture collés dans le bas et sur les parois du congélateur, frottez-les avec un chiffon imbibé de glycérine.

ENLEVER UNE TACHE DE GOUDRON • Enduisez la tache de glycérine, frottez et laissez agir pendant 1 heure environ, puis enlevez doucement la glycérine à l'aide d'une serviette en papier, en exerçant un mouvement de va-et-vient. Recommencez si nécessaire. La glycérine est également efficace sur les taches de moutarde.

LE SAVIEZ-VOUS ?

La glycérine (ou glycérol), liquide épais, visqueux, incolore et transparent, est un sous-produit de la saponification, dont le but est de fabriquer du savon à partir de graisse animale ou végétale. Les fabricants de savon récupèrent la glycérine pour l'utiliser dans des lotions et crèmes plus lucratives. La glycérine est employée dans les lotions car elle est essentiellement un agent hydratant qui se dissout dans l'alcool ou dans l'eau. Non toxique, elle entre également dans la composition de certaines confiseries.
Vous pouvez acheter de la glycérine dans votre pharmacie ou au rayon produits de beauté de votre supermarché. Pour vous procurer une base de savon en glycérine solide, adressez-vous aux boutiques artisanales spécialisées dans les produits servant à la fabrication du savon.

PRÉPARER DU SAVON LIQUIDE • Ajoutez un peu de glycérine à vos restes de savon et faites-les fondre avec de l'eau chaude. Mélangez et versez dans un distributeur de savon liquide.

GOMME

FAIRE BRILLER DES PIÈCES DE COLLECTION • Pour redonner du brillant à vos pièces de collection, frottez-les doucement avec une gomme. Évitez toutefois de gommer des pièces rares, car vous risqueriez de leur faire perdre de la valeur.

RANGER DES ÉPINGLES • Pour aller plus vite quand vous utilisez des épingles et ne pas en faire tomber en piochant dans la boîte, piquez-en dans une gomme. Vous pouvez faire de même avec les petits forets de perceuse.

EFFACER DES TRACES DE CRAYON SUR UN MUR • Si votre bambin a gribouillé sur les murs de sa chambre, essayez de gommer les marques de crayon pour les faire disparaître, ou du moins les atténuer.

ÉLIMINER DES ÉRAFLURES SUR UN SOL EN PVC • Avec une gomme, vous pourrez éliminer en un rien de temps les marques laissées par des chaussures noires toutes neuves sur un revêtement vinylique.

NETTOYER LES TOUCHES DE PIANO • Pour enlever la poussière et les marques de doigts qui salissent les touches, munissez-vous d'une gomme assez mince pour passer entre les touches blanches et les touches noires. Cette astuce convient aussi bien pour les touches en ivoire que pour celles en plastique.

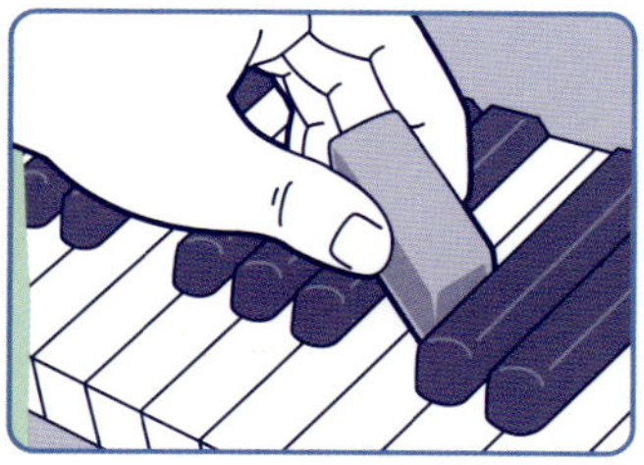

ENLEVER LES RÉSIDUS D'ADHÉSIF • Inutile de tenter de retirer les restes de colle d'une étiquette adhésive avec de l'eau et du savon. Essayez plutôt tout simplement de les frotter avec une gomme.

PRÉVENIR LES MARQUES DE CADRE

Pour éviter les marques et les éraflures que peuvent laisser les cadres et les miroirs sur les murs, collez des morceaux de gomme dans les angles inférieurs. Vos cadres resteront horizontaux et ne laisseront plus de marques.

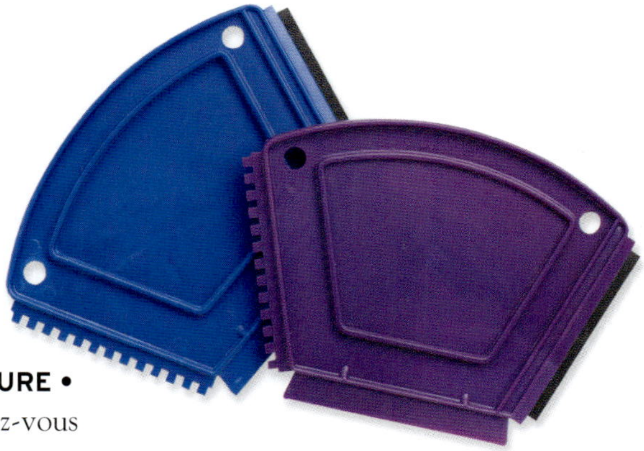

GRATTOIR

ENLEVER DES ÉCLABOUSSURES DE PEINTURE • Après avoir repeint votre salle de bains, servez-vous d'un grattoir pour enlever les éventuelles éclaboussures de peinture sans rayer les sanitaires. Vous pouvez utiliser cet ustensile sur tout autre matériau non métallique (verre, plastique, etc.).

LISSER DU MASTIC À BOIS • Lorsque vous utilisez du mastic à bois pour boucher un trou dans le parquet, munissez-vous d'un grattoir pour le lisser et l'aplanir.

ÔTEZ LE FART DES SKIS • Un grattoir est très pratique pour enlever rapidement et proprement le vieux fart qui colle aux skis.

GRATTER UN CONGÉLATEUR • En attendant de faire dégivrer complètement votre congélateur, servez-vous d'un grattoir pour enlever un peu de givre.

ÉLIMINER DES RÉSIDUS DE PÂTE • Un grattoir bien propre est l'outil idéal pour éliminer les petits morceaux de pâte à pain restés collés sur un plan de travail.

GRILLAGE À POULES

ÉLOIGNER LES CHEVREUILS • Fermer votre jardin en faisant une clôture avec du grillage à poules ou posez simplement le grillage à plat tout autour : en général, ces animaux rechignent à le piétiner.

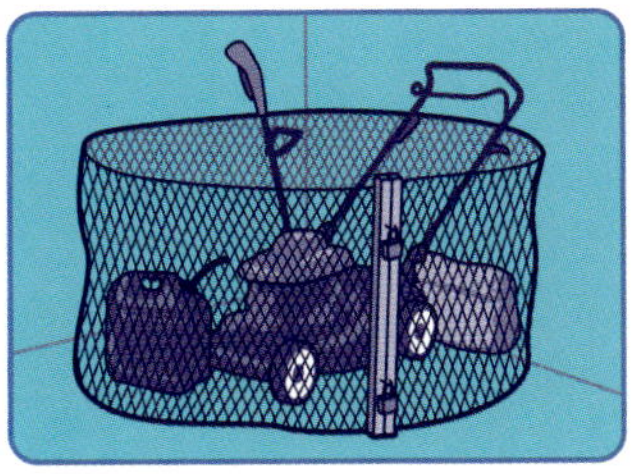

UN ENCLOS INACCESSIBLE AUX ENFANTS

Pour mettre outils de jardin et produits dangereux hors de portée des enfants, fixez un morceau de grillage de largeur standard en deux points sur des murs formant un angle. Agrafez deux tasseaux aux extrémités du grillage et vissez deux vis à œilleton dans le bois des tasseaux pour pouvoir mettre des cadenas.

CONSOLIDER L'ANCRAGE DES POTEAUX DE CLÔTURE • Avant de planter un poteau dans du béton, entourez sa base de grillage à poules.

STABILISER UN ISOLANT • Après avoir installé de la laine de verre entre les chevrons d'un toit ou les poutrelles d'un sol, agrafez du grillage à poules en travers des poutrelles pour maintenir l'isolant en place et, dans le cas de chevrons, pour éviter qu'il ne s'affaisse.

LA MAIN VERTE

PROTÉGER LES BULBES DES RONGEURS • Pour éviter que les rongeurs creusent leur terrier dans votre massif, tapissez le fond du massif de grillage à poules, plantez les bulbes et recouvrez-les de terre.

CONFECTIONNER UN PIQUE-FLEURS • « Froissez » un morceau de grillage à poules, placez-le au fond du vase et insérez les fleurs dans les trous pour composer votre bouquet. Elles se maintiendront dans la disposition que vous leur aurez donnée.

FAIRE POUSSER DE L'HERBE-À-CHAT • Quand vous faites pousser de la cataire (ou herbe-à-chat), protégez-la avec du grillage à poules : la cataire poussera à travers les trous du grillage, les chats pourront en manger mais les racines resteront intactes et la plante continuera de prospérer. Assurez-vous que les bords du grillage sont bien repliés vers l'intérieur. La cataire est une plante rustique, qui résiste même aux très basses températures et repoussera à chaque printemps.

GUIMAUVE

EMPÊCHER LE SUCRE BRUN DE DURCIR • Glissez quelques guimauves dans votre paquet de sucre brun. Il gardera sa consistance poudreuse pendant plusieurs semaines.

SE VERNIR LES ONGLES DES PIEDS

Placez des guimauves entre vos orteils pour les maintenir écartés pendant la pose du vernis.

ÉVITER QU'UN CORNET DE GLACE FUIE • Placez une guimauve au fond du cornet avant d'y déposer la glace.

ARRÊTER LES COULURES DE BOUGIE • Pour éviter que des coulures de bougie se répandent sur un gâteau d'anniversaire, enfoncez les petites bougies dans une guimauve avant de les poser sur le gâteau. La cire fondra sur les guimauves.

NAPPER DES PETITS GÂTEAUX • Placez une guimauve sur chacun de vos petits gâteaux environ 1 minute avant la fin de la cuisson au four. Vous obtiendrez un délicieux nappage.

LE SAVIEZ-VOUS ?

La première guimauve sucrée connue a été fabriquée dans l'Antiquité, par les Égyptiens. Il s'agissait d'une préparation à base de miel, parfumée et épaissie avec de la sève de racine de guimauve officinale (*Althaea officinalis*). Cette plante herbacée pousse principalement dans les zones côtières, au bord des cours d'eau, sur les terrains frais et humides. Sa sève fut utilisée pour fabriquer de la guimauve et des médicaments jusqu'au milieu des années 1800. Les guimauves que l'on trouve aujourd'hui dans le commerce sont un mélange de sirop de maïs ou de sucre, de gélatine, de gomme arabique et d'arômes.

HARICOTS SECS

REMPLACER DES PIÈCES DE JEU MANQUANTES

Aux petits chevaux comme au Monopoly, les haricots secs font d'excellentes pièces de remplacement.

SOULAGER DES COURBATURES • Mettez des haricots secs dans un sac à chaussures en tissu, une chaussette ou un filtre à thé hermétiquement fermé. Réchauffez-les au four à micro-ondes de 30 à 60 secondes, à puissance maximale. Laissez refroidir 1 ou 2 minutes, et appliquez cette compresse à l'endroit douloureux.

S'ENTRAÎNER AUX PERCUSSIONS • Placez une poignée de haricots secs dans un petit pot en plastique, une brique de jus de fruits ou même une noix de coco vide. Fermez l'ouverture à l'aide de ruban adhésif d'électricien. Cette maraca maison peut également servir au dressage de votre chiot : secouez-le systématiquement lorsqu'il se conduit mal.

FABRIQUER UNE PETITE BALLE • Versez 2 poignées de haricots secs dans une chaussette. Faites un nœud au plus près des haricots. Coupez ce qui dépasse à environ 2,5 cm du nœud. Votre balle de jonglage est prête : testez votre adresse, malaxez-la pour vous déstresser ou faites travailler les muscles de vos mains.

DÉCORER UNE CITROUILLE DE HALLOWEEN

Votre lampion fera encore plus peur si vous collez des haricots secs à la place des yeux et des dents.

RESTAURER UNE PELUCHE • Retirez le rembourrage de la peluche usé et remplacez-le par des haricots secs. Cela devrait réveiller l'intérêt de votre enfant pour son vieux compagnon.

CUIRE UNE PÂTE À BLANC • Lorsque la garniture d'une tarte n'a besoin que d'un temps de cuisson très court ou qu'elle ne doit pas être cuite, il faut faire précuire la pâte. Si vous n'avez pas de petites billes de céramique, utilisez des haricots secs (ou des lentilles) pour garnir le fond de pâte pendant la durée de cette cuisson à blanc.

HUILE DE RICIN

GRAISSER DES CISEAUX DE CUISINE • Contrairement à d'autres produits lubrifiants, l'huile de ricin peut entrer en contact avec les aliments. Utilisez-la pour graisser vos ciseaux de cuisine ou tout autre ustensile.

APAISER DES YEUX FATIGUÉS

Avant de vous coucher, appliquez de l'huile de ricin sur le contour de vos yeux, ainsi que sur vos cils, pour les rendre plus brillants. Attention à ne pas vous en mettre dans les yeux.

UN SOIN APRÈS-SHAMPOOING • Pour avoir les cheveux brillants, mélangez 2 cuillerées à soupe d'huile de ricin avec 1 cuillerée à café de glycérine et 1 blanc d'œuf. Appliquez ce soin sur cheveux mouillés et massez pour faire pénétrer. Laissez poser quelques minutes, puis rincez abondamment.

REPOUSSER LES TAUPES • Pour éloigner de votre jardin les taupes et autres animaux indésirables, répandez sur le sol un mélange composé de 15 cl d'huile de ricin pour 8 litres d'eau. Les animaux ne mourront pas, mais ils iront certainement creuser ailleurs.

UN SOIN POUR LES ONGLES • Si vous êtes de ceux qui, enfants, ont dû ingurgiter de l'huile de ricin, cette huile épaisse au goût si désagréable, mais très riche en vitamine E, sachez qu'il n'est pas utile de l'avaler pour en ressentir les bienfaits : elle fait merveille sur les ongles cassés et les cuticules abîmées. Chaque jour, massez ongles et cuticules avec une petite quantité d'huile ; en l'espace de 3 mois, vos mains seront transformées.

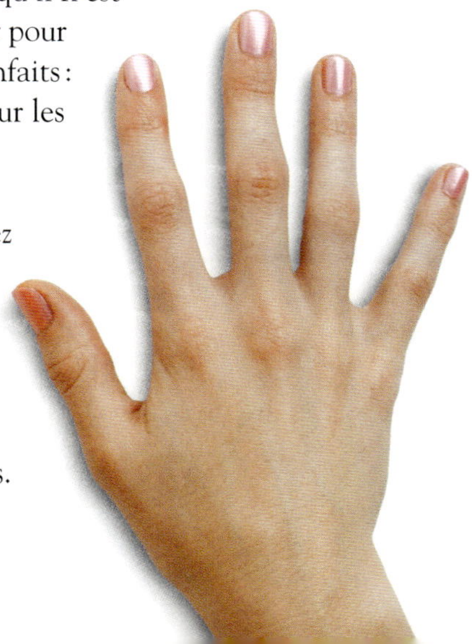

LE SAVIEZ-VOUS ?

Originaire d'Inde, l'huile de ricin est extraite des graines de la plante du même nom (*ricinus*). Considérée comme un remède de bonne femme, cette huile a néanmoins des centaines d'usages industriels. Elle entre en effet dans la composition de peintures, de vernis, de rouges à lèvres, de toniques capillaires et de shampooings. Mais également dans la fabrication de plastiques, savons, cires, fluides hydrauliques et encres, sans oublier les lubrifiants pour les moteurs d'avions et de voitures de course, car elle présente l'avantage de ne pas figer au contact du froid et de ne pas trop se fluidifier au contact de la chaleur.

UN MASSAGE RELAXANT • L'huile de ricin a la consistance idéale pour des massages relaxants. Chauffez-la légèrement avant usage.

FORTIFIER LES FOUGÈRES • Versez 1 cuillerée à soupe d'huile de ricin et 1 cuillerée à soupe de shampooing pour bébé dans 1 litre d'eau tiède et mélangez. Traitez chaque fougère avec 3 cuillerées à soupe de ce tonique, puis arrosez-les. Vos plantes auront retrouvé leur vitalité avant que votre provision de tonique ne soit épuisée.

HUILE ESSENTIELLE D'EUCALYPTUS

ÉLIMINER DES RÉSIDUS COLLANTS

Pour retirer colle, goudron, résine d'arbre, chewing-gum et étiquettes récalcitrantes d'un tissu ou d'une surface dure, versez quelques gouttes d'huile essentielle d'eucalyptus et tamponnez avec un chiffon. Vous pouvez aussi utiliser l'huile essentielle d'eucalyptus pour enlever du chewing-gum collé dans les cheveux, sauf si vous avez une peau très sensible.

DÉTACHER UN VÊTEMENT AVANT LAVAGE • L'huile essentielle d'eucalyptus est efficace pour éliminer les taches de gras, de transpiration, de saleté sur les cols, de rouge à lèvres, mais aussi d'huile de cuisine. Placez un tissu absorbant sous la zone à détacher, frottez avec un peu d'huile, en travaillant des bords vers l'intérieur de la tache, puis lavez le vêtement.

ÉLOIGNER MOUCHES ET MOUSTIQUES • Déposez un peu d'huile essentielle d'eucalyptus sur vos poignets et vos chevilles pour éloigner les insectes.

UN RÉPULSIF POUR LES BLATTES • Ces insectes répugnants détestent l'odeur de l'eucalyptus. Pour les bannir de votre cuisine, versez un peu d'huile essentielle d'eucalyptus sur un chiffon humide et essuyez l'intérieur des placards, le dessous des sièges et le pourtour de la poubelle.

PARFUMER LA MAISON EN PASSANT L'ASPIRATEUR • Versez quelques gouttes d'huile essentielle d'eucalyptus sur le filtre jetable de votre aspirateur ou sur un mouchoir en papier que vous glisserez dans le sac. Quand vous passerez l'aspirateur, il laissera une senteur très agréable dans la pièce.

DÉSODORISER LA CUISINE ET LA SALLE DE BAINS • Pour éliminer les bactéries et agrémenter l'air ambiant d'une senteur fraîche, ajoutez quelques gouttes d'huile essentielle d'eucalyptus à l'eau de lavage des sols de la cuisine et de la salle de bains.

UN DÉTERGENT DOUX POUR LES LAINAGES • Mélangez 220 g de savon en copeaux, 12 cl d'alcool à brûler et 25 ml d'huile essentielle d'eucalyptus dans un bocal à grande ouverture. Lavez vos lainages dans une bassine d'eau chaude additionnée de 2 cuillerées à soupe de ce mélange ; inutile de rincer abondamment.

ÉLOIGNER LES MOUCHES DE SON CHIEN

Pour que les mouches cessent d'importuner votre chien, remplissez un vaporisateur d'eau additionnée d'huile essentielle d'eucalyptus et pulvérisez ce mélange odorant sur son panier ou sur sa niche, puis laissez-les sécher au soleil. Lavez régulièrement sa couverture ou son coussin, et ajoutez 1 cuillerée à soupe d'huile essentielle d'eucalyptus à la dernière eau de rinçage.

HUILE POUR BÉBÉ

RETIRER UN PANSEMENT • Pour éviter les larmes, imprégnez d'huile pour bébé les parties adhésives du pansement. Lorsque le pansement commence à se détacher tout seul, laissez votre enfant le retirer lui-même pour l'aider à surmonter son appréhension. La recette est également valable pour les adultes à la peau sensible.

RETIRER UNE BAGUE COINCÉE • Enduisez la zone autour de la bague d'huile pour bébé, puis faites tourner le bijou pour bien répartir l'huile. Elle devrait glisser sans problème.

FAIRE BRILLER DES CLUBS DE GOLF • Gardez toujours une petite bouteille d'huile pour bébé avec une peau de chamois ou un chiffon doux au fond de votre sac de golf. Quelques gouttes d'huile suffiront à faire briller les têtes de vos clubs après chaque partie.

HUILE POUR BÉBÉ suite →

CIRER SACS ET CHAUSSURES EN CUIR • Quelques gouttes d'huile pour bébé appliquées à l'aide d'un chiffon doux redonneront un air de jeunesse à un vieux sac ou des chaussures en cuir usagées. N'oubliez pas d'essuyer l'excédent d'huile avec un chiffon sec lorsque vous aurez terminé.

RÉNOVER UN TABLEAU DE BORD

Vous parviendrez à atténuer les rayures qui endommagent un tableau de bord en plastique en le frottant avec un chiffon doux imbibé d'huile pour bébé.

SOIGNER LES CROÛTES DE LAIT • Pour combattre les croûtes de lait, fréquentes chez les tout-petits, frottez-les doucement avec quelques gouttes d'huile pour bébé. Ne laissez pas agir plus de 24 heures. Lavez ensuite soigneusement le cuir chevelu de bébé pour éliminer tout résidu. Répétez l'opération si nécessaire. Si les croûtes sont jaunes et très nombreuses, ou si elles atteignent l'arrière des oreilles et le cou, consultez un généraliste ou un pédiatre sans attendre.

DANS LA SALLE DE BAINS

FABRIQUER DE L'HUILE POUR LE BAIN • Mettez quelques gouttes de votre parfum (ou de votre eau de toilette) préféré et 4 à 5 cuillerées à soupe d'huile pour bébé dans une petite bouteille en plastique. Secouez vigoureusement et ajoutez ce mélange à l'eau de votre bain.

NETTOYER BAIGNOIRE ET BAC À DOUCHE • Vous enlèverez facilement les traces de saleté et les résidus de savon sur le pourtour de la baignoire ou du bac à douche à l'aide d'un chiffon humide imbibé de quelques gouttes d'huile pour bébé. Utilisez un chiffon sec pour éliminer l'excédent d'huile et faire briller.

FAIRE BRILLER L'INOX • Pour redonner l'éclat du neuf à votre évier en Inox, frottez-le avec un chiffon doux imprégné de quelques gouttes d'huile pour bébé. Essuyez avec un chiffon sec et répétez l'opération si nécessaire. Cette méthode permet également de faire disparaître les traces sur les éléments chromés de la cuisine et de la salle de bains.

RETIRER DES TACHES DE PEINTURE ACRYLIQUE • Quand on manie le pinceau, il arrive souvent que l'on se retrouve avec de la peinture sur les avant-bras et le visage. Frottez avec un peu d'huile pour bébé, puis lavez-vous au savon et à l'eau chaude.

HUILE POUR LA CUISINE

Dans la maison

NOURRIR LE CUIR DES GANTS • Si vos gants sont abîmés et desséchés, appliquez un peu d'huile d'olive sur le cuir avec un chiffon doux. Laissez agir 30 minutes et frottez avec un chiffon sec pour retirer l'excédent d'huile et faire briller. Vous pouvez obtenir le même résultat avec de l'huile pour le bain (voir p. 194).

DONNER DU BRILLANT AU CORAIL • Portez vos bijoux en corail le plus souvent possible pour qu'ils conservent leur éclat. S'ils sont un peu ternes, faites-leur prendre un petit bain d'eau tiède additionnée 1 cuillerée à soupe de bicarbonate de soude. Rincez, séchez et terminez par un lustrage au chiffon enduit d'huile d'olive additionnée de 2 ou 3 gouttes de térébenthine.

ÔTER UNE TACHE DE SAUCE TOMATE SUR LE PLASTIQUE • Pas facile. Essayez en frottant avec un tampon imbibé d'huile végétale.

NETTOYER LES BOUTONS EN BOIS • Pour leur redonner l'aspect du neuf, frottez les boutons en bois avec un mélange de 1/2 cuillerée à café d'huile d'olive pour 6 cl de vinaigre blanc ou de jus de citron. Essuyez l'excédent avec un chiffon sec.

DÉCOLLER ÉTIQUETTES ET AUTOCOLLANTS • Il n'est pas toujours aisé de retirer les étiquettes collées sur les bocaux et les bouteilles en verre que l'on souhaite recycler. Pour que la tâche soit plus aisée, tamponnez d'huile végétale l'étiquette ou les résidus de colle ; ils devraient s'éliminer facilement.

UNE CIRE MAISON POUR LE BOIS

Mélangez 2 volumes d'huile d'olive et 1 volume de jus de citron ou de vinaigre d'alcool dans un vaporisateur. Pulvérisez vos meubles en bois. Laissez agir pendant 1 ou 2 minutes, puis frottez à l'aide d'un chiffon sec ou d'une feuille d'essuie-tout. Si vous êtes pressé, appliquez de l'huile d'olive directement sur une feuille d'essuie-tout, frottez et ôtez le surplus avec une autre feuille ou un chiffon absorbant.

À SAVOIR

Choisir son huile d'olive

*** *Les mentions « huile d'olive vierge » et « huile d'olive vierge extra » ne sont pas un critère suffisant de qualité car elles peuvent s'appliquer à des assemblages médiocres.***

Pour choisir une très bonne huile d'olive, il est important de vérifier que l'emballage porte une indication de provenance (pays, voire région dans le cas d'une appellation d'origine contrôlée).

Dans la cuisine

TRAITER LES CASSEROLES EN FONTE • Entre deux utilisations, enduisez vos casseroles, poêles et woks en fonte d'huile végétale avec de l'essuie-tout, afin de les protéger de la rouille.

DES POMMES CUITES SANS RIDES • À l'aide d'un pinceau, badigeonnez d'huile pommes en l'air et pommes de terre avant de les faire cuire dans leur peau au four ou en papillote. Leur peau restera lisse et sans rides, pour une plus jolie présentation.

DÉBOÎTER DES VERRES EMPILÉS • Pour séparer des verres empilés sans risquer de les casser, versez quelques gouttes d'huile sur le bord. Laissez couler l'huile le long des verres, ils se sépareront tout seuls !

À SAVOIR — Huiler les ustensiles de cuisine

Pour rénover et entretenir vos ustensiles de cuisine en bois (planche à découper, pilon, saladier, cuillères, etc.), enduisez-les d'huile minérale (vaseline ou paraffine liquide) : elle ne rancit pas et peut donc rester en contact avec les aliments. N'utilisez pas d'huile de cuisine : celle-ci pénètre dans le bois et lui donne un bel aspect, mais elle ne sèche pas vraiment et risque de rancir.

ÉVITER L'ÉCUME EN COURS DE CUISSON • Pour éviter qu'une vive écume se forme pendant la cuisson du riz, des pâtes, des haricots verts ou des légumes secs et fasse déborder le liquide, ajoutez 1 cuillerée à soupe d'huile à l'eau de cuisson.

Santé et beauté

SOIGNER DE L'ACNÉ • Préparez une pâte en mélangeant 4 cuillerées à soupe de sel avec 3 cuillerées à soupe d'huile d'olive et appliquez-la sur votre visage. Laissez poser ce masque 1 ou 2 minutes, puis rincez à l'eau chaude savonneuse. Répétez l'opération tous les jours pendant 1 semaine, puis 2 ou 3 fois par semaine. Le sel nettoie les pores par exfoliation, tandis que l'huile d'olive rétablit l'hydratation naturelle de la peau. Vous devriez constater une nette amélioration.

SE DÉGRAISSER LES MAINS • Versez 1 cuillerée à café d'huile d'olive et 1 cuillerée de sel ou de sucre au creux de votre paume. Frottez-vous vigoureusement les mains l'une contre l'autre pendant plusieurs minutes, puis rincez à l'eau et au savon. Vos mains seront aussi propres que douces !

SE DÉMAQUILLER LES YEUX • Utilisez un coton imbibé d'huile d'olive pour enlever votre mascara, en veillant toutefois à bien vous essuyer les yeux avec un mouchoir en papier après ce démaquillage.

UN SOIN POUR CHEVEUX SECS • Faites chauffer légèrement 10 à 15 cl d'huile d'olive, puis appliquez-la généreusement sur vos cheveux. Couvrez-vous la tête d'un sac plastique, puis enveloppez-la dans une serviette. Laissez agir environ 45 minutes, puis faites un shampooing et rincez soigneusement.

UNE CRÈME À RASER HYDRATANTE • Si vous n'avez plus de crème à raser, n'utilisez pas de savon. Préférez l'huile d'olive, qui permettra à la lame de glisser plus facilement sur votre visage (sur vos aisselles ou sur vos jambes) tout en vous hydratant la peau.

HUILE POUR LA CUISINE

ADOUCIR LES LÈVRES GERCÉES • L'air sec, le froid, les coups de soleil, la fièvre, les réactions allergiques sont autant de facteurs provoquant l'apparition de gerçures sur les lèvres. Pour les réhydrater, enduisez-les d'huile d'olive plusieurs fois par jour.

DÉBUSQUER LES POUX • Si vous voulez éviter les produits chimiques, essayez l'huile d'olive : appliquez-en sur le cuir chevelu de votre enfant, couvrez-lui la tête d'un bonnet de douche et laisser agir toute une nuit. Rincez les cheveux au vinaigre et à l'eau (à parts égales) pour dissoudre les traces d'huile et éliminer une partie des œufs. Démêlez les cheveux, puis passez-les au peigne à poux avant de faire un shampooing. Répétez l'opération si nécessaire. En cas d'échec, demandez conseil à votre pharmacien.

UNE HUILE PARFUMÉE POUR NOURRIR LA PEAU • Certaines huiles de cuisine, comme l'huile d'olive, de germe de blé, de sésame, de pépins de raisin, sont parfaites pour nourrir et adoucir la peau. Pour masquer leur odeur parfois un peu forte, n'hésitez pas à ajouter quelques gouttes d'huile essentielles d'orange, de citron, d'oranger ou de romarin. Comptez 3 gouttes pour 2,5 cl d'huile.

SOULAGER LES MAMELONS DOULOUREUX • Au cours de l'allaitement, les mamelons deviennent souvent sensibles ou gercés. Laissez-les sécher à l'air libre après avoir donné le sein puis enduisez-les d'huile d'olive. Juste avant la tétée suivante, nettoyez-les soigneusement pour éliminer toute trace d'huile.

ADOUCIR LA PLANTE DES PIEDS • De temps en temps, massez-vous les pieds avec quelques gouttes d'huile végétale le soir avant de vous coucher ; enfilez des chaussettes pour que l'huile pénètre bien dans la nuit (et pour éviter de salir les draps !).

ADOUCIR LES GENOUX RUGUEUX • Si vous trouvez que vos jambes, vos coudes, vos genoux sont un peu rugueux, frottez-les avec un mélange à parts égales de sel fin et d'huile d'olive ou d'amande douce. Massez doucement, afin de ne pas provoquer d'irritations (surtout sur les jambes), et rincez à l'eau fraîche.

SOULAGER LES JAMBES FATIGUÉES • Vous avez piétiné ou êtes resté trop longtemps debout, et vos jambes n'en peuvent plus ? Effectuez un massage relaxant de la pointe des pieds en remontant vers les genoux. Si vous employez une huile d'olive ou d'amande douce additionnée de quelques gouttes d'essence de romarin, de lavande, de thuya ou de cyprès, ce massage n'en sera que plus bénéfique. Terminez par une petite douche froide sur les jambes, toujours des pieds vers les genoux, puis allongez-vous, les pieds surélevés, pendant quelques minutes.

ENLEVER DE LA PEINTURE DANS LES CHEVEUX • Imprégnez un bout de coton d'huile d'olive et frottez-en doucement vos cheveux. Faites un shampooing et rincez soigneusement.

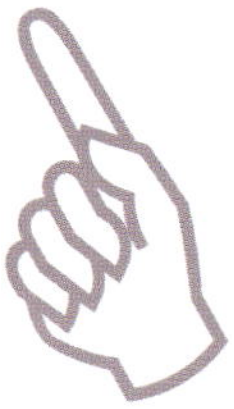

RETIRER UNE ÉCHARDE

Si vous n'arrivez pas à retirer une écharde, faites tremper votre doigt pendant quelques minutes dans un peu d'huile végétale pour attendrir la peau, puis retirez l'écharde avec une pince à épiler.

HUILE POUR LA CUISINE suite →

Autour de la maison

MÉNAGER SA TONDEUSE

Avant de vous servir de votre tondeuse, enduisez la lame et le dessous du capot d'huile végétale ; cela retardera sensiblement l'accumulation des déchets végétaux.

ÔTER DES TACHES DE RÉSINE DE PIN • Votre voiture était bien à l'ombre sous les pins… Oui mais voilà, la carrosserie est maintenant pleine de taches de résine durcie. Pour les faire disparaître, versez dessus de l'eau très chaude et frottez avec un ligne imbibé d'huile végétale (ou de polish). Recommencez l'opération si nécessaire.

LIMITER LA PROLIFÉRATION DES MOUSTIQUES • Les moustiques adorent l'eau stagnante. Au jardin, versez quelques gouttes d'huile végétale dans l'eau de vos vasques : cela éloignera les moustiques sans gêner les oiseaux. Pensez à changer l'eau deux fois par semaine, afin que les larves de moustique n'aient pas le temps d'éclore.

HUILE POUR LE BAIN

RETIRER DES RÉSIDUS DE COLLE

Pour éliminer les traces de colle laissées par un pansement ou une étiquette, versez un peu d'huile pour le bain sur un coton et frottez jusqu'à disparition des traces. Cela fonctionne aussi bien sur la peau que sur le verre, le métal et la plupart des plastiques.

ASSEMBLER DES TUYAUX • Si vous n'avez rien d'autre sous la main, quelques gouttes d'huile pour le bain suffisent à faciliter l'emboîtement de deux tuyaux récalcitrants.

FAIRE DISPARAÎTRE DES ÉRAFLURES • Pour éliminer ou atténuer des éraflures sur des chaussures ou sur un sac en cuir, frottez-les doucement avec de l'huile pour le bain, puis essuyez avec un chiffon doux.

ASSOUPLIR DES CHAUSSURES TROP RAIDES • Appliquez plusieurs gouttes d'huile pour le bain sur le cou-de-pied de chaussures en cuir trop raides et étalez-la à l'aide d'un chiffon doux. Froissez du papier journal et bourrez-en les chaussures. Laissez agir plusieurs jours, puis essuyez l'excédent d'huile avec un chiffon. Le cuir devrait être beaucoup plus souple.

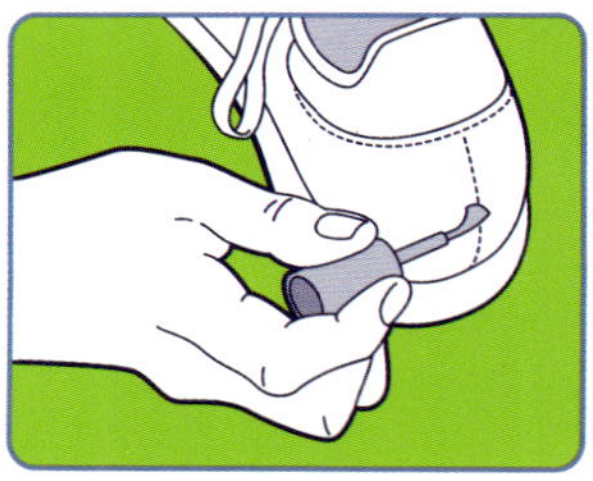

LE SAVIEZ-VOUS ?

Les huiles corporelles datent du néolithique (de 7000 à 4000 av. J.-C.), quand les peuples de l'âge de pierre commencèrent à ajouter des plantes odoriférantes aux huiles d'olive et de sésame. Dans l'Antiquité, les Égyptiens utilisaient des huiles parfumées au cours de leurs rituels religieux. L'usage d'huile essentielle de myrrhe ou d'encens, à des fins religieuses ou profanes, est également attesté dans la Bible. Les huiles parfumées ont fait partie de la plupart des cultures, y compris chez les Indiens d'Amérique et de nombreux peuples d'Asie.

DÉCOLLER DU CHEWING-GUM • Si votre enfant est rentré avec du chewing-gum collé dans les cheveux, inutile de les lui couper ; versez une bonne quantité d'huile pour le bain sur le chewing-gum et frottez. Il devrait se détacher suffisamment pour vous permettre de l'éliminer complètement au peigne. Pour décoller du chewing-gum d'une moquette, faites un test sur un endroit invisible (sous un meuble par exemple) avant d'appliquer l'huile.

RÉNOVER L'INTÉRIEUR D'UNE VOITURE • L'huile pour le bain peut être appliquée sur toutes les surfaces en plastique (tableau de bord, sièges, accoudoirs, pare-soleil, etc.). Versez-en une petite quantité sur un chiffon doux et frottez les endroits encrassés. Essuyez l'excédent éventuel avec un chiffon sec. Utilisez une huile parfumée pour embaumer du même coup l'habitacle de la voiture.

ENLEVER DES TACHES DE GRAISSE SUR LES MAINS • Après avoir réparé le moteur de votre voiture, de votre moto ou de votre tondeuse à gazon, frottez-vous les mains avec une bonne quantité d'huile pour le bain, puis lavez-les à l'eau chaude savonneuse. Le résultat sera aussi impeccable qu'avec un produit nettoyant chimique, et vous aurez les mains plus douces.

UN SOIN À L'HUILE CHAUDE • Mélangez 15 cl d'huile pour le bain et 15 cl d'eau, et faites chauffer au four à micro-ondes à pleine puissance pendant 30 secondes. Versez la solution dans un bol et trempez-y les mains ou les doigts de pied pendant 10 à 15 minutes pour ramollir cuticules et durillons. Séchez, puis frottez les durillons avec une pierre ponce et repoussez doucement les cuticules à l'aide d'un bâtonnet à ongles. Terminez par une application de crème nourrissante pour les pieds ou les mains.

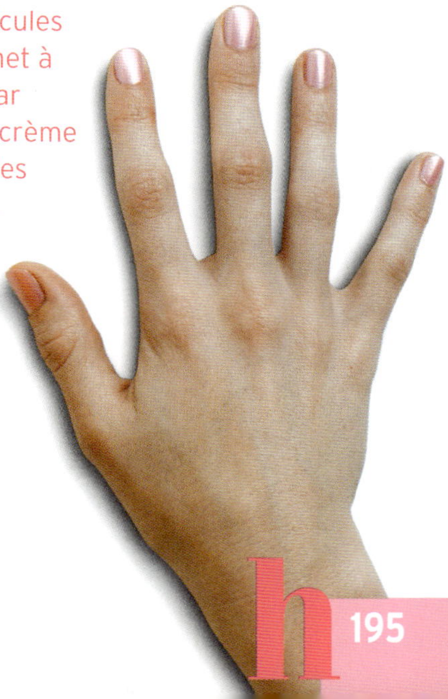

JOURNAL

DÉSODORISER LES BAGAGES • Si une valise, une malle, un coffre ou encore un caisson en bois a pris une mauvaise odeur, placez-y quelques feuilles de papier journal froissées. L'odeur devrait disparaître en 3 ou 4 jours.

PROTÉGER LA VAISSELLE

Vous allez déménager ou vous voulez remiser de la vaisselle pendant un certain temps ? Enveloppez assiettes, plats, bols, verres et autres objets fragiles dans plusieurs feuilles de journal humidifiées, que vous laisserez sécher soigneusement avant de procéder au stockage. En durcissant, le journal formera une enveloppe protectrice autour de la vaisselle.

DÉVISSER UNE AMPOULE CASSÉE • Pour enlever une ampoule cassée sans risquer de vous blesser, fermez l'interrupteur, prenez plusieurs feuilles de journal en main et faites tourner l'ampoule dans le sens inverse des aiguilles d'une montre. Enveloppez soigneusement l'ampoule dans le papier et jetez-la.

RASSEMBLER DE PETITS BOUTS DE VERRE CASSÉ • Pour ramasser des petits bouts de verre sans vous blesser, servez-vous de journaux humides. Les débris de verre les plus petits adhéreront au papier.

SÉCHER ET FAIRE BRILLER LES VITRES • Au lieu d'utiliser des feuilles d'essuie-tout pour essuyer les vitres et les faire briller, prenez quelques feuilles de papier journal froissées. Ce sera moins onéreux, et les vitres seront impeccables.

CONFECTIONNER UNE ATTELLE • Si, lors d'une mauvaise chute, vous vous êtes fait mal à un bras ou à une jambe, il peut être important de l'immobiliser en attendant de voir un médecin. Pliez ou roulez des feuilles de journal de manière à obtenir un support très rigide, que vous fixerez sous le membre blessé avec du ruban adhésif. Attention, pour soutenir une jambe, vous devrez superposer un grand nombre de feuilles pliées pour que l'attelle soit assez solide et bien rigide.

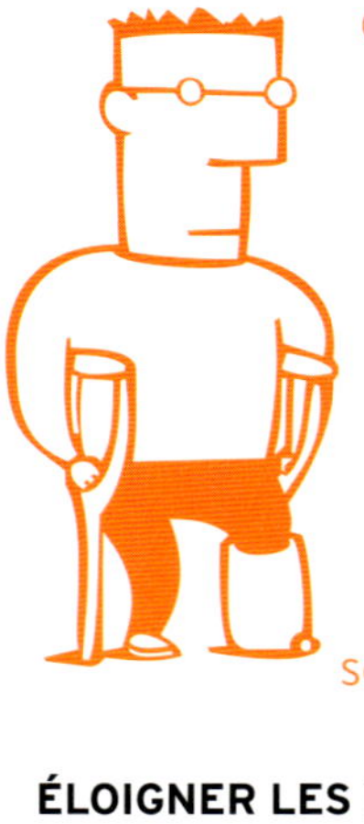

ÉLOIGNER LES MITES • Pour mettre vos vêtements et couvertures en laine à l'abri des mites tout l'été, enveloppez-les dans quelques feuilles de journal, en veillant à bien fermer le paquet avec du ruban adhésif.

FAIRE DES BÛCHES DE PAPIER • Préparez un paquet de feuilles de journal, roulez-les le plus serré possible, attachez les extrémités avec de la corde ou du fil de fer et trempez-les rapidement dans une solution d'eau légèrement savonneuse. Laissez bien sécher ces bûches en position verticale avant de les utiliser. Attention, ne mettez pas de bûches en papier dans un poêle à bois, à moins que le fabricant ne précise clairement que c'est possible.

FAIRE SÉCHER DES CHAUSSURES • Lorsque vos chaussures ont pris la pluie, bourrez-les de papier journal froissé et faites-les sécher à température ambiante, sur la tranche. L'humidité sera absorbée par le papier. Si vos chaussures sont très mouillées, veillez à remplacer le journal plusieurs fois.

IMPROVISER UNE TABLE À REPASSER

Lorsque vous voyagez, pensez à emporter un petit fer à repasser et une taie d'oreiller. Si vous avez besoin de repasser ou de défroisser un vêtement, il vous suffira de glisser quelques journaux dans la taie et de vous installer sur une surface plane.

LA MAIN VERTE

DES TOMATES BIEN MÛRES EN AUTOMNE • Pour que vos dernières tomates de l'année ne souffrent pas d'une gelée précoce, cueillez-les encore vertes et enveloppez-les individuellement dans des feuilles de journal. Stockez-les dans des récipients hermétiques, à l'intérieur d'un placard ou d'une armoire et à température ambiante. Vérifiez leur état tous les 3 ou 4 jours ; elles finiront toutes par mûrir.

PRÉPARER UN PAILLIS • Le journal constitue un excellent paillis pour les plantes et les fleurs. Il est à la fois idéal pour retenir l'humidité et pour étouffer les mauvaises herbes. Posez simplement à plat quelques feuilles de journal, puis couvrez-les de 8 cm de paillis de bois pour qu'elles ne s'envolent pas.

ATTENTION : évitez d'utiliser du papier journal glacé et coloré pour pailler ou composter : les encres de couleur contiennent parfois du plomb ou des colorants nocifs et polluants. De nombreux journaux n'emploient maintenant plus que des encres végétales ; renseignez-vous pour savoir si c'est le cas du vôtre.

ENRICHIR LE COMPOST • Pour atténuer l'odeur de votre tas de compost, ajoutez-y un peu de papier journal humide déchiqueté ; mais utilisez uniquement du papier à encre noire (voir ci-dessus).

ÉLIMINER LES PERCE-OREILLES • Si votre jardin est envahi de perce-oreilles, fabriquez des pièges écologiques en roulant bien serré des journaux humides. Entourez-les d'un élastique et posez-les aux endroits concernés ; laissez-les en place jusqu'au lendemain matin. Vous n'aurez plus alors qu'à mettre les journaux couverts d'insectes à la poubelle, dans un grand sac plastique bien fermé. Répétez l'opération si nécessaire.

JOURNAL suite →

NETTOYER UN FOUR • Un four a beau être équipé d'un système autonettoyant, il reste parfois des résidus carbonisés sur les parois. Froissez quelques feuilles de journal, humidifiez-les et frottez pour éliminer ces résidus.

PROTÉGER DU GEL LES ROBINETS EXTÉRIEURS • Si vous habitez une région très froide, pensez à protéger les robinets extérieurs du gel en hiver. Assurez-vous d'abord que la valve est bien fermée et égouttez bien le robinet. Puis entourez-le de quelques feuilles de journal, et recouvrez le tout d'un sac plastique maintenu en place avec du ruban adhésif ou quelques élastiques.

REPEINDRE PROPREMENT LES FENÊTRES

Pour éviter de faire des taches de peinture sur les vitres, posez plusieurs bandes de journal humide sur le verre, le long du cadre que vous vous apprêtez à peindre. Le papier journal humide adhère facilement au verre et il est, en outre, beaucoup plus facile à enlever que le ruban de masquage.

LE SAVIEZ-VOUS ?

Le papier journal que nous connaissons, et qui est utilisé pour fabriquer les journaux dans le monde entier, fut inventé vers 1838 par le Canadien Charles Fenerty. Pour répondre à une demande croissante, celui-ci eut en effet l'idée de fabriquer du papier à partir de pâte d'épicéa. Mais sa découverte ne fut pas rendue publique et l'Histoire attribua l'invention de la première pâte à papier obtenue à partir de bois à Friedrich Gottlieb Keller, qui fit breveter, en 1844, un procédé permettant la fabrication du papier à partir de différentes fibres de bois.

DÉGAGER LES ROUES D'UNE VOITURE ENLISÉE • À moins que votre voiture ait quatre roues motrices, garder quelques journaux dans votre coffre en hiver peut se révéler très utile. Si vous vous retrouvez coincé dans la neige ou dans la boue, placez une vingtaine de feuilles de journal sous les roues arrière ; bien souvent, cela suffit à fournir la traction dont vous avez besoin pour remettre votre voiture sur la route.

JUS DE TOMATE

TOILETTER UN CHIEN

Pour débarrasser votre chien d'une mauvaise odeur localisée, recouvrez la zone concernée et le museau de l'animal de jus de tomate, en prenant bien soin d'éviter les yeux. Attendez quelques minutes que l'acide contenu dans la tomate neutralise l'odeur, puis lavez l'animal à l'eau et au savon. Recommencez si nécessaire.

DÉSODORISER UN RÉCIPIENT EN PLASTIQUE • Pour désodoriser un récipient en plastique et son couvercle, frottez-les à l'aide d'une éponge imprégnée de quelques gouttes de jus de tomate. Lavez à l'eau savonneuse et laissez sécher. Puis placez le récipient et son couvercle séparément dans le congélateur pendant quelques jours, ils seront comme neufs.

FABRIQUER SA LOTION ASTRINGENTE • Pour resserrer les pores de la peau de votre visage tamponnez-le avec un coton imbibé de jus de tomate fraîchement préparé. Attention ! Peaux sèches s'abstenir !

NETTOYER LES DOIGTS TACHÉS D'ENCRE • Frottez avec du jus de tomate. Puis lavez à l'eau savonneuse.

DÉSODORISER UN RÉFRIGÉRATEUR • Si votre réfrigérateur dégage une odeur désagréable, videz-le et nettoyez-le avec une éponge imprégnée d'un peu de jus de tomate. Rincez à l'eau tiède savonneuse et essuyez avec un chiffon. Si l'odeur persiste, répétez l'opération ou remplacez le jus de tomate par du vinaigre d'alcool.

RAVIVER LA BLONDEUR D'UNE CHEVELURE • Le chlore des piscines et l'eau de mer ont tendance à ternir les cheveux blonds. Pour leur redonner de l'éclat, avant le shampooing, faites-vous un masque capillaire avec du jus de tomate non dilué. Laissez poser 10 à 15 minutes, sous une charlotte. Lavez et rincez soigneusement.

SOULAGER UN MAL DE GORGE

Pour soulager temporairement un mal de gorge, gargarisez-vous avec un mélange de 10 cl de jus de tomate, 10 cl d'eau chaude et quelques gouttes de Tabasco.

LAINE D'ACIER

PROLONGER LA VIE D'UNE PAIRE DE TENNIS • Si vous n'arrivez pas à vous séparer de votre vieille paire de tennis de cuir blanc mais qu'elle vous fait quand même un peu honte, nettoyez-la, puis humidifiez de la laine d'acier et frottez-en les taches incrustées. Rincez avec une éponge ou à la machine à laver.

EFFACER LES TRAITS DE CRAYON • Pour effacer en douceur les gribouillis au crayon de vos enfants sur le papier peint du salon, frottez délicatement, toujours dans le même sens, avec de la laine d'acier.

ÉLIMINER LES TRACES DE CHAUSSURES • Les traînées noires que laissent certaines chaussures sur les sols en vinyle ne partent pas facilement. Essayez de les frotter avec de la laine d'acier humide ; rincez avec une éponge.

ENTRETENIR LES OUTILS DE JARDIN • À la fin de la saison, nettoyez vos outils de jardin avec de la laine d'acier très fine trempée dans de l'huile d'entretien. Frottez les parties métalliques des outils pour supprimer la rouille. Essuyez avec un chiffon sec, aiguisez les lames qui en ont besoin et appliquez une autre couche d'huile avant de les remiser pour l'hiver.

REPOUSSER LES RONGEURS • Les souris et les rats adorent la chaleur du foyer et cherchent à pénétrer dans la maison par tous les moyens ! Bouchez les trous par lesquels vous les voyez passer avec de la laine d'acier. C'est bien plus efficace que les journaux ou la mousse : les rongeurs n'y risqueront pas leurs dents !

À SAVOIR

À proscrire pour l'Inox

Il est parfois conseillé de nettoyer les ustensiles en acier inoxydable avec de la paille de fer…

C'est une erreur ! Les fabricants recommandent au contraire de ne pas utiliser de matières abrasives, car la laine d'acier attaque la couche superficielle de cet alliage et favorise l'apparition de la rouille. Nettoyez donc les ustensiles en acier inoxydable avec une éponge et de l'eau chaude additionnée de produit vaisselle (en les faisant éventuellement tremper).

AIGUISER DES CISEAUX

Lorsqu'il ne vous faut qu'un petit morceau de laine d'acier, découpez-le avec des ciseaux : ceux-ci seront du même coup parfaitement aiguisés.

LAIT

DÉCONGELER DU POISSON • Pour que votre poisson surgelé ait le goût du frais, faites-le décongeler dans un bain de lait.

FAIRE CUIRE UN ÉPI DE MAÏS • Versez 2 cuillerées à soupe de lait en poudre dans la casserole d'eau bouillante avant d'y plonger l'épi de maïs : il sera plus sucré et plus parfumé.

FAIRE BRILLER L'ARGENTERIE • Pour nettoyer votre argenterie, préparez du lait aigre en ajoutant du vinaigre à du lait. Faites-y tremper les couverts en argent pendant 30 minutes afin d'ôter la ternissure ; rincez à l'eau chaude savonneuse, puis séchez avec un chiffon doux.

APAISER COUPS DE SOLEIL ET PIQÛRES D'INSECTE • Préparez une pâte de lait en mélangeant 1 volume de lait en poudre avec 2 volumes d'eau, puis ajoutez 1 ou 2 pincées de sel. Tamponnez la zone irritée avec ce mélange : les enzymes du lait en poudre apaiseront la douleur et aideront à neutraliser le venin de l'insecte.

UN DÉMAQUILLANT TOUT SIMPLE • Mélangez 3 cuillerées à soupe de lait en poudre avec 8 cl d'eau chaude. Si nécessaire, ajoutez un peu d'eau ou de poudre pour obtenir une crème épaisse. Appliquez votre démaquillant maison avec un gant, puis enlevez-le et rincez votre visage à l'eau claire.

RÉNOVER LA PORCELAINE DE CHINE

Pour restaurer une assiette en porcelaine craquelée, placez-la dans une casserole, recouvrez-la de lait (frais ou en poudre reconstitué) et portez à ébullition. Dès que le lait commence à bouillir, laissez mijoter 45 minutes à feu doux. La protéine du lait réparera miraculeusement la plupart des petites fissures.

UN MASQUE ADOUCISSANT POUR LE VISAGE • Mélangez 2 cuillerées à soupe de lait en poudre avec suffisamment d'eau pour former une pâte épaisse. Enduisez soigneusement votre visage avec ce mélange, laissez sécher complètement, puis rincez à l'eau chaude.

UN BAIN DE DOUCEUR • Versez 4 cuillerées à soupe de lait en poudre dans l'eau de votre bain. Le lait agit comme un adoucissant naturel pour la peau.

LAIT suite →

UNE CRÈME POUR LES MAINS ABÎMÉES • Quand on a jardiné sans gants, on se retrouve parfois avec des mains tachées, rêches et crevassées. Frottez-les vigoureusement avec une pâte à base de flocons d'avoine et de lait. Les taches disparaîtront, et le mélange avoine-lait adoucit et soulage la peau.

NETTOYER DU CUIR VERNI • Pour rénover vos chaussures et sacs vernis, tamponnez-les avec un peu de lait, laissez sécher puis essuyez avec un chiffon doux.

ÔTER UNE TACHE D'ENCRE SUR UN VÊTEMENT • Laissez tremper le vêtement taché dans un bain de lait durant toute une nuit, puis lavez-le comme vous le faites habituellement.

LAQUE

SE DÉBARRASSER DES MOUCHES • Aucune mouche ne survit à un jet de laque ! Vérifiez toutefois que votre laque est facilement soluble dans l'eau, afin de pouvoir nettoyer le mur ou le meuble atteints au cours de votre chasse. Cela marche également pour éliminer les guêpes et les abeilles.

ENLEVER DU ROUGE À LÈVRES SUR DU TISSU • Appliquez de la laque sur la tache, laissez agir quelques minutes, puis frottez pour éliminer la laque ; la tache devrait partir avec. Lavez votre vêtement normalement.

CONSERVER LES DESSINS D'ENFANT • Vaporisez de la laque sur les dernières créations de vos enfants avant de les exposer sur le réfrigérateur, surtout s'il s'agit de dessins à la craie : elles conserveront leurs couleurs plus longtemps.

PROLONGER LA VIE DES FLEURS COUPÉES

Pour garder un bouquet de fleurs fraîches plus longtemps, laquez-le ! Placez-vous à environ 30 cm du bouquet et pulvérisez rapidement la laque, en visant toujours la face extérieure des feuilles et des pétales.

CONSERVER UNE COURONNE DE NOËL • Pour que la couronne de Noël en sapin naturel que vous venez d'acheter garde longtemps son éclat et sa fraîcheur, recouvrez-la de laque, qui retiendra l'humidité dans les aiguilles.

FAIRE BRILLER DES CHAUSSURES • Cirez soigneusement vos chaussures, puis pulvérisez un peu de laque dessus : cette protection supplémentaire prolongera l'effet du cirage.

PROTÉGER SES RECETTES DE CUISINE • Pour suivre une recette sans pour autant la maculer définitivement de taches, pulvérisez une couche de laque sur votre fiche cuisine (ou la page du livre) : les éclaboussures de sauce, beurre, etc., glisseront dessus et seront très faciles à enlever.

METTRE LES RIDEAUX À L'ABRI DE LA POUSSIÈRE • Vos rideaux accrocheront beaucoup moins la poussière si, neufs ou juste après le nettoyage, vous y vaporisez plusieurs couches de laque, en veillant à bien laisser sécher la laque entre deux applications.

ÔTER UNE TACHE D'ENCRE FRAÎCHE • Si votre bambin vient juste de faire une tache d'encre sur un vêtement ou sur un tissu d'ameublement, un jet de laque sur la tache devrait la faire disparaître tout de suite. Frottez pour éliminer la laque.

LE SAVIEZ-VOUS ?

La laque existe depuis longtemps. Voici quelques étapes de son histoire.

- Un inventeur norvégien développa la technologie de la bombe aérosol au début des années 1900. Et que serait donc la laque sans la bombe aérosol ?
- L'Oréal introduisit sa laque Elnett en 1960. L'année suivante, Alberto VO5 lança sa propre version de ce qui allait devenir un classique.
- En 1964, la laque devint un produit cosmétique plus populaire que le rouge à lèvres chez les femmes, qui adoptèrent des coiffures tout en hauteur, caractéristiques de la période présoixante-huitarde.
- En 1984, la laque de Michael Jackson fit la une des journaux : les cheveux du chanteur avaient pris feu en plein tournage publicitaire pour Pepsi.

EMPÊCHER LES COLLANTS DE FILER

Vaporisez de la laque sur les pieds de vos nouveaux collants pour renforcer les fils et prolonger leur durée de vie.

LIEN MÉTALLIQUE PLASTIFIÉ

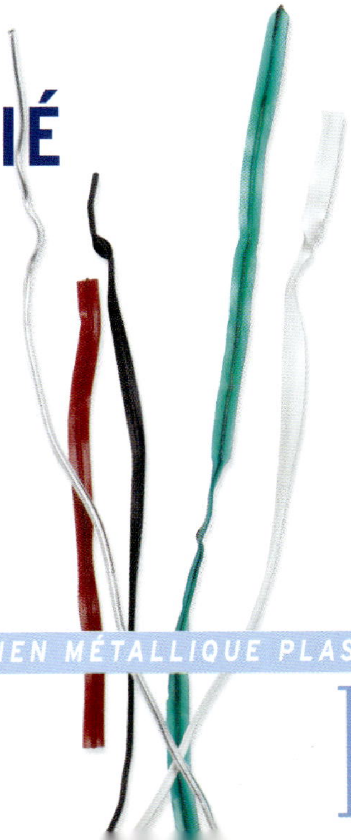

RANGER LES FILS ÉLECTRIQUES • Pour éviter que les fils électriques de l'ordinateur ou de la console de jeu ne s'emmêlent, enroulez chaque fil séparément, puis nouez-le à l'aide d'un lien métallique plastifié (de type lien pour sacs à congélation).

CONFECTIONNER UN FILET À RAMER • Utilisez des liens métalliques plastifiés et des anneaux en plastique récupérés sur les packs de canettes de bière ou de soda pour confectionner un filet à mailles qui soutiendra à merveille les plantes telles que les petits pois. Les liens servent également à fixer le filet entre deux tuteurs. Il vous suffit d'ajouter des anneaux au fur et à mesure de la croissance des plantes. À la fin de la saison, roulez le filet et conservez-le pour l'année suivante.

LIEN MÉTALLIQUE PLASTIFIÉ suite →

DIFFÉRENCIER DES CLÉS

Pour distinguer enfin toutes vos clés qui se ressemblent, nouez à chacune d'elles un lien métallique plastifié de couleur différente.

TUTEURER DES PLANTES • Les liens métalliques plastifiés sont très pratiques pour tuteurer les plantes. Veillez à ne pas les serrer trop fort, vous risqueriez d'abîmer la tige et de ralentir la croissance de la plante.

DES LACETS IMPROVISÉS • Un lacet cassé ? Passez un lien métallique plastifié dans chaque paire d'œillets… et filez acheter des lacets neufs !

RELIER DES FEUILLES VOLANTES • Pour éviter de mélanger ou de laisser s'envoler un paquet de feuilles perforées, passez un lien métallique plastifié dans les trous des feuilles.

RÉPARER PROVISOIREMENT DES LUNETTES • Il manque une vis à vos lunettes ? Faites une réparation de fortune à l'aide d'un lien métallique plastifié. Découpez les bords de manière à ne conserver que le fil métallique central. Enfilez-le à la place de la vis, nouez et coupez ce qui dépasse.

DÉCORER UN SAPIN DE NOËL • Les liens métalliques plastifiés permettent de suspendre solidement les décorations de Noël dans le sapin.

REMPLACER DES BOUTONS DE MANCHETTE • Si vous avez oublié vos boutons de manchette, remplacez-les par des liens métalliques plastifiés… subtilement dissimulés dans le revers de la manche.

LIME À ONGLES

PONCER LE BOIS • Lorsque vous restaurez une pièce de bois travaillée, des pieds de table tournés par exemple, utilisez des limes à ongles en papier émeri pour poncer les endroits difficiles d'accès avant d'appliquer teinture ou vernis. Elles sont faciles à manier et existent en plusieurs types de grain.

DÉTACHER LE DAIM • Quelqu'un a marché sur vos chaussures en daim ? Vous avez renversé du vin sur votre veste en daim ? Frottez délicatement avec une lime à ongles en papier émeri puis tenez la chaussure (ou le vêtement) au-dessus d'une casserole d'eau bouillante : la vapeur devrait faire disparaître la tache.

LE SAVIEZ-VOUS ?

Le papier émeri de nos limes à ongles est enduit d'une préparation à base de poudre d'émeri, une roche à forte proportion de corindon. Or le diamant est le seul minéral à être plus dur que le corindon, et les saphirs et les rubis sont également des variétés de corindon. Peut-être est-ce pour cela que les limes sont des petits bijoux si précieux aux yeux des femmes... Les limes à ongles en papier émeri ont beaucoup changé depuis 1910, date de leur mise sur le marché. Aujourd'hui, elles ne se cachent plus et prennent des couleurs et des formes variées ; certaines sont même parfumées.

NETTOYER UNE GOMME

Pour éliminer la saleté qui s'est accumulée sur votre gomme et risque de salir le papier, frottez celle-ci délicatement avec une lime à ongles en papier émeri.

PRÉPARER DES GRAINES AVANT LES SEMIS • Retirez l'enveloppe dure des graines en les frottant avec une lime à ongles usagée. Cela les aidera à absorber l'humidité et accélérera leur germination.

LINGETTE POUR BÉBÉ

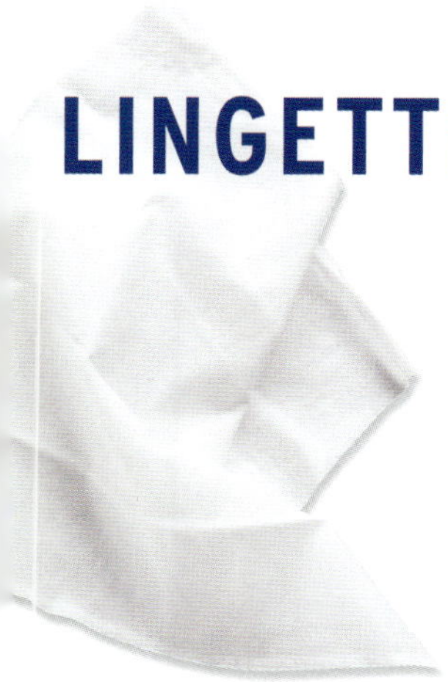

POUR LE VOYAGE • Les lingettes ne servent pas qu'à la toilette des fesses de bébé. Elles sont également très utiles en voyage pour s'essuyer les mains après avoir fait le plein d'essence, nettoyer les boissons renversées dans la voiture et s'éponger le front quand il fait chaud. Alors, ne les oubliez pas !

À RECYCLER COMME CHIFFON À POUSSIÈRE • Certaines marques de lingettes sont assez résistantes pour passer en machine et être réutilisées pour faire le ménage.

FAIRE BRILLER LES CHAUSSURES • Toutes les mamans savent bien que les lingettes sont parfaites pour nettoyer les chaussures en cuir des enfants, donc elles sont tout aussi efficaces pour faire briller les chaussures en cuir de toute la famille.

LE COIN BEAUTÉ

APAISER LA PEAU • Vous calmerez temporairement la brûlure d'un coup de soleil en tapotant doucement la zone sensible avec une lingette pour bébé. Bien que la plupart des lingettes soient dépourvues de propriétés antiseptiques, rien n'empêche de les utiliser pour un nettoyage initial avant d'appliquer le produit contre les coups de soleil.

SE DÉMAQUILLER • Les mannequins considèrent souvent que la lingette pour bébé est leur meilleur allié lorsqu'il s'agit de se démaquiller, surtout pour enlever l'eye-liner noir.

LINGETTE POUR BÉBÉ suite →

ATTENTION : les lingettes doivent rester des solutions de dépannage, car elles génèrent des déchets supplémentaires. Ne les jetez jamais dans les sanitaires, vous risqueriez de provoquer des problèmes dans les bassins de traitement des eaux usées.

FAIRE RELUIRE LA SALLE DE BAINS • Pas le temps de briquer la salle de bains avant l'arrivée de vos amis ? Prenez une lingette pour bébé et frottez tout ce qui en a besoin dans la pièce. Essuyez avec un chiffon ou un gant de toilette sec.

ENLEVER UNE TACHE DE CAFÉ • Que ce soit sur un vêtement, un tapis, une moquette, un canapé ou un siège tapissé, les taches de café s'enlèvent très bien avec une lingette pour bébé.

NETTOYER UN CLAVIER D'ORDINATEUR

De temps à autre, secouez le clavier à l'envers pour éliminer la poussière et les débris accumulés entre les touches. Puis éteignez l'ordinateur ou débranchez le clavier et essuyez avec une lingette pour bébé.

LITIÈRE POUR CHAT

EMPÊCHER LE MATÉRIEL DE CAMPING DE MOISIR • Lorsque vous n'utilisez pas votre matériel de camping, remplissez une vieille chaussette de litière pour chat, fermez-la par un nœud et glissez-la dans le sac de couchage ou la tente pour empêcher l'odeur de moisi de s'installer.

UN MASQUE DE BEAUTÉ

Mélangez 2 poignées de litière fraîche à base d'argile avec suffisamment d'eau chaude pour obtenir une pâte épaisse. Appliquez cette préparation sur votre visage, laissez poser une vingtaine de minutes puis rincez à l'eau tiède. L'argile détoxique la peau en absorbant les impuretés et la graisse des pores. Lorsque vos amis vous complimenteront sur votre teint, n'hésitez pas à leur livrer votre secret.

DÉSODORISANT POUR CHAUSSURES • Remplissez une paire de vieilles chaussettes de litière pour chat parfumée à base d'argile, fermez-les par un nœud et mettez-les dans vos baskets toute la nuit. Recommencez si nécessaire jusqu'à ce que toute mauvaise odeur ait disparu.

AUGMENTER L'ADHÉRENCE DES ROUES • Dans les régions où il fait froid, laissez un sac de litière pour chat dans le coffre de votre voiture ; si vous n'avancez plus sur la neige ou la glace, répandez un peu de litière sous les roues pour augmenter leur adhérence.

EMPÊCHER LA GRAISSE DE BRÛLER • Ne laissez pas la graisse s'enflammer dans votre barbecue et son odeur désagréable gâcher vos grillades. Couvrez le fond du barbecue d'une couche de litière pour chat à base d'argile et vous ne serez plus importuné.

STOP AUX ODEURS DE MOISI • Placez une petite boîte remplie de litière pour chat dans chaque coin humide de votre garde-robe ; la litière est un déodorant efficace, car elle absorbe les mauvaises odeurs.

FAIRE SÉCHER LES FLEURS COUPÉES • Le parfum et la beauté des fleurs fraîchement coupées sont éphémères. Impossible de conserver leur senteur, mais vous pouvez faire sécher les fleurs en les enfermant pendant 7 à 10 jours dans un récipient hermétique sur une couche de litière pour chat.

DÉSODORISER UNE POUBELLE • Pour éviter les mauvaises odeurs, répandez un peu de litière pour chat à base d'argile au fond de votre poubelle. Changez la litière au bout de 1 semaine environ, quand elle devient humide.

LE SAVIEZ-VOUS ?

Le marchand américain Ed Lowe n'aurait peut-être pas eu l'idée de la litière pour chat si sa voisine ne lui avait pas demandé du sable pour la caisse de son chat un jour de 1947. Ed, qui travaillait dans l'entreprise de son père comme vendeur d'absorbants industriels, suggéra d'utiliser l'argile car elle était plus hydrophile et ne laisserait pas de traces. Quand elle vint lui en redemander, il sut qu'il avait fait mouche. Peu après, il sillonnait le pays dans son coupé Chevrolet pour vendre ses sacs de litière pour chat. En 1990, Edward Lowe Industries Inc. était devenu le plus grand producteur de litière pour chat d'Amérique, avec une chiffre d'affaires annuel supérieur à 210 millions de dollars.

CONFECTIONNER DU PAPIER MÂCHÉ • Dans un seau, ajoutez de l'eau à de la litière pour chat à base de papier recyclé, laissez reposer une nuit et vous obtiendrez de la pâte à papier.

ENLEVER LES TACHES D'HUILE DU GARAGE • Répandez de la litière pour chat à base d'argile à l'endroit où votre voiture a perdu de l'huile ; elle en absorbera instantanément l'essentiel. Pour enlever les vieilles taches, versez un peu de diluant dessus avant de déposer la litière. Attendez environ 12 heures pour la retirer.

RAFRAÎCHIR DE VIEUX LIVRES

Enfermez les vieux livres qui sentent le moisi pendant toute une nuit dans un carton garni de litière pour chat à base d'argile.

MAGAZINE

DU PAPIER D'EMBALLAGE ET DES ENVELOPPES COLORÉS • Découpez les pages de publicité dans des magazines et servez-vous-en pour emballer de petits objets ou confectionner des enveloppes originales.

DES FORMES POUR LES BOTTES • Lorsque vos bottes en cuir ont pris la pluie, roulez quelques vieux magazines et placez-les à l'intérieur. Ils aideront vos bottes à sécher tout en gardant leur forme.

OCCUPER LES ENFANTS • Gardez les vieux magazines pour occuper vos enfants par temps de pluie. Ils y trouveront des photos et des mots à découper pour agrémenter leurs collages et autres créations.

GARNIR DES TIROIRS • Garnissez vos tiroirs de bureau ou de coiffeuse avec les pages des grands magazines en papier couché résistant. Découpez de préférence des publicités ou des photos colorées, puis placez-les à l'intérieur des tiroirs et ajustez-les à leur taille.

MARGARINE

ENLEVER LES TACHES D'ENCRE • Frottez de la margarine sur la tache et essuyez avec un chiffon ou du papier absorbant. Cette méthode est efficace pour se nettoyer les mains, mais elle s'applique également aux objets en vinyle.

DÉCOLLER UNE ÉTIQUETTE • Pour retirer une étiquette collée sur du verre, du métal et la plupart des plastiques, étalez de la margarine dessus, laissez agir 10 minutes et nettoyez avec une éponge.

LE COIN BEAUTÉ

SE DÉMAQUILLER • Si vous êtes à court de démaquillant, n'hésitez pas à utiliser de la margarine, votre peau ne sentira pas la différence.

S'HYDRATER LA PEAU • La margarine nourrit merveilleusement la peau. Appliquez-en une noisette sur vos mains si celles-ci sont desséchées. C'est une solution naturelle et sans odeur.

NETTOYER DES BOTTES EN CAOUTCHOUC • Pour nettoyer et faire briller des bottes en caoutchouc, frottez-les avec de la margarine, puis essuyez-les avec un vieux chiffon.

SOULAGER LES IRRITATIONS • Appliquez de la margarine sur les fesses irritées de bébé pour le soulager.

ENLEVER DES TACHES DE GOUDRON SUR UN TISSU LAVABLE • Après avoir retiré le maximum de goudron du tissu, étalez 1 cuillerée à soupe de margarine sur la tache et laissez agir pendant 3 heures. Passez ensuite en machine.

DÉCOLLER LA NEIGE DE LA PELLE • Avant de commencer à dégager la neige avec une pelle, pensez à enduire sa partie métallique de margarine (ou d'huile végétale). La neige ne collera plus à la pelle et la tâche vous paraîtra moins pénible.

REPOUSSER LES RONGEURS • Empêchez les rongeurs de venir piller les graines que vous destinez aux oiseaux en enduisant généreusement de margarine le piquet sur lequel repose leur abri : les rongeurs ne pourront plus y grimper.

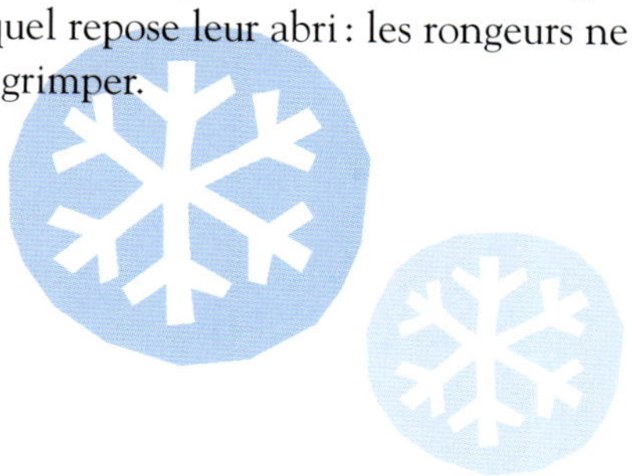

À SAVOIR

Du bon usage de la margarine

*** Pour tirer le meilleur parti de la margarine, il est important de savoir comment la conserver et l'utiliser.***

- Ne l'exposez pas aux rayons du soleil : elle risquerait de tourner.
- Surveillez-la lorsque vous la faites chauffer.
- La température idéale pour frire des aliments dans de la margarine se situe entre 165 et 180 °C. Veillez à ne pas dépasser cette température, car la margarine peut brûler. Si la cuisson dégage de la fumée, éteignez le feu et laissez refroidir.
- Si la margarine prend feu, couvrez la poêle, éteignez le gaz ou l'électricité et laissez refroidir.
- Ne versez jamais d'eau sur de la margarine chaude et encore moins en feu : vous pourriez être gravement brûlé par les projections.

MARGARINE (BARQUETTE À)

UN PRESSE-PAPIERS ORIGINAL • Pour réaliser un presse-papiers avec un moulage du pied de votre bébé, procurez-vous de l'argile de modelage à séchage rapide (disponible dans de nombreuses et jolies couleurs). Versez suffisamment d'argile dans une petite barquette à margarine pour obtenir une bonne impression. Appliquez une fine couche de vaseline sur le pied de bébé et appuyez-le fermement quelques secondes dans l'argile. Laissez l'argile sécher comme indiqué, puis démoulez votre œuvre en exerçant une pression au dos de la barquette.

TRANSPORTER DE LA PEINTURE • Versez la quantité de peinture dont vous avez besoin dans une barquette à margarine que vous pourrez transporter plus facilement que votre gros bidon de peinture. Tenez-la avec quelques serviettes en papier, afin de rattraper les éventuelles coulures. Les barquettes munies d'un couvercle sont également parfaites pour conserver de petits restes de peinture jusqu'à vos prochaines retouches.

MARGARINE (BARQUETTE À) suite →

MARGARINE (BARQUETTE À)

REGROUPER DE PETITS OBJETS • Les barquettes à margarine sont très pratiques pour rassembler les petites choses éparpillées (bouts de ficelle, punaises, clous et boulons dépareillés, pions de jeu de société, morceaux de puzzle en cours de construction, etc.). Gardez-en suffisamment pour faire ces petits rangements.

DES MOULES À DESSERT • Pour confectionner vos desserts sans cuisson, répartissez votre préparation dans une ou plusieurs barquettes à margarine. Lorsque vous voudrez le démouler, votre dessert se décollera aisément de la barquette souple.

CONGELER DE PETITES PORTIONS • Vous pouvez réutiliser des barquettes à margarine (ou autres récipients en plastique résistant) pour congeler de petites portions de soupe et de bouillon, ou encore des restes de repas. Dans une barquette de 250 g, vous pouvez, par exemple, stocker un peu plus de 100 g de pâtes. Avant de congeler vos aliments, veillez à les laisser bien refroidir, afin de réduire la condensation.

PRÉPARER DES PORTIONS DE GLACE • Les petites boîtes à margarine ont la taille idéale pour préparer à l'avance des portions de glace individuelle. Dès votre retour du supermarché, répartissez rapidement le contenu de votre grosse boîte de glace entre plusieurs petites barquettes à margarine et vous aurez ainsi des portions de glace toutes prêtes, très pratiques pour les enfants.

VARIER LES PIQUE-NIQUES

Pour changer du traditionnel sandwich, mettez de la salade de fruits, de la salade de riz ou toute autre salade de votre choix dans 1 ou 2 barquettes à margarine. Les barquettes sont faciles à ouvrir et préservent, en outre, le croquant de la salade.

EMPORTER UN REPAS POUR BÉBÉ • Transportez le repas que vous avez préparé pour bébé dans une barquette à margarine ; elle ne se cassera pas dans le sac à langer et ce ne sera pas forcément la peine de la rapporter à la maison pour la nettoyer.

VOYAGER LÉGER AVEC UN ANIMAL • Légères, les barquettes à margarine sont idéales pour transporter de la nourriture et de l'eau pour votre animal. Vous éviterez, en outre, d'écraser les biscuits de votre chien.

FABRIQUER UNE TIRELIRE • Collez une feuille de papier autour d'une barquette à margarine, demandez à votre enfant de la décorer, percez une fente dans le couvercle, et voilà une jolie tirelire maison.

PRÉPARER DES PLANTATIONS • Percez quelques trous au fond d'une barquette à margarine, ajoutez du terreau de plantation légèrement humide et semez vos graines en suivant les indications données sur l'emballage. Sur le côté de la barquette, notez au marqueur indélébile ce que vous avez semé, et servez-vous du couvercle comme soucoupe. Les petites barquettes vous permettront également d'économiser de l'espace, surtout si vous ne voulez démarrer qu'un ou deux spécimens de chaque type de plante.

MAYONNAISE

UN SOIN POUR LES CHEVEUX • Massez-vous les cheveux et le cuir chevelu avec de la mayonnaise, couvrez-vous la tête d'un bonnet de bain, laissez agir quelques minutes puis faites votre shampooing. La mayonnaise hydrate les cheveux et les rend éclatants.

UN MASQUE NETTOYANT POUR LA PEAU • Étalez de la mayonnaise sur votre visage et laissez poser environ 20 minutes. Retirez la mayonnaise et rincez-vous à grande eau. Votre visage sera propre et lisse.

TONIFIER LES ONGLES • Pour avoir des ongles plus solides, faites-les tremper de temps en temps dans un petit bol de mayonnaise pendant environ 5 minutes, puis brossez-les soigneusement sous l'eau chaude.

SOULAGER LA BRÛLURE DES COUPS DE SOLEIL • Si vous avez la peau desséchée ou légèrement brûlée par le soleil, étalez de la mayonnaise sur les zones sensibles. La mayonnaise soulage la douleur tout en hydratant la peau.

ADOUCIR LA PEAU DES COUDES ET DES PIEDS • Pour éliminer les peaux mortes qui rendent souvent rugueux les coudes et les pieds, frottez les zones desséchées avec de la mayonnaise et laissez poser 10 minutes. Nettoyez avec un linge humide.

NETTOYER DES TOUCHES DE PIANO EN IVOIRE • Si les touches de votre piano ont jauni, appliquez un peu de mayonnaise avec un chiffon doux. Laissez agir quelques minutes, puis nettoyez avec un chiffon humide et séchez avec une peau de chamois. Les touches seront comme neuves.

POUR LA VOITURE

DÉCOLLER DES AUTOCOLLANTS • Étalez de la mayonnaise sur l'autocollant et laissez agir quelques minutes. La mayonnaise dissoudra la colle et l'autocollant partira tout seul.

ENLEVER DU GOUDRON • Pour ôter facilement du goudron ou de la résine de plante de la carrosserie de votre voiture, couvrez la tache de mayonnaise, laissez agir plusieurs minutes et essuyez avec un chiffon doux.

TUER LES POUX EN TOUTE SÉCURITÉ

À la place des produits antipoux spécifiques, souvent toxiques et coûteux, certains dermatologues recommandent… la mayonnaise. Massez cheveux et cuir chevelu avec de la mayonnaise juste avant le coucher puis couvrez la tête d'un bonnet de bain pour maximiser l'effet du traitement. Le lendemain matin, faites un bon shampooing, puis coiffez avec un peigne fin spécial qui éliminera tous les poux et lentes restants. Pour les supprimer complètement, renouvelez l'opération 7 à 10 jours plus tard.

ÔTER DES MARQUES DE CRAYON SUR DU BOIS • Pour éliminer des traces de crayon sur un meuble en bois, frottez-les simplement avec de la mayonnaise, et laissez agir plusieurs minutes. Nettoyez avec un chiffon humide.

FAIRE BRILLER LES FEUILLES DES PLANTES D'INTÉRIEUR • Pour que vos plantes gardent leur éclat pendant plusieurs semaines, faites comme les fleuristes professionnels : frottez les feuilles avec une serviette en papier enduite d'un peu de mayonnaise.

MOQUETTE (CHUTE DE)

RÉCUPÉRER UN OBJET TOMBÉ ENTRE DEUX APPAREILS • Quand on sort le linge du lave-linge pour le mettre dans le sèche-linge, il arrive souvent qu'une chaussette ou une autre petite pièce tombe dans l'espace entre les deux appareils. Pour vous simplifier la vie, placez une petite bande de moquette sur le sol à cet endroit : vous n'aurez qu'à tirer vers vous pour récupérer ce qui est tombé.

FAIRE DE L'EXERCICE CONFORTABLEMENT • Confectionnez un tapis de sol en coupant un morceau de moquette de 1 m de large et d'une longueur au moins égale à votre taille. Après vos exercices de gym, de yoga ou de stretching, roulez-le et glissez-le sous votre lit.

DES TAPIS DE PROPRETÉ POUR LA VOITURE • Ne vous ruinez pas en tapis de sol : utilisez des chutes de moquette et découpez-les aux dimensions voulues en utilisant les tapis d'origine comme patrons.

SE PROTÉGER LES GENOUX • Pour avoir moins mal aux genoux lorsque vous décapez les sols, désherbez un bout du jardin ou posez du carrelage, confectionnez des genouillères en coupant deux morceaux de moquette de 25 cm², taillez deux fentes parallèles dans chaque carré, enfilez de vieilles cravates, ou de vieux foulards, dans les passants et nouez ces protections autour de vos genoux.

UN POLISSOIR POUR CHAQUE USAGE • Pour confectionner un polissoir, collez un morceau de vieille moquette sur un bloc de bois avec de la résine époxy. Vous pouvez en fabriquer plusieurs : un pour effacer un tableau, un pour nettoyer les vitres, un autre pour faire briller les chaussures, etc.

ARROSER LES PLANTES SANS MOUILLER LE SOL • Placez des chutes de moquette sous la soucoupe ou le cache-pot de vos plantes vertes pour absorber l'éventuel trop-plein lors des arrosages.

ÉPARGNER LE SOL • Collez de petits cercles de moquette sous les pieds des chaises et des tables pour les empêcher de rayer parquets et sols en vinyle, ou d'y laisser de vilaines traînées noires.

ASSOURDIR LES BRUITS D'UN APPAREIL ÉLECTROMÉNAGER

Votre lave-linge ou votre sèche-linge est bruyant parce qu'il vibre ? Glissez un morceau de moquette dessous et, avec un peu de chance, les choses vont s'arranger instantanément !

LA VIE DES ANIMAUX DOMESTIQUES

ISOLER LA NICHE DU CHIEN • Clouez une chute de moquette au-dessus de l'entrée du domicile de votre chien pour éviter qu'il se mouille trop quand il pleut. Si vous habitez une région froide, renforcez l'isolation en tapissant les parois et le sol avec des chutes de moquette.

CONFECTIONNER UN GRATTOIR POUR CHAT • Pour éviter que votre chat fasse ses griffes sur le canapé du salon, agrafez des chutes de moquette sur un rondin ou une planche et placez ce grattoir à proximité de sa cible favorite. Faites tenir ce grattoir à la verticale en clouant une planche qui servira de support à une extrémité du rondin.

UN ÉQUIPEMENT DE SECOURS POUR LA VOITURE • En prévision d'un voyage dans une région enneigée, pensez à mettre quelques grands morceaux de moquette dans le coffre de votre voiture. Si vous êtes immobilisé par la neige ou le verglas, glissez-les sous les roues motrices, qui auront alors plus d'adhérence pour tourner. En cas de crevaison, étalez un bout de moquette par terre avant de vous agenouiller à côté de la voiture.

PROTÉGER LES OUTILS À L'ATELIER • Si le sol de votre atelier est en béton ou tout autre matériau dur, disposez quelques chutes de moquette autour de l'établi pour éviter que vos outils et vos boîtes s'abîment ou même se cassent en tombant.

MOUSSE À RASER

SE NETTOYER LES MAINS • Pour vous laver les mains sans eau en voyage, déposez une noix de mousse à raser sur une de vos paumes et frottez. Essuyez-vous les mains avec une serviette. Le tour est joué !

ÉVITER LA BUÉE DANS LA SALLE DE BAINS • Avant de prendre une douche, recouvrez le miroir d'une fine couche de mousse à raser pour empêcher la buée de se former. Vous ne perdrez pas de temps à attendre que la buée disparaisse lorsque vous voudrez vous raser, il vous suffira de donner un coup de chiffon.

ENLEVER DES TACHES • Si vous avez renversé du jus de fruit sur la moquette ou sur un tapis, épongez le liquide puis recouvrez la tache de mousse à raser. Nettoyez avec une éponge humide. La même technique vous permettra de traiter les petites taches de nourriture sur les vêtements.

HALTE AUX PORTES QUI GRINCENT • Une porte qui grince, et c'est toute la famille qui est sur les nerfs ! Les propriétés lubrifiantes de la mousse à raser feront taire les gonds récalcitrants.

LE SAVIEZ-VOUS ?

L'emploi d'une mousse est indispensable au rasage avec un rasoir mécanique (rasoir de sécurité ou coupe-chou) ; elle sert à assouplir les poils de la barbe et à atténuer le feu du rasoir sur la peau. Contrairement à certaines crèmes à raser, la mousse ne nécessite pas l'utilisation d'un blaireau. Depuis les années 1950, elle est vendue en aérosol (procédé inventé en 1926 mais dont la première application ne date que de 1941 et concernait un insecticide). L'invention, en 1928, du premier rasoir électrique n'a pas fait disparaître les rasoirs mécaniques – ni donc l'usage de la mousse à raser. Même le rasage au coupe-chou se pratique encore !

MOUSTIQUAIRE

METTRE BÉBÉ À L'ABRI DES MOUSTIQUES • Découpez un morceau de moustiquaire (bordez-le éventuellement de dentelle) suffisamment grand pour en couvrir le landau de bébé et mettre celui-ci à l'abri des insectes.

PROTÉGER UN PIQUE-NIQUE • Pour éloigner les moustiques et autres insectes de la nourriture lorsque vous pique-niquez ou déjeunez dehors, prévoyez un morceau de moustiquaire que vous pourrez border de perles ou de petits coquillages.

COUVRIR UN POT À INSECTES • Pour garder vivants les insectes que vos enfants ont capturés dans un pot, fabriquez un couvercle avec un petit bout de moustiquaire fixé à l'aide d'un élastique. Les insectes auront tout l'air dont ils ont besoin, et vos enfants pourront continuer à les observer.

DES SACHETS POUR BAINS RELAXANTS

Découpez des ronds de 15 cm de diamètre dans une moustiquaire et garnissez-les de tout ou partie des ingrédients suivants : flocons d'avoine, lait en poudre, herbes séchées, épices, poudre d'amande. Ajoutez quelques gouttes de votre huile essentielle préférée, puis rassemblez les bords du disque de moustiquaire et attachez-les avec un ruban, de manière à former des sachets que vous mettrez dans votre bain.

DES MARQUE-PAGES COLORÉS • Avec une aiguille à tapisserie, quelques bouts de laine colorés, des morceaux de moustiquaire de 5 cm de large qui vous serviront de canevas et un peu d'imagination, tissez toutes sortes de marque-pages colorés. Égalisez les extrémités des bouts de laine. Cela peut être un bon moyen d'occuper les enfants lorsqu'il pleut.

UN FILET À TÊTARDS • Découpez le fond d'une boîte de conserve assez large et fixez un disque de moustiquaire sur l'un des côtés ouverts à l'aide d'un élastique pour que vos enfants puissent s'amuser à ramasser des têtards dans l'étang.

DOUBLER UNE PASSOIRE • Si les trous de votre passoire sont trop gros et laissent passer les grains de riz ou le vermicelle, doublez votre passoire d'un morceau de moustiquaire pour pouvoir l'utiliser comme un chinois.

MOUTARDE

SOULAGER LES DOULEURS • Pour soulager les douleurs dorsales et celles provoquées par l'arthrite, versez 180 à 250 g de moutarde dans l'eau de votre bain. Mélangez bien et détendez-vous dans ce bain de moutarde pendant 15 minutes. Si vous n'avez pas le temps de prendre un bain, frottez directement les zones douloureuses avec de la moutarde. Pour ce massage, n'utilisez que de la moutarde douce et faites d'abord un essai sur une petite zone de peau, car il se peut que la moutarde non diluée irrite l'épiderme.

DÉC[illegible] LES MUSCLES • Lorsque vous prene[illegible]vec des sels d'Epsom, ajoutez-y quelq[illegible]s à soupe de moutarde pour renfo[illegible]paisant des sels et favoriser la décontraction musculaire.

SOULAGER UNE CONGESTION PULMONAIRE

Préparez un cataplasme en écrasant quelques cuillerées à soupe de graines de moutarde et en les mélangeant à une tasse de farine avec un peu d'eau pour obtenir une pâte. Protégez votre peau en étalant une épaisse couche de vaseline sur la poitrine puis appliquez le cataplasme. Ne le laissez pas plus de 15 minutes, sinon il vous brûlerait la peau.

LE SAVIEZ-VOUS ?

Les Romains rapportèrent la moutarde d'Égypte et utilisèrent ses graines pour parfumer le jus de raisin non fermenté : le moût. C'est de là que la plante tiendrait son nom. Les Romains préparaient déjà une pâte à partir des graines de moutarde moulues qu'ils employaient à des fins médicinales et comme condiment. Mais la moutarde que nous connaissons aujourd'hui est originaire de Dijon, où elle fut préparée pour la première fois au XIIIe siècle. On utilise des graines de moutarde brune ou noire pour faire de la moutarde de Dijon (plus forte), et un mélange de graines noires, brunes et jaunes pour la moutarde douce.

FAIRE UN SOIN DU VISAGE • Tapotez-vous le visage avec de la moutarde douce pour tonifier et apaiser votre peau. Faites un essai sur une petite zone afin de vous assurer que la moutarde ne vous irrite pas.

DÉSODORISER UNE BOUTEILLE • Pour éliminer définitivement une odeur persistante dans une bouteille, versez un peu de moutarde dedans, remplissez-la d'eau chaude et secouez-la bien. Rincez abondamment.

NAPHTALINE (BOULES DE)

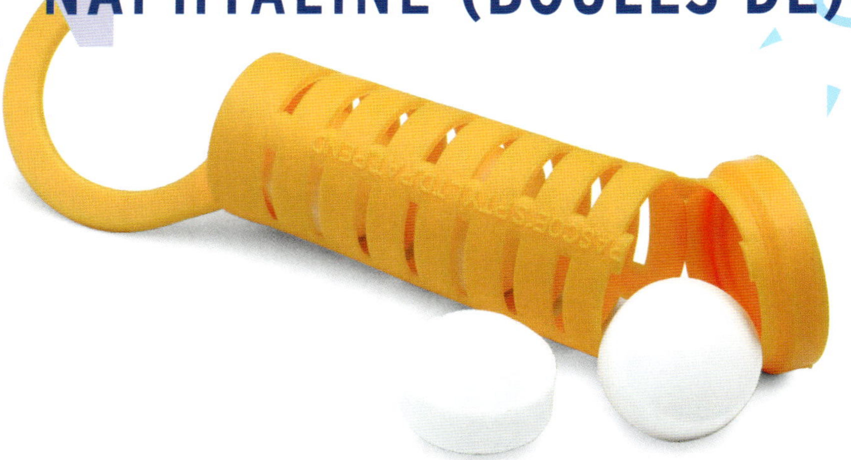

ÉLIMINER LES INSECTES D'UNE PLANTE EN POT • Placez la plante infestée dans un grand sac plastique transparent, ajoutez quelques boules de naphtaline et laissez le sac fermé pendant 1 semaine. Lorsque vous sortirez la plante du sac, tous les insectes auront disparu et ils ne reviendront pas avant un moment.

ÉLOIGNER LES SOURIS DU GARAGE ET DE L'ABRI DE JARDIN • Disposez quelques boules de naphtaline tout autour du garage : les souris feront un détour. Pour les éloigner également de votre abri de jardin ou de votre serre, placez les boules de naphtaline autour des plantes enveloppées ou couvertes.

DISSUADER CHIENS ET CHATS DE VISITER LE JARDIN • Répartissez quelques boules de naphtaline autour de vos jardinières et parterres de fleurs pour éloigner chats, chiens et rongeurs, qui en détestent l'odeur.

FAIRE FUIR LES CHAUVES-SOURIS • Placez quelques boules de naphtaline dans votre grenier, ainsi que dans les boîtes que vous y stockez. Vous éviterez, en outre, les poissons d'argent.

RINCER LES LAINAGES

Pour éloigner les mites des lainages, il est toujours recommandé de les ranger, propres, avec des boules de naphtaline. Mais pour une protection accrue, dissolvez quelques boules de naphtaline dans la dernière eau de rinçage.

PETITE EXPÉRIENCE

Faites danser des boules de naphtaline pour donner une leçon de science aux enfants.

Remplissez un bocal en verre aux deux tiers d'eau. Ajoutez 7 à 8 cl de vinaigre et 2 cuillerées à café de bicarbonate de soude. Mélangez doucement, puis ajoutez quelques boules de naphtaline et regardez-les rebondir. Le vinaigre et le bicarbonate de soude créent des bulles de dioxyde de carbone qui se collent aux surfaces irrégulières des boules de naphtaline. Lorsqu'il y a suffisamment de bulles pour soulever le poids d'une boule, celle-ci remonte à la surface de l'eau. Là, certaines bulles s'échappent dans l'air et la boule redescend alors au fond du bocal, et ainsi de suite. L'effet durera plus longtemps si vous fermez le bocal.

NAPPE EN PLASTIQUE

RAMASSER LES FEUILLES MORTES

Ménagez votre dos quand vous ramassez les feuilles mortes. Utilisez un râteau pour les rassembler sur une vieille nappe en plastique étendue sur le sol. Rabattez les quatre coins de la nappe sur les feuilles et traînez le tout jusqu'au tas de compost.

RIDEAU DE DOUCHE • Une jolie nappe en plastique multicolore peut facilement se transformer en rideau de douche pour égayer la salle de bains. Pratiquez des trous tous les 15 cm, à 2 cm du bord de la nappe. Glissez-y des anneaux et passez-les sur une tringle.

RAMASSE-MIETTES • Les tout-petits mettent souvent plus de nourriture par terre que dans leur bouche ! En étendant une nappe en plastique sous la chaise haute, vous protégerez votre sol et simplifierez la corvée de nettoyage.

NETTOIE-PIPE

ÉGAYER SA COIFFURE • Donnez de l'impertinence à votre queue-de-cheval en enroulant un nettoie-pipe de couleur autour de l'élastique. Pour plus d'effet, utilisez-en plusieurs de couleurs différentes.

RANGER LES ÉPINGLES DE NOURRICE • Passez un nettoie-pipe dans le trou situé au bas des épingles de nourrice, puis tordez l'extrémité du nettoie-pipe pour les empêcher de glisser.

DÉCORER UN CADEAU • Pour ajouter une touche personnelle à un paquet cadeau, décorez-le en collant un nettoie-pipe en forme de cœur ou de ruban sur la carte d'accompagnement.

NETTOYER UNE GAZINIÈRE • Pour déboucher les brûleurs de la gazinière lorsqu'ils sont encrassés, passez un nettoie-pipe dans chaque trou, puis allumez le gaz pour vérifier que les brûleurs produisent à nouveau un cercle bleu ininterrompu. Cette méthode fonctionne également à la perfection pour nettoyer la soupape d'une Cocotte-Minute.

NETTOIE-PIPE suite →

IMPROVISER DES RONDS DE SERVIETTE • Les nettoie-pipes de couleur font de pratiques et très jolis ronds de serviettes. Si vous le souhaitez, vous pouvez utiliser deux nettoie-pipes : l'un pour confectionner le rond de serviette, l'autre pour réaliser une décoration. Donnez-lui la forme que vous désirez, cœur, trèfle, fleur, etc.

FERMER UN SAC-POUBELLE • Si vous avez perdu le lien de fermeture du sac-poubelle, remplacez-le par un nettoie-pipe, à la fois pratique et résistant !

DIVERTIR LES ENFANTS • Pour occuper les enfants pendant les longs voyages en voiture ou en avion, distribuez-leur des nettoie-pipes et improvisez un atelier manuel. Les nettoie-pipes peuvent être pliés dans tous les sens et donner naissance à des animaux, des fleurs, des bracelets, des colliers, etc.

LE SAVIEZ-VOUS ?

De source sûre, les nettoie-pipes ont été inventés à la fin du XIXe siècle, à New York, par J. Harry Stedman. Si la pipe est aujourd'hui passée de mode, les nettoie-pipes se vendent toujours aussi bien, notamment dans le domaine des travaux manuels, où ils sont également appelés chenilles. Les chenilles sont néanmoins plus touffues, plus colorées et de largeurs plus variées que les traditionnels nettoie-pipes des fumeurs.

POUR LES NETTOYAGES DÉLICATS • Les nettoie-pipes permettent de nettoyer les coins difficiles d'accès comme la roue d'un ouvre-boîte ou le logement du pied-de-biche d'une machine à coudre.

DES LACETS DE SECOURS • Un nettoie-pipe remplacera parfaitement un lacet cassé avant votre visite chez le cordonnier. Passez-le dans les œillets et tordez-le une fois arrivé au dernier trou.

NETTOYANT POUR FOUR

NETTOYER UN FER À FRISER • Vaporisez une légère couche de nettoyant pour four sur votre fer à friser pour enlever les résidus de gel ou autres produits capillaires collés dessus. Laissez agir 1 heure, puis rincez avec un chiffon humide et séchez avec un chiffon doux. N'utilisez surtout pas le fer avant d'être certain qu'il est bien sec.

DÉTACHER UNE BAIGNOIRE BLANCHE • Si vous n'arrivez pas à faire partir certaines taches sur une baignoire blanche en fonte émaillée ou en céramique, vaporisez du nettoyant pour four, laissez agir quelques heures, puis rincez abondamment.
ATTENTION : n'utilisez pas de nettoyant pour four sur une baignoire en acrylique blanche ni sur une baignoire de couleur, cela pourrait la décolorer. Et veillez à ne pas en vaporiser sur votre rideau de douche, car le nettoyant pour four abîme le plastique et le tissu.

NETTOYER UNE POÊLE EN FONTE

Pour décaper une vieille poêle en fonte très encrassée, vaporisez du nettoyant pour four dessus et placez-la dans un sac-poubelle bien fermé (pour empêcher le produit de sécher) pendant toute la nuit. Le lendemain, ouvrez le sac en plein air, en éloignant bien votre visage des fumées toxiques, et frottez la poêle avec une brosse métallique dure. Lavez-la soigneusement, rincez bien et séchez immédiatement. Vous éliminerez ainsi la graisse et les résidus accumulés, mais pas la rouille. Pour cela, utilisez du vinaigre, mais ne le laissez pas agir trop longtemps pour ne pas endommager la poêle.

NETTOYER DES JOINTS EN MASTIC • Veillez d'abord à opérer dans une pièce bien aérée. Enfilez des gants en caoutchouc et vaporisez du nettoyant pour four sur les joints. Ôtez le nettoyant avec une éponge au bout de 5 secondes, puis rincez soigneusement à l'eau.

RÉCURER UN PLAT EN VERRE • Si vous ne parvenez pas à éliminer des résidus brûlés dans un plat en verre, enfilez des gants en caoutchouc et vaporisez du nettoyant pour four. Placez le plat dans un sac-poubelle très résistant, fermez-le soigneusement et laissez agir 12 heures environ. Ouvrez le sac en plein air, en éloignant votre visage des fumées toxiques. Enfilez des gants en caoutchouc pour retirer le plat du sac et le laver.

ATTENTION : les nettoyants pour four sont des produits à manier avec beaucoup de précautions. La plupart contiennent des substances très caustiques, qui brûlent la peau et abîment les yeux. Enfilez systématiquement de longs gants en caoutchouc et protégez-vous les yeux. Les vapeurs du nettoyant pour four irritent les membranes nasales. Son ingestion peut, par ailleurs, provoquer des brûlures corrosives dans la bouche, la gorge et l'estomac, nécessitant une consultation médicale d'urgence. Stockez donc toujours le nettoyant pour four hors de portée des enfants.

ÔTER DES TACHES SUR DU BÉTON • Pour retirer des taches de graisse ou d'huile sur le sol en béton de votre garage, vaporisez du nettoyant pour four. Laissez agir 5 à 10 minutes, puis frottez avec une brosse dure et rincez au jet le plus puissant du tuyau d'arrosage. Les taches les plus tenaces nécessiteront peut-être une seconde application. Laissez la porte du garage ouverte pendant toute la durée de l'opération.

ENLEVER DE LA PEINTURE OU DU VERNIS • Pour décaper un vieux meuble en bois ou en métal peu fragile, appliquez du nettoyant pour four sur la peinture ou le vernis, puis frottez avec une brosse métallique. Couvrez la surface décapée de vinaigre, puis rincez à l'eau claire. Laissez le bois ou le métal bien sécher avant de repeindre ou de revernir. Ne décapez pas des antiquités ou des meubles coûteux avec du nettoyant pour four ; le produit pourrait ternir le bois ou décolorer le métal.

NETTOYANT POUR LES VITRES

RETIRER FACILEMENT UNE BAGUE • Si votre bague est un peu difficile à retirer, vaporisez un peu de nettoyant pour les vitres sur votre doigt puis faites glisser votre bague.

CALMER UNE PIQÛRE D'ABEILLE • Les apiculteurs savent depuis toujours qu'une solution ammoniaquée très diluée permet de soulager les piqûres d'abeille. Retirer d'abord le dard et vaporisez immédiatement un peu de nettoyant pour les vitres à base d'ammoniaque sur la piqûre ; cela devrait faire diminuer l'enflure et la douleur. Attention, n'utilisez pas de nettoyant sous forme concentrée.
ATTENTION : si vous êtes allergique aux piqûres d'abeille, consultez immédiatement un médecin.

NETTOYER CERTAINS BIJOUX • Pour nettoyer les bijoux en métal et incrustés de pierres précieuses cristallines comme le diamant ou le rubis, vaporisez un peu de nettoyant pour les vitres, puis frottez délicatement avec une brosse à dents usagée. N'utilisez pas ce type de nettoyant pour un bijou comportant une pierre opaque comme l'opale ou la turquoise, ni une pierre organique comme le corail ou la perle : l'ammoniaque et les détergents contenus dans le produit risqueraient de décolorer ces surfaces poreuses.

ÉLIMINER LES TACHES REBELLES • Si des taches de sang, d'herbe ou de sauce tomate ont résisté à un cycle de lavage, vaporisez un peu de nettoyant pour les vitres à base d'ammoniaque et laissez agir une quinzaine de minutes. Tamponnez avec un chiffon blanc sec, rincez à l'eau froide et lavez de nouveau. Choisissez un produit incolore pour ne pas risquer de teinter le tissu. Voici quelques autres conseils utiles.

- N'utilisez pas de nettoyant pour les vitres sur la soie, la laine et tous les tissus contenant ces deux matières.
- Faites un essai sur une couture ou une zone invisible du vêtement (revers, ourlet, etc.) pour voir si le produit décolore le tissu.
- Utilisez de l'eau froide et ne mettez pas le vêtement au sèche-linge tant que la tache n'est pas complètement partie.
- Si vous avez l'impression que la couleur du tissu vire après usage du produit, humectez la zone affectée avec du vinaigre blanc et rincez à l'eau. Le vinaigre acide va neutraliser l'ammoniaque alcalin.

LE SAVIEZ-VOUS ?

Peut-on vaporiser un peu de nettoyant pour les vitres sur un bouton pour le faire disparaître ? Bien que la composition du produit varie selon les marques, celui-ci renferme souvent de l'ammoniaque, des détergents, des solvants ainsi que de l'alcool. Cette combinaison a pour effet de nettoyer, assécher et désinfecter la peau. Tant que le produit ne pénètre pas dans les yeux et que vous n'êtes pas allergique à l'un de ses composants, il peut se révéler d'une certaine efficacité. À expérimenter si vous n'avez vraiment rien d'autre sous la main !

O

ŒUF

PRÉPARER UN MASQUE FACIAL • Si vous avez une peau normale, utilisez 1 œuf entier battu ; si votre peau a besoin d'être hydratée, séparez le blanc du jaune et n'utilisez que le jaune battu ; et si vous avez la peau grasse, elle appréciera le blanc d'œuf additionné d'un peu de jus de citron ou de miel. Appliquez ce masque sur votre visage, détendez-vous et laissez poser 30 minutes, puis rincez abondamment. Après ce traitement peu onéreux, votre peau aura retrouvé sa fraîcheur et son éclat.

COLLE DE SUBSTITUTION • Si vous êtes à court de colle blanche, utilisez du blanc d'œuf battu pour assembler deux feuilles de papier ou de carton mince.

NOURRIR LES PLANTES • Lorsque vous faites cuire des œufs à l'eau bouillante, ne jetez pas l'eau. Laissez-la refroidir puis arrosez-en vos plantes : elle regorge de nutriments.

ENRICHIR UN COMPOST • Les coquilles d'œuf constituent un apport bénéfique au compost car elles sont riches en calcium, un nutriment qui stimule la croissance des plantes. Écrasez-les avant de les jeter sur votre compost, elles se décomposeront plus vite.

FAIRE DÉMARRER DES GRAINES • Placez des demi-coquilles dans la boîte à œufs, remplissez-les de terre puis enfoncez les graines dedans ; les graines puiseront les nutriments que renferme la coquille. Quand les plants ont atteint environ 8 cm de hauteur, retirez-les de la coquille puis transplantez-les au jardin. Écrasez les coquilles et ajoutez-les au compost ou bien enfouissez-les dans la terre du jardin.

OIGNON

ÉLIMINER UNE ODEUR DE PEINTURE FRAÎCHE

Pour rendre rapidement habitable une pièce fraîchement repeinte, placez quelques tranches d'oignon coupées dans un plat avec un peu d'eau ; elles absorberont l'odeur de peinture en quelques heures.

DISSUADER CHIENS ET CHATS DE FAIRE DES BÊTISES • Placez un plat avec quelques tranches d'oignon sur le « lieu du crime ». Chiens et chats n'aiment pas beaucoup l'odeur de l'oignon, ils éviteront donc d'y retourner.

OIGNON suite →

LE SAVIEZ-VOUS ?

Il existe de nombreuses astuces pour ne pas pleurer en épluchant des oignons : s'équiper de lunettes protectrices ou d'un masque de plongée, placer un ventilateur derrière soi, se frotter les mains avec du vinaigre, etc. Mais la méthode la plus efficace consiste à mettre les oignons au congélateur pendant environ 30 minutes avant de les éplucher. Commencez par couper le haut de l'oignon, puis enlevez les couches extérieures en gardant la racine intacte, car c'est elle qui renferme la plus grande concentration de composés soufrés, à l'origine de l'irritation des yeux.

ENLEVER LA ROUILLE D'UN COUTEAU • À défaut de laine d'acier, enfoncez votre couteau rouillé trois ou quatre fois (ou plus si votre couteau est vraiment très rouillé) dans un gros oignon.

EN CAS DE MALAISE • Si un membre de votre entourage se trouve pris de malaise et que vous n'avez pas de sels sous la main, servez-vous d'un oignon fraîchement coupé. L'odeur forte de l'oignon devrait le ranimer.

PRÉPARER UN PESTICIDE NATUREL • Réduisez en purée, au mixeur, 4 oignons, 2 gousses d'ail, 2 cuillerées à soupe de piment de Cayenne et 1 litre d'eau. Dans un seau, diluez 2 cuillerées à soupe de savon en copeaux pour 8 litres d'eau. Ajoutez le contenu du mixeur et mélangez bien le tout. Vaporisez ce puissant pesticide sur vos plantes sans scrupules : il ne nuira pas à l'environnement.

SOULAGER UNE PIQÛRE D'ABEILLE • Couvrez la piqûre d'une tranche d'oignon pour apaiser la douleur. **ATTENTION : si vous êtes allergique aux piqûres d'abeille et d'autres insectes, consultez immédiatement un médecin.**

REPOUSSER LES MOUSTIQUES • Durant l'été, consommez davantage d'oignon et d'ail, ou frottez-vous régulièrement la peau avec une rondelle d'oignon, pour éloigner les moustiques et autres insectes piqueurs.

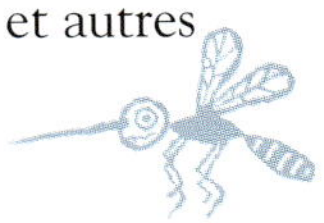

ORANGE

ALLUMER UN FEU • Les peaux d'orange et de citron séchées sont bien plus efficaces que le papier journal pour faire partir un feu. Non seulement elles sentent meilleur et produisent moins de créosote, mais les huiles inflammables qu'elles contiennent leur permettent de brûler beaucoup plus longtemps que le papier.

FABRIQUER UN DIFFUSEUR DE PARFUM • Piquez toute la surface d'une orange de clous de girofle. Suspendez votre diffuseur de parfum avec un bout de ficelle, de laine ou de fil de Nylon à l'intérieur d'une armoire ou d'un placard ; il sera efficace des années durant.

UN POT-POURRI POUR TOUTE LA MAISON • Laissez ouvertes les portes de toutes les pièces et faites chauffer à feu très doux les peaux de 3 ou 4 oranges et/ou citrons dans 25 à 50 cl d'eau, dans une casserole, pendant quelques heures. Surveillez la cuisson et ajoutez de l'eau si besoin est. Cette bonne odeur d'agrumes rafraîchira l'air de toute la maison.

ÉLOIGNER LES CHATS DES VOISINS • Pour dissuader les chats du voisinage de prendre votre pelouse pour leur litière, mélangez des peaux d'orange et du marc de café et répartissez le mélange sur leurs « repaires ». Si cela ne suffit pas, essayez une seconde fois, en ajoutant un peu d'eau au mélange.

REPOUSSER LES MOUSTIQUES • Si vous n'avez pas envie de sentir l'oignon (voir p. 222), frottez-vous la peau avec des peaux d'orange ou de citron fraîches. Les moustiques détestent également ces odeurs.

SE DÉBARRASSER DES FOURMIS • Réduisez en purée au mixeur quelques peaux d'orange et 25 cl d'eau chaude. Versez ce mélange sur et dans les fourmilières pour faire fuir les fourmis. Répétez l'opération plusieurs fois si nécessaire.

OUVRE-BOUTEILLE

FACILITER L'ÉPLUCHAGE DES CHÂTAIGNES • Percez le sommet et le bas des châtaignes avec la pointe d'un ouvre-bouteille, puis faites-les bouillir pendant 10 minutes. L'écorce s'enlèvera très facilement.

COUPER L'ADHÉSIF COLLÉ SUR LES CARTONS • À défaut de canif ou de cutter, ouvrez les cartons avec la pointe d'un ouvre-bouteille.

DÉVEINER DES CREVETTES

Servez-vous de la pointe d'un ouvre-bouteille pour pratiquer une fente sur le dos des crevettes et retirer le petit boyau noir.

NETTOYER UNE GRILLE DE BARBECUE • Pour venir facilement à bout des résidus carbonisés collés sur la grille du barbecue, pratiquez une entaille de 3 mm de large avec une lime métallique dans l'extrémité plate d'un ouvre-bouteille et nettoyez la grille avec ce grattoir improvisé.

LE SAVIEZ-VOUS ?

Les premiers décapsuleurs présentaient une extrémité pointue et une autre aplatie. Ils ont été conçus dans les brasseries pour ouvrir les bouteilles de bière à capsule. De nos jours, les ouvre-bouteilles ont indifféremment le bout pointu ou arrondi.

GRATTER DU PLÂTRE OU DES JOINTS • La pointe d'un ouvre-bouteille est parfaite pour enlever le plâtre craquelé d'un mur avant de l'enduire. Élargissez les fissures ou le fond d'un trou pour que le plâtre neuf accroche bien l'ancien. Servez-vous aussi de la pointe d'un ouvre-bouteille pour éliminer les joints usés d'un carrelage.

PAILLE

ÉVITER LES NŒUDS DANS UNE CHAÎNE • Pour que les chaînes ne s'emmêlent plus dans votre boîte à bijoux, glissez-les individuellement dans une paille en plastique. Coupez la paille à la longueur de la chaîne et repliez un peu la paille pour fermer la chaîne avant de la ranger dans la boîte.

FAIRE DES BULLES
Pas besoin d'un appareil à bulles sophistiqué pour amuser les enfants lors d'un goûter d'anniversaire : coupez en biseau l'extrémité d'une paille en plastique, trempez-la dans un mélange de produit vaisselle et d'eau, et soufflez doucement. Succès garanti auprès des plus jeunes, qui adorent voir e former une nuée de petites bulles de savon.

RECOLLER UN PLACAGE • Pour poser de la colle à bois sous un placage sans risquer de l'abîmer, prenez une paille courte en plastique, aplatissez-la et pliez-la en deux. Remplissez une des moitiés de colle et placez-la sous le placage à recoller. Dépliez la paille et soufflez doucement par l'autre bout. Essuyez les bavures de colle sans attendre, posez du papier sulfurisé sur la zone collée et lestez à l'aide d'un objet lourd. Placez des serre-joints et laissez sécher toute la nuit.

PROTÉGER LES JOUETS • Les ficelles des jouets que les enfants aiment tirer derrière eux finissent invariablement par s'emmêler. Pour éviter ce désagrément, passez la ficelle de ces jouets dans une ou plusieurs pailles en plastique.

FLUIDIFIER DE LA SAUCE TOMATE •
Lorsqu'une sauce tomate est trop épaisse pour couler de son pot, introduisez une paille jusqu'au fond et remuez doucement. La sauce s'écoulera alors plus facilement.

LE SAVIEZ-VOUS ?

C'est au mint julep, cocktail à base de whisky et de menthe très en vogue dans le sud des États-Unis à la fin du XIXe siècle, que l'on doit l'invention de la paille. Le mint julep devant être servi très frais, on le buvait à l'aide d'une paille fabriquée à partir d'une tige creuse (de seigle, de préférence) pour éviter de réchauffer le verre entre ses mains. Mais le seigle donnait un goût d'herbe désagréable au cocktail. En 1888, Marvin Stone, fabricant américain d'étuis à papier à cigarettes, eut l'idée de fabriquer une paille en papier cartonné pour siroter son cocktail favori. Le succès de son invention fut tel que la paille devint rapidement un produit universel.

CONFECTIONNER UN BEAU BOUQUET • Pour mettre toutes les fleurs d'un bouquet au même niveau, enfoncez les tiges les plus courtes dans une paille en plastique. Retaillez les pailles si nécessaire avant de les glisser dans le vase.

TRANSPORTER SEL ET POIVRE • Pour transporter de petites quantités de sel ou de poivre lorsque vous partez en randonnée pour la journée, pliez l'extrémité d'une paille et fermez-la avec du ruban adhésif. Remplissez la paille et fermez l'autre extrémité. Vos condiments resteront à l'abri de l'humidité.

PAIN

RAMOLLIR DES GUIMAUVES DURCIES • Placez 2 ou 3 tranches de pain frais dans le sachet de guimauves et fermez-le hermétiquement – ou mettez les guimauves dans un sac à congélation avec le pain. Au bout de quelques jours, les guimauves devraient avoir retrouvé la bonne consistance.

ABSORBER LES ODEURS DE CHOU • Mettez une tranche de pain ou de pain de mie dans l'eau de cuisson des légumes dont l'odeur est forte (chou de Bruxelles, chou-fleur). Elle absorbera l'essentiel des odeurs.

NETTOYER MURS ET PAPIERS PEINTS • Pour effacer les traces de doigts sur les murs peints ou couverts de papier peint, qu'il soit lavable ou non, frottez avec de la mie de pain blanc.

DÉPOUSSIÉRER DES PEINTURES À L'HUILE • Pour nettoyer une peinture à l'huile, frottez très doucement la surface du tableau avec de la mie de pain blanc. Évitez cependant cette méthode avec les toiles de prix.

SAUVER DU RIZ BRÛLÉ • Placez une tranche de pain blanc sur le riz encore bien chaud que vous avez laissé brûler, et remettez le couvercle. Au bout de quelques minutes, retirez le pain : le goût de brûlé devrait avoir disparu.

RAMASSER DU VERRE BRISÉ

Vous ramasserez facilement les tout petits morceaux de verre sans risquer de vous blesser en posant dessus une tranche de pain de mie et en appuyant légèrement. Mais attention à ne pas vous couper en jetant le pain à la poubelle !

LIMITER LES PROJECTIONS DANS LE FOUR • L'un des meilleurs moyens d'empêcher les éclaboussures de graisse pendant la cuisson d'une pièce de viande au four est de placer plusieurs tranches de pain blanc dans la lèchefrite. Cela réduira également la production de fumées.

PAPIER DE VERRE

APPOINTER UNE AIGUILLE • Ne jetez pas le papier de verre usagé. Les angles restent souvent intacts et peuvent encore être utiles, notamment pour appointer des aiguilles à coudre. Frottez-les ou faites-les tourner dans un petit morceau de papier de verre à grain fin.

PAPIER DE VERRE suite →

Le coin des enfants

Épatez vos enfants en leur montrant comment faire un transfert. Proposez-leur de faire un dessin aux crayons de couleur à la cire (Crayola) sur la face rugueuse d'une feuille de papier de verre. Posez un T-shirt sur la table à repasser. Glissez une feuille d'aluminium ménager à l'intérieur, à l'endroit où vous voulez réaliser le transfert. Mettez le papier de verre sur le T-shirt, dessin contre le vêtement. Appuyez 10 secondes au fer chaud sur tout le dessin, afin que le transfert s'imprime bien. Laissez refroidir le T-shirt, lavez-le à froid et laissez sécher.

RAJEUNIR UN PULL QUI BOULOCHE • Éliminez les petites boules pelucheuses de vos lainages à l'aide d'un morceau de papier de verre à grain fin. Passez délicatement le papier de verre sur les pulls d'un geste régulier et toujours dans le même sens ; ils seront impeccables.

AIGUISER DES CISEAUX • Découpez des feuilles de papier de verre à grain très fin avec vos ciseaux émoussés ; cela les aiguisera.

ATTÉNUER LES TRACES DE BRÛLURE SUR DE LA LAINE • Pour rendre moins visible une trace de brûlure légère sur un pull en laine, frottez-la très doucement avec une feuille de papier de verre à grain moyen.

MARQUER LES PLIS D'UN VÊTEMENT • Glissez une feuille de papier de verre à grain fin ou moyen dans les plis des vêtements pour les maintenir et les marquer parfaitement lors du repassage.

RENDRE LES SEMELLES EN CUIR MOINS GLISSANTES

Pour éviter de glisser avec des semelles en cuir neuves, usez-les légèrement en les frottant avec du papier de verre.

ENTRETENIR LE DAIM • Du papier de verre à grain très fin et beaucoup de délicatesse permettent d'atténuer les éraflures et les taches d'encre sur les vêtements et les chaussures en daim. Lissez le poil avec une brosse à dents ou à ongles.

ÉLOIGNER LIMACES ET ESCARGOTS • Pour empêcher les limaces et les escargots d'aborder vos plantes en pots, placez ceux-ci sur des disques à poncer usés d'un diamètre un peu plus large que celui des pots.

DÉTACHER LES JOINTS D'UN CARRELAGE • Si la poudre à récurer ne vient pas à bout de certaines taches sur les joints d'un carrelage, utilisez du papier de verre à grain fin : pliez une feuille, côté abrasif vers l'extérieur, et utilisez le bord plié pour poncer l'enduit du joint. Attention à ne pas rayer la surface du carrelage.

OUVRIR UN BOCAL • Pour ouvrir un pot (de confiture, de cornichons, de moutarde, etc.), posez sur le couvercle récalcitrant une feuille de papier de verre, face lisse vers l'extérieur. Le papier de verre devrait vous fournir l'adhérence nécessaire pour ouvrir le couvercle.

UNE LIME À ONGLES DE SECOURS • Si vous avez égaré votre lime à ongles, une feuille de papier de verre à grain très fin fera provisoirement l'affaire.

PAPIER PEINT

TAPISSER TIROIRS ET ÉTAGÈRES • Les chutes de papier peint sont parfaites pour tapisser l'intérieur des tiroirs et les étagères d'une armoire – notamment les papiers un peu texturés sur lesquels les objets que l'on pose adhèrent mieux.

RESTAURER UN VIEUX PARAVENT

Donnez un coup de neuf à un paravent déchiré ou taché en le recouvrant de papier peint. Fixez les bandes en haut et en bas avec du ruban adhésif si vous ne voulez pas les coller sur le matériau d'origine.

COUVRIR LES LIVRES SCOLAIRES • Utiliser des chutes de papier peint est une solution économique pour couvrir les livres scolaires des enfants. Il est aussi résistant aux coups de stylo et à l'humidité que le plastique.

PUZZLE DE FORTUNE • Découpez un rectangle de papier peint et collez-le sur du carton mince. Laissez sécher, puis découpez-le en petites formes à bords droits ou incurvés. Vous proposerez ce puzzle original aux enfants un jour de mauvais temps.

PAPIER SULFURISÉ

DÉDICACER UN GÂTEAU D'ANNIVERSAIRE • Découpez un morceau de papier sulfurisé de la dimension de votre gâteau en vous servant du moule comme modèle. Puis écrivez le nom et le message dessus avec le glaçage de votre choix en utilisant une poche à douille. Laissez durcir au congélateur, puis décollez le glaçage et faites-le glisser sur le gâteau avec une spatule. C'est enfantin à réaliser et vous donnerez à vos invités l'impression d'être un véritable expert !

PAPIER SULFURISÉ suite →

UN ENTONNOIR À ÉPICES • Roulez un morceau de papier sulfurisé pour former un petit entonnoir et transvasez les épices dans différents pots sans mettre une seule graine à côté. Doublez l'épaisseur de papier pour transvaser du liquide.

ENTRETENIR LA CUISINE • Le papier sulfurisé permet de garder propres plus longtemps de nombreux endroits dans une cuisine.

- Tapissez de papier sulfurisé les compartiments de votre réfrigérateur où vous stockez la viande et les légumes. Remplacez le papier aussi souvent que nécessaire.

- Si vos placards de cuisine n'atteignent pas le plafond, tapissez-en le dessus avec du papier sulfurisé pour les protéger de la poussière et des particules de graisse. Remplacez-le environ tous les 2 mois.

- Afin que le jus de viande n'imprègne pas votre planche à découper, couvrez celle-ci de plusieurs épaisseurs de papier sulfurisé avant de couper de la viande saignante. Vous n'aurez plus à désinfecter la planche après chaque utilisation.

RANGER DES TISSUS DÉLICATS

Recouvrez chaque article (napperons de dentelle, écharpes en soie, etc.) d'un morceau de papier sulfurisé afin de les protéger de la lumière, de l'humidité, etc.

REBOUCHER UNE BOUTEILLE ENTAMÉE

Pour reboucher une bouteille entamée sans effort, enveloppez le bouchon en liège de papier sulfurisé. Tout en facilitant la réouverture de la bouteille, le papier empêche les petits bouts de liège de tomber dans le vin.

PROTÉGER UNE SURFACE DE LA COLLE • Les menuisiers savent à quel point les surplus de colle sont difficiles à retirer sur un établi, un outil, des cales ou une pièce en cours de fabrication. Afin d'empêcher la colle d'adhérer, couvrez la surface exposée de plusieurs morceaux de papier sulfurisé et placez-en également entre les cales et l'article en cours de confection.

PROTÉGER UNE NAPPE DE LA CIRE DE BOUGIE • Les bougies de couleur assorties aux nappes contribuent à composer un élégant décor de table. Pour gagner du temps, rangez ensemble chaque nappe et les bougies assorties, mais prenez soin d'envelopper ces dernières dans du papier sulfurisé afin qu'elles ne laissent pas de marques disgracieuses sur le tissu.

PARAPLUIE

FAIRE SÉCHER LE LINGE • Utilisez un vieux parapluie pour étendre le linge. Retirez le tissu des baleines et accrochez le parapluie, tête vers le bas, à la tringle du rideau de douche.

RECUEILLIR LA POUSSIÈRE • Lorsque vous époussetez un lustre ou un ventilateur, suspendez-y un parapluie, tête vers le bas, pour récupérer la poussière et les saletés.

PROTÉGER LES MURS • Pour éviter de mouiller les murs lorsque vous pulvérisez de l'eau sur les plantes d'intérieur, placez un parapluie ouvert entre le mur et les plantes.

PROTÉGER LE PIQUE-NIQUE • Pour protéger la nourriture des insectes volants et du soleil, sciez la poignée d'un vieux parapluie et posez-le au-dessus des plats.

TUTEURER LES PLANTES • Les baleines d'un vieux parapluie feront de formidables tuteurs pour les plantes du jardin.

FABRIQUER UN SUPPORT POUR PLANTE GRIMPANTE • Retirez le tissu d'un vieux parapluie et plantez ce dernier dans la terre. Il constituera un treillis solide pour la vigne ou les pois de senteur. Couvert de fleurs, il égaiera le jardin.

PROTÉGER LES JEUNES PLANTS • Pour protéger vos semis d'un gel tardif, servez-vous d'un vieux parapluie. Sciez la poignée et posez-le ouvert au-dessus des jeunes pousses.

SE REPÉRER DANS LA FOULE

Lorsque vous assistez à plusieurs à événement en plein air, munissez-vous de parapluies de la même couleur vive. Il suffit de les ouvrir et de les brandir pour se retrouver facilement dans la foule.

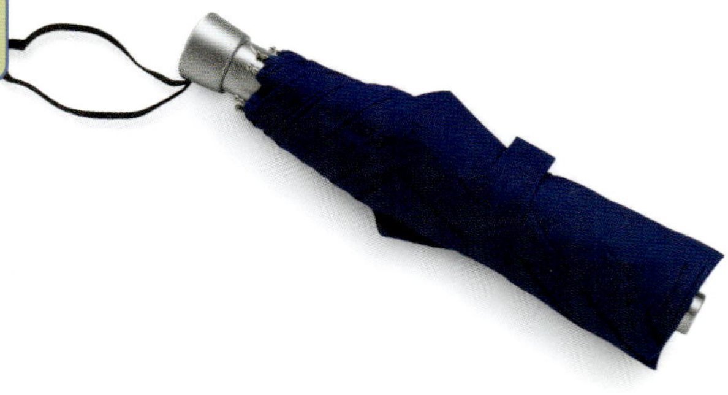

PASSOIRE

HALTE AUX PROJECTIONS DE GRAISSE • Pour faire cuire un steak ou sauter des légumes sans salir la cuisinière, renversez une passoire en métal sur la poêle ou la sauteuse ; ce couvercle à trous laissera échapper la vapeur tout en bloquant les projections grasses. Munissez-vous d'une manique ou d'un torchon pour retirer la passoire, car elle sera brûlante.

SERVIR DES PÂTES BIEN CHAUDES • Une fois égouttées, les pâtes refroidissent très vite. Pour qu'elles restent chaudes plus longtemps, utilisez l'eau de cuisson pour réchauffer le plat de service avant de le garnir. Placez une passoire métallique sur un plat résistant à la chaleur, versez les pâtes et leur eau de cuisson et laissez l'eau bouillante chauffer le plat pendant quelques minutes. Videz l'eau, ajoutez les pâtes et la sauce, c'est prêt !

RANGER LES JOUETS DU BAIN • Après le bain de votre bambin, rassemblez les petits jouets dans une grande passoire en plastique et posez-la à côté de la baignoire. Les jouets s'égoutteront, et la baignoire restera disponible.

UN FORMIDABLE JOUET DE PLAGE • Ne vous ruinez pas en achetant des jouets de plage sophistiqués : glissez dans votre sac une passoire en plastique bon marché, idéale pour s'amuser dans le sable, que ce soit au bord de la mer ou au jardin public.

BIEN CONSERVER FRUITS ROUGES ET GRAPPES DE RAISIN

Les fruits rouges et le raisin moisissent vite. Pour qu'ils restent frais et savoureux, mettez-les au frais dans une passoire plutôt que dans un récipient hermétique pour favoriser la circulation d'air froid.

PELLE À POUSSIÈRE

DÉCORER VOTRE PORTE POUR L'AUTOMNE • Ramassez des feuillages d'automne aux jolis tons bruns, orange et jaunes, et des branches avec des baies rouges ou orange pour confectionner un bouquet ; nouez-les avec un élastique ou du ruban adhésif. Déployez votre bouquet en éventail et camouflez l'élastique avec un ruban de couleur. Fixez le bouquet sur une pelle à poussière en cuivre avec de la colle extraforte. Accrochez cette composition sur votre porte d'entrée pour fêter l'arrivée de l'automne. Faute de pelle en cuivre, appliquez de la peinture métallisée couleur cuivre sur une pelle en plastique.

RANGEMENT EXPRESS • Pour ranger de petits jouets sans perdre de temps ni vous faire mal au dos, ramassez-les avec une pelle à poussière à long manche.

JOUER DANS LE SABLE • Ajoutez une pelle à poussière aux autres jouets de plage ; elle sera très appréciée pour bâtir les châteaux de sable ou creuser des fossés.

PELLETER LA NEIGE • Si vous habitez une région froide où les chutes de neige sont fréquentes en hiver, proposez à vos enfants de venir pelleter la neige avec vous en les équipant de pelles à poussière.

PIÈCE DE MONNAIE

VÉRIFIER L'USURE DES PNEUS • Si vous n'avez pas de gabarit, laissez à la Semeuse le soin de vous dire dans quel état sont les pneus de votre voiture. Insérez une pièce de 50 centimes d'euro française dans une des rainures ; si vous ne voyez pas les pieds de la Semeuse, c'est que le pneu est encore en très bon état (rappelons que la profondeur minimale des rainures principales prévue par le Code de la route est de 1,6 mm).

ENLEVER LES MARQUES SUR UN TAPIS • Les pieds des meubles laissent toujours des traces disgracieuses sur un tapis ou une moquette. Pour les faire disparaître, frottez avec la tranche d'une pièce de monnaie. Si les poils ne se redressent pas, humidifiez la marque avec un fer à vapeur chaud que vous tiendrez à 5 cm environ au-dessus du tapis, puis faites un nouvel essai avec la pièce.

CONSERVER DES FLEURS COUPÉES • Vos fleurs coupées resteront fraîches plus longtemps si vous mettez une pièce en cuivre et un morceau de sucre dans l'eau du vase. Changez l'eau régulièrement.

UN INSTRUMENT DE MESURE IMPROVISÉ • Si vous n'avez pas de règle graduée à portée de main, utilisez une pièce de 20 centimes d'euro. Elle mesure exactement 2 cm de diamètre. C'est pratique pour calculer les dimensions d'un petit objet, il suffit d'en poser plusieurs côte à côte.

CONFECTIONNER DES MARACAS • Mettez quelques pièces dans une cannette vide, scellez le haut avec de l'adhésif et vous voilà avec un instrument idéal pour encourager votre équipe de basket ou de foot favorite… ou encore pour rappeler votre chien à l'ordre !

PIÈCE DE MONNAIE suite →

DÉCORER UNE BARRETTE À CHEVEUX • Réunissez de jolies pièces de 1, 2, 5, 10 ou même 20 centimes d'euro, ou encore des pièces étrangères, disposez-les à votre guise sur l'armature de la barrette et fixez-les en place avec un pistolet à colle thermofusible. Laissez sécher 24 heures.

VÉRIFIER LE POSITIONNEMENT D'UNE PORTE • Utilisez des pièces de 5 et 10 centimes pour vérifier que le dégagement entre l'extérieur de la porte et l'intérieur du cadre est correct. Lorsque la porte est fermée, le jour en haut doit être de l'épaisseur d'une pièce de 5 centimes et sur les côtés, d'une pièce de 10 centimes. Ainsi positionnée, la porte devrait s'ouvrir et se fermer sans frotter, sans pour autant laisser passer les courants d'air.

FABRIQUER UN PRESSE-PAPIERS

Mettez des pièces originales, rapportées de pays étrangers par exemple, dans un petit bocal en verre muni d'un couvercle vissant et habillez ce couvercle d'un papier adhésif de couleur ou imprimé.

LE SAVIEZ-VOUS ?

Les premières pièces de monnaie furent fabriquées en 700 av. J.-C. par les Lydiens, un peuple d'Asie Mineure qui vivait sur le territoire de l'actuelle Turquie. Elles se propagèrent ensuite en Grèce et à Rome. Toutefois, l'usage des pièces et des billets mit plusieurs siècles à se généraliser.
Le latin persista sur la monnaie d'or et d'argent jusqu'à la Révolution, où la langue savante fut détrônée par le français (1791). La première de nos monnaies d'or à légende en français serait le louis de 24 livres (montrant le buste de Louis XVI).

PETITE EXPÉRIENCE

Les scientifiques se servent des illusions d'optique pour montrer comment le cerveau peut être trompé. Cette simple expérience se réalise avec deux pièces, mais vous aurez l'impression d'en voir trois.

Tenez deux pièces entre le pouce et l'index. Faites-les glisser rapidement l'une contre l'autre d'avant en arrière et vous verrez alors surgir une troisième pièce.
Comment est-ce possible ? En fait, nous ne voyons les objets que parce qu'ils réfléchissent la lumière. Leur image est créée au fond de l'œil, sur la rétine, par ces rayons lumineux.
Or, cette image met plus longtemps à disparaître lorsque l'objet sort du champ visuel qu'elle a mis à se former quand il y est entré. Si donc un objet en sort puis y revient brusquement, deux images de ce même objet peuvent coexister sur la rétine, laissant penser que l'on voit deux objets identiques simultanément.

PINCE À DESSIN

SE MUSCLER LES DOIGTS

Si vous avez trop peu de force dans les doigts ou des problèmes d'arthrite, ouvrez une grosse pince à dessin et comptez jusqu'à 5 avant de relâcher. Faites-le au moins douze fois de suite avec chaque main, plusieurs fois par jour, pour muscler vos doigts et relâcher les tensions. Vous devriez petit à petit ouvrir plus facilement les couvercles des bocaux...

UNE PINCE À BILLETS • Empilez soigneusement les billets, pliez-les en deux et fixez une petite pince à dessin sur la pliure pour les maintenir.

ENCADRER UNE PHOTOGRAPHIE • Placez une photo entre une plaque de verre, ou une feuille de plastique transparent, et un panneau rigide en bois ou en carton. Fixez les bords avec deux ou trois petites pinces à dessin de chaque côté. Retirez les branches métalliques des pinces sur l'avant et fixez un morceau de fil de fer sur les pinces arrière pour accrocher la photo au mur.

UN MARQUE-PAGE • Utilisez une pince à dessin de taille moyenne (ou de petite taille pour les formats de poche), elle ne glissera pas du livre. Collez cependant une bande de sparadrap ou d'adhésif d'électricien sur les mâchoires de la pince pour éviter d'abîmer les pages.

GARDER SES PAPIERS À PORTÉE DE MAIN • Lorsque vous partez en voyage, attachez vos papiers et autres documents importants avec une pince à papier que vous fixerez à votre ceinture ou à l'intérieur de votre sac à main. Vous les aurez ainsi toujours sous la main pour les différents contrôles. Au bureau, attachez votre badge de la même manière à une de vos poches ou à votre ceinture.

PINCE À LINGE

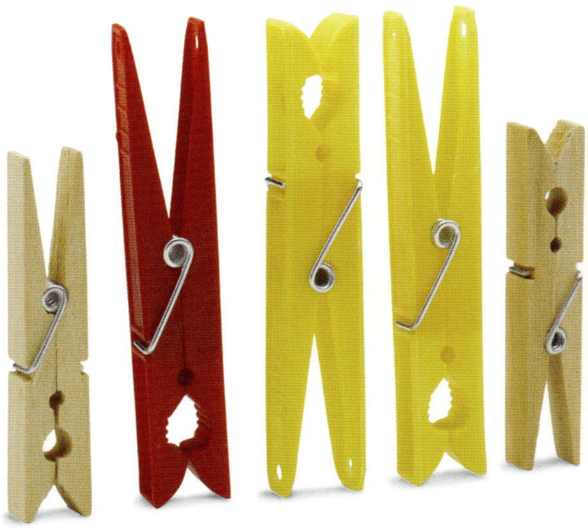

CONSERVER DES DENRÉES ALIMENTAIRES • Fermez hermétiquement les sachets de biscuits ou de fromage râpé entamés avec des pinces à linge afin que les aliments gardent leur saveur initiale, ne se répandent pas sur l'étagère et n'attirent pas les mites alimentaires ou les rongeurs. Faites de même lorsque vous stockez de la nourriture dans un sac à congélation sans système de fermeture.

FIXER DES GUIRLANDES DE NOËL À L'EXTÉRIEUR • Pour que vos guirlandes restent bien accrochées le long des chéneaux, dans les buissons ou dans les arbres, et affrontent le vent et la pluie sans broncher, fixez-les avec des pinces à linge.

PINCE À LINGE suite →

PRÉSENTOIR RANGE-TOUT • Pour mettre de l'ordre dans l'atelier, la cuisine ou la salle de bains, découpez un panneau de bois aux dimensions souhaitées, vissez un certain nombre de vis au dos du panneau en les espaçant à votre guise et enfoncez des pinces à linge en bois, plutôt de modèle ancien, sur les extrémités qui ressortent de l'autre côté (percez les pinces au préalable pour éviter de les fendre). Suspendez ce présentoir au mur et accrochez-y tous les petits objets qui vous encombrent.

UN SERRE-JOINT POUR OBJETS FINS • Lorsque vous collez deux objets fins ensemble, maintenez-les serrés avec deux pinces à linge jusqu'à ce que la colle ait pris.

MAINTENIR LA FORME DES GANTS

Pour faire sécher des gants de laine sans qu'ils se déforment, insérez de longues pinces à linge en bois dans chaque doigt (les pinces dont l'extrémité est munie d'une boule sont idéales).

STOPPER LA COURSE DU FIL DE L'ASPIRATEUR • Pour éviter que votre aspirateur s'arrête inopinément parce que le fil d'alimentation s'est enroulé automatiquement, placez une pince à linge sur le fil pour le bloquer à la longueur de votre choix.

UN BAVOIR IMPROVISÉ • Pour faire manger bébé sans qu'il se salisse, fixez un torchon ou une grande serviette de table autour de son cou avec une pince à linge.

SUSPENDRE UN PINCEAU • Fixez votre pinceau au bord du récipient avec une pince à linge pour éviter qu'il trempe dans la peinture ou le diluant lorsque vous faites une courte pause.

CONFECTIONNER DES PETITES MARIONNETTES • Les pinces à linge à l'ancienne sont idéales pour cet usage. La petite boule située à l'une des extrémités faisant office de tête, demandez aux enfants de coller des morceaux de laine pour les cheveux, et des chutes de tissu ou de papier de couleur pour les vêtements.

ORGANISER SON DRESSING • Pour ne plus chercher la deuxième chaussure d'une paire d'escarpins, de mocassins, de bottes, de baskets ou de chaussures d'enfant, accouplez-les avec des pinces à linge (attention : veillez à ce qu'elles ne laissent pas de marques sur les cuirs fragiles). Rangez vos gants de la même façon.

MARQUER L'EMPLACEMENT D'UN BULBE • Au printemps, plantez une pince à linge en bois dans le sol à l'endroit où les fleurs que vous avez plantées auraient dû sortir. À l'automne, vous saurez où planter des bulbes pour combler les vides.

LE SAVIEZ-VOUS ?

Entre 1852 et 1857, le Bureau des brevets américain a accordé des brevets pour 146 modèles différents de pinces à linge. Les pinces en plastique ont fini par supplanter peu à peu leurs homologues en bois. Quant aux petites entreprises familiales qui en fabriquaient encore, elles ont dû fermer boutique face à l'invasion de pinces en bois venues de l'étranger, notamment d'Asie. Fait insolite, de nos jours, il est plus facile de trouver des pinces en bois dans les boutiques de loisirs créatifs que dans les supermarchés.

MAINTENIR UN SAC OUVERT • Pour remplir un grand sac de feuilles mortes sans en faire tomber la moitié par terre, ouvrez-le bien grand et, avec quelques pinces à linge, attachez un de ses côtés à une clôture ou à tout autre support fixe.

SE PROTÉGER LES DOIGTS

Pour enfoncer un clou dans un endroit difficile d'accès sans vous taper sur les doigts, tenez le clou avec une pince à linge en bois.

PINCEAU

ENLEVER DU SABLE • Ayez toujours un gros pinceau dans votre voiture. Il vous sera très utile au retour de la plage pour ôter le sable des transats, jouets et autres accessoires avant de les remettre dans la voiture.

APPLIQUER UN DÉTACHANT

Pour appliquer du détachant sur vos vêtements, utilisez un petit pinceau. Vous obtiendrez un résultat plus précis.

DÉPOUSSIÉRER DES OBJETS FRAGILES • Pour atteindre les minuscules recoins des chandeliers, lustres, meubles travaillés, paniers en osier et bibelots de toute sorte, munissez-vous d'un petit pinceau en poils naturels. Il vous servira également pour nettoyer des objets en porcelaine ou des figurines et les masques en bois.

BADIGEONNER DES ALIMENTS • Un petit pinceau en poils synthétiques est parfait pour napper un gâteau, badigeonner une volaille de beurre ou de marinade, enduire un rôti de moutarde ou des grillades de sauce. Il sera plus facile à nettoyer que les pinceaux à pâtisserie en soies de porc. Mais ne l'utilisez qu'à froid, car les poils synthétiques ne résistent pas à la chaleur.

NETTOYER LES VITRES ENCRASSÉES • Dépoussiérez les vitres avec un pinceau large. Secouez bien le pinceau et plongez-le dans un petit plat de pétrole lampant (pétrole désaromatisé utilisé dans les lampes) et « peignez » les deux côtés des vitres. Essuyez avec un chiffon.

PINCEAU suite →

RECOUVRIR DES GRAINES • Lorsque vous plantez des graines en lignes, recouvrez-les doucement de terre avec un pinceau large. Vous doserez ainsi plus précisément la quantité nécessaire.

À SAVOIR

Choisir et nettoyer des pinceaux

*** *Les pinceaux en poils naturels (soies de porc) sont plutôt faits pour les peintures à l'huile, tandis que les pinceaux synthétiques s'utilisent avec des peintures acryliques – celles-ci contiennent de l'eau, qui pourrait abîmer les poils naturels.***

Avant de nettoyer un pinceau, quel qu'il soit, retirez l'excédent de peinture sur un journal. Nettoyez un pinceau plein de peinture à l'huile en le trempant dans de l'alcool minéral (white-spirit, térébenthine) jusqu'à ce que toute la peinture soit partie, puis secouez-le bien.
Pour éliminer de la peinture acrylique, lavez soigneusement le pinceau à l'eau savonneuse, rincez bien et secouez. De nombreuses peintures à l'eau contiennent de l'acrylique qui ne partira pas complètement à l'eau savonneuse : terminez le nettoyage au white-spirit.

PLAT EN ALUMINIUM MÉNAGER

FABRIQUER UNE PASSOIRE • Pour remplacer au pied levé votre passoire cassée, percez un plat jetable en aluminium de petits trous avec un clou. Puis tordez le plat pour qu'il s'adapte parfaitement au rebord d'un récipient résistant à la chaleur. Rincez votre nouvelle passoire : elle est prête pour égoutter pâtes, riz, haricots, etc.

CONFECTIONNER UNE PELLE À POUSSIÈRE • Coupez en deux un plat long jetable en aluminium, dans le sens de la largeur, pour obtenir une pelle de fortune.

CONTRÔLER LES PROJECTIONS DE FRITURE • Pour limiter les projections d'huile brûlante en cuisine, percez le fond d'un plat jetable en aluminium de quelques trous et placez ce couvercle improvisé sur la poêle. Servez-vous d'une pince ou d'une fourchette pour l'enlever et n'y touchez pas sans manique ou gants de protection.

CRÉER UN CENTRE DE TABLE • Fixez une longue bougie, ou quelques bougies de chauffe-plat, sur un plat jetable en aluminium en faisant fondre la cire à la base. Ajoutez une fine couche d'eau et laissez-y flotter quelques pétales de rose, ou tapissez de sable et posez-y de jolis coquillages.

plat en aluminium ménager
plat en aluminium ménager

Le coin des enfants

Pour occuper les enfants pendant une froide journée d'hiver, pourquoi ne pas confectionner avec eux une décoration givrée que vous attacherez à un arbre du jardin ? Il vous suffit d'un plat jetable en aluminium, d'un bout de grosse ficelle (ou d'un lacet de chaussure) et de matériaux décoratifs, de préférence biodégradables, tels que fleurs et feuilles séchées, pommes de pin, graines, coquillages et petites branches.

Laissez les enfants disposer les décorations sur le plateau selon leur goût. Pliez le lacet ou la ficelle en deux et placez-le sur le plateau de telle sorte que la boucle dépasse sur un côté, tandis que les extrémités se rejoignent au centre. Remplissez doucement le plat d'eau, jusqu'au bord (il faudra peut-être lester le lacet pour l'empêcher de remonter à la surface).

Si vous vivez dans une région où la température extérieure descend nettement en dessous de zéro, posez le plat sur un rebord de fenêtre pour que l'eau gèle. Sinon, placez-le dans le congélateur. Lorsque l'eau a pris, sortez avec les enfants suspendre leur œuvre à l'endroit de leur choix dans le jardin.

POUR DES ACTIVITÉS CRÉATIVES SANS DÉGÂTS • Utilisez des plats jetables en aluminium pour tous le projets créatifs des enfants faisant intervenir paillettes, perles, peintures en bombe, plumes, etc. : vos sols seront ainsi épargnés !

DES PLATEAUX POUR LES FOURNITURES • Mettez de l'ordre dans la collection de crayons, de perles, de boutons, de chenilles et de paillettes des enfants en les rangeant dans des plats jetables en aluminium. Pour ne rien perdre, glissez chaque plat dans un sac congélation à zip et empilez-les. Étiquetez-les au besoin.

BAS LES PATTES !

Si votre jeune chien a tendance à sauter sur le canapé ou les chaises de la cuisine, disposez quelques bandes d'aluminium découpées dans un plat jetable sur ces sièges lorsque vous devez vous absentez. Cela fera un bruit qui l'effraiera et le dissuadera de recommencer.

PROTÉGER DES FOURMIS LA GAMELLE D'UN ANIMAL • Pour éloigner les insectes de la gamelle de votre animal domestique, versez environ 2 cm d'eau dans un plat jetable en aluminium pour créer une mini-douve autour de la gamelle, placée au centre du plat. Plus une fourmi ne s'y risquera !

ÉLOIGNER LES OISEAUX DES ARBRES FRUITIERS • Chassez les intrus à plumes de vos arbres fruitiers en attachant aux branches quelques bandes d'aluminium découpées dans un plat jetable. Groupez-les par deux pour que cela fasse du bruit. Pommes et prunes seront intactes au moment de la récolte.

PROTÉGER DES COULURES EN PEINTURE • Quand vous peignez, disposez un plat jetable en aluminium sous le pot pour éviter les coulures sur l'établi, l'escabeau ou le plan de travail. Vous gagnerez beaucoup de temps en nettoyage, et il vous suffira de jeter le plat après les travaux s'il est trop souillé – sinon, rincez-le et gardez-le pour la prochaine fois.

PLAT EN ALUMINIUM MÉNAGER suite →

STOCKER DES DISQUES DE PONÇAGE • Très résistants à la corrosion, les plats jetables en aluminium sont particulièrement adaptés pour le stockage des disques de ponçage. Coupez un plat rond en deux et fixez-le, à l'aide d'agrafes ou de ruban adhésif, ouverture vers le haut, sur un panneau alvéolé. Selon le même principe, rangez aussi les lames de scie à métaux et autres accessoires de bricolage dans l'atelier.

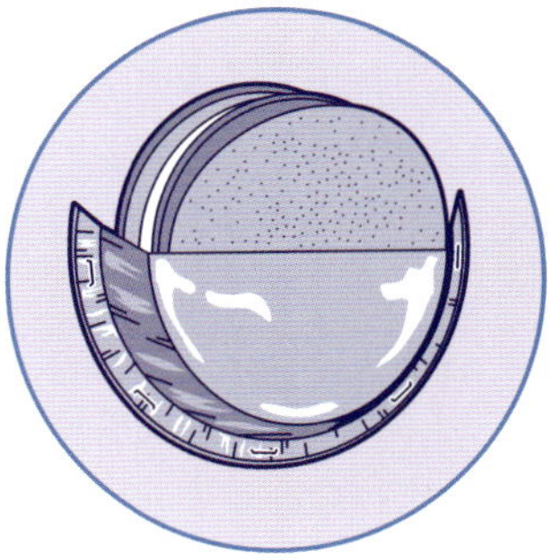

UN CENDRIER IMPROVISÉ • Un petit plat jetable en aluminium (ou même un morceau d'aluminium ménager épais plié en carré, avec les bords relevés) suffit pour recueillir cendres et mégots.

SE PROTÉGER LES MAINS DE LA CHALEUR DU FEU • Pour tenir des brochettes au-dessus du barbecue pendant que grillent guimauves, morceaux de pain ou quartiers de fruit sans vous brûler les mains, utilisez des plats jetables en aluminium. Pratiquez un petit trou au centre du plat et enfilez-le sur la brochette avant d'y piquer les aliments. L'alu fera écran entre le feu et vous, et protégera vos mains de la chaleur.

PNEU

PROTÉGER LES LÉGUMES AU POTAGER • Plantez les légumes tels que tomates, pommes de terre, aubergines ou piments dans des pneus posés à même le sol. Ils seront ainsi protégés du vent, et le pneu réchauffera la terre en absorbant les rayons du soleil.

FABRIQUER UNE BALANÇOIRE • Pratiquez quelques trous d'évacuation dans le bas d'un vieux pneu pour que l'eau de pluie ne s'y accumule pas. Puis percez deux trous dans la partie supérieure, de part et d'autre de l'axe central, pour y faire passer deux chaînes, ou deux cordes, et suspendez le pneu à une grosse branche dont vous aurez éprouvé la solidité. Tapissez le sol de sciure ou de copeaux de bois pour amortir les chutes.

UNE PATAUGEOIRE POUR LES ENFANTS

L'été, récupérez un gros pneu de camion et improvisez une pataugeoire pour les plus jeunes. Posez le pneu bien à plat sur le sol et tapissez-le d'un vieux rideau de douche, puis remplissez-le d'eau fraîche.

RANGER UN FURET

Un vieux pneu de bicyclette constitue un rangement parfait pour les matériaux flexibles comme un long furet ou un câble de tirage. Placez le furet ou le câble dans le pneu et suspendez le pneu dans l'atelier ou le garage.

À SAVOIR

Vérifier les pneus

Pour une conduite sûre, il est indispensable de vérifier l'état des pneus une fois par mois. De plus, cela permet de consommer moins d'essence et prolonge la durée de vie des pneus. Suivez ces quelques conseils… Et bonne route !

- Vérifiez la pression des pneus une fois par mois et à chaque fois que vous partez en vacances. N'oubliez pas de contrôler la roue de secours.
- Vérifiez l'usure des pneus ; soyez à l'affût des fissures et retirez les éclats de verre, les graviers et tout autre corps étranger coincés dans les rainures des pneus.
- Vérifiez que les valves des pneus sont toujours dotées de leur capuchon.

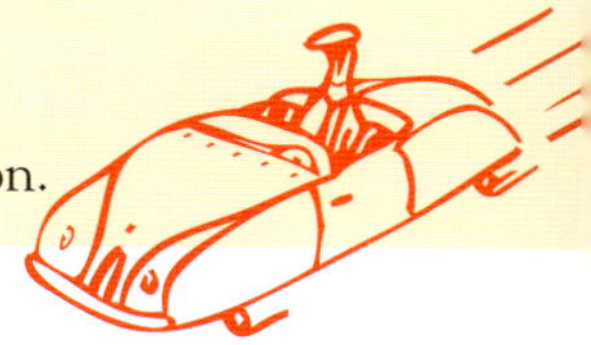

POIRE À SAUCE

BIEN DOSER LA PÂTE À GÂTEAUX • Pour verser la pâte à crêpes dans la poêle et remplir vos moules à muffins ou à biscuits, utilisez une poire à sauce. La quantité de pâte sera toujours la même et vos gâteaux seront aussi beaux et homogènes que chez le pâtissier.

RETIRER UN EXCÉDENT D'EAU • Si vous avez mis trop d'eau dans votre machine à café, pompez l'excédent avec une poire à sauce plutôt que de rajouter du café dans le filtre.

ARROSER LES PLANTES DIFFICILES D'ACCÈS • Utilisez une poire à sauce pour arroser vos plantes suspendues ou difficiles d'accès ; vous éviterez d'inonder les meubles et le sol. Servez-vous aussi de cet ustensile pour arroser le sapin de Noël ou ajouter de petites quantités d'eau à vos semis.

AJOUTER DE L'EAU DANS UN VASE • Pour éviter de retirer des fleurs coupées de leur vase quand il est nécessaire de rajouter de l'eau, servez-vous d'une poire à sauce.

POIRE À SAUCE suite →

TRANSVASER PEINTURES ET SOLVANTS • Afin d'éviter les éclaboussures quand vous transvasez peintures, solvants, vernis et autres substances chimiques, utilisez une poire à sauce. Évitez toutefois d'utiliser la même poire pour les différents liquides : mieux vaut en avoir plusieurs.

NETTOYER UN CLIMATISEUR • Si l'air qui sort de votre climatiseur sent le moisi, c'est que le trou d'écoulement de l'appareil est probablement bouché. Dévissez la façade et cherchez ce trou (il est généralement situé sous la séparation entre l'évaporateur et le compresseur, ou sous l'évaporateur). Tordez l'extrémité d'un cintre métallique pour le déboucher, puis aspergez-le d'eau avec une poire à sauce pour le nettoyer. Utilisez également la poire pour aspirer l'eau stagnant dans le fond de l'appareil.

RÉPARER UN RÉFRIGÉRATEUR QUI FUIT • Si l'eau coule sur les parois à l'intérieur de votre réfrigérateur, c'est que l'orifice d'écoulement est sûrement bouché. Un tube en plastique, situé à l'arrière du réfrigérateur, relie le trou d'écoulement du compartiment de congélation à l'évaporateur. Essayez de faire passer de l'eau chaude dans ce trou à l'aide d'une poire à sauce. Si vous n'avez pas accès au trou, déconnectez le tube à l'arrière et versez l'eau chaude directement dedans. Lorsque le tube est débouché, versez 1 cuillerée à café d'ammoniaque ou d'eau de Javel diluée dans le trou d'écoulement pour empêcher la prolifération des spores d'algues, souvent responsables de ce genre de problèmes.

LA VIE DES BÊTES

CHANGER L'EAU DES ANIMAUX EN CAGE • Servez-vous d'une poire à sauce pour changer l'eau des oiseaux, du lapin nain, du cochon d'Inde ou du hamster. La pipette passe entre les barreaux et vous dispense d'ouvrir la cage.

NETTOYER UN AQUARIUM • La poire à sauce facilite considérablement la corvée de nettoyage de l'aquarium. Servez-vous-en pour aspirer les dépôts verdâtres accumulés dans les coins et entre les gravillons qui tapissent le fond.

FAIRE DISPARAÎTRE CAFARDS ET FOURMIS • Utilisez une poire à sauce pour saupoudrer du borax le long des fentes et des fissures où vous avez repéré les intrus ; vous n'aurez aucun mal à atteindre les endroits les plus difficiles d'accès. Le borax étant toxique pour les jeunes enfants et les animaux, gardez la boîte hors de leur portée.

ATTENTION : n'utilisez jamais vos poires à sauce de cuisine pour nettoyer l'aquarium ou transvaser des produits chimiques. Achetez-en quelques-unes pour les travaux non culinaires et, pour être sûr de ne pas les confondre, étiquetez-les clairement avec un bout de ruban adhésif.

POIVRE

ÉLOIGNER LES INSECTES DES PLANTES • Pour préservez les jeunes plantes des insectes nuisibles, répandez un mélange à parts égales de poivre noir et de farine tout autour.

ARRÊTER UNE FUITE DE RADIATEUR

Si le radiateur de votre voiture surchauffe en raison d'une petite fuite, mais que vous devez absolument l'utiliser quand même, versez 1 poignée de grains de poivre dedans. Les fuites seront temporairement colmatées... Mais rendez-vous vite chez le garagiste !

PRÉSERVER L'ÉCLAT DES COULEURS • Le poivre a la propriété d'empêcher les couleurs vives de passer. Pour que votre nouveau T-shirt garde sa belle teinte au fil des lavages, ajoutez 1 cuillerée à café de poivre à la lessive.

EFFET DÉCONGESTIONNANT • Si vous avez le nez et les oreilles bouchés à cause d'un gros rhume, assaisonnez votre nourriture de poivre de Cayenne : c'est le remède le plus efficace pour décongestionner.

LE SAVIEZ-VOUS ?

Le poivre noir que nous consommons est une baie récoltée rouge. Cette baie de la taille d'un petit pois se ratatine et devient noire en séchant, pour donner le grain de poivre qui remplit nos moulins. Le poivre blanc, moins fort, est issu de la même baie rouge, dont on a retiré l'écorce avant de la faire sécher. Le poivre est une des épices les plus anciennes et la plus commune du monde.

CHASSER LES CHEVREUILS DU JARDIN • Si les chevreuils visitent trop régulièrement votre jardin et y font des dégâts, vaporisez sur les haies un mélange de poivre de Cayenne et d'eau pour les décourager.

ÉLIMINER UNE COLONIE DE FOURMIS • Si une colonne de fourmis envahit la terrasse, cherchez la fourmilière et versez du poivre directement dans le trou d'entrée. Les fourmis iront s'installer ailleurs.

FAIRE FUIR LES FOURMIS

Répandez du poivre de Cayenne aux endroits envahis par les fourmis, près du plan de travail et le long des plinthes. Les fourmis, qui recherchent surtout du sucre, comprendront qu'elles ne sont pas les bienvenues dans votre cuisine.

POLISH

RÉNOVER UN CD RAYÉ • Ne jetez pas tout de suite ce CD rayé qui saute à chaque écoute ! Protégez la table avec un torchon et posez le CD dessus, puis passez un peu de polish sur la rayure avec un chiffon doux (un chiffon spécial pour les objectifs d'appareil photo ou les lunettes est idéal). Laissez sécher et polissez en donnant de petits coups de chiffon dans le sens de la rayure. Si vous ne distinguez plus la rayure, lavez le CD à l'eau claire et laissez-le bien sécher avant de faire un nouvel essai sur la chaîne.

ÉVITER LA BUÉE SUR LE MIROIR DE LA SALLE DE BAINS • Appliquez une petite quantité de polish sur le miroir, laissez sécher et lustrez au chiffon doux. La condensation ne s'y déposera plus et vous pourrez enfin vous voir dans la glace au sortir de la douche ! Enduisez également les robinets de polish pour éviter les taches d'eau calcaire.

EFFACER LES TACHES SUR LES MEUBLES • Pour éliminer les ronds blancs laissés par les verres et les tasses sur les meubles en bois, trempez simplement le doigt dans le polish et passez-le sur les marques. Laissez sécher puis lustrez avec un chiffon doux.

ÉLIMINER LES TRACES DE MOISISSURE • Pour faire disparaître les moisissures dans la salle de bains, nettoyez les carreaux et les cloisons de la douche à l'eau savonneuse puis étalez une couche de polish dessus et lustrez avec un chiffon doux. Renouvelez l'application chaque année. Attention, ne mettez pas de polish sur les parois de la baignoire, elle deviendrait trop glissante !

ÉVITER QUE LA NEIGE COLLE • Pour déblayez efficacement la neige en hiver et éviter que celle-ci colle à la pelle, appliquez sur toute la surface deux épaisses couches de polish avant de vous mettre au travail. Vous serez plus vite de retour au chaud !

POLYSTYRÈNE EXPANSÉ

SE VERNIR FACILEMENT LES ONGLES • De petits morceaux de polystyrène calés entre les doigts de pied, pour les maintenir écartés, facilitent la pose du vernis.

PRÉPARER DES CÔNES GLACÉS • Pour servir 10 cônes de crème glacée en même temps sans qu'ils fondent, percez des trous de diamètre légèrement inférieur à celui des cônes dans un bloc de polystyrène expansé, placez les cônes dans les trous, remplissez-les de glace et glissez-les tous au congélateur jusqu'au moment de servir.

EMBALLER UN OBJET FRAGILE • Afin de protéger efficacement un objet fragile qui partira par la poste, cassez un bloc de polystyrène expansé en morceaux assez fins, passez-les grossièrement au mixeur et remplissez-en le colis avant d'y glisser votre envoi.

CONFECTIONNER UN PLATEAU FLOTTANT • Le polystyrène est pratiquement insubmersible. Utilisez des chutes pour confectionner un plateau flottant… Insubmersible mais pas toujours stable, alors veillez à n'y poser que des gobelets en plastique, non des verres.

■ Pour plus de stabilité, découpez 2 morceaux de polystyrène de même dimension, percez des trous de la taille des verres dans l'un d'entre eux, puis collez le second morceau de polystyrène en dessous avec un pistolet à colle.

■ Pour munir votre plateau de rebords, collez des petites bandes de polystyrène d'au moins 3 cm de hauteur tout autour. Et, pourquoi pas, équipez-le aussi de poignées, décorez-le…

LE SAVIEZ-VOUS ?

Le polystyrène expansé (PSE) est une matière plastique alvéolée obtenue à partir d'un polymère de la molécule de styrène, un dérivé du pétrole. On fabrique d'abord des granules de polystyrène imprégnés d'un gaz (du pentane) qui, traités à la vapeur d'eau, vont former des billes par dilatation du gaz. Introduites dans des moules et expansées une seconde fois, ces billes se soudent pour former les produits que nous connaissons : accessoires pour emballage et conditionnement (le PSE est apte au contact alimentaire), plaques diverses (notamment pour l'isolation thermique des bâtiments), etc. Ce sont ses alvéoles fermées qui confèrent au PSE sa légèreté (il contient 98 % d'air), sa capacité à absorber les chocs et ses propriétés isolantes. Les déchets de PSE sont facilement recyclables ou valorisables. S'ils sont trop souillés, ils peuvent être brûlés sans problèmes dans les fours d'incinération des ordures ménagères.

FAIRE LA PLANCHE

Besoin d'une planche pour barboter dans la piscine ? Armez-vous d'un simple couteau de cuisine et découpez une grand rectangle dans une chute de polystyrène.

PROTÉGER LES ARBUSTES EN HIVER • Les arbustes ont parfois besoin d'un coup de pouce pour survivre aux rigueurs de l'hiver. Voici deux astuces pour les protéger.

■ Pour une protection classique, coupez 2 plaques de polystyrène expansé et rassemblez-les pour former une petite tente au-dessus de la plante. Fixez l'ensemble dans le sol avec des piquets de bambou.

■ Pour une protection renforcée, prenez 4 plaques de polystyrène ; disposez-les à la verticale pour former un enclos autour de la plante. Plantez des piquets à chaque angle puis agrafez-y les plaques de polystyrène.

■ Protégez de la même manière les plantes en pot qui passent l'hiver dehors, sur un balcon, une terrasse, etc.

POMME

ATTENDRIR LA CHAIR DU POULET RÔTI • Pour que votre poulet rôti soit moelleux et juteux, farcissez-le avec une pomme avant de l'enfourner.

FAIRE MÛRIR DES TOMATES VERTES • Enfermez les tomates encore vertes pendant quelques jours dans un sac en papier avec 1 pomme bien mûre pour 5 ou 6 tomates.

REFAIRE DU SUCRE EN POUDRE • Placez le bloc de sucre à l'intérieur d'un sachet à congélation avec une tranche de pomme. Fermez hermétiquement le sachet et mettez-le dans un endroit bien sec. Au bout de 1 ou 2 jours, la pomme aura absorbé l'humidité et le sucre aura retrouvé sa consistance poudreuse.

NEUTRALISER UN EXCÈS DE SEL • Si vous vous apercevez en cours de cuisson que vous avez mis trop de sel dans votre plat de légumes ou de viande, ajoutez-y quelques tranches de pomme (ou de pomme de terre). Retirez-les après une dizaine de minutes de cuisson, elles auront absorbé le sel excédentaire.

PRÉSERVER LA FRAÎCHEUR D'UN GÂTEAU

Pour prolonger la durée de vie d'un gâteau fait maison ou acheté dans le commerce, il suffit de le stocker avec une demi-pomme ; il restera moelleux beaucoup plus longtemps que si vous le rangiez tout simplement au réfrigérateur.

LE SAVIEZ-VOUS ?

Pourquoi ce dicton : « Il suffit d'une pomme pourrie pour gâter tout le tas » ? Parce que les pommes, tout comme les abricots, les avocats, les bananes, les myrtilles, les melons et les pêches, produisent du gaz éthylène, un agent de maturation naturel. Le taux d'éthylène produit par une seule pomme blette dans un panier est si important qu'il accélère considérablement le vieillissement des fruits qui l'entourent.

Les fruits producteurs d'éthylène peuvent aider à accélérer la maturation d'un autre végétal, mais ils ont parfois des effets indésirables. Si vous placez une coupe de pommes ou de bananes bien mûres auprès de fleurs fraîchement coupées, par exemple, ces dernières ne tarderont pas à faner. Et si les pommes de terre germent très vite alors que vous les conservez bien dans le bac à légumes du réfrigérateur, c'est peut-être parce qu'elles sont à proximité de pommes. Laissez au moins un compartiment entre les deux.

DES BOUGEOIRS À CROQUER

Apportez une touche campagnarde à votre table en y déposant ces bougeoirs naturels. Creusez un trou au centre de 2 grosses pommes, sans percer l'autre côté, avec un couteau tranchant. Insérez une grande bougie dans chaque trou, puis entourez les pommes de quelques feuilles, fleurs et branchages de saison.

POMME DE TERRE

UN DÉTACHANT POUR LES MAINS • Si vous vous êtes taché les mains en épluchant des carottes, des salsifis, des asperges, de la citrouille, etc., frottez-les avec une demi-pomme de terre crue.

DESSALER UNE SOUPE • Pour rattraper une soupe trop salée en cours de cuisson, ajoutez-y quelques pommes de terre coupées en gros cubes. Retirez les cubes dès qu'il commencent à ramollir : ils auront absorbé le sel excédentaire. Ne jetez pas les pommes de terre, elle accompagneront un autre plat… moins salé.

RETIRER UNE AMPOULE CASSÉE • L'ampoule s'est brisée pendant que vous la changiez, et la douille est restée dans la lampe ? Débranchez la lampe puis coupez une grosse pomme de terre en deux et enfoncez une moitié sur la douille cassée. Tournez délicatement pour l'extraire sans difficulté.

DÉCORER DES CARTES DE VŒUX

Une pomme de terre peut faire un très bon tampon pour décorer cartes de vœux et enveloppes. Pour cela, coupez une pomme de terre en deux et sculptez un motif dans la chair. Servez-vous en comme d'un tampon traditionnel.

PRÉPARER DES COMPRESSES

Les pommes de terre retiennent aussi bien la chaleur que le froid. Pensez-y quand vous avez besoin d'une compresse. Emballez dans un torchon une pomme de terre cuite bien chaude pour faire une compresse chaude, et une patate congelée pour une compresse froide.

POMME DE TERRE suite →

FAIRE BRILLER L'ARGENTERIE • Pour faire rutiler l'argenterie sans produit nettoyant, plongez-la dans l'eau de cuisson de pommes de terre bouillies avec la peau et laissez agir quelques heures. Lavez à l'eau savonneuse et rincez, les traces d'oxydation devraient avoir disparu.

LUTTER CONTRE LA BUÉE • Difficile d'éviter les accidents si vous ne voyez rien à travers vos lunettes de ski. Pour éviter la buée, frottez l'intérieur de vos lunettes ou de votre masque avec une demi-pomme de terre crue avant de vous lancer sur les pistes.

DÉCONGESTIONNER LES PAUPIÈRES •
Appliquez une rondelle de pomme de terre crue bien froide sur chaque œil pendant quelques minutes le matin au réveil.

PETITE EXPÉRIENCE

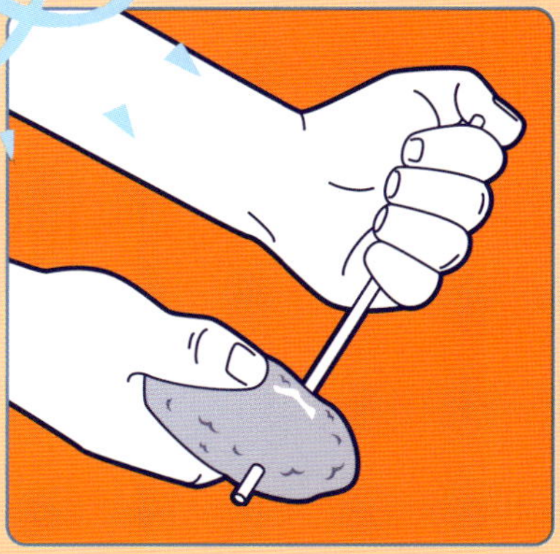

Voici une façon simple d'observer la force de l'air comprimé.

Essayez de planter une paille en plastique dans une pomme de terre crue. La paille va se plier sans parvenir à percer le légume. Recommencez l'expérience en bouchant la paille par le haut, avec le pouce. Cette fois, elle va pénétrer sans problème au cœur de la pomme de terre.
L'air emprisonné dans la paille se comprime au contact du légume, ce qui permet à la paille de se rigidifier suffisamment pour le percer. Plus la paille s'enfonce dans la pomme de terre, moins l'air a d'espace pour s'échapper, et plus la paille est rigide.

LA MAIN VERTE

ÉLIMINER LES VERS • Pour vous débarrasser d'un coup de tous les vers qui envahissent vos plantes d'intérieur, disposez des rondelles de pomme de terre autour du pied : les vers s'y précipiteront et vous n'aurez plus qu'à jeter les rondelles et leurs hôtes à la poubelle.

NOURRIR LES GÉRANIUMS • Une pomme de terre crue fournit à un géranium de petite taille tous les nutriments dont il a besoin pour grandir. Creusez un trou dans une grosse pomme de terre, placez-y le pied du géranium et plantez le tout.

RAFRAÎCHIR DE VIEILLES CHAUSSURES • Malgré tous vos efforts, les vieilles chaussures de cuir que vous aimez tant ne brillent plus. Avant de les jeter, la mort dans l'âme, essayez de les frotter avec une pomme de terre crue coupée en deux. Laissez-les sécher quelques instants et cirez-les.
Le résultat vous étonnera !

CRÉER UNE COMPOSITION FLORALE •
Si vous manquez de mousse pour faire tenir une composition florale, utilisez une grosse pomme de terre coupée en deux dans le sens de la longueur. Posez les deux moitiés dans le fond du vase, faces coupées vers le bas. Entaillez la pomme de terre aux endroits où vous voulez enfoncer les tiges, puis disposez les fleurs.

PORTE-BLOC

CINTRE À PINCE DE SECOURS

Si vous n'avez plus de cintre disponible, rangez votre pantalon ou votre jupe en insérant les revers du pantalon ou la ceinture de la jupe dans la pince d'un porte-bloc. Passez une cordelette sous la pince pour suspendre le porte-bloc à un crochet dans votre placard ou derrière la porte de votre chambre.

SUIVRE AISÉMENT UN ITINÉRAIRE • Tout le monde n'est pas équipé du GPS… Alors, avant de partir pour un long voyage en voiture, pliez la carte routière de façon à exposer seulement la partie qui vous intéresse et fixez-la sur un porte-bloc. Ou bien faites établir votre itinéraire sur Internet, imprimez-le et accrochez-le sur le porte-bloc.

MAINTENIR DES PARTITIONS

Pour empêcher vos partitions de s'envoler au moindre courant d'air alors que vous êtes en train de jouer, fixez-les sur un porte-bloc avant de les poser sur le pupitre.

DES RECETTES DE CUISINE BIEN EN ÉVIDENCE • Pour suivre une recette découpée dans une revue ou un journal sans la tacher, mettez-la sur un porte-bloc et accrochez celui-ci à la hauteur des yeux au mur de la cuisine.

RANGER DES SETS DE TABLE • Une solution ingénieuse et qui prend très peu de place consiste à suspendre un porte-bloc dans un placard de la cuisine et à insérer les sets sous la pince.

RANGER LE PAPIER DE VERRE RÉUTILISABLE • Fixer un porte-bloc sur un panneau près de votre établi et glissez sous la pince tous les morceaux de papier de verre qui pourront encore servir.

POT DE FLEURS

UN MOULE À PAIN • Faites tremper 20 minutes dans l'eau un pot en terre cuite neuf puis enduisez généreusement l'intérieur de beurre et déposez-y votre pâte à pain. Enfournez. Vous obtiendrez un pain avec une croûte agréablement craquante et une mie moelleuse.

UN PORTE-BÛCHES

Pour stocker et faire sécher quelques bûches et du bois d'allumage à l'intérieur en prévision des premiers froids, achetez un très grand pot en céramique ou en terre cuite et placez-le à côté de la cheminée.

DÉTRUIRE UNE FOURMILIÈRE • Si les fourmis envahissent le jardin ou la terrasse, la solution du pot de fleurs, certes un peu barbare, sera peut-être la bonne. Placez le pot à l'envers sur la fourmilière et versez de l'eau bouillante par le trou de drainage afin d'ébouillanter toute la maisonnée.

CRÉER UNE GROTTE D'AQUARIUM • Certains poissons adorent se tapir dans les coins sombres de l'aquarium pour se protéger de prédateurs imaginaires. Placez un petit pot de fleurs à l'horizontale au fond de l'aquarium : les poissons iront se réfugier dans cette grotte miraculeuse quand bon leur semblera.

DÉROULER UNE PELOTE SANS FAIRE DE NŒUDS • Pour ne pas mettre une éternité à terminer un ouvrage au tricot parce que vous êtes constamment obligé de démêler la laine, mettez votre pelote dans un pot de fleurs, faites passer l'extrémité du fil par le trou de drainage puis retournez le pot et placez-le à côté de vous.

LE SAVIEZ-VOUS ?

Il y a des milliers d'années que les hommes transportent des plantes dans des pots en terre cuite à travers le monde. En 1495 av. J.-C., la reine d'Égypte Hatchepsout ayant envoyé des jardiniers chercher de l'encens en Somalie, ceux-ci rapportèrent carrément, dans des pots en terre, plusieurs spécimens de *Boswellia sacra*, l'un des principaux arbres qui produisent cette résine. On raconte aussi qu'en 1787, le capitaine Bligh embarqua plus de mille arbres à pain dans des pots en terre cuite à bord du *Bounty*, afin de les replanter aux Antilles et de fournir de la nourriture aux esclaves.

ÉCONOMISER DU TERREAU DE REMPOTAGE • Les plantes qui garniront le grand pot décoratif que vous venez d'acheter ont des racines très courtes, et il est donc inutile de remplir le pot de terreau... Posez un pot plus petit à l'envers au fond du grand pot, puis comblez l'espace restant avec du terreau de rempotage avant de mettre vos plantes en terre.

BOUCHER LES TROUS DE DRAINAGE • Gardez les vieux pots de terre cuite abîmés pour en faire des tessons que vous placerez au fond des pots de vos plantes avant de procéder au rempotage. Lorsque vous arroserez, l'eau s'écoulera dans la soucoupe, mais la terre restera dans le pot.

POUDRE POUR LE CHANGE

NETTOYER DES CARTES À JOUER

Pour empêcher vos cartes à jouer de devenir grises et poisseuses, placez-les dans un sac en plastique avec un peu de poudre pour le change. Fermez hermétiquement le sac et secouez-le bien. Vos cartes en ressortiront fraîches et lisses au toucher.

POUDRE POUR LE CHANGE suite →

POUDRE POUR LE CHANGE

SE DÉBARRASSER DU SABLE COLLÉ SUR LA PEAU • Pour ne plus faire la chasse aux grains de sable à travers la maison après une chaude journée de plage, restez dehors et appliquez une fine couche de poudre pour le change sur la peau des enfants (et des adultes) en sueur et couverts de sable. En absorbant la transpiration, cette poudre facilite l'élimination du sable. Frottez doucement avec une serviette pour éliminer tous les grains de sable.

RAFRAÎCHIR LES DRAPS EN ÉTÉ • Lorsque les nuits sont particulièrement chaudes, saupoudrez un peu de poudre pour le change entre les draps avant de vous coucher.

ABSORBER DES TACHES DE GRAISSE • Pour faire disparaître des taches de gras sur du tissu, frottez-les avec de la poudre pour le change. Faites bien pénétrer, puis brossez l'excédent de poudre. Répétez l'opération jusqu'à ce que la poudre ait absorbé toutes les taches.

UN SHAMPOOING SEC POUR LE CHIEN • Nettoyez la fourrure de votre chien en la frottant vigoureusement avec 1 ou 2 poignées de poudre pour le change. Laissez poser quelques minutes et brossez soigneusement. En prime, votre chien sentira bon ! Vous pouvez aussi appliquer ce shampooing sec sur vos cheveux.

DÉPOUSSIÉRER DES BULBES • Les jardiniers avertis n'hésitent pas à saupoudrer les bulbes de poudre pour le change à l'oxyde de zinc avant de les planter. Placez 5 ou 6 bulbes et 20 g de poudre dans un sac en plastique fermé et secouez doucement. La couche de poudre réduira les risques de pourriture et éloignera les vers et autres prédateurs.

ENFILER DES GANTS EN CAOUTCHOUC • Si la couche de poudre qui tapisse l'intérieur de vos gants en caoutchouc n'est plus assez importante et que vous avez du mal à les enfiler, saupoudrez légèrement vos mains de poudre pour le change.

ÉLIMINER LES MOISISSURES DES LIVRES

Commencez par faire sécher à l'air libre les livres atteints de moisissures. Saupoudrez de la poudre pour le change entre les pages et placez les livres debout et entrouverts pendant plusieurs heures. Brossez délicatement les résidus de poudre. Vos livres seront frais et comme neufs.

LE SAVIEZ-VOUS ?

Il existe trois types de poudres pour le change.

- La poudre dite ordinaire se compose essentiellement de talc, qui n'est pas bon à respirer pour les nourrissons. L'utilisation de talc pour les bébés de sexe féminin est particulièrement déconseillée, car certaines études semblent montrer qu'il peut être responsable de cancers des ovaires.
- La poudre pour le change à base d'huile d'amande douce est particulièrement recommandée par les pédiatres. Elle est moins fine que le talc, mais elle est dépourvue de risques pour la santé.
- La poudre pour le change à l'oxyde de zinc est principalement utilisée pour calmer les rougeurs et l'érythème fessier.

PULVÉRISATEUR

ENTRETENIR LE JARDIN • Gardez quelques vieux pulvérisateurs bien nettoyés dans un coin du jardin, ils pourraient vous être utiles. Voici quelques astuces.

- Remplissez un pulvérisateur de vinaigre d'alcool pour vous débarrasser des mauvaises herbes qui poussent entre les dalles du jardin. Le vinaigre d'alcool est également très efficace contre les fourmis et autres insectes. Veillez toutefois à ne pas en pulvériser sur vos plantes d'agrément, elles ne supporteraient pas son acidité.

- Pour vous débarrasser de la plupart des insectes nuisibles du jardin sans abîmer les plantes, mélangez plusieurs gousses d'ail écrasées, 4 ou 5 cuillerées à café d'huile de colza, 45 g de sauce au piment et 2 cuillerées à café de liquide vaisselle ; diluez le tout dans 4 litres d'eau. Versez ce mélange dans un pulvérisateur et secouez vigoureusement avant usage.

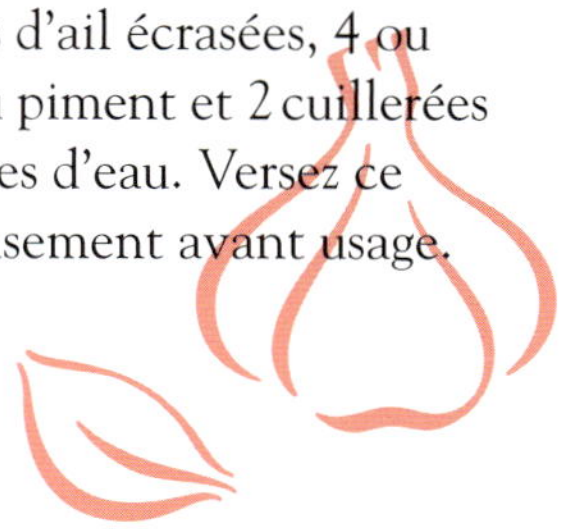

HUMIDIFIER LE LINGE • Utilisez un pulvérisateur pour humidifier le linge difficile à repasser, même à la vapeur (lin et coton épais en particulier).

MIEUX CIBLER LES TACHES À ÉLIMINER • Remplissez un pulvérisateur de détachant liquide pour mieux cibler les taches à éliminer sur les vêtements.

NETTOYER LES VITRES DE LA VOITURE • Laissez toujours un pulvérisateur rempli de lave-vitres dans le coffre de la voiture, pour nettoyer les vitres mais aussi les rétroviseurs et les phares de la voiture. Si vous circulez dans une région froide, mélangez 25 ml de produit antigel au lave-vitres et aspergez vitres et rétroviseurs pour faire fondre le givre et la neige.

SE RAFRAÎCHIR

En été, rien n'est plus agréable que de s'asperger le visage avec un pulvérisateur rempli d'eau fraîche. Ne l'oubliez pas en voiture, quand vous allez à la plage ou pendant vos séances de sport.

HUMIDIFIER LES PLANTES

Nettoyez un vieux pulvérisateur en le remplissant d'eau et de vinaigre blanc à parts égales. N'utilisez pas de produit vaisselle, trop difficile à rincer. Laissez agir le mélange pendant 1 heure et rincez soigneusement. Recommencez si nécessaire. Remplissez le pulvérisateur d'eau tiède et utilisez-le comme brumisateur pour le plus grand bonheur de vos plantes d'intérieur.

RANGE-CHAUSSURES

DANS LE PLACARD À BALAIS • Suspendu dans un placard à balais, un range-chaussures peut rendre mille et un services. Rangez-y éponges, brosses, chiffons et lingettes, et même certains produits d'entretien et une réserve de papier toilette.

DANS LA VOITURE • Raccourcissez un range-chaussures de façon à pouvoir l'accrocher au dossier d'un siège avant de la voiture. Les enfants s'en serviront pour y ranger jouets, peluches, feuilles et crayons pour s'occuper durant le voyage.

DANS LA CHAMBRE DES ENFANTS

Suspendez un range-chaussures dans la chambre des enfants et apprenez-leur à organiser leur espace. Poupées, dinosaures et jeux de société trouveront leur place dans cet ingénieux rangement, tout en restant à portée de main.

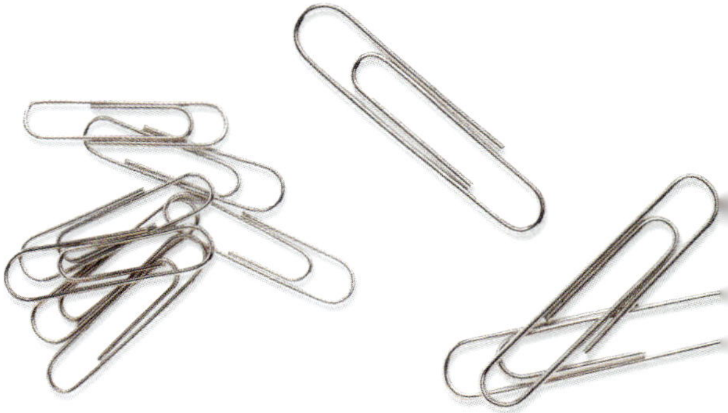

DANS LE BUREAU • Pour libérer de l'espace dans les tiroirs de votre bureau, suspendez un range-chaussures à portée de main. Placez-y les fournitures que vous utilisez le plus souvent (ciseaux, agrafeuse et agrafes, tube de colle, stylos, surligneurs, etc.).

DANS LA SALLE DE BAINS • Un range-chaussures fournit un excellent rangement pour les effets personnels, même les plus petits. Peignes, brosses, shampooing, gants de toilette, essuie-mains et produits cosmétiques y sont au sec et à portée de main.

DANS LE DRESSING • Pour ne plus perdre de temps à chercher vos accessoires au fond des tiroirs et des armoires, mettez tout cela dans un range-chaussures. Il accueillera foulards, collants, ceintures, chaussettes, gants, bonnets, etc., que vous trouverez d'un seul coup d'œil.

RIDEAU DE DOUCHE

COUVRIR DES ÉTAGÈRES • Ne jetez pas les rideaux de douche (ni les nappes en plastique) usagés : utilisez-les pour recouvrir les étagères de vos buffets, armoires et meubles de cuisine – ils se nettoient d'un coup d'éponge. Collez-les ou fixez-les avec des punaises pour éviter qu'ils ne glissent.

PROTÉGER SOLS ET MURS LORS DES TRAVAUX DE PEINTURE • Juste avant de commencer à peindre les murs, recouvrez le sol et les meubles de rideaux de douche usagés. Plus épais que les bâches du commerce, ils sont aussi plus résistants, et parfaitement étanches !

SOUS LA CHAISE HAUTE DE BÉBÉ • Découpez un grand carré dans un vieux rideau de douche et glissez-le sous la chaise haute de bébé, moquettes et tapis vous en seront reconnaissants. Taillez des bavoirs dans les chutes.

DÉCOUPER DU TISSU SANS CRAINTE

Placez un vieux rideau de douche sur la table de la salle à manger avant de découper du tissu dessus. Les ciseaux glisseront plus facilement sur l'étoffe, et votre table sera à l'abri des rayures.

POUR LE PIQUE-NIQUE • Emportez un rideau de douche usagé et transformez-le en nappe, ou couvrez-en les tables et les bancs de l'aire de pique-nique s'ils sont d'une propreté douteuse

ÉVITER LA REPOUSSE DE L'HERBE • Lorsque vous aménagez des allées ou des plates-bandes, étendez de vieux rideaux de douche sur le sol avant de le recouvrir de graviers ; cela empêchera les mauvaises herbes de repousser.

UN TABLIER IMPROVISÉ

Pour les travaux salissants, confectionnez un tablier maison avec un vieux rideau de douche. Utilisez une grande paire de ciseaux pour la découpe et faites deux entailles (pas trop près du bord) dans la partie supérieure pour y glisser le cordon passant derrière la nuque, et deux autres au niveau de la taille pour le cordon de la ceinture.

LE SAVIEZ-VOUS ?

Au début des années 1920, alors qu'il essayait de mettre au point un nouvel adhésif, un scientifique américain nommé Waldo Semon, spécialisé dans le caoutchouc, découvrit le chlorure de polyvinyle, communément appelé vinyle. Certes, cette matière ne collait pas, mais Waldo Semon croyait pourtant en son invention ; il ne se découragea pas et finit par lui trouver de nombreuses applications. Les objets en vinyle tels que les imperméables et les rideaux de douche ne tardèrent pas à devenir des produits de consommation courante. Aujourd'hui, le vinyle est le deuxième produit plastique le plus vendu au monde.

RUBAN ADHÉSIF

31 USAGES

Dans la maison

RAMASSER DU VERRE CASSÉ • Pour ramasser des petits morceaux de verre cassé sans risquer de vous blesser, tenez une bande de ruban adhésif tendue entre vos mains et appliquez-la sur les éclats.

FABRIQUER UN PIÈGE À MOUCHES • Fabriquez un attrape-mouches écologique. Suspendez dans la pièce un rouleau en carton de papier hygiénique ou d'essuie-tout entouré de ruban adhésif, face collante au-dessus.

DÉROULER FACILEMENT LE FILM ALIMENTAIRE • Pour retrouver sans peine le début d'un rouleau de film alimentaire, entourez votre index d'un morceau de ruban adhésif, face collante vers l'extérieur. Passez doucement le doigt sur le rouleau, et le début du film se soulèvera tout seul.

REMPLIR UNE SALIÈRE OU UN POIVRIER • Si votre salière ou votre poivrier se remplit par le dessous, collez un petit morceau de ruban adhésif sur les trous de la partie supérieure avant de le retourner pour le remplir. De même, pensez à les obturer lors d'un déplacement ou d'un déménagement.

GARDER DES PILES DE RECHANGE À PORTÉE DE MAIN • Fixez des piles de rechange avec du ruban adhésif au dos de votre pendule pour les avoir sous la main le jour où cette dernière s'arrêtera.

DIFFÉRENCIER LES CLÉS • Pour reconnaître facilement, même dans l'obscurité, la clé de votre porte d'entrée, entourez-en la tête de ruban adhésif. Si votre trousseau comprend plusieurs clés qui se ressemblent, utilisez du ruban adhésif de différentes couleurs pour les distinguer (à la lumière cette fois !) au premier coup d'œil.

KIT MAINS LIBRES POUR FAIRE LES COURSES

Partez faire vos courses au supermarché en emportant du ruban adhésif pour coller votre liste de courses sur le chariot. Vous aurez les mains libres pour attraper les articles dans les rayons sans craindre de perdre la liste.

FAIRE TENIR LES BOUGIES • Si les bougies que vous avez achetées sont trop fines pour vos bougeoirs et risquent de tomber et de mettre le feu, entourez leur base de plusieurs couches de ruban adhésif pour en augmenter le diamètre.

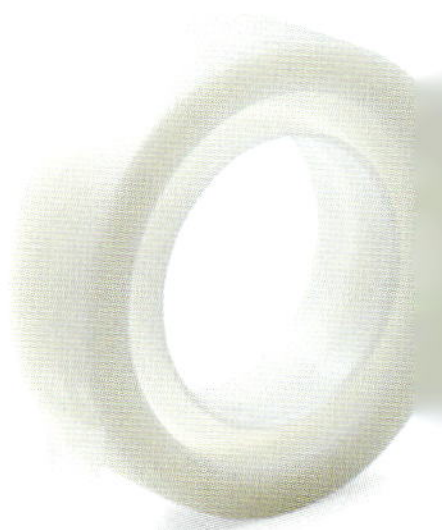

ÉVITER LES NŒUDS DANS LES COLLIERS • Pour éviter que les fines chaînes en or ou en argent ne s'emmêlent dans votre boîte à bijoux de voyage, placez-les entre deux longueurs de ruban adhésif. Groupez aussi vos boucles d'oreilles par paires de cette façon.

LE SAVIEZ-VOUS ?

En 1925, Richard Drew, chercheur de la société américaine 3M, travaillait sur un projet de ruban de masquage pour les constructeurs automobiles, et avait du mal à déterminer la dose adéquate d'adhésif. L'un des peintres carrossiers qui se prêtaient au premier test – au cours duquel le ruban, qui ne comportait de la colle que sur les bords, s'était détaché – lui lança, furieux : « Rapportez donc ce ruban à vos patrons écossais [*Scotch*, en anglais, pour signifier radins, avares] et dites-leur de mettre plus d'adhésif dessus ! » Cinq ans plus tard, Richard Drew inventait le plus célèbre des rubans adhésifs transparents, dont le nom resta attaché (solidement) à cette anecdote.

RETROUVER FACILEMENT UN NÉGATIF PHOTO • Avant d'encadrer une photo que vous appréciez tout particulièrement, fixez le négatif à l'arrière du cadre avec du ruban adhésif. Vous n'aurez pas de difficulté à le retrouver si vous décidez un jour d'en refaire un tirage.

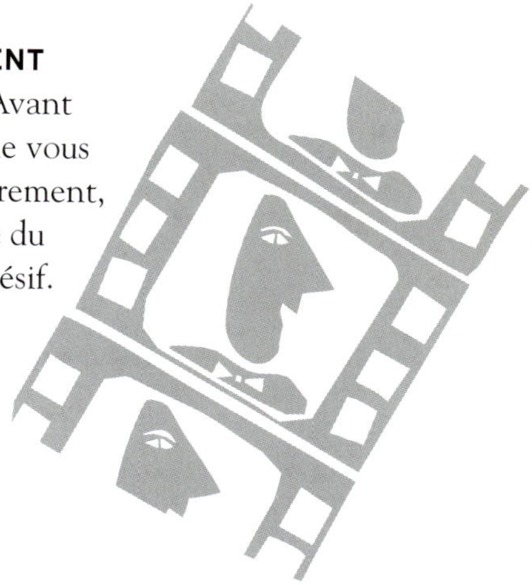

MARQUER UNE PAGE DE RÉPERTOIRE

Marquez d'un bout de ruban adhésif la page du répertoire contenant le numéro que vous appelez le plus souvent. Vous pouvez aussi coller un morceau de ruban adhésif transparent directement sur le numéro pour le retrouver plus facilement.

EMPÊCHER LES TACHES DE GRAISSE SUR LE PAPIER DE S'ÉTENDRE • Pour empêcher une tache de graisse de salir plusieurs pages d'un livre ou d'un document important, couvrez-la de ruban adhésif transparent sur le recto et le verso de la page.

PROTÉGER LES MEUBLES • Pour dissuader votre chat de se faire les griffes sur les meubles, saupoudrez de poivre noir ou de piment un morceau de ruban adhésif et collez-le sur le meuble à protéger. Les chats détestent cette odeur et comprendront vite la leçon.

COIN COUTURE

MAINTENIR UN ÉLÉMENT À COUDRE • Quand vous cousez une fermeture à glissière, utilisez du ruban adhésif transparent pour la maintenir en place. N'hésitez pas à piquer dans le ruban adhésif, car il s'enlèvera facilement lorsque vous aurez terminé. Le ruban adhésif peut vous aider à maintenir les écussons, les étiquettes, etc. Utilisez-le également pour faire tenir un patron sur une pièce de tissu le temps de la découpe.

RANGER LES BOBINES DE FIL • Placez un petit morceau de ruban adhésif à l'extrémité du fil à coudre et collez-le sur la bobine. Les fils ne s'emmêleront plus et vous retrouverez toujours le début de la bobine.

RUBAN ADHÉSIF suite →

MAINTENIR LA DISPOSITION D'UN BOUQUET • Pour éviter que les fleurs coupées ne s'affaissent dans le vase, tendez quelques bandes de ruban adhésif transparent d'un bord à l'autre du col du vase, en laissant des espaces permettant d'y glisser les tiges. Vos fleurs tiendront quelques jours supplémentaires.

ENLEVER DES TACHES DE ROUGE À LÈVRES • Pour enlever une tache de rouge à lèvres sur un foulard ou une robe en soie, collez un morceau de ruban adhésif sur la marque et tirez d'un coup sec. S'il reste des traces, saupoudrez de talc et tamponnez avec le ruban adhésif jusqu'à ce que la tache et le talc disparaissent.

NETTOYER UNE LIME À ONGLES • Pour nettoyer simplement et efficacement une lime à ongles en métal, couvrez-la de ruban adhésif et arrachez-le d'un coup sec, les impuretés resteront collées dessus.

LE SAVIEZ-VOUS ?

Le ruban adhésif transparent est un film très fin d'acétate dérivé de la pulpe de bois ou des fibres de coton. Il est étiré en longues feuilles et enroulé sur des bobines géantes avant d'être enduit d'adhésif. Plus de 29 éléments entrent dans la composition de cet adhésif. Une fois le film et l'adhésif prêts, il reste encore 10 étapes avant d'obtenir le rouleau vendu dans le commerce.

EMPÊCHER LES FEUILLES DE S'ENVOLER • Si vous devez prononcer un discours en plein air, collez un morceau de ruban adhésif transparent sur le pupitre, face collante vers l'extérieur pour que vos feuilles ne s'envolent pas.

Pour les bricoleurs

FIXER UN TABLEAU SANS ENDOMMAGER LE MUR • Avant de planter un clou dans un mur, collez un morceau de ruban adhésif à l'endroit où vous souhaitez faire le trou. Cela empêchera la peinture de s'écailler si vous devez retirer le clou, et limitera les risques de fissures.

NE PAS ÉGARER VIS, CLOUS ET PETITES PIÈCES • Lorsque vous démontez un objet pour le réparer, posez une longueur de ruban adhésif à côté de vous, face collante vers le haut, pour y déposer les vis, les clous, les écrous, etc. Ils ne pourront pas rouler et tomber par terre.

SOIGNER UNE PLANTE • Pour redresser la tige cassée d'une plante du jardin, entourez la blessure de ruban adhésif transparent afin de permettre à la sève de s'écouler correctement. Ôtez ce « pansement » lorsque la tige s'est ressoudée.

SEMER DES GRAINES • Pour semer des graines en rangées bien droites, versez-les sur du papier sulfurisé et alignez-les avec les doigts. Collez une bande de ruban adhésif sur les graines. Vous n'avez plus qu'à enterrer le ruban adhésif dans le potager.

SE DÉBARRASSER DES SAUTERELLES • Attrapez les sauterelles installées dans votre garage ou votre cave en plaçant sur le sol un morceau de ruban adhésif assez large, face collante vers le haut. Relâchez vos proies dans la nature.

Pour la sécurité

FABRIQUER DES BALISES DE SÉCURITÉ • Fabriquez vos propres balises de sécurité en collant quelques bandes de ruban adhésif réfléchissant sur de vieilles boîtes de conserve. Gardez-les dans le coffre de la voiture, elles vous serviront en cas de panne de nuit.

PROTÉGER LES ANIMAUX DOMESTIQUES • Collez du ruban adhésif réfléchissant sur le collier de vos animaux domestiques, ils seront plus visibles dans le noir et risqueront moins de se faire faucher par une voiture.

BALISER UN ESCALIER DANGEREUX

Collez du ruban adhésif réfléchissant sur le nez des marches de l'escalier de la cave ou du garage pour les rendre plus sûres.

Pour les enfants

RENDRE UN BAVOIR ÉTANCHE • Pour éviter que la nourriture ne passe sous le bavoir de bébé, collez les bords du bavoir aux vêtements de l'enfant avec du ruban adhésif.

SÉCURISER LES PRISES DE COURANT • Pour sécuriser les prises de courant et empêcher les enfants d'y mettre les doigts, recouvrez-les de ruban adhésif transparent. Ce n'est qu'une solution provisoire, mais elle peut vous donner le temps nécessaire pour éloigner un enfant d'un danger potentiel.

DESSINER DE TOUTES LES COULEURS • Regroupez plusieurs feutres ou stylos de couleurs différentes en les entourant de ruban adhésif pour permettre aux enfants de faire des dessins avec des traits multicolores.

Le coin des enfants

Pour amuser et impressionner les enfants lors d'une fête d'anniversaire, collez en cachette un morceau de ruban adhésif transparent sur un ballon gonflé. Demandez aux enfants de se couvrir les oreilles pour ajouter un peu de suspense, puis enfoncez une aiguille dans le ballon là où vous avez collé le ruban adhésif. Le ballon n'éclatera pas ! Crevez-le en piquant à un autre endroit pour surprendre les enfants.

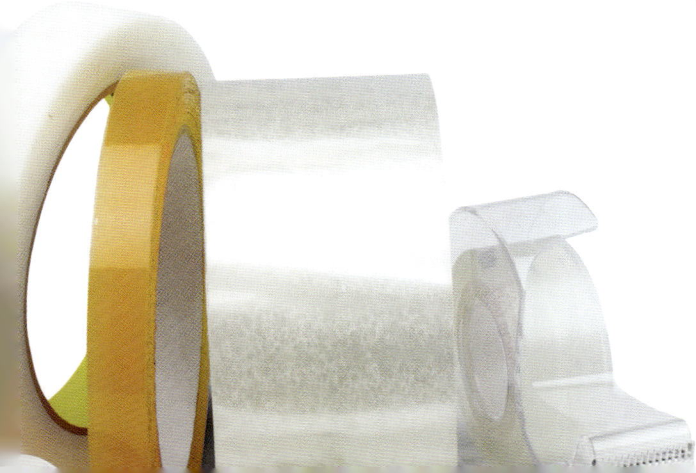

RUBAN ADHÉSIF D'ÉLECTRICIEN

STOPPER UNE INVASION DE FOURMIS • Pour faire barrage à une armée de fourmis, qui s'obstine à envahir une boîte à biscuits par exemple, entourez l'objet convoité de ruban d'électricien côté collant dessus.

UNE BROSSE ANTIPELUCHES • Si vous n'avez pas de brosse spéciale pour retirer les poils de chat, les cheveux et les peluches des vêtements ou des tissus d'ameublement, enveloppez votre main de ruban d'électricien, côté collant à l'extérieur.

DÉCORER UN VÉLO • Pour égayer le guidon des vélos de vos enfants, découpez des bandes de ruban d'électricien de 25 cm de long sur 1 cm de large ; n'hésitez pas à varier les couleurs. Repliez chaque bande en deux, côté collant sur l'intérieur. Lorsque vous en avez environ une douzaine, insérez-en six à chaque extrémité du guidon et maintenez ces petits palmiers colorés en place avec du ruban adhésif. Vérifiez que votre enfant peut toujours agripper aisément les poignées.

ENVELOPPER LES ROULETTES • Pour empêcher les chaises et meubles à roulettes de laisser des traces sur les parquets ou les revêtements de sol en PVC, collez du ruban d'électricien sur le bandage des roues.

RÉPARER UN FEU ARRIÈRE

Vous venez de casser le feu arrière de votre voiture ? Effectuez une réparation provisoire avec du ruban d'électricien rouge ou jaune, pour faire tenir ensemble les morceaux restés en place.

NETTOYER UN PEIGNE • Posez une bande de ruban d'électricien sur toute la longueur du peigne, lissez-le du doigt puis retirez-le. Pour désinfecter le peigne, plongez-le dans un mélange d'eau et d'alcool à 90°, ou d'eau et d'ammoniaque. Laissez sécher.

REMPLACER UNE VITRE CASSÉE • Pour déposer une fenêtre afin de changer une vitre cassée sans risquer d'être blessé par un fragment de verre, entrecroisez des bandes de ruban d'électricien sur chaque face de la vitre. Mettez des gants épais pour enlever les tessons du cadre.

PAQUETS CADEAUX

À défaut de joli papier, optez pour le ruban d'électricien. Collez celui-ci directement sur la boîte d'emballage en dessinant des motifs, puis ajoutez quelques touches décoratives, des formes et des lettres également découpées dans du ruban d'électricien.

SUSPENDRE DES TUBES • Votre établi est encombré de tubes en tous genres ? Suspendez-les, vous aurez plus d'espace pour bricoler et vous retrouverez plus facilement celui dont vous avez besoin. Pour chaque tube, coupez une bande de ruban d'électricien longue de plusieurs centimètres, collez-la à la base du tube en faisant un rabat à l'extrémité, et percez un trou dans le rabat. Il ne vous reste plus qu'à accrocher les tubes au-dessus de votre établi, à des clous ou à des crochets.

RAPIÉCER LES COUSSINS DE SIÈGES DE JARDIN • Une bande de ruban d'électricien de couleur assortie peut servir à masquer une déchirure sur un coussin et prolongera son usage d'une ou deux saisons.

LE COIN BIBLIOTHÈQUE

RENFORCER LA RELIURE D'UN LIVRE • Choisissez une couleur assortie à celle de la couverture du livre (ou, au contraire, une couleur qui tranche) et collez soigneusement une bande de ruban sur toute la longueur du dos. Si un renfort supplémentaire vous semble nécessaire, coupez des petits bouts de ruban, que vous placerez perpendiculairement à la bande.

PROTÉGER UN LIVRE • Confectionnez une couverture pour protéger un livre de poche ou un carnet de notes que vous emportez sur la plage, par exemple dans du ruban d'électricien. Découpez le gabarit de la couverture dans une feuille de papier journal, placez le gabarit sur votre livre puis couvrez-le de ruban d'électricien, une bande après l'autre, en les faisant se chevaucher légèrement. Cette couverture amovible sera imperméable et très solide.

RUBAN ADHÉSIF ENTOILÉ

Dans la maison et au garage

FAIRE UN OURLET PROVISOIRE • Vous avez trouvé un jean superbe mais il est trop long ? Comme il va sûrement rétrécir un peu au lavage, inutile de faire tout de suite un ourlet définitif. Rentrez la longueur voulue et marquez l'ourlet avec une bande de ruban adhésif entoilé, en veillant à ce qu'elle maintienne le tissu sans faire de plis. Cet ourlet devrait résister à 2 ou 3 lavages.

CLÉ DE SECOURS

Pour ne plus paniquer si vous avez (encore) bloqué les portières de votre vieille voiture en laissant les clés sur le contact, dissimulez une clé à l'intérieur du pare-chocs avant et fixez-la avec du ruban adhésif entoilé.

REFERMER UN SACHET DE CHIPS ENTAMÉ • Repliez le haut du sachet plusieurs fois sur lui-même et scellez hermétiquement avec une bande de ruban adhésif.

RESTAURER UN VIEUX PORTEFEUILLE • Même s'il est défraîchi, un vieux portefeuille peut encore servir à de multiples usages. Habillez-le de ruban adhésif entoilé et renforcez-le au niveau des pliures.

UN PANSEMENT PROVISOIRE

Désinfectez la blessure puis couvrez-la d'un morceau de papier absorbant ou d'une serviette en papier pliés en deux ou en quatre. Maintenez avec du ruban adhésif entoilé.

RÉPARER UN ŒILLET DE RIDEAU DE DOUCHE • Lorsque le rideau de douche est sec, découpez un carré de ruban adhésif entoilé et pliez-le à cheval sur l'œillet déchiré. Découpez le trou au cutter et remettez le rideau en place.

ÉLIMINER LES PELUCHES ET LES POILS SUR LES VÊTEMENTS • Enveloppez votre main de ruban adhésif entoilé, côté collant à l'extérieur, puis passez la main sur le tissu sans frotter, pour ne pas l'abîmer. Ou utilisez aussi du ruban d'électricien.

ATTRAPE-MOUCHES • Les vacances à la campagne, c'est merveilleux, mais on se passerait bien des mouches ! Découpez des bandes de ruban adhésif entoilé de 30 cm de long et suspendez ce papier tue-mouches aux poutres ou aux luminaires.

AUTOCOLLANT POUR PARE-CHOCS ARRIÈRE • Vous avez une information à transmettre sur la route ? Réalisez un autocollant ! collez une bande de ruban adhésif entoilé large sur le pare-chocs arrière de la voiture et écrivez votre message à l'aide d'un feutre permanent.

RÉPARER UN TUYAU D'ASPIRATEUR PERCÉ • Colmatez le trou avec du ruban adhésif entoilé, la réparation tiendra jusqu'à ce que le moteur rende l'âme !

ACCROCHER DES GUIRLANDES DE NOËL • Si vous utilisez du ruban adhésif entoilé pour accrocher vos guirlandes électriques, le décrochage sera beaucoup plus rapide. Détaillez le ruban adhésif en fines lanières, enroulez celles-ci autour du fil à intervalles réguliers puis fixez l'autre extrémité sur la gouttière, ou tout autre support.

RÉPARER UN CADRE

Ne jetez pas un cadre photo dont la languette articulée au dos est arrachée : pour que le cadre retrouve son équilibre, fixez la languette avec du ruban adhésif entoilé (ou collez-la avec de la colle extraforte).

Pour les enfants

IMAGINER DES DÉGUISEMENTS • Pour déguiser votre enfant en robot, par exemple, pensez au ruban adhésif entoilé argenté. Confectionnez un haut dans de grands sacs en papier kraft – prévoyez une ouverture dans le dos afin que l'enfant puisse aisément mettre et enlever le costume. Recouvrez les sacs et les jambes d'un vieux pantalon (pour le bas) de ruban adhésif argenté.

FAIRE DES BAGUES ET DES BRACELETS • Pour confectionner des bagues, découpez du ruban adhésif en lanières de 1 cm de large environ puis pliez-les en deux dans la longueur. Coller de nouvelles lanières sur la première et ainsi de suite, jusqu'à obtention de la bonne épaisseur. Ajustez la taille et fermez l'anneau formé avec un bout de ruban adhésif. Recouvrez un petit caillou de ruban adhésif coloré et fixez-le sur la bague pour imiter une pierre précieuse. Pour faire un bracelet, enroulez du ruban adhésif autour d'un gabarit en carton fort, et décorez-le selon votre imagination.

FABRIQUER UNE ÉPÉE • Sur un morceau de carton, dessinez la forme d'une épée pour votre d'Artagnan, en prévoyant une petite poignée. Découpez-la, couvrez la lame de ruban adhésif argenté et le manche de ruban adhésif noir.

FABRIQUER DES MARIONNETTES

Le ruban adhésif entoilé est idéal pour cette activité. Utilisez un petit sac en papier un peu épais pour faire le corps de la marionnette. Couvrez le sac de bandes de ruban adhésif en les faisant se chevaucher. Faites des emmanchures dans lesquelles vous passerez les doigts. Créez une tête en couvrant de ruban adhésif une boule de papier froissé et fixez des boutons ou des perles pour les yeux et la bouche.

RUBAN ADHÉSIF ENTOILÉ suite →

Pour les bricoleurs

COLMATER UNE DURIT • En attendant d'aller chez le mécanicien, vous pouvez réparer un tuyau de circuit d'eau percé avec du ruban adhésif entoilé. N'attendez cependant pas trop longtemps, car ce ruban adhésif ne tolère que des températures inférieures à 93 °C. Attention, n'utilisez pas de ruban adhésif pour colmater une fuite dans la Durit de carburant, car l'essence le dissoudrait rapidement.

FABRIQUER UN BARDEAU PROVISOIRE • Si l'un des bardeaux de bois de votre toit s'est détaché, faites une réparation provisoire avec une plaque de contreplaqué de 6 mm d'épaisseur coupée à dimensions que vous envelopperez entièrement de ruban adhésif entoilé étanche. Coincez ce bardeau de remplacement de manière à combler l'ouverture et à empêcher les entrées d'eau jusqu'à la réparation du toit.

BOUCHER UN TROU DANS UN BARDAGE • Comblez des trous ou des éclats dans un bardage en PVC par des bandes de ruban adhésif entoilé étanche. Choisissez si possible une couleur proche de celle de votre bardage. Appliquer le ruban quand la surface est sèche. Marouflez à la main ou avec un rouleau à pâtisserie ; peignez si nécessaire. La réparation devrait durer une ou deux saisons.

RETIRER UNE VITRE CASSÉE EN TOUTE SÉCURITÉ • Pour éviter de vous couper, entrecroisez plusieurs bandes de ruban adhésif entoilé sur chacune des faces de la vitre cassée, pour immobiliser les fragments de verre. Pour cet usage, vous pouvez aussi utiliser du ruban d'électricien.

RAFISTOLER UNE POUBELLE • Les poubelles en plastique ont tendance à se fendre sur les côtés et donc à ne plus être étanches. Ce n'est pas une raison pour les jeter. Faites une réparation de fortune en collant du ruban adhésif entoilé à l'intérieur et à l'extérieur de la poubelle.

RÉPARER UNE LUNETTE DE W.-C. • Pour une réparation provisoire, appliquez plusieurs épaisseurs de ruban adhésif entoilé à l'endroit de la cassure et lissez bien avec les doigts.

BOUCHER UN TROU DANS UNE MOUSTIQUAIRE • Un petit trou dans la moustiquaire d'une fenêtre, d'une porte ou même du garde-manger laisse entrer les insectes ? Bouchez-le avec du ruban adhésif entoilé avant d'effectuer une réparation plus discrète ou de changer la moustiquaire.

REMPLACER LES SANGLES D'UN SIÈGE DE JARDIN

À l'arrivée du printemps, il arrive d'avoir des surprises en sortant le mobilier de jardin, de retrouver un siège avec des sangles cassées ou déchirées, par exemple. Ne le jetez pas : confectionnez de nouvelles sangles. Coupez des bandes de ruban adhésif entoilé de deux fois la longueur de la sangle ; repliez-les en deux, côté collant à l'intérieur, puis fixez ces nouvelles sangles en place.

Pour le sport et le plein air

RENFORCER DES PROTÈGE-TIBIAS • Les joueurs de foot et de rugby, par exemple, ont besoin de protections aussi efficaces que résistantes. Pour renforcer ou réparer des protège-tibias fatigués, enveloppez-les de longues bandes de ruban adhésif entoilé.

PROTÉGER LES CHAUSSURES DE SKATEBOARD • Pour protéger les pieds de vos enfants et prolonger la vie de leurs chaussures, couvrez de plusieurs épaisseurs de ruban adhésif entoilé la zone de la chaussure qui frotte régulièrement contre la planche.

RÉPARER DES GANTS DE SKI • Le ruban adhésif entoilé est idéal pour refermer les coutures car il est étanche, adhère parfaitement et peut aisément se couper en bandes de largeurs différentes. Enroulez les bandes autour des doigts ou bien couvrez-en directement la couture défaillante.

RAPIÉCER UN PANTALON DE SKI • Si vous avez fait un accroc dans votre pantalon de ski, plutôt que de courir en acheter un neuf, placez une bande de ruban adhésif entoilé à l'intérieur pour relier les deux bords de la déchirure. Le rapiéçage sera presque invisible.

RESTER À FLOT • Vous partez pour un petit tour de canoë ? Emportez un rouleau de ruban adhésif entoilé dans votre sac, et vous serez sauvé si jamais vous découvrez un petit trou au fond de l'embarcation ! Tirez le canoë sur la berge, séchez le pourtour du trou et appliquez plusieurs bandes de ruban adhésif sur la zone perforée, côté extérieur de la coque.

ISOLER DU FROID DES BOTTES EN CAOUTCHOUC • Tapissez les semelles intérieures de ruban adhésif entoilé argenté, côté argent dessus. Il réfléchira la chaleur de vos pieds dans vos bottes.

RÉPARER UNE TENTE • Le ruban adhésif entoilé est parfait pour réparer les accrocs et déchirures d'une toile de tente. Pour une réparation bien solide, appliquez du ruban adhésif à l'extérieur et à l'intérieur de la tente.

LE SAVIEZ-VOUS ?

Pendant la Seconde Guerre mondiale, l'armée américaine, qui avait besoin de ruban adhésif hydrofuge, souple et résistant, fit appel à l'entreprise Permacell, une filiale de Johnson & Johnson. Celle-ci utilisa comme matériau de base de l'adhésif médical, auquel elle ajouta un adhésif multicouche résistant et un enduit polyéthylène sur un support en toile. Le produit, un adhésif souple, très solide, couleur vert armée, facile à découper en bandes, fut utilisé aussi bien pour sceller les caisses de munitions que pour réparer les pare-brise des jeeps. Les soldats l'avaient baptisé *duck tape* (adhésif canard) car il était aussi imperméable que les plumes d'un canard. Après la guerre, l'adhésif revêtit une couleur argentée et fut utilisé pour assembler les canalisations de chauffage et de climatisation ; mais ce n'est plus le cas aujourd'hui. Il reste néanmoins le compagnon indispensable du bricoleur.

RUBAN ADHÉSIF ENTOILÉ suite →

RÉPARER UNE PISCINE

Le ruban adhésif entoilé est parfaitement adapté pour boucher un trou dans le liner d'une piscine. Couvrez une grande surface autour du trou ; la réparation pourra tenir une saison entière.

RECYCLER DES CHAUSSURES • S'il vous faut régulièrement patauger dans l'eau au jardin ou ailleurs, pour garder les pieds au sec, imperméabilisez une vieille paire de baskets en la recouvrant de ruban adhésif entoilé. Appliquez plusieurs bandes en les faisant se chevaucher. Pour qu'elles épousent bien les arrondis, crantez les bords du ruban.

SE PROTÉGER DES TIQUES • En randonnée ou pour désherber le jardin, resserrez vos bas de pantalon autour des chevilles avec des bandes de ruban adhésif entoilé afin de faire barrage aux tiques. Si vous n'avez pas de pinces à vélo, c'est aussi un bon moyen d'éviter à vos bas de pantalons de se coincer dans la chaîne.

FAIRE UNE CORDE À LINGE… OU À SAUTER • Que vous soyez en pleine nature ou en camping, torsadez un long morceau de ruban adhésif entoilé pour le transformer en corde à linge et attachez-le entre deux arbres. Il peut aussi servir de corde à sauter.

PROTÉGER LE TUYAU D'UNE BOUTEILLE DE GAZ • Les souris et les rats adorant mâcher du caoutchouc, par sécurité, entourez le tuyau qui relie la bouteille de gaz au barbecue de ruban adhésif entoilé.

UN LACET DE FORTUNE • Un de vos lacets de basket a rendu l'âme ? Coupez une bande de ruban adhésif entoilé deux fois plus large que nécessaire. Pliez-la en deux dans le sens de la longueur, côté collant sur l'intérieur ; votre nouveau lacet est prêt.

LE SAVIEZ-VOUS ?

Les employés du service clientèle de l'entreprise 3M répondent à de nombreux appels concernant le ruban adhésif entoilé. Voici les questions les plus courantes.

1 Peut-on l'utiliser pour retirer des verrues ?
2 Peut-on l'utiliser pour fixer le tuyau d'évacuation d'air chaud du sèche-linge ?
3 Est-il imperméable ?

Ce à quoi ils répondent :
1 Le ruban adhésif n'est pas recommandé pour retirer les verrues car il n'a pas été soumis aux tests scientifiques nécessaires.
2 Le fabricant ne recommande pas d'utiliser du ruban adhésif pour le conduit d'évacuation d'air chaud du sèche-linge car la température risque de dépasser 93 °C, température maximale tolérée par le ruban adhésif.
3 Le dos du ruban adhésif est imperméable mais pas le côté adhésif. Le ruban adhésif arrêtera l'eau un certain temps, mais l'adhésif finira par disparaître.

ruban de masquage ruban de masquage ruban de masquage
RUBAN DE MASQUAGE RUBAN DE MASQUAGE

RUBAN DE MASQUAGE

DES ÉTIQUETTES PEU ONÉREUSES • Le ruban de masquage ne sert pas qu'aux travaux de peinture. On peut écrire dessus et s'en servir pour étiqueter récipients alimentaires, sacs des aliments à congeler, livres de classe, fournitures scolaires, etc.

RÉPARER UNE BALEINE DE PARAPLUIE • Pour former une attelle, utilisez un morceau de fil de fer pris dans un cintre métallique et maintenez-le sur la baleine cassée avec du ruban de masquage.

RÉUTILISER UN SAC D'ASPIRATEUR • Lorsque le sac est plein, videz-le en l'incisant par le fond, refermer la fente avec du ruban de masquage et remettez le sac en place dans l'aspirateur. Veillez toutefois à ne pas trop remplir le sac lors de la seconde utilisation.

ACCROCHER DES ÉLÉMENTS DE DÉCOR

Contrairement au ruban adhésif classique, le ruban de masquage ne laisse aucune trace sur un mur peint. Vous pouvez donc l'utiliser pour fixer des décorations provisoires, à l'occasion d'une soirée par exemple. Mais n'oubliez pas de le retirer le lendemain ou le surlendemain pour éviter que la peinture du mur ne parte avec l'adhésif.

GARDER UN POT DE PEINTURE BIEN PROPRE

Entourez le haut du pot avec du ruban de masquage pour que la peinture ne coule pas dans la rainure prévue pour le couvercle.

LE SAVIEZ-VOUS ?

En 1923, lorsque Richard Drew rejoint la société américaine 3M pour y travailler comme ingénieur, celle-ci ne fabrique que du papier de verre. Drew essaye précisément un papier de verre chez un réparateur de voiture local quand il remarque que des ouvriers ont du mal à délimiter précisément des zones sur des travaux de peinture bicolores. Drew recherche alors une solution et invente en 1925 le premier ruban de masquage, un papier ocre jaune de 5 cm de large pourvu d'un support adhésif sensible à la pression. Cinq ans plus tard, il invente le ruban adhésif transparent baptisé Scotch (voir aussi « Le saviez-vous ? » p. 255).

UNE ROUTE POUR PETITES VOITURES • Collez deux bandes de ruban de masquage par terre ou sur une table, ajoutez un ou deux petits panneaux de circulation faits main. Faire rouler leurs petites voitures en respectant le tracé de la route amusera vos enfants et leur permettra d'améliorer leur dextérité.

SABLE

LE SAVIEZ-VOUS ?

Les concours de sculpture sur sable, qui fleurissent dans les villes côtières du monde entier, sont devenus de véritables attractions touristiques. Ainsi, à l'occasion du festival de Zeebrugge, en Belgique, s'est élevée une gigantesque sculpture représentant plus de 100 personnalités hollywoodiennes. Cette œuvre, réalisée en plusieurs semaines par une équipe internationale, a nécessité plusieurs tonnes de sable contenant 8 à 10 % d'argile pour une meilleure stabilité.

PROTÉGER ET RANGER LES OUTILS DE JARDIN • Remplissez de sable un seau de 20 litres et ajoutez environ 1 litre d'huile de moteur neuve. Quand le sable a bien absorbé l'huile, plongez-y plusieurs fois vos pelles et autres outils afin de les nettoyer et de les graisser d'un seul geste. Pour éviter la rouille, laissez les outils plantés dans le sable entre deux utilisations. Procédez de la même manière pour nettoyer cisailles, sécateurs, déplantoirs, etc.

NETTOYER UN VASE À GOULOT ÉTROIT • Si le goulot de votre vase est trop étroit pour y passer la main, versez un peu de sable à l'intérieur et ajoutez de l'eau chaude savonneuse. Faites tourner délicatement le mélange. Le sable va décrocher les résidus collés sur les parois et faire disparaître les taches inaccessibles.

AUGMENTER L'ADHÉRENCE DES PNEUS • Lorsqu'il gèle, placez dans le coffre de votre voiture un sac de sable et une boîte à margarine vide, par exemple, qui vous servira de pelle. Répandez le sable sur le sol pour vous dégager si vos pneus restent collés, ou au contraire, si vos roues patinent au moment de quitter votre place de parking.

RECOLLER UN BIBELOT

Il faudrait parfois trois mains pour recoller des petits objets lorsqu'ils se brisent. Pour y parvenir plus facilement, placez la partie principale dans un récipient rempli de sable de façon à la maintenir en place. Appliquez de la colle sur chaque morceau et appuyez fermement. Laissez l'ensemble dans le sable jusqu'à ce que la colle ait parfaitement séché.

SAC À CONGÉLATION

Dans la maison

PROTÉGER DES PHOTOS • Pour montrer vos photos de vacances à des amis tout en évitant les traces de doigts, glissez chacune d'elles dans un petit sac à congélation transparent.

SOIGNER BOSSES ET HÉMATOMES • Pour ne pas être pris au dépourvu en cas de choc ou de rage de dents, pensez à préparer une compresse glacée d'avance. Glissez un gant de toilette humide dans un sac à congélation et placez-le dans le congélateur.

PROTÉGER LES CADENAS DU GEL • Lorsque le thermomètre descend en dessous de zéro, glissez un sac à congélation sur les cadenas extérieurs, pour les protéger du gel et pouvoir les ouvrir sans encombre.

ADOUCIR LE LINGE • À l'aide d'une aiguille, percez quelques trous dans un petit sac à congélation muni d'une fermeture à glissière. Remplissez-le d'adoucissant en veillant à le tenir au-dessus du tambour, fermez-le et déposez-le au cœur du linge. Il diffusera pendant tout le cycle de lavage et rendra votre linge plus doux.

FABRIQUER DES LINGETTES • Placez des feuilles de papier absorbant doux dans un sac à congélation muni d'une fermeture à glissière. Ajoutez un mélange de 1,5 cl de savon liquide antibactérien, 5 ml d'huile pour bébé et 8 cl d'eau (ne surdosez pas : le papier absorbant doit être humidifié et non détrempé).

CONSERVER LES DENTS DE LAIT

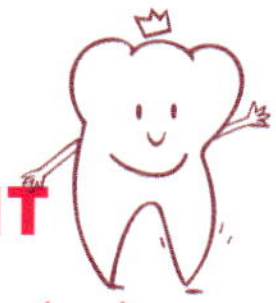

Si vous souhaitez conserver les dents de lait de vos enfants, placez-les dans un petit sac à congélation doté d'une glissière après le passage de la petite souris. Vos enfants pourront les montrer à l'école sans risquer de les perdre.

AMIDONNER FACILE • Pour amidonner de petites pièces de décoration en tissu, il suffit de les placer dans un sac à congélation muni d'une fermeture à glissière et contenant de l'amidon. Agitez pour les imprégner, sortez-les et laissez-les sécher complètement. Conservez l'amidon dans le sac pour une prochaine utilisation.

NOURRIR LES OISEAUX • Pour nourrir les oiseaux pendant les longs mois d'hiver, mettez des graines et de la margarine dans un petit un sac à congélation doté d'une fermeture à glissière. Fermez le sac et pétrissez, puis confectionnez des boules avec la pâte obtenue. Placez-les dans un filet ou étalez le mélange sur une pomme de pin que vous suspendrez à une branche.

RECYCLER LES RESTES DE SAVON • Si vous n'aimez pas jeter les restes de savon, rassemblez-les dans un petit sac à congélation. Quand vous en avez réuni suffisamment pour reconstituer un savon de bonne taille, plongez le sac dans l'eau chaude, mais non bouillante, et faites fondre les morceaux. Laissez refroidir.

SAC À CONGÉLATION suite →

Dans la cuisine

ÉVITER LES CRISTAUX DE GLACE • Afin d'empêcher la formation de cristaux dans les pots de crème glacée entamés, placez ces derniers dans un sac à congélation muni d'une fermeture à glissière et rangez-les au congélateur. Ils seront parfaitement protégés.

CONSERVER DU FROMAGE RÂPÉ • Pour ne plus sortir la râpe à chaque fois que vous avez envie de parmesan râpé, préparez-le à l'avance et conservez-le dans un sac à congélation doté d'une fermeture à glissière. Placez ce dernier dans un second sac afin de préserver la fraîcheur du fromage. Vous pouvez également y mettre la râpe et le talon de fromage, ce qui vous évitera de laver la râpe à chaque utilisation.

FABRIQUER UNE POCHE À DOUILLE • Une poche à douille est souvent difficile à manipuler et à nettoyer. Remplacez-la par un sac à congélation muni d'une fermeture à glissière. Remplissez le sac avec votre préparation. Chassez l'air et fermez le sac. Découpez un des coins du sac au diamètre souhaité (commencez par une petite entaille, que vous pourrez agrandir si nécessaire).

STOCKER DES GLAÇONS • Pour disposer de glaçons en quantité suffisante lors d'une fête, videz vos bacs à glaçons dans un sac à congélation. Ils ne colleront pas les uns aux autres si vous les remettez immédiatement au congélateur. Préparez ainsi plusieurs sacs d'avance pour avoir l'esprit tranquille.

CONSERVER LES BULLES DE SODA • Vous venez d'ouvrir une canette de boisson gazeuse et vous devez partir en réunion ? Pour qu'elle soit encore pétillante à votre retour, placez-la dans un sac à congélation doté d'une glissière et fermez le sac. La boisson garder a plus longtemps ses bulles.

JETER L'HUILE DE CUISSON • Pour ne plus boucher l'évier avec des résidus de cuisson, laissez refroidir l'huile que vous venez d'utiliser, versez-la dans un sac à congélation muni d'une fermeture à glissière et jetez ce dernier à la poubelle.

RAMOLLIR DES GUIMAUVES • Si les guimauves ont durci dans le sachet, transférez-les dans un sac à congélation muni d'une fermeture à glissière et fermez le sac. Placez celui-ci dans une casserole d'eau chaude. La chaleur ramollira les friandises en un rien de temps.

COLORER UNE PÂTE SANS SE TACHER • Pour colorer une pâte à gâteau sans vous tacher les mains, versez la pâte dans un sac à congélation muni d'une fermeture à glissière. Ajoutez le colorant alimentaire. Fermez le sac et pétrissez jusqu'à ce que la couleur de la pâte soit uniforme. Vous pouvez aussi congeler la pâte dans ce sac pour une prochaine fois.

FAIRE FONDRE DU CHOCOLAT

Faire fondre du chocolat au four à micro-ondes ou au bain-marie est souvent salissant. Pour échapper à la corvée de nettoyage des récipients, placez le chocolat dans un sac à congélation, fermez-le et faites fondre le chocolat au bain-marie. Jetez le sac après usage ou servez-vous en comme poche à douille en entaillant l'un des coins.

Le coin des enfants

Les enfants adorent les pâtes alimentaires multicolores, qui stimulent leur créativité. Ils en font des colliers, en décorent des cadres, des boîtes, etc. Pour les colorer vous-même, mettez une poignée de pâtes dans plusieurs sacs à congélation munis d'une fermeture à glissière et ajoutez dans chaque sac quelques gouttes d'un colorant alimentaire d'une couleur différente, ainsi que quelques gouttes d'alcool à brûler. Fermez les sacs, remuez pour répartir le colorant. Disposez les pâtes sur une feuille d'aluminium ménager et laissez sécher.

DES GANTS POUR ENFANT • À la cuisine, il serait dommage de refuser l'aide des enfants par simple crainte de retrouver des traces de leurs petits doigts tachés un peu partout. Pour profiter de ce moment privilégié en famille, improvisez des gants pour les enfants avec de petits sacs à congélation. Faciles à enfiler, pratiques et jetables, ils éviteront les catastrophes.

FABRIQUER UN ENTONNOIR • Si vous ne possédez pas d'entonnoir, versez le liquide à transvaser dans un sac à congélation, puis coupez un coin du sac et faites couler le liquide. Jetez le sac après usage.

BEURRER UN MOULE • Pour éviter de vous graisser les doigts quand vous beurrez un moule, glissez la main dans un sac à congélation pour saisir le morceau de beurre ou de margarine et en enduire le moule.

Pour le rangement

PROTÉGER DES OBJETS FRAGILES • Glissez le bibelot à protéger dans un sac à congélation doté d'une fermeture à glissière. Fermez presque entièrement le sac, gonflez-le en soufflant dedans et fermez-le hermétiquement. Le coussin d'air protégera l'objet des chocs.

RANGER LES PULLS • Pour protéger vos pulls des mites comme de la poussière lorsque vous les remisez à la fin de l'hiver, placez chacun d'eux à l'abri dans un grand sac à congélation muni d'une fermeture à glissière. Fermez hermétiquement. Réutilisez les sacs d'une année sur l'autre.

LE SAVIEZ-VOUS ?

Le sac plastique que l'on peut fermer hermétiquement a été inventé en 1969 par la société américaine Dow Chemical. Depuis lors, cette invention a été adaptée à de nombreuses tailles. Le sac percé de trous pour préserver la fraîcheur des légumes n'a pas eu, en revanche, le même succès.

PARFUMER LES TIROIRS

Pour débarrasser un tiroir d'une désagréable odeur de renfermé, remplissez un petit sac à congélation de pétales de fleurs séchées, de feuilles parfumées et de quelques gouttes de votre huile essentielle préférée. Percez le sac de petits trous à l'aide d'une aiguille, et placez-le dans le tiroir.

SAC À CONGÉLATION suite →

PARFUMER UNE PENDERIE • Remplissez de copeaux de cèdre (en vente dans les animaleries et les jardineries) un sac à congélation muni d'une fermeture à glissière. Percez le sac de petits trous, suspendez-le dans la penderie… et laissez opérer la magie du cèdre.

FABRIQUER UNE TROUSSE

Vos enfants perdent sans cesse crayons, stylos, règles, etc. ? À l'aide d'une trouilloteuse, faites 3 ou 4 trous dans le fond d'un sac à congélation, placez-y les crayons ou autres fournitures et rangez le sac dans un classeur en passant les trous dans les anneaux. De cette façon, les enfants les auront toujours à portée de main.

Dans la salle de bains

RANGEMENT RAPIDE • Voici une solution pour libérer rapidement la salle de bains lorsque vous attendez des amis. Réunissez tous vos produits de toilette et de beauté et mettez-les dans un grand sac à congélation muni d'une fermeture à glissière.

TROUSSE DE MAQUILLAGE EXPRESS • Rangez les produits de maquillage dont vous vous servez tous les jours dans un sac à congélation muni d'une fermeture à glissière ; vous n'aurez plus à les chercher le matin et gagnerez un temps précieux.

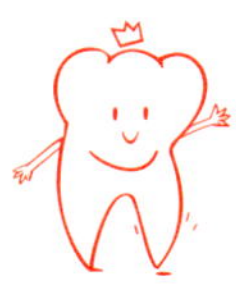

NETTOYER UN DENTIER

Pour éviter que votre dentier ne trempe dans un verre à la vue de tous dans la salle de bains ou sur la table de nuit, placez-le dans un sac à congélation à fermeture à glissière avec son produit d'entretien, et rangez le sac dans le placard de la salle de bains.

UN OREILLER DE BAIN IMPROVISÉ • Pour faire d'un bain chaud un vrai moment de détente, gonflez un sac à congélation de 3 litres muni d'une fermeture à glissière et glissez ce confortable oreiller improvisé sous votre nuque.

CONSERVER DES LINGETTES • Une fois le paquet ouvert, les lingettes ont tendance à sécher rapidement. Pour éviter cela, placez le paquet dans un sac à congélation muni d'une fermeture à glissière.

En voyage

STOCKER DES VÊTEMENTS SALES • Vous avez taché un vêtement et ne pouvez le nettoyer immédiatement ? Pulvérisez du détachant sur la tache ou (si la nature de la tache et du vêtement le permet), faites tremper la zone salie dans l'eau. Rangez le vêtement dans un sac à congélation muni d'une fermeture à glissière. Lavez-le dès votre retour.

EMPORTER DES VÊTEMENTS DE RECHANGE • Pour ne jamais être pris au dépourvu quand vous quittez la maison, prévoyez toujours des vêtements de rechange pour les enfants ; rangez-les dans un grand sac à congélation muni d'une fermeture à glissière que vous laisserez dans le coffre de la voiture.

SE PROTÉGER DES INSECTES

Il est difficile de s'appliquer du répulsif contre les insectes sur le visage sans s'en mettre dans les yeux. Placez des boules de coton à démaquiller dans un sac à congélation muni d'une fermeture à glissière et pulvérisez le répulsif dessus. Fermez le sac et agitez. Utilisez ces boules de coton pour appliquer avec précision le répulsif. Pensez à bien vous laver les mains ensuite.

SE NETTOYER LES MAINS À LA PLAGE • Pour enlever le sable qui colle aux mains à la plage, rien ne vaut le talc. Emportez toujours un sac à congélation muni d'une fermeture à glissière contenant du talc. Plongez les mains dans le sac, puis frottez-les énergiquement l'une contre l'autre.

SE RAFRAÎCHIR • Pour vous rafraîchir au volant en période de canicule, placez un gant de toilette imbibé d'eau et de jus de citron dans un sac à congélation muni d'une fermeture à glissière. Utilisez le gant pour vous nettoyer rapidement les mains ou le visage.

TRANSPORTER DE LA LESSIVE • En déplacement, on a parfois besoin d'un peu de lessive. Versez quelques poignées de poudre à laver dans un sac à congélation muni d'une fermeture à glissière pour éviter de transporter un paquet de lessive encombrant.

ATTÉNUER LE MAL DES TRANSPORTS • Si vos enfants sont sujets au mal des transports, placez des boules de coton dans un sac à congélation et versez-y quelques gouttes d'huile essentielle de lavande. Dès que l'un des petits se sentira barbouillé, faites-lui inhaler la fraîcheur de la lavande ; la nausée devrait passer.

DONNER À BOIRE AU CHIEN • En randonnée, n'oubliez pas de faire boire votre chien. Emportez un sac à congélation doté d'une fermeture à glissière et remplissez-le d'eau quand l'animal en a besoin. Tenez le sac ouvert devant sa gueule.

SAC À CONGÉLATION suite →

METTRE DES OBJETS À L'ABRI DE L'EAU • Pour ne pas risquer de perdre vos clés ou de mouiller vos papiers et votre téléphone portable lors d'une sortie en bateau, rangez vos affaires dans un sac à congélation muni d'une fermeture à glissière. Gonflez légèrement le sac pour qu'il flotte en cas de chute dans l'eau.

Le coin des enfants

Voici une activité aussi sportive que gastronomique réservée à l'extérieur. Versez le contenu d'un sachet de préparation pour crème renversée dans un sac à congélation muni d'une fermeture à glissière et ajoutez la dose de lait recommandée. Fermez le sac hermétiquement et enfermez-le dans un second sac. Puis laissez les enfants jouer à se lancer le sac. Quand le mélange sera bien homogène, laissez-les s'en régaler !

26 USAGES

SAC EN PAPIER

Dans la maison

NETTOYER UN BALAI • Fixez un grand sac en papier sur la tête du balai avec un morceau de corde ou un élastique. Secouez le balai plusieurs fois d'un geste énergique, puis posez-le par terre quelques minutes pour que la poussière retombe. Retirez doucement le sac et jetez-le.

RAFRAÎCHIR DES FLEURS ARTIFICIELLES • Placez vos fleurs artificielles (qu'elles soient en soie ou en Nylon) dans un sac en papier avec 5 à 6 cuillerées à café de sel fin. Secouez doucement le sac plusieurs fois ; vos fleurs auront retrouvé l'aspect du neuf.

TRANSPORTER DU LINGE • Servez-vous d'un grand sac en papier résistant, et muni de poignées, pour transporter ou entreposer vos piles de linge entre deux lessives ou pour aller à la laverie. Veillez toutefois à ce que votre linge soit parfaitement sec avant de le mettre dans le sac en papier.

POUR LA SALLE DE BAINS • Recyclez dans la salle de bains les jolis petits sacs en papier des commerçants : rangez-y mouchoirs en papier, petits savons, échantillons de produits de beauté, etc. Ajoutez éventuellement une touche personnelle en y accrochant des rubans assortis…

RECOUVRIR DES LIVRES • Pour faire une couverture de livre bien solide, coupez un sac en papier le long d'une pliure afin de le mettre à plat et d'obtenir un grand rectangle. Posez le livre à recouvrir au milieu. Repliez le haut et le bas du rectangle de telle sorte qu'il soit à peine plus haut que le livre, puis repliez les côtés pour former des rabats. Coupez le surplus de papier pour ne garder que quelques centimètres de rabat de chaque côté. Collez enfin un bout de ruban adhésif en haut et en bas de chaque rabat (sur le papier et non sur le livre) pour le maintenir bien en place.

UN CENTRE DE TABLE ORIGINAL • Déposez un grand verre rempli d'eau bien à plat au centre d'un joli petit sac en papier muni de poignées. Ajoutez quelques fleurs et feuillages fraîchement coupés et décorez votre table de ce paquet fleuri.

EMBALLER UN CADEAU • Plus de papier cadeau ? Coupez un grand sac en papier à motifs le long d'une pliure pour le mettre à plat et obtenir un grand rectangle dans lequel vous pourrez emballer votre présent. Personnalisez votre papier cadeau uni en le décorant de motifs au feutre, à la peinture, ou avec des autocollants.

DES SACS À CADEAUX

Les sacs en papier sont parfaits pour présenter des cadeaux tels que sels de bain, bijoux, parfums et autres livres. Ajoutez juste un peu de papier crépon et une petite carte personnalisée.

LE SAVIEZ-VOUS ?

D'après les dernières études, les sacs en papier seraient préférables aux sacs plastique jetables (sacs en polyéthylène) face au risque d'abandon dans la nature, même si leur impact sur l'environnement est loin d'être négligeable. Cependant, il faut quatre fois plus d'énergie pour fabriquer un sac en papier que pour faire un sac plastique, et 80 % d'énergie en plus pour recycler le papier que le plastique. Cela dit, les sacs en papier proviennent d'une ressource renouvelable (les arbres), tandis que la plupart des sacs plastique sont fabriqués à partir de ressources non renouvelables (polyéthylène). Alors que faire ? Eh bien, emportez vos sacs réutilisables ou un panier lorsque vous faites vos courses !

REDONNER LEUR FORME AUX LAINAGES • Tracez le contour de votre pull-over ou de vos gants en laine sur un sac en papier avant de les laver. Après la lessive, servez-vous de ces tracés pour leur redonner leur forme d'origine, en les étirant si nécessaire.

DES SACS D'APPOINT • Lorsque vous partez en voyage, pensez à glisser quelques grands sacs en papier munis de poignées dans votre valise. Discrets et peu encombrants à l'aller, ils vous permettront de rapporter souvenirs volumineux, linge sale, serviettes de plage, etc.

RANGER DU LINGE • Utilisez des sacs en papier de taille moyenne pour regrouper votre linge de maison (draps et taies d'oreiller assorties, par exemple). Non seulement vos étagères seront mieux rangées, mais vous pourrez également donner une bonne odeur au linge en plaçant une feuille d'adoucissant usagée dans chaque sac.

SAC EN PAPIER suite →

Le coin des enfants

Pour réaliser un poster grandeur nature de votre enfant, découpez 4 à 6 sacs en papier afin de les mettre complètement à plat (si les sacs comportent des motifs, ils ne doivent pas être visibles). Placez-les côte à côte par terre et assemblez-les avec du ruban adhésif sur l'envers, de manière à former un grand rectangle. Faites s'allonger votre enfant au milieu de cette feuille géante et tracez au crayon le contour de son corps. Puis donnez-lui des crayons de couleur, des feutres, ou encore des pinceaux et de la peinture à l'eau pour qu'il dessine les éléments du visage, vêtements et autres détails. S'il est satisfait du résultat, accrochez son autoportrait au mur de sa chambre !

COLLECTER LES JOURNAUX À RECYCLER

Stockez chez vous vos journaux et magazines dans de grands sacs en papier ; ils seront plus vite triés et vous n'aurez pas besoin d'en faire des piles avec de la ficelle.

UNE HOUSSE DE REPASSAGE PROVISOIRE • Ouvrez un ou deux sacs en papier, humectez-les et placez-les sur votre table à repasser en attendant d'acheter une nouvelle housse.

Dans la cuisine

GARDER DU PAIN FRAIS • Stockez le pain dans un sac en papier plutôt que dans un sac en plastique. Le papier « respire », il préserve à la fois le croustillant de la croûte et le moelleux de la mie des baguettes.

FACILITER LE NETTOYAGE • Ouvrez un ou deux sacs en papier et étalez-les sur votre plan de travail lorsque vous épluchez des légumes, écossez des petits pois ou réalisez toute autre tâche de cuisine assez salissante. Quand vous avez terminé, vous n'avez plus qu'à plier le papier pour mettre vos épluchures à la poubelle ou sur le tas de compost.

CONSERVER DES CHAMPIGNONS • Ne laissez pas des champignons dans un sac plastique : ils pourriraient rapidement. Mettez-les au réfrigérateur, dans un sac en papier. Ils resteront frais pendant 4 ou 5 jours.

FAIRE MÛRIR LES FRUITS • Placez avocats, bananes, poires, pêches et tomates dans des sacs en papier. Pour accélérer le mûrissement de tous les fruits, mettez une pelure de pomme ou une banane bien mûre dans le sac et conservez vos fruits à température ambiante. Pour faire mûrir des bananes, enveloppez-les dans un torchon humide avant de les mettre dans le sac en papier. Une fois que vos fruits ont bien mûri, vous pouvez arrêter le processus en les stockant au réfrigérateur.

Au jardin

STOCKER DES GÉRANIUMS EN HIVER • Si vous habitez une région froide et neigeuse, sortez les géraniums de leur pot ou déterrez-les du jardin. Enlevez autant de terre que possible et placez chaque plante dans un sac en papier. Enfilez un second sac à l'envers sur le premier et stockez le tout dans un endroit frais et sec. Au printemps, coupez 3 cm de tige et rempotez vos plantes. Groupez-les à un endroit ensoleillé et arrosez-les pour qu'elles refleurissent.

FAIRE SÉCHER DES HERBES AROMATIQUES • Lavez les herbes et séchez-les dans de l'essuie-tout afin qu'elles ne pourrissent pas. Assemblez 5 ou 6 branches, ôtez les feuilles inférieures et glissez-les à l'envers dans un sac en papier. Resserrez le haut du sac autour des tiges et fermez-le avec de la ficelle ou un élastique. Percez quelques trous dans le sac pour une bonne ventilation, puis stockez-le dans un endroit chaud et sec au moins 2 semaines. Vous pouvez écraser les herbes séchées, au rouleau à pâtisserie ou avec une bouteille, ou les conserver entières pour qu'elles gardent leur parfum plus longtemps. Stockez-les toujours dans des récipients hermétiques et à l'abri de la lumière.

PRÉPARER DE L'ENGRAIS • Les cendres d'os sont une excellente source de nutriments pour toutes les plantes du jardin. Vous pouvez préparer votre propre engrais en faisant sécher des os de poulet au four à micro-ondes (faites-les cuire durant 1 à 4 minutes à puissance maximale). Placez les os séchés dans un sac en papier résistant et réduisez-les en poudre avec un maillet, un marteau ou un rouleau à pâtisserie. Répartissez cette poudre autour de vos plantes.

ENRICHIR LE COMPOST • Les sacs en papier brun peuvent très bien être ajoutés sur un tas de compost. Non seulement ils contiennent moins d'encre et de pigment que le papier journal, mais ils attirent aussi plus de vers de terre (seul le carton leur plaît davantage). Il est préférable de déchiqueter et de mouiller les sacs avant de les mettre sur le tas. Pensez à les enfouir un peu pour éviter qu'ils ne s'envolent.

Pour les bricoleurs

PROTÉGER LE PARE-BRISE DE LA NEIGE • Si le temps est à la neige, ouvrez quelques sacs en papier et servez-vous de vos essuie-glaces pour les maintenir en place sur le pare-brise. Vous n'aurez qu'à enlever les sacs couverts de neige avant de mettre le contact, pour ne pas risquer d'endommager vos essuie-glaces.

ALLUMER FACILEMENT UN FEU • Remplissez un sac en papier de journaux roulés en boule et de quelques morceaux de cire à bougie. Placez ce sac sous les bûches, puis allumez le feu.

PEINDRE DE PETITS OBJETS À LA BOMBE • Placez le petit objet que vous voulez peindre à l'intérieur d'un grand sac en papier et vaporisez votre peinture ; l'excédent de peinture restera dans le sac. Laissez l'objet sécher à l'intérieur du sac.

FABRIQUER UN CERF-VOLANT • Retournez sur quelques centimètres le haut d'un sac en papier pour le maintenir ouvert. Collez des bouts de serpentins sous le rabat. Renforcez le cerf-volant en collant des languettes de bois de balsa ou quelques fines branches sur la longueur du sac. Percez deux trous au travers du rabat et fixez-y deux morceaux de corde ou de laine (renforcez les trous avec du ruban adhésif pour éviter que le papier ne se déchire). Enfin, attachez les extrémités de la corde sur un rouleau de ficelle à cerf-volant. Votre enfant se fera un plaisir de décorer lui-même son cerf-volant avant de le faire voler.

SAC PLASTIQUE

Dans la maison

SAUVER UN VASE FENDU • Pour pouvoir encore utiliser un vase auquel vous tenez mais qui est fendu, tapissez-le avec un sac plastique étanche.

REMBOURRER UNE CANTONNIÈRE • Redonnez forme à une cantonnière bouffante manquant de volume en la rembourrant de sacs plastique roulés en boule.

GARNIR UN COUSSIN • Pour rembourrer vos poufs et coussins, remplissez-les de sacs plastique roulés en boule. Petit plus : en les réutilisant ainsi au lieu de les mettre à la poubelle, vous contribuez à préserver l'environnement.

DÉCORER UNE PIÈCE POUR UNE FÊTE

Réalisez des banderoles avec des sacs plastique de différentes couleurs. Découpez des bandelettes en commençant par l'ouverture du sachet et arrêtez-vous à quelques centimètres du fond. Fixez le fond du sachet au plafond avec du ruban adhésif.

ÉGOUTTER LES JOUETS POUR LE BAIN • Rangez le canard en caoutchouc et autres jouets pour le bain dans un sac plastique percé de petits trous. Suspendez le sac au robinet et laissez l'eau s'écouler.

PROTÉGER UN MATELAS • Remplacez provisoirement une alaise par des sacs poubelle de grande contenance. De même, vous éviterez les désagréments en plaçant un sac poubelle sur le siège auto de votre enfant lorsqu'il fait l'apprentissage de la propreté.

PROTÉGER LA MACHINE À LAVER • Suspendez un sac plastique à l'endroit où vous triez votre linge, et glissez-y le contenu des poches avant de mettre les vêtements à la lessive : vous éviterez le désastre du mouchoir en papier passé en machine !

SOIGNER LES MAINS ABÎMÉES • Si vos mains sont très sèches et abîmées, enduisez-les de vaseline et glissez-les pendant un quart d'heure dans un sac plastique. Elles en ressortiront plus douces et bien hydratées.

NETTOYER LES TOILETTES • Si vous n'avez pas de gants ménagers, glissez la main dans un sac plastique lorsque vous récurez la cuvette avec la brosse ou à l'éponge.

UN BAVOIR IMPROVISÉ • Si vous êtes en panne de bavoir, servez-vous d'un sac plastique que vous nouez autour du cou de l'enfant sans le serrer. Un sac de grande taille peut également servir de tablier improvisé.

RAMASSER LES MIETTES SOUS LA CHAISE HAUTE • Découpez un grand sac poubelle sur les côtés pour doubler sa surface et glissez-le à plat sous la chaise haute de bébé.

TRANSPORTER UN ARBRE DE NOËL • Lorsque l'heure est venue de jeter le sapin de Noël, enfilez un grand sac-poubelle par le sommet. Si le sapin est très haut, prenez un second sac et passez le pied de l'arbre dedans. Vous pourrez ainsi le transporter sans qu'il répande ses aiguilles dans toute la maison ou dans les escaliers de l'immeuble.

TAPISSER LA LITIÈRE

Pour vous épargner la corvée du nettoyage du bac à litière, recouvrez le fond et les bords d'un grand sac plastique. Si le sac vous semble fragile, n'hésitez pas à en mettre deux. Au moment de changer la litière, il vous suffira de jeter et de remplacer le sac.

CIRER PROPREMENT LES CHAUSSURES • Pour cirer les brides d'escarpin sans vous salir, glissez la main dans un sac plastique avant de la passer dans la chaussure. Laissez le sac dans la chaussure jusqu'au séchage complet du cirage.

PETITE EXPÉRIENCE

Un sachet plastique supporte, paraît-il, 9 kg avant de devoir être doublé. Vérifiez par vous-même !

Munissez-vous d'une balance, d'un sac plastique et de pierres. Posez le sachet sur la balance et remplissez-le de 4,5 kg de pierres. Soulevez le sac et, s'il résiste, ajoutez des pierres, kilo après kilo. Quand les anses commencent à s'étirer, c'est que vous avez atteint la résistance limite du sachet avant rupture.

LE SAVIEZ-VOUS ?

Bien que les sacs plastique existent depuis près de 50 ans, leur utilisation massive ne date que de la fin des années 1970. Aujourd'hui, les supermarchés tendent à réduire la distribution des « sacs de sortie de caisse », et la mise à disposition gratuite aux caisses de sacs plastique non biodégradables sera interdite à partir de janvier 2010. Partout se multiplient les campagnes d'information incitant les consommateurs à mettre leurs courses dans des sacs réutilisables, des paniers ou des cabas à roulettes. La plupart de ces sacs ne sont pourtant encore ni triés, ni recyclés ; ils servent de poubelles ou sont jetés dans la nature. Rappelons que le logo Point vert (rond avec deux flèches tournantes, utilisé dans toute l'Europe) n'est pas un écolabel ; il signifie seulement que le fabricant contribue financièrement aux dispositifs de valorisation des déchets.

SAC PLASTIQUE suite →

Stocker des objets

DES HOUSSES POUR VÊTEMENTS • Pour conserver à l'abri de la poussière un manteau démodé, mais encore utilisable, percez un trou au fond d'un grand sac poubelle neuf et passez-y le crochet du cintre.

RASSEMBLER DES VÊTEMENTS • Déposez au fur et à mesure tous les vêtements que vous souhaitez donner à des œuvres de charité dans un grand sac poubelle accroché en permanence dans votre penderie. Lorsque le sac est plein, donnez-le et suspendez un nouveau sac dans la penderie.

STOCKER DES JUPES • Votre penderie déborde, mais les tiroirs de la commode sont vides ? Roulez les jupes sur elles-mêmes et placez-les individuellement dans des sacs plastique pour éviter de les froisser, puis rangez-les dans les tiroirs.

RANGER UN SAC À MAIN • Pour que vos sacs à main et besaces gardent leur forme lorsque vous les remisez, bourrez-les de sacs plastique roulés en boule.

À SAVOIR

Stocker des sacs plastique

Si les sacs en plastique débordent du tiroir, Voici quelques astuces pour qu'ils prennent moins de place.

- Aplatissez les sacs, pliez-les soigneusement et empilez-les dans une boîte à mouchoirs.
- Fourrez les sacs dans un tube en carton de type rouleau essuie-tout.
- Remplissez de sacs une bouteille en plastique de 5 litres. Percez un trou de 10 cm de diamètre au fond de la bouteille et suspendez-la par la poignée à un crochet. Tirez les sacs par le trou.
- Confectionnez un sac à sacs. Étendez une serviette de table sur l'envers. Cousez les longueurs ensemble. Formez un passant de 1 cm aux extrémités supérieure et inférieure du sac (pour les ouvertures) et passez-y un élastique. Retournez le sac sur l'endroit. Cousez un ruban d'un côté pour l'accrocher. Rangez les sacs en plastique en les enfonçant par l'ouverture supérieure. Pour vous servir, tirez par le fond celui qui dépasse.

Dans la cuisine

COUVRIR UN LIVRE

Pour protéger le livre de cuisine qu'on vous a prêté quand vous préparez le repas, glissez-le dans un sac plastique transparent. Vous pourrez suivre les étapes de la recette sans risquer de le salir.

PROTÉGER UN TÉLÉPHONE • Si le téléphone sonne alors que vous avez les mains dans la farine, saisissez le combiné avec un sachet plastique pour le protéger plutôt que de rater votre coup de fil.

UNE POUBELLE DE TABLE DE FORTUNE • Pour débarrasser la table en un clin d'œil de tous ses déchets à la fin du repas, placez un sac plastique ouvert dans le fond d'un saladier et jetez-y tous les restes de nourriture, les serviettes en papier sales, etc.

PRÉPARER DE LA CHAPELURE • Plutôt que d'acheter de la chapelure toute prête dans le commerce, préparez-la vous-même en écrasant du pain rassis, des biscottes ou des biscuits (pour une préparation sucrée) dans un sac plastique à l'aide du rouleau à pâtisserie.

REMPLACER UN SALADIER • S'il vous manque un grand saladier pour une préparation volumineuse, servez-vous d'un sac plastique. Versez les ingrédients secs dans le sac, fermez-le et secouez-le délicatement pour bien mélanger. Si vous devez mélanger des ingrédients humides, malaxez avec les mains à l'intérieur du sac – après vous être assuré qu'il est bien hermétique, évidemment !

ÉGOUTTER LA SALADE • Lavez la salade et laissez-la s'égoutter dans une passoire au-dessus de l'évier pour éliminer autant d'eau que possible. Tapissez un sac plastique de feuilles d'essuie-tout et placez-y la salade. Saisissez les anses du sac et faites-le tourner aussi vite que possible. Après quelques rotations dans cette essoreuse de fortune, la salade sera prête à consommer.

PRÉVENIR LA ROUILLE • Pour éviter que la rouille n'attaque votre éponge en laine d'acier entre deux utilisations, essorez-la soigneusement et rangez-la dans un sac plastique.

FAIRE MÛRIR LES FRUITS

Pour accélérer la maturation des fruits, mettez-les dans un sac plastique avec des pêches ou des bananes déjà mûres. Les fruits mûrs libèrent un gaz naturel qui accélère la maturation des fruits verts. Ne laissez cependant pas les fruits ensemble plus d'une journée si vous ne voulez pas les voir pourrir.

Au jardin

PROTÉGER LES PLANTES DU GEL • Faites un trou au fond de plusieurs sacs plastique, enfilez-les sur les plantes que vous voulez protéger et lestez la base avec des cailloux. Repliez le haut des sacs et faites-les tenir avec une pince à linge ou un trombone. Ouvrez dès que le climat se radoucit.

ACCÉLÉRER LA POUSSE DES BOURGEONS DE POINSETTIA • Pour favoriser la pousse des bourgeons de poinsettia, recouvrez les plantes d'un grand sac plastique de couleur sombre pendant quelques semaines.

SAC PLASTIQUE suite →

PROTÉGER LES FRUITS SUR L'ARBRE • Pour protéger les pommes et les prunes des insectes, glissez-les dans des sacs plastique transparents quand ils sont encore sur la branche. Ils finiront de mûrir bien à l'abri.

MARCHER EN TERRAIN BOUEUX • Si, après une grosse averse, vous avez besoin d'aller au jardin, protégez vos chaussures en les glissant dans des sacs plastique ; faites-les tenir en nouant les anses autour de la cheville ou à l'aide d'un élastique.

NETTOYER LE BARBECUE • Pour nettoyer les grilles d'un barbecue, placez-les dans un sac plastique et aspergez-les de produit décapant. Laissez agir 24 heures puis ouvrez le sac en veillant à ne pas respirer les vapeurs toxiques du produit. Lavez les grilles normalement. Rincez bien.

RÉTROVISEURS HORS GEL • En montagne ou par temps froid, pensez à protéger les rétroviseurs en les recouvrant de sacs plastique, cela vous épargnera la corvée de grattage.

DES PANNEAUX AU SEC

Protégez les panneaux indicateurs faits main (pour indiquer le lieu d'un anniversaire, d'un vide-grenier, d'une exposition, etc.) avec des sacs plastique transparents. Même s'il pleut, les panneaux resteront lisibles.

RANGER DES MANUELS D'UTILISATION • Rangez tous les modes d'emploi de vos outils de jardin dans un sac plastique et suspendez ce dernier dans le garage pour les avoir toujours sous la main.

UNE CORDE À SAUTER IMPROVISÉE • Vos enfants s'ennuient ? Étonnez-les en leur fabriquant une corde à sauter avec des sacs plastique. Tordez plusieurs sachets et nouez-les les uns aux autres.

En voyage

EMBALLER LES CHAUSSURES • Si vous partez en vacances avec plusieurs paires de chaussures, enveloppez chacune d'elles dans un sac plastique pour éviter de salir le reste de la valise.

FAIRE LE PLEIN D'ESSENCE SANS SE SALIR LES MAINS • Les stations ne mettant pas toujours des gants en plastique à disposition de leurs clients, ayez toujours un stock de sacs plastique dans votre voiture pour éviter d'avoir les mains qui sentent l'essence après avoir fait le plein.

RANGER UN PARAPLUIE • Pour ne pas tremper votre voiture, votre sac ou vos vêtements avec un parapluie dégoulinant, glissez-le dans un sac plastique. Mais n'oubliez pas de le faire sécher en rentrant.

UNE CAPE DE PLUIE DE FORTUNE • Gardez un grand sac poubelle dans la voiture pour ne pas être trempé en cas d'orage. Découpez deux trous pour les bras et un trou plus grand pour la tête : votre cape de pluie est prête.

DÉVALER LES PENTES • Improvisez une partie de luge… sans luge, mais avec de grands sacs poubelle noués autour de la taille. Laissez-vous glisser sur les fesses. Les enfants vont adorer !

Pour les bricoleurs

PROTÉGER UN VENTILATEUR DE PLAFOND • Pour repeindre le plafond sans éclabousser le ventilateur, enfilez un sac plastique sur chaque pale et fermez les sacs avec du ruban adhésif.

STOCKER DES PINCEAUX • Pour ranger les pinceaux entre deux couches, enfermez-les à plat dans un sac plastique, ils ne sécheront pas. Si vous n'appliquez la seconde couche que 1 semaine plus tard, rangez les sacs dans le congélateur. Il vous suffira de les décongeler pour reprendre les travaux.

PULVÉRISER SANS FAIRE DE DÉGÂTS • Pour peindre de petits objets à la bombe, disposez-les un à un au fond d'un sachet plastique et pulvérisez-les de peinture en maintenant la bombe dans le sac. Faites sécher les objets sur une feuille de papier journal.

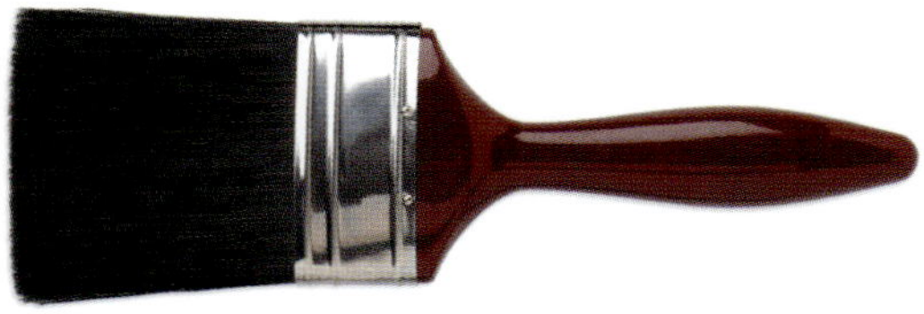

SALIÈRE

SUCRE À LA CANNELLE • Innovez en mélangeant du sucre à de la cannelle en poudre dans une salière pour agrémenter les crêpes, le riz au lait, le pain perdu et autres desserts. Après quelques tâtonnements, vous trouverez vite les proportions idéales.

TAMISER LA FARINE • Utiliser de la farine quand on fait des pâtisseries peut vite devenir un enfer. Limitez les dégâts en versant la farine dans une grande salière. Plus besoin de tamis pour fariner les moules à gâteaux.

DIMINUER VOTRE CONSOMMATION DE SUCRE • Réduisez votre consommation de sucre en remplaçant le sucrier par une salière. Cela vous permettra de saupoudrer les aliments plutôt que de les couvrir de sucre.

À SAVOIR

Décorer la table

*** *Apportez une touche d'originalité à votre table avec du sel coloré.***

Versez quelques cuillerées à soupe de sel dans un sac plastique et ajoutez quelques gouttes de colorant alimentaire. Mélangez délicatement du bout des doigts et laissez sécher, sac ouvert, pendant 24 heures. Coupez un coin du sac pour transvaser le sel coloré dans la salière. Vous pouvez également l'utiliser comme des paillettes pour décorer.

ÉPANDRE DE L'ENGRAIS • Si vous utilisez de l'engrais en poudre, versez-le dans une salière pour fertiliser vos jeunes plants. La salière permet une application précise, vous évitant de brûler les feuilles les plus tendres.

SAUCE TOMATE

FAIRE BRILLER LES OBJETS EN CUIVRE • Recouvrez une marmite en cuivre terni de sauce tomate nature et laissez agir entre 5 et 30 minutes. L'acide contenu dans la sauce va éliminer les taches. Rincez et essuyez immédiatement.

RAVIVER L'ÉCLAT DES CHEVEUX BLONDS • Tout comme le jus de tomate (voir Raviver la blondeur d'une chevelure p. 199), la sauce tomate redonne de l'éclat aux cheveux blonds ternis par le chlore. Sous la douche, massez-vous les cheveux avec de la sauce tomate nature et laissez agir 15 minutes. Lavez-les ensuite avec un shampooing doux.

FAIRE BRILLER LES BIJOUX EN ARGENT • Les bagues, bracelets et boucles d'oreilles en argent ternissent. Si le bijou est lisse, plongez-le directement dans de la sauce tomate. S'il possède des incrustations, utilisez une brosse à dents. Ne laissez pas le bijou trop longtemps dans la sauce tomate pour ne pas l'abîmer. Rincez et essuyez à l'aide d'un chiffon doux.

LE SAVIEZ-VOUS ?

La sauce tomate est née en Extrême-Orient. À l'origine, il s'agissait d'une sauce salée accompagnant le poisson. Le terme ketchup vient probablement du chinois *kôetchiap* ou du malais *kêchap*. Importée en Occident, cette sauce fut modifiée au XVIIIe siècle, et elle est à l'origine de nombreuses préparations à base de légumes et de viande. De nos jours, on trouve même des sauces tomate à la banane ! Le ketchup est un produit relativement récent. Il n'a fait son apparition qu'en 1837, mais c'est aujourd'hui l'une des sauces les plus populaires au monde.

SAVON

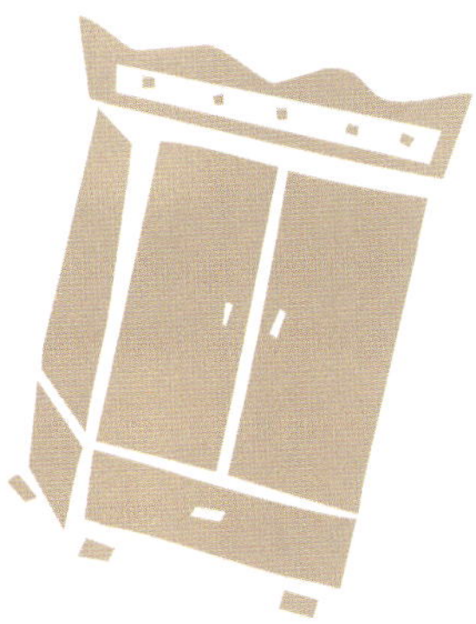

DÉCOINCER UNE FERMETURE À GLISSIÈRE • Pour débloquer une fermeture à glissière, frottez-la avec du savon. Ainsi lubrifiée, elle sera plus facile à ouvrir.

OUVRIR UN TIROIR • Si les tiroirs de la commode ou du buffet peinent à s'ouvrir, frottez-en les parties coulissantes avec du savon.

LUBRIFIER LE MÉTAL • Le savon permet au métal de glisser plus facilement. Avant d'utiliser une vis, enfoncez-la dans du savon. De la même façon, frottez les dents de la scie avec ce lubrifiant avant toute utilisation.

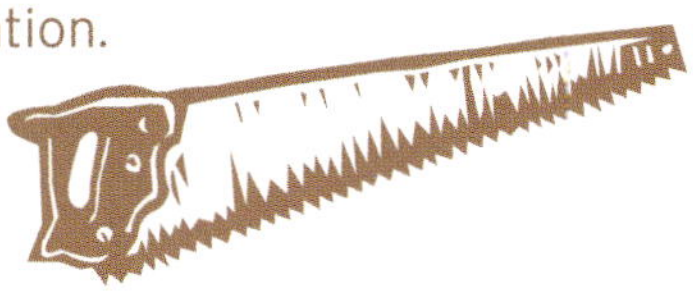

SE DÉBARRASSER DES PUCES • Versez de l'eau savonneuse dans une assiette creuse. Placez l'assiette près d'une lampe allumée. Attirées par la lumière, qu'elles adorent, les puces sauteront dans l'assiette et se noieront.

RETIRER UNE AMPOULE CASSÉE • Quand une ampoule se brise et que la douille reste vissée dans la lampe, ne cherchez pas à l'enlever à la main, vous risqueriez de vous blesser. Avant toute chose, coupez le courant. Enfoncez un morceau de savon sec dans l'ampoule brisée, puis dévissez en faisant tournez le savon.

MARQUER UN OURLET • Si vous n'avez pas de craies de couturière, le savon est l'outil idéal pour tracer les ourlets. Quant aux traces laissées sur l'étoffe, elles partiront au lavage.

FABRIQUER UN PORTE-ÉPINGLES • Emballez un savon dans un morceau d'étoffe et fermez-le avec un ruban. Plantez les épingles dans le savon. Bien rangées, elles auront également l'avantage d'être lubrifiées et s'enfonceront d'autant mieux dans le tissu.

EMBAUMER LES VÊTEMENTS • Laissez un savon dans la penderie, les armoires, les commodes et les bagages. Les vêtements sentiront le frais saison après saison, et vous éviterez l'odeur de renfermé dans les valises.

DÉSODORISER LA VOITURE

Si vous voulez parfumer la voiture en évitant le désodorisant en forme de sapin, placez un morceau de votre savon préféré dans un petit filet et suspendez-le au rétroviseur.

À SAVOIR

Un savon maison

Rien de plus simple que de faire son savon. Un joli cadeau à offrir aux amis.

Procurez-vous une barre de glycérine, un moule à savon (en vente dans les magasins de bricolage ou sur Internet), une boîte de conserve propre et sèche, du colorant alimentaire et des huiles essentielles. Déposez la glycérine dans la boîte, faites chauffer au bain-marie jusqu'à ce que la glycérine fonde. Ajoutez du colorant alimentaire. Pulvérisez un peu d'huile dans le moule à savon et remplissez-le à moitié de glycérine fondue. Ajoutez quelques gouttes d'huile essentielle et versez le reste de glycérine. Laissez durcir : votre savon est prêt !

SAVON suite →

ÉVITER LES TRACES DE FLAMME • Frottez la base des cocottes en fonte avec du savon. Vous serez surpris de constater que la flamme n'y laissera plus de traces.

UTILISER UN SAVON JUSQU'AU BOUT • Ne jetez plus vos restes de savon ! Faites un petit trou dans une éponge de bain et glissez-y le morceau de savon usé. L'éponge moussera encore pendant plusieurs bains. Vous pouvez également mettre des restes de savon dans une chaussette de tennis. Les enfants pourront l'utiliser pour se laver, car les gants de toilette sont souvent trop grands pour leurs petites mains.

LE SAVIEZ-VOUS ?

Contrairement à ce que l'on croit, le savon n'éloigne pas du jardin tous les animaux nuisibles. L'efficacité du savon dépend de nombreux facteurs, parmi lesquels, le type de plantation à protéger et l'emplacement du savon. Toutefois, des études ont démontré que le savon, et particulièrement quand il est à base de suif, permettait parfois d'empêcher les animaux nuisibles de s'en prendre aux plantations. Sachez tout de même qu'il existe des répulsifs bien plus efficaces dans le commerce.

SEAU

SOUS LES POTS DE PEINTURE • Les couvercles des seaux en plastique de 20 litres sont assez grands pour servir de plateaux où poser des pots de peinture de 4 litres ainsi qu'un pinceau. Ils peuvent vous être très utiles lorsque vous peignez au ras du sol, des plinthes par exemple.

UNE MARMITE À HOMARDS

Si vous n'avez pas de grand faitout, ébouillantez les homards dans un vieux seau en métal. Utilisez des gants isolants et des pinces pour retourner et sortir les crustacés de l'eau.

PEINDRE EN HAUTEUR • Pour éviter taches et coulures lorsque vous peignez juché sur un échafaudage, un escabeau ou une échelle, placez votre pot de peinture dans un seau et suspendez le seau et le pinceau avec des crochets spéciaux. Si le seau est assez grand (d'une contenance de 20 litres par exemple), vous aurez la place d'y mettre aussi grattoir, couteau à mastiquer, chiffons ou autres ustensiles à avoir à portée de main.

STOCKER UNE RALLONGE • Percez un trou dans la paroi d'un seau de 20 litres, à proximité du fond et assez gros pour y faire passer la prise, puis enroulez le reste de la rallonge à l'intérieur. Quand vous en avez besoin, il suffit de tirer sur la prise. Profitez de la place libre au milieu du seau pour transporter des outils sur un chantier, par exemple.

NETTOYER LES LAMES DE SCIE • Fabriquez un bac en coupant un seau de 20 litres environ à 5 cm du fond avec un gros cutter. Remplissez-le d'acétone ou d'essence de térébenthine, mettez à tremper vos lames de scie et couvrez pour contenir les émanations. Porter des gants de caoutchouc et utilisez un bâton pour manipuler les lames.

AU JARDIN • Créez un mini-jardin ou une jardinière dans un seau en plastique de 20 litres. Ces jardins en seau sont d'une taille idéale pour être installés sur les balcons ; surtout, pensez à percer des trous de drainage. Un autre seau pourra servir à stocker les déchets, brindilles, feuilles mortes et herbes coupées.

UN SUPPORT POUR SAPIN DE NOËL • Remplissez un grand seau de sable ou de gravier jusqu'aux deux tiers de sa hauteur environ et plantez l'arbre dedans. Terminez le remplissage et arrosez pour maintenir une humidité constante. Recouvrez le seau de papier décoratif.

À SAVOIR

Des seaux gratuits

* ***Les seaux en plastique de 20 litres sont indestructibles et polyvalents ! Vous pouvez même vous les procurer gratuitement.***

N'hésitez pas à quémander auprès du fast-food le plus proche, ou du rayon pâtisserie de votre supermarché, qui reçoivent beaucoup d'ingrédients conditionnés dans ce type de seaux. Sollicitez aussi les plâtriers, qui achètent la poudre de ciment dans des seaux de 20 litres, ou vos voisins, s'ils sont en train de faire des travaux. N'oubliez pas de récupérer aussi les couvercles. Lavez les seaux avec de l'eau additionnée de détergent, puis laissez-les sécher au soleil pendant 24 à 48 heures. Éliminez les odeurs indésirables en y versant un peu de litière parfumée pour chat, du charbon de bois ou quelques gouttes d'essence de vanille.

Le coin des enfants

Animez les soirées autour du feu avec des tam-tams maison. Coupez des vieux seaux en plastique à des hauteurs différentes pour produire une grande variété de sons, ou bien mélangez seaux en métal et seaux en plastique. Pour diversifier l'accompagnement musical, fabriquez une basse avec un manche à balai, des cordes, et un seau comme caisse de résonance.

DANS LA NATURE

UN GARDE-MANGER • Un seau de 20 litres, muni d'un couvercle qui le rend parfaitement hermétique, est un garde-manger idéal à emporter lors d'une expédition en bateau ou en canoë.

UN LAVE-LINGE DE CAMPING • Percez un trou dans le couvercle d'un seau en plastique de 20 litres et insérez-y une ventouse neuve. Mettez les vêtements et la lessive dans le seau plein d'eau, replacez le couvercle et agitez la ventouse de haut en bas. Vous pouvez ainsi laver sans risque des articles délicats.

UNE DOUCHE D'EXTÉRIEUR • Un seau à fond perforé fait une excellente douche de plein air. Suspendez-le à une branche d'arbre solide, remplissez-le avec un pot ou un autre seau, puis prenez votre douche sous l'eau qui s'écoule. Vous préférez de l'eau chaude ? Peignez votre récipient avec une peinture noire mate, remplissez-le d'eau et laissez-le reposer toute une journée au soleil pour qu'il absorbe la chaleur.

SÈCHE-CHEVEUX

NETTOYER LES RADIATEURS • Tendez une grande serviette humide derrière un radiateur en fonte. Réglez le sèche-cheveux à la température la plus basse et passez-le sur le radiateur. La poussière et les saletés iront se coller sur la serviette.

ENLEVER UN AUTOCOLLANT SUR UNE VOITURE • Réglez le sèche-cheveux sur la température maximale et soufflez sur l'adhésif pendant quelques minutes pour le ramollir. Soulevez un coin de l'autocollant à l'aide d'un ongle ou d'une carte de crédit et détachez-le doucement.

ÉLIMINER LA CIRE DE BOUGIE • Faites fondre la cire de bougie tombée sur votre table en bois à l'aide du sèche-cheveux sur température maximale et soufflerie minimale. Retirez la cire ramollie à l'aide de papier absorbant, puis essuyez avec un chiffon trempé dans un mélange d'eau et de vinaigre à parts égales. Répétez l'opération si nécessaire. Pour retirer la cire d'un bougeoir en métal, ramollissez-la à l'aide du sèche-cheveux et enlevez-la à la main.

DÉPOUSSIÉRER FLEURS ET PLANTES ARTIFICIELLES

Réglez votre sèche-cheveux sur la température la plus basse pour nettoyer rapidement et efficacement fleurs de soie et plantes d'ornement artificielles. La poussière se déposant sur les surfaces environnantes, nettoyez les plantes avant de passer l'aspirateur dans la pièce.

65 USAGES

SEL

Dans la maison

RAFRAÎCHIR L'OSIER • Pour entretenir les meubles en osier, notamment lorsqu'ils ont jauni au soleil, frottez-les à l'aide d'une brosse trempée dans de l'eau salée chaude. Laissez le meuble sécher au soleil. Recommencez l'opération tous les ans.

ENTRETENIR UN BALAI EN PAILLE • Pour prolonger la vie d'un balai en paille neuf, trempez la brosse 20 minutes dans l'eau chaude salée. Laissez sécher.

LE SAVIEZ-VOUS ?

Les États-Unis sont les premiers producteurs de sel au monde : en 2005, leur production atteignait 45,9 millions de tonnes ; la Chine arrivait en deuxième position, avec 38 millions. Puis venaient l'Allemagne, avec 18,7 millions de tonnes, l'Inde 15,5 millions, le Canada 13,3 millions, l'Australie 10 millions.

TRAITER LES TACHES DE VIN • Si vous venez de renverser du vin rouge sur un tapis blanc, versez du vin blanc sur la tache encore humide pour en diluer la couleur. Nettoyez à l'eau froide (sans détergent) avec une éponge, puis saupoudrez la zone mouillée de sel. Laissez agir 10 minutes avant de passer l'aspirateur.

ÉLIMINER DES TACHES DE GRAS SUR UN TAPIS • Mélangez 1 dose de sel à 4 doses d'alcool à brûler. Recouvrez-en la tache et frottez longuement, dans le sens des poils du tapis.

CONTRE LES PIQÛRES D'INSECTE ET D'ORTIE • Le sel soulage bien la douleur des piqûres. Procédez comme suit.

- Vous venez d'être piqué par une abeille ? Mouillez la plaie le plus vite possible et couvrez-la de sel. **ATTENTION : si vous êtes allergique aux piqûres d'abeille, consultez immédiatement un médecin.**
- Pour soulager les piqûres de moustique, mouillez la zone avec de l'eau salée et couvrez-la d'huile végétale.
- En cas de piqûre d'ortie, soulagez la démangeaison en tamponnant la zone à l'eau chaude salée. Si la piqûre est étendue, prenez un bain d'eau salée.

ANTIGEL POUR LES VITRES DE VOITURE • Pour éviter d'avoir à gratter le pare-brise, passez une éponge imbibée d'eau salée sur la vitre et laissez sécher. En hiver, gardez dans la voiture un petit sac en tissu rempli de sel. Lorsque le pare-brise ou les rétroviseurs sont mouillés, frottez-les avec le sac de sel. Ils ne givreront plus.

SUPPRIMER LES AURÉOLES SUR LE BOIS • Faites disparaître les traces d'eau laissées par les verres en appliquant une pâte constituée de 1 cuillerée à café de sel et de quelques gouttes d'eau. Frottez à l'aide d'un chiffon doux ou d'une éponge jusqu'à ce que la tache disparaisse. Lustrez le meuble.

RAJEUNIR UNE ÉPONGE • Pour récupérer une vieille éponge, laissez-la tremper toute la nuit dans 1 litre d'eau additionnée de 25 g de sel.

LE MONDE DES FLEURS

NETTOYER UN VASE • Pour éliminer les dépôts sur les parois d'un vase, frottez-les avec du gros sel et lavez à l'eau savonneuse. Si vous ne parvenez pas à glisser la main dans le vase, remplissez-le d'eau très salée et secouez énergiquement ou introduisez un goupillon et frottez doucement. Lavez et rincez bien le vase, pour éliminer tout le sel.

DÉPOUSSIÉRER DES FLEURS ARTIFICIELLES • Pour nettoyer en un éclair des fleurs artificielles, qu'elles soient en matière synthétique ou en soie, placez-les dans un sac en papier avec 25 g de sel. Remuez délicatement le sac, les fleurs ressortiront aussi fraîches qu'au premier jour.

FAIRE TENIR UN BOUQUET ARTIFICIEL • Remplissez de sel fin un vase opaque, ajoutez un peu d'eau chaude et composez un arrangement avec vos fleurs. Le sel humidifié va former une masse compacte qui va bloquer les fleurs.

SEL suite →

DÉSODORISER LES CHAUSSURES EN TOILE

Les espadrilles et autres chaussures en toile peuvent rapidement sentir mauvais, surtout si vous les portez pieds nus en été. Désodorisez-les et assainissez-les en saupoudrant l'intérieur de sel fin.

LE SAVIEZ-VOUS ?

Le sel est peut-être la clé de la vie sur Mars. Grâce aux missions sur la planète rouge, les scientifiques ont en effet découvert que Mars contenait beaucoup de glace et autant de sel. Bien sûr, la vie telle que nous la concevons nécessite la présence d'eau et les températures sur Mars sont trop élevées ou trop basses pour qu'elle soit possible. Cependant, la présence de sel à la surface laisse penser qu'il existe de l'eau salée permettant la vie dans le sous-sol.

SE DÉBARRASSER DES PUCES • Vous empêcherez efficacement les puces d'envahir la niche de votre chien en lavant régulièrement l'intérieur à l'eau salée.

FAIRE FUIR LES FOURMIS • Débarrassez-vous des fourmis en mettant une petite barrière de sel sur le seuil des portes et portes-fenêtres, ou directement sur leur passage.

NETTOYER FACILEMENT LA CHEMINÉE • Pour accélérer l'extinction du feu dans la cheminée, versez du sel sur les flammes et les braises. La cheminée sera plus facile à nettoyer, car le sel facilite le ramassage des cendres et des résidus.

RAFRAÎCHIR L'ATMOSPHÈRE • Pour rafraîchir et parfumer agréablement une pièce sans vous ruiner, disposez des pétales de rose et du sel dans un joli bocal. Ils absorberont les mauvaises odeurs.

NETTOYER LE CUIVRE • Pour faire briller un chandelier ou enlever des taches sur une casserole en cuivre, préparez une pâte avec du sel, de la farine et du vinaigre à parts égales. Utilisez un linge doux pour frotter les objets avec ce mélange. Rincez à l'eau chaude savonneuse puis lustrez.

L'UNIVERS DES POISSONS

SOIGNER LES POISSONS ROUGES • Quand vous changez l'eau du bocal des poissons rouges, plongez-les 15 minutes dans un bain d'eau salée. Pour préparer la solution, diluez 1 cuillerée à café de sel non iodé dans 1 litre d'eau. Laissez reposer 12 heures avant d'y mettre les poissons. L'eau salée tue les parasites qui se collent aux écailles des poissons et favorise l'absorption des électrolytes. Mais, en dehors de ce quart d'heure de nettoyage, n'ajoutez pas de sel dans le bocal : les poissons rouges sont des poissons d'eau douce et ils ne tolèrent l'eau salée que pendant une courte durée.

NETTOYER UN AQUARIUM • Pour éliminer le dépôt minéral sur les parois de l'aquarium avant de remettre les poissons dedans, frottez avec du sel puis rincez abondamment. Utilisez uniquement du sel non iodé.

Dans la cuisine

NETTOYER FACILEMENT LES PLATS • Pour décoller les restes de nourriture attachés au fond des plats, avant de les laver, saupoudrez-les de sel et ajoutez un peu d'eau. Laissez agir jusqu'à ce que les résidus se décollent facilement. Lavez à l'eau savonneuse.

NETTOYER LE FOUR • Juste après une cuisson particulièrement salissante, saupoudrez de sel les projections de nourriture sur les parois du four avant qu'elles ne sèchent. Quand le four sera froid, vous les nettoierez d'un seul coup d'éponge. Cette technique fonctionne également pour les plaques de cuisson. Le sel élimine également les odeurs.

RÉCURER LES CASSEROLES ÉMAILLÉES • Pour éliminer les taches sur et dans une casserole émaillée, laissez-la tremper toute la nuit dans l'eau salée. Le lendemain, faites bouillir l'eau salée dans la casserole, les taches disparaîtront sans frotter.

CONTRE LES RÉSIDUS DE LAIT BRÛLÉS • Pour venir à bout du lait brûlé collé au fond de la casserole, versez-y un peu d'eau additionnée d'une bonne poignée de sel. Laissez agir 10 minutes et frottez pour éliminer tous les résidus. Autre avantage : le sel absorbe l'odeur de brûlé.

DÉGRAISSER UNE POÊLE • Versez un peu de sel dans la poêle avant de la nettoyer. Le sel va absorber la graisse. Éliminez sel et graisse avec de l'essuie-tout, puis lavez la poêle.

NETTOYER UNE PLANCHE À DÉCOUPER EN BOIS • Lavez votre planche à découper à l'eau savonneuse (ne la laissez surtout pas tremper) puis frottez-la avec un chiffon imbibé d'eau salée pour la désodoriser.

PROTÉGER DE LA ROUILLE UN WOK EN FONTE • Pour éviter que votre wok en fonte ne rouille, versez-y 25 g de sel quand il est encore chaud. Frottez avec de la laine d'acier. Essuyez le wok et appliquez une légère couche d'huile de sésame avant de le ranger. Attention, n'utilisez pas cette méthode sur un wok à revêtement antiadhésif, vous l'abîmeriez.

ENTRETENIR LE RÉFRIGÉRATEUR • Après avoir vidé le réfrigérateur et retiré tous les bacs, grilles et autres éléments, nettoyez les parois à l'éponge avec 1 poignée de sel diluée dans 4 litres d'eau chaude. Ce mélange non abrasif laissera intactes les parois du réfrigérateur. Rincez puis désinfectez l'appareil avec de l'eau javellisée. Rincez à nouveau.

NETTOYER UN PLAN DE TRAVAIL

Après avoir préparé et étalé une pâte ou pétri du pain, saupoudrez de sel le plan de travail et essuyez-le à l'aide d'une éponge humide. Les traces collantes de pâte disparaîtront sans difficulté.

ÉLIMINER LES TRACES DE THÉ ET DE CAFÉ • Versez du sel sur une éponge et frottez vos tasses en faisant des petits mouvements circulaires sur tout le pourtour. Si les taches persistent, mélangez du vinaigre blanc à du sel à parts égales et appliquez ce mélange à l'aide d'une éponge. Rincez abondamment.

SEL suite →

Le coin des enfants

Voici une recette de pâte à sel pour distraire les enfants. Dans un grand bol, faites dissoudre 100 g de sel dans 25 cl d'eau bouillante. Incorporez 200 g de farine. Travaillez la pâte jusqu'à ce qu'elle soit bien lisse. Si elle colle, ajoutez de la farine. Séchez les créations de vos enfants à l'aide d'un sèche-cheveux ou passez-les au four à 100 °C pendant au moins 2 heures, ou encore au four à micro-ondes 1 à 2 minutes à pleine puissance. Peignez les objets et protégez-les d'une couche de vernis à ongles incolore.

DÉTACHER LE BEC VERSEUR D'UNE THÉIÈRE • Versez du sel par le bec verseur pour qu'il en nappe bien les parois et laissez agir 4 à 12 heures. Remplissez la théière d'eau bouillante et faites-la couler par le bec verseur pour éliminer le sel et les taches. Si les taches ne disparaissent pas totalement, frottez-les avec un bâtonnet de coton humide trempé dans le sel.

NETTOYER UN PERCOLATEUR • Votre café a un goût amer depuis quelques jours ? Remplissez d'eau le percolateur et versez-y 4 cuillerées à soupe de sel. Faites passer cette eau salée puis rincez bien en faisant passer de l'eau claire. Votre café sera bien meilleur.

ATTÉNUER L'AMERTUME DU CAFÉ • Vous avez oublié votre cafetière pleine sur le support chauffant trop longtemps et votre café a pris un goût amer ? Ne le jetez pas pour autant : ajoutez 1 pincée de sel avant de le servir.

DES VERRES ÉCLATANTS

ÉLIMINER LES DÉPÔTS DE CALCAIRE • Des traces subsistent sur vos verres et résistent même au brossage ? Dissolvez 1 poignée de sel dans 1 litre de vinaigre et laissez tremper les verres dans cette solution toute la nuit. Les traces devraient partir au lavage.

ENLEVER LES TRACES DE ROUGE À LÈVRES • Les traces de rouge à lèvres sur les verres sont parfois difficiles à éliminer, même au lave-vaisselle, car les émollients qui assurent une bonne tenue sur les lèvres tiennent aussi très bien sur le verre. Frottez les bords tachés avec du sel avant de laver vos verres.

ÉVITER LES PROJECTIONS DE GRAISSE • Si vous ne craignez pas les préparations très salées, versez une fine couche de sel au fond de la poêle avant de faire revenir des tranches de bacon. Elles cuiront sans projections et vous n'aurez pas à nettoyer la cuisinière.

ACCÉLÉRER LA CUISSON À L'EAU

Lorsque vous êtes pressé, ajoutez 1 à 2 pincées de sel dans l'eau de cuisson. Cela va augmenter la température d'ébullition, et donc permettre aux aliments de cuire plus vite. N'en déduisez pas, pour autant, que le sel fait bouillir l'eau plus vite !

ÉCALER LES ŒUFS DURS • Pour que la coquille ne se brise pas en mille morceaux au moment de l'épluchage, ajoutez 1 cuillerée à café de sel dans l'eau de cuisson.

TESTER LA FRAÎCHEUR D'UN ŒUF • Lorsque vous doutez de la fraîcheur d'un œuf, diluez 2 cuillerées à café de sel dans 25 cl d'eau et plongez-y délicatement l'œuf. S'il est frais, il va couler au fond de la tasse ; dans le cas contraire, il flottera.

RAMASSER UN ŒUF CASSÉ • Vous avez fait tomber un œuf par terre ? Recouvrez-le de sel pour l'empêcher de se répandre et essuyez avec une éponge humide ou du papier absorbant.

CONSERVER SON CROQUANT À UNE SALADE

Si vous devez préparer la salade à l'avance, salez-la légèrement immédiatement après l'avoir lavée, elle restera fraîche et croquante pendant des heures.

LE SAVIEZ-VOUS ?

Le sel fut le premier condiment connu. Le besoin en sel des hommes préhistoriques était naturellement couvert par la viande, leur principale source d'alimentation. Lorsque l'agriculture se développa, ils découvrirent qu'en ajoutant du sel – principalement marin – aux légumes, ils retrouvaient cette saveur qui leur était nécessaire. Le sel devint vite indispensable, puisqu'il permet de conserver la nourriture, soigne la peau et cicatrise les blessures, entre autres.

ÉPLUCHER DES NOIX DE PÉCAN • Pour ouvrir et éplucher plus facilement des noix de pécan, laissez-les tremper plusieurs heures dans de l'eau salée avant de les casser.

LAVER LES FEUILLES DE BETTE • Les feuilles de bette sont difficiles à nettoyer en raison des irrégularités de leur surface. Plongez-les dans de l'eau salée : la saleté partira avec le sel au moment du rinçage.

LISSER LA PEAU DES POMMES • Si vos pommes ont besoin d'un lifting, trempez-les quelques instants dans de l'eau légèrement salée pour les dérider.

LIMITER L'OXYDATION DES FRUITS COUPÉS • Pour être sûr que pommes et poires gardent leur couleur jusqu'au moment de servir une salade de fruits préparée des heures à l'avance, trempez les tranches de fruit un instant dans une eau légèrement salée avant de les mettre dans le saladier. Réservez au frais.

POCHER DES ŒUFS • Pour réussir des œufs pochés à la perfection, ajoutez 1 pincée de sel à l'eau de cuisson juste avant d'y casser les œufs : le blanc ne se dispersera pas. (Le vinaigre a le même effet et a l'avantage d'ajouter une saveur supplémentaire.)

SEL suite →

FOUETTER LA CRÈME ET BATTRE LES ŒUFS • Pour que la crème fouettée et les blancs en neige montent mieux et soient plus fermes, ajoutez 1 pincée de sel. Les blancs d'œufs seront aussi plus résistants à la cuisson.

CONSERVER LE LAIT PLUS LONGTEMPS • Ajoutez 1 pincée de sel dans une brique ou une bouteille entamée pour que le lait reste frais plus longtemps. Cette astuce fonctionne également pour la crème.

EMPÊCHER LE FROMAGE DE MOISIR

Enveloppez le fromage dans un torchon imbibé d'eau salée avant de le ranger dans le bas du réfrigérateur.

LE SAVIEZ-VOUS ?

La salinité de l'organisme humain est égale à un tiers de celle de l'eau de mer. C'est pourquoi le sang, la sueur et les larmes sont si salés. De nombreux scientifiques pensent que les êtres humains et les animaux ont un besoin vital de sel car les premiers organismes vivants sont issus de la mer et que ce besoin de sel s'est transmis de génération en génération, y compris chez les espèces terrestres…

ÉTOUFFER DES FLAMMES • Gardez toujours un bocal de sel près du four. Si la graisse prend feu, jetez du sel dessus. Ne jetez jamais d'eau sur de la graisse, elle propagerait les flammes. Cette astuce est aussi valable pour la cuisson au barbecue. Quand la viande rend trop de graisse, elle s'enflamme. Saupoudrez les braises de sel pour atténuer la puissance des flammes sans refroidir le feu ni faire de fumée.

Dans la lingerie

TRAITER LES TACHES DE GRAISSE

Pour empêcher une tache de graisse de s'étendre sur du tissu et l'éliminer facilement au lavage, recouvrez-la généreusement de sel avant de mettre le vêtement dans la machine.

LE SAVIEZ-VOUS ?

Le terme salaire vient du mot sel. Il est issu du latin *salarium*, qui signifie « argent pour le sel » et désignait la partie de la solde du militaire romain versée sous forme de sel, ou utilisée pour acheter ce condiment indispensable.

FIXER LA COULEUR D'UNE SERVIETTE NEUVE • La première fois que vous lavez des serviettes-éponges de couleur, ajoutez 100 g de sel à la lessive pour fixer les couleurs et les empêcher de ternir.

SUPPRIMER LES AURÉOLES SOUS LES BRAS • Pour éliminer les traces de transpiration sur les chemises avant le lavage, dissolvez 4 cuillerées à soupe de sel dans 1 litre d'eau chaude et trempez le tissu dans cette solution jusqu'à ce que les taches disparaissent.

NETTOYER LA SEMELLE D'UN FER À REPASSER • Faites chauffer le fer à pleine puissance, versez du sel fin sur une feuille de papier journal et faites glisser le fer dessus.

Au jardin

ÉLIMINER LES MAUVAISES HERBES • Pour vous débarrasser des mauvaises herbes, faites bouillir 100 g de sel pour 50 cl d'eau. Versez la solution sur les mauvaises herbes. Pour supprimer les herbes folles qui poussent entre les dalles ou les briques, saupoudrez-les directement de sel, puis arrosez ou laissez la pluie agir.

EN FINIR AVEC LES ESCARGOTS ET LES LIMACES • Voici une solution naturelle pour débarrasser votre jardin de ces envahisseurs : couvrez-les de sel, ils ne survivront pas longtemps.

NETTOYER LES POTS DE FLEURS • Pour nettoyer un pot de fleur sans utiliser d'eau, versez du sel et frottez la terre séchée à l'aide d'une brosse dure. Veillez à éliminer tout le sel du pot, sans le jeter à proximité de vos plantes d'ornement, qui risqueraient d'en pâtir.

Dans la salle de bains

UN BAIN ADOUCISSANT • Prenez l'expression « sels de bain » au pied de la lettre et dissolvez 100 g de gros sel dans l'eau de votre bain. Vous aurez la peau notablement plus douce. Pour une efficacité accrue, optez pour du sel marin.

LUTTER CONTRE LES PELLICULES • Pour améliorer l'efficacité de votre shampooing antipelliculaire, saupoudrez-vous le cuir chevelu de sel avant de vous mouiller les cheveux et massez. Les pellicules disparaîtront avant même le lavage.

SE RAFRAÎCHIR L'HALEINE

Pour retrouver une haleine fraîche, faites dissoudre 1 cuillerée à café de sel et 1 cuillerée à café de bicarbonate de soude dans 15 cl d'eau et gargarisez-vous avec ce mélange.

UN EXFOLIANT POUR LE CORPS • Pour gommer les cellules mortes et activer la circulation sanguine, massez-vous le corps avec du sel fin ou du gros sel sur une peau humide. Attention, ce massage est à éviter si votre peau présente de petites plaies ou des coupures.

DÉBOUCHER UNE BONDE • Pour éliminer un amas de cheveux coincé dans la bonde de la baignoire ou de la douche, dissolvez 100 g de sel et 100 g de bicarbonate de soude dans 25 cl de vinaigre d'alcool. Versez le mélange dans la bonde, laissez agir 10 minutes puis ajoutez doucement 2 litres d'eau bouillante. Faites couler de l'eau chaude jusqu'à ce que l'écoulement soit redevenu normal.

DÉTACHER L'ÉMAIL • Atténuez les taches jaunâtres sur l'émail de la baignoire ou de l'évier à l'aide d'un mélange à parts égales de sel et de térébenthine. Enfilez des gants ménagers et frottez les taches puis rincez abondamment. Ventilez la pièce pendant et après l'opération.

SEL D'EPSOM

ASSOUPLIR DES SERVIETTES • Laissez tremper vos serviettes de bain devenues un peu rêches toute une nuit dans une grande bassine d'eau chaude additionné de 100 g de sel d'Epsom. Le lendemain, essorez-les et mettez-les dans le sèche-linge, elles en sortiront toutes douces.

NETTOYER UN CARRELAGE DE SALLE DE BAINS • Mélangez à parts égales du sel d'Epsom et du liquide vaisselle, et frottez les parties encrassées avec ce détergent. L'association de ces deux produits est redoutable contre la saleté.

RÉGÉNÉRER UNE BATTERIE DE VOITURE • Si votre batterie montre des signes de faiblesse, pour lui donner un petit coup de fouet, faites dissoudre 30 g de sel d'Epsom dans un peu d'eau chaude et versez ce mélange dans les éléments de votre batterie.

ÉLIMINER LES POINTS NOIRS • Mélangez 1 cuillerée à café de sel d'Epsom et 3 gouttes d'iode dans 15 cl d'eau bouillante. Attendez que la température soit supportable – testez-la avec le doigt – et appliquez cette lotion sur vos points noirs avec un tampon d'ouate. Répétez l'opération 3 ou 4 fois, en réchauffant la lotion si nécessaire. Retirez délicatement les points noirs puis tamponnez avec un coton imbibé de lotion astringente à base d'alcool.

DÉCORER LES FENÊTRES POUR NOËL • Si vous rêvez d'un Noël sous la neige, faites illusion en décorant vos fenêtres de givre. Dissolvez du sel d'Epsom dans de la bière éventée. Appliquez ce mélange sur les vitres avec une éponge et, pour faire plus vrai, passez l'éponge dans les angles inférieurs en décrivant un arc. Après séchage, vos fenêtres seront couvertes de givre.

LA MAIN VERTE

HALTE AUX LIMACES • Si vous en avez assez de retrouver votre jardin couvert de limaces visqueuses chaque matin, répandez du sel d'Epsom sur leur chemin, elles ne viendront plus.

FAIRE REVERDIR LA PELOUSE • Si vous trouvez que votre jardin n'est pas assez vert, le sel d'Epsom, en fournissant à la terre le magnésium et le fer dont elle a besoin, vous apportera peut-être la solution. Dissolvez 2 cuillerées à soupe de sel d'Epsom dans 4 litres d'eau, répandez ce mélange sur la pelouse, puis arrosez pour augmenter sa diffusion.

FERTILISER LA TERRE D'UN POTAGER • Vous voulez de belles et grosses tomates bien rouges ? Enrichissez la terre de votre jardin avec du sel d'Epsom. Chaque semaine, versez 1 cuillerée à soupe de sel d'Epsom au pied de vos plants de tomates. C'est également un excellent engrais pour les plantes d'intérieur, les roses, les gardénias, et tous les arbres.

Le coin des enfants

Voilà deux objets décoratifs d'inspiration hivernale à réaliser avec du sel d'Epsom.

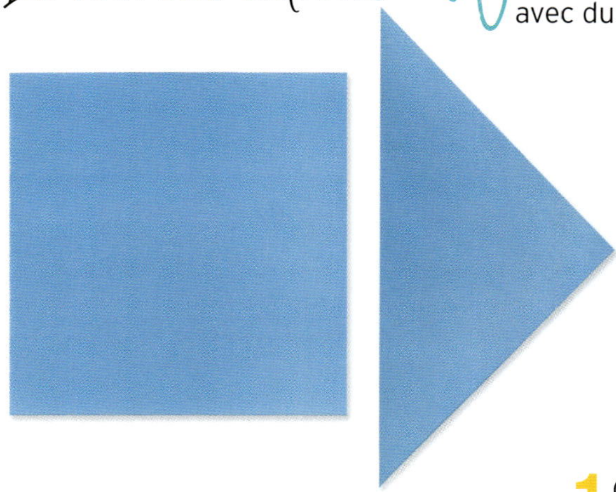

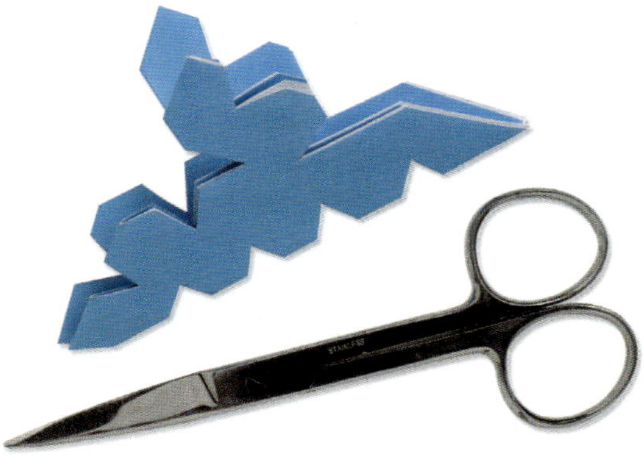

1 Confectionnez des flocons de neige : pliez un morceau de papier bleu plusieurs fois sur lui-même et effectuez des découpes de formes variées. Dépliez le flocon.

2 Badigeonnez un côté du flocon d'un épais mélange d'eau et de sel d'Epsom. Laissez sécher, retournez et badigeonnez l'autre côté. Vous obtenez un flocon nappé de givre prêt à être suspendu à l'une de vos fenêtres.

LES JOIES DE LA NEIGE • Pour représenter un paysage de neige, dessinez sur du papier à dessin (type Canson) avec des crayons cire. Mélangez à parts égales sel d'Epsom et eau bouillante. Laissez refroidir puis trempez un gros pinceau dans cette mixture et « peignez » l'image. Laissez sécher et vous verrez apparaître de jolis cristaux de neige.

SHAMPOOING

DÉCOINCER UNE FERMETURE À GLISSIÈRE • Ne tirez pas sur la fermeture mais débloquez-la en appliquant du shampooing sur la partie où elle reste bloquée à l'aide d'un Coton-Tige. Les résidus de shampooing partiront au lavage.

AGRANDIR UN PULL • Votre pull favori a rétréci au lavage ? Remplissez le lavabo d'eau tiède, ajoutez du shampooing pour bébé et mélangez rapidement avec la main, sans chercher à faire mousser. Posez le pull à la surface de l'eau et laissez-le couler puis tremper 15 minutes. Sortez-le de l'eau sans l'essorer et mettez-le dans une bassine. Videz et rincez le lavabo, puis remplissez-le à nouveau d'eau tiède. Posez le pull à la surface et laissez-le couler pour bien le rincer. Posez-le à plat sur une serviette et roulez la serviette pour essorer. Étalez le pull sur une serviette et étirez-le doucement. Répéter l'opération plusieurs fois en cours de séchage, votre patience sera récompensée.

NETTOYER LES PLANTES D'INTÉRIEUR

La poussière recouvrant les plantes d'intérieur les empêche de respirer. Pour l'éliminer, versez quelques gouttes de shampooing dans un seau d'eau et trempez-y un chiffon doux pour nettoyer les feuilles en prenant soin de ne pas les abîmer.

TOILETTER UN ANIMAL • Pour enlever du goudron ou du chewing-gum collé dans les poils de votre chien ou de votre chat, frottez légèrement le poil avec quelques gouttes de shampooing. Rincez.

RÉNOVER LE CUIR • Pour nettoyer et faire briller des chaussures ou un sac en cuir, imprégnez un chiffon de shampooing et frottez les zones abîmées en faisant de petits mouvements circulaires.

LUBRIFIER ÉCROUS ET BOULONS • Pour dévisser des écrous ou des boulons grippés alors que n'avez plus de lubrifiant, utilisez quelques gouttes de shampooing, vous serez étonné du résultat.

NETTOYER SA VOITURE • Le pouvoir dégraissant du shampooing est très efficace pour laver la carrosserie. Diluez 10 cl de shampooing dans un seau d'eau et passez la voiture à l'éponge. Appliquez du shampooing directement sur l'éponge pour traiter les taches les plus tenaces. Rincez et séchez.

LE SAVIEZ-VOUS ?

Au début du XXe siècle, quand la Canadienne Martha Matilda Harper inventa le siège inclinable pour coiffeur, elle ne déposa malheureusement aucun brevet pour son invention. Mais le succès allait tout de même lui sourire quand elle émigra aux États-Unis avec sa recette personnelle d'un « tonique pour les cheveux » - le shampooing. Ayant ouvert un salon, Martha parvint à convaincre les femmes des milieux aisés de venir se faire shampouiner et chouchouter par de vrais professionnels, selon ce qu'elle appelait la « méthode Harper » Il faut dire que sa magnifique chevelure qui lui arrivait à la cheville était sa meilleure publicité !

SE MASSER LES PIEDS • Improvisez une séance de pédicure en vous massant les pieds avec du shampooing, puis enfilez une paire de chaussettes légères en coton pour la nuit. Le lendemain matin, vous aurez les pieds tout doux.

SE DÉMAQUILLER • Rien ne vaut le shampooing pour bébé pour se démaquiller les yeux. Versez-en une goutte sur un coton humide et frottez doucement le contour des yeux. Rincez soigneusement à l'eau claire.

PRENDRE UN BAIN MOUSSANT • Versez quelques gouttes de shampooing pour bébé dans l'eau de votre bain.

ENLEVER LES TRACES DE LAQUE SUR LES MURS • Versez un peu de shampooing sur une éponge mouillée et frottez. Retirez la mousse avec une éponge humide.

RETIRER UN PANSEMENT

Pour enlever un pansement sans douleur, versez et étalez quelques gouttes de shampooing dessus en débordant sur la peau pour qu'il pénètre par les trous.

SE LAVER LES MAINS • Certains shampooings sont parfois plus efficaces que le savon pour se nettoyer les mains, et notamment pour enlever les taches de peinture à l'eau.

NETTOYER LA SALLE DE BAINS • Pour nettoyer la salle de bains en un éclair, n'hésitez pas à vous servir de votre shampooing. Très efficace pour supprimer les traces de savon, il se rince avec facilité et n'a pas son pareil pour faire briller la robinetterie.

LAVER DES VÊTEMENTS FRAGILES • Le shampooing convient parfaitement au lavage des tissus fragiles. Comme une goutte suffit, c'est une astuce très économique.

SHAMPOOING suite →

SE RASER • Grâce à ses agents adoucissants, le shampooing est un excellent produit pour remplacer provisoirement la mousse à raser.

LAVER LES BROSSES ET LES PEIGNES • Pour éliminer toute trace de sébum sur les peignes et les brosses, utilisez tout simplement du shampooing. Commencez par retirer les cheveux, puis appliquez une goutte de shampooing sur les dents du peigne ou les poils de la brosse. Versez-en aussi quelques gouttes dans un grand verre d'eau et plongez-y la brosse et le peigne pendant quelques minutes. Rincez soigneusement à l'eau claire et laissez sécher.

LE SAVIEZ-VOUS ?

Johnson & Johnson a créé le premier shampooing pour enfant « qui ne pique pas les yeux » en 1955. Dans ses publicités, la société américaine affirme que ce shampooing est aussi inoffensif pour les yeux que l'eau pure. En réalité, le shampooing Johnson & Johnson contient la plupart des composants des shampooings pour adultes, y compris de l'acide citrique, du monolaurate de sorbitane et du sulfate de sodium. S'il ne pique pas les yeux, c'est en raison de la neutralité de son pH et non de sa prétendue pureté.

SKATEBOARD

TRANSPORTER LE LINGE • Si votre maison est équipée d'un vide-linge, placez un panier à la sortie, sur un skateboard. Une fois le panier plein, vous n'avez plus qu'à faire rouler la planche jusqu'à la machine à laver.

AMÉNAGER UNE ÉTAGÈRE

Lorsque l'heure est venue de remplacer le skateboard de votre enfant, recyclez son ancienne planche en la transformant en étagère pour sa chambre. Fixez la planche au mur avec deux équerres en métal. Laissez les roues en place ou retirez-les, à votre gré.

UN SIÈGE ROULANT DE PEINTRE • Avancer à q pattes sur le sol pour peindre les plinthes peut vit révéler fatigant. Empruntez le skateboard de votre enfant pour ménager vos genoux. Asseyez-vous ja croisées sur la planche et déplacez-vous en roulan avec pinceaux et pot de peinture.

LE SAVIEZ-VOUS ?

Le gingembre a longtemps été un remède traditionnel contre la nausée, et des études scientifiques récentes ont démontré que le *ginger ale* (boisson gazeuse aromatisée au gingembre très prisée dans les pays anglo-saxons) obtenait de meilleurs résultats qu'un placebo. La recette du *ginger ale* a été découverte il y a environ 1 siècle par un pharmacien de Toronto appelé John McLaughlin. Après de nombreux essais, il obtint une boisson qui fut brevetée sous le nom de Canada Dry Ginger Ale. Les sodas n'étaient, à l'origine, servis que dans les drugstores aux États-Unis. McLaughlin fut l'un des pionniers de la mise en bouteille industrielle qui permit la commercialisation à grande échelle de cette boisson.

SODA

NETTOYER LES BORNES D'UNE BATTERIE • Presque tous les sodas contiennent du dioxyde de carbone. C'est difficile à croire, mais ce gaz contribue à éliminer les taches et la rouille, même sur une batterie de voiture. Versez un peu de soda sur les bornes de la batterie. Laissez agir puis nettoyez avec une éponge humide.

DÉVISSER UN BOULON ROUILLÉ • Pour dévisser facilement un boulon grippé par la rouille, imprégnez un chiffon de soda et enroulez-le bien serré autour du boulon. Laissez agir quelques minutes.

NETTOYER LES TOILETTES • Éliminez les saletés en versant du soda dans la cuvette. Laissez agir pendant 1 heure, brossez et tirez la chasse d'eau.

ÉLIMINER LA ROUILLE SUR LE CHROME • Pour vous débarrasser des piqûres de rouille qui déparent les chromes de votre voiture ancienne, frottez-les doucement à l'aide d'une feuille d'aluminium ménager froissée et trempée dans un soda au cola.

FAIRE DURER UN BOUQUET DE FLEURS COUPÉES • Versez un fond de bouteille de soda dans le vase ; le sucre qu'il contient prolongera la vie des fleurs. Si le vase est transparent, mieux vaut opter pour un soda incolore comme la limonade.

DÉBOUCHER LES TUYAUTERIES • Le lavabo est complètement bouché, l'eau ne s'écoule plus et vous êtes à court de produit ? Videz une bouteille de soda au cola de 2 litres dans le lavabo et laissez agir les bulles.

ATTENDRIR UN RÔTI • Pour que votre rôti de porc soit plus moelleux, versez une demi-canette de soda au cola dans le plat de cuisson au moment d'enfourner.

DÉCOLLER DU CHEWING-GUM

Pour éliminer du chewing-gum collé dans les cheveux, imprégnez généreusement la mèche de soda au cola et laissez agir quelques minutes, puis rincez soigneusement.

SODA suite →

NETTOYER DES PIÈCES DE MONNAIE • Si vous collectionnez les pièces de monnaie, nettoyez-les en les faisant tremper dans du soda au cola. Évitez néanmoins cette technique avec les pièces très anciennes ou de grande valeur.

ÉLIMINER LES TACHES D'HUILE SUR LE BÉTON • Il vous faut : de la litière pour chat à base d'argile, du soda au cola, un balai-brosse, un seau, du détachant textile, de l'eau de Javel, une serpillière et des protections pour les mains et les yeux. Couvrez la tache d'une fine couche de litière, qui absorbera la graisse, et frottez avec le balai. Balayez la litière, puis versez du soda sur la zone tachée. Frottez à nouveau avec le balai et laissez agir 20 minutes. Lavez avec 4 cl de détachant textile et 4 cl d'eau de Javel dilués dans 4 litres d'eau chaude.

SPARADRAP

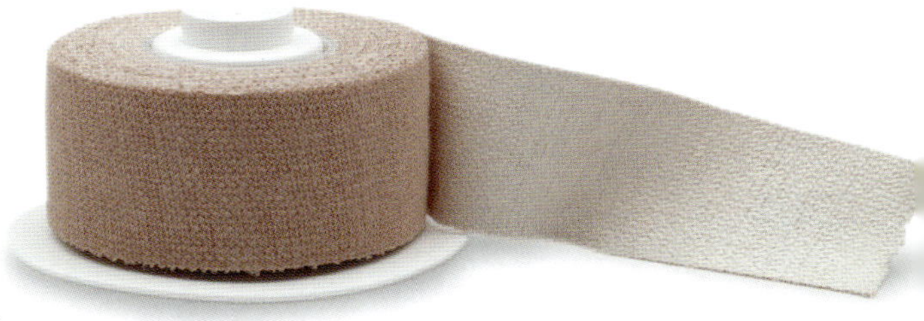

NE PLUS LÂCHER UN OUTIL • Enroulé autour du manche d'un outil, le sparadrap rend la prise plus confortable, et sa texture très absorbante l'empêche de glisser en cas de transpiration. Pour une plus grande efficacité, chaque tour de ruban doit chevaucher le précédent sur la moitié de sa largeur. Faites autant de tours que nécessaire pour une tenue optimale. Voici quelques autres applications utiles aux bricoleurs.

- Le manche des tournevis est parfois trop fin et trop glissant pour permettre de fixer ou de retirer des vis récalcitrantes. Enroulez plusieurs couches de sparadrap autour du manche jusqu'à ce que vous l'ayez bien en main. Ce conseil est encore plus utile en cas d'arthrite dans les doigts.

- Imitez les charpentiers, qui entourent de sparadrap le manche en bois de leur marteau pour éviter qu'il leur glisse entre les mains quand ils transpirent. Certains ajoutent même quelques couches de sparadrap juste sous la tête du marteau afin de protéger le manche lorsqu'ils tapent à côté.

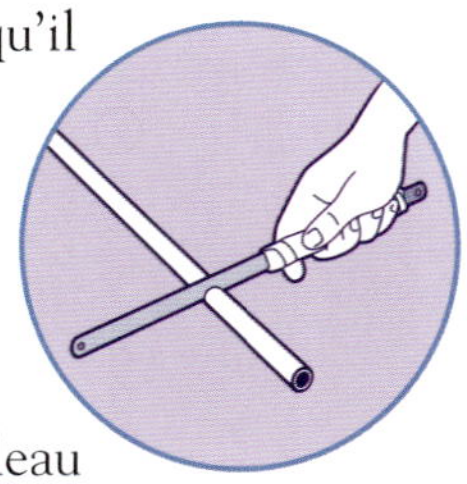

- Les plombiers, eux aussi, ont toujours un rouleau de sparadrap dans leur boîte à outils. Ainsi, lorsqu'ils doivent couper un tuyau dans un endroit trop exigu pour la monture de leur scie, ils improvisent une mini-scie en retirant la lame et en l'entourant de sparadrap pour former une poignée.

ÔTER UNE ÉCHARDE • Lorsque l'écharde est trop petite ou trop profonde pour pouvoir être enlevée avec une pince à épiler, recouvrez-la d'un morceau de sparadrap. Retirez-le doucement au bout de 3 jours, l'écharde devrait partir avec.

RÉDUIRE UN TOUR DE CHAPEAU

Si votre chapeau est un peu trop large, collez du sparadrap sur le pourtour intérieur. Il faudra peut-être 2 ou 3 couches en fonction de la différence de taille. Bonus : le tissu adhésif absorbe la transpiration lorsqu'il fait chaud.

SUCRE

PROLONGER LA VIE D'UN BOUQUET • Pour préparer un conservateur maison, ajoutez 3 cuillerées à soupe de sucre et 3 cl de vinaigre d'alcool par litre d'eau tiède. Lorsque vous remplissez le vase, assurez-vous que les tiges sont immergées sur une hauteur de 7 à 10 cm. Le sucre nourrit les plantes et le vinaigre empêche les bactéries de proliférer.

DÉBARRASSER LE JARDIN DES VERS PARASITES • Si vos plantes d'extérieur semblent affaiblies et que leurs racines présentent des nœuds d'aspect peu engageant, il se peut qu'elles soient victimes de vers parasites appelés nématodes. Pour préserver vos plantes de ce genre d'attaques, saupoudrez du sucre sur le sol, à raison de 2 kg de sucre pour 25 m^2. Les micro-organismes qui se nourrissent de sucre augmenteront le volume de matière organique dans le sol et éloigneront les vers.

SE NETTOYER LES MAINS • Pour éliminer facilement les taches de graisse ou de peinture, versez une même quantité d'huile d'olive et de sucre dans le creux de votre main et frottez doucement pendant quelques minutes. Rincez abondamment. Le sucre est abrasif et facilite l'action de l'huile sur la graisse et la peinture. Vos mains seront parfaitement propres et hydratées.

Le coin des enfants

Voici une recette facile de sucre candi à l'ancienne, à réaliser avec les enfants. Préparez le sirop en faisant fondre 450 g de sucre dans 25 cl d'eau. Répartissez le mélange dans plusieurs petits moules et laissez reposer sans couvrir. Ajoutez 1 ou 2 grains de sucre dans chaque moule pour déclencher le processus de cristallisation. En quelques semaines ou, si vous êtes chanceux, en quelques jours, vous obtiendrez du sucre candi. Pour le déguster, détachez un morceau du bloc à l'aide d'une cuillère. Rincez-le à l'eau froide et séchez-le avant de le déguster.

UN PIÈGE À MOUCHES ÉCOLOGIQUE • Débarrassez-vous des mouches avec ce piège artisanal et non toxique. Faites réduire à feu doux pendant 10 minutes 50 cl de lait, 115 g de sucre et 60 g de poivre noir moulu, en remuant régulièrement. Laissez refroidir et versez ce mélange dans des coupelles, que vous répartirez partout où les mouches vous importunent. Irrésistiblement attirées par le liquide, elles iront toutes s'y noyer.

ÉLIMINER LES CAFARDS • Si vous détestez les pesticides chimiques autant que les cafards, testez cette solution écologique. Mélangez du sucre et du borax à parts égales et saupoudrez-en la zone infestée. Le sucre attire les cafards tandis que le borax les tue. Renouvelez régulièrement l'opération de manière préventive.

ATTENTION : gardez ce mélange hors de portée des enfants et des animaux ; c'est un poison violent en cas d'ingestion.

CONSERVER GÂTEAUX ET FROMAGES • Mettez-les dans un récipient étanche avec quelques morceaux de sucre blanc, qui absorbera l'humidité et conservera la fraîcheur de ces aliments.

SOULAGER UNE BRÛLURE SUR LA LANGUE

Pour soulager une brûlure sur la langue, saupoudrez-la de sucre, la douleur disparaîtra en un instant.

TAIE D'OREILLER

DÉPOUSSIÉRER UN VENTILATEUR DE PLAFOND • Enfilez une vieille taie d'oreiller sur l'une des pales, puis retirez doucement la taie. La poussière restera à l'intérieur. Secouez-la à l'extérieur et procédez ainsi pour chacune des pales.

RÉALISER DES SERVIETTES EN TISSU • Si vous aimez coudre, confectionnez des serviettes de table originales en coton grand teint (donc faciles à laver !) dans des taies d'oreiller : le choix est vaste côté coloris et motifs, et vous pourrez aussi choisir de les faire plus ou moins grandes que les serviettes du commerce. Faites un ourlet de 1 cm tout autour.

EN VOYAGE AVEC DES ENFANTS • Si votre enfant tient à emporter son oreiller-doudou dans la voiture, couvrez-le de plusieurs taies. S'il tache la première de chocolat ou de feutre, vous n'aurez plus qu'à l'enlever pour laisser place à une taie toute propre, etc.

EMBALLER UN CADEAU • Pour envelopper un ballon ou un objet dont la forme est très irrégulière, servez-vous d'une taie d'oreiller de couleur que vous fermerez avec un ruban.

ENLEVER DES TOILES D'ARAIGNÉE • Couvrez votre balai ou votre tête-de-loup d'une vieille taie d'oreiller pour enlever les toiles d'araignée sans érafler la peinture des murs et plafonds ni y laisser de vilaines traces. Vous pourrez, en outre, retirer plus facilement la toile d'araignée de la taie que des poils du balai.

PROTÉGER UNE TABLE À LANGER

Couvrez table ou matelas à langer d'une taie d'oreiller, que vous pourrez changer facilement et aussi souvent que nécessaire.

LAVER DU LINGE DÉLICAT À LA MACHINE • Pour laver à la machine vos pulls fragiles, collants et autres textiles délicats, placez-les à l'intérieur d'une taie d'oreiller dont vous fermerez l'ouverture. Ils seront ainsi à l'abri des frottements et ne risqueront pas d'être déformés.

UN ÉTUI PROTECTEUR

RANGER DES PULLS • Utilisez des taies d'oreiller plutôt que des sacs plastique pour ranger vos vêtements d'hiver pendant les mois d'été. Ils seront à l'abri de la poussière et des mites, tout en ne prenant pas une odeur de renfermé.

HOUSSE POUR PENDERIE • Pour protéger une veste, un chemisier ou une chemise que vous venez de laver et que vous ne reporterez peut-être pas avant un moment, découpez un trou dans une vieille taie d'oreiller, passez-le dans le crochet du cintre et faites glisser la taie par-dessus le vêtement.

PROTÉGER DES ACCESSOIRES EN CUIR • Rangez dans une taie d'oreiller les sacs, ceintures et autres petits articles en cuir dont vous ne vous servez pas très souvent. Ils seront à l'abri de la poussière.

Le coin des enfants

Les enfants aiment personnaliser leur chambre. Aidez votre enfant (à partir de 5 ans) à transformer une taie d'oreiller en tenture murale. Faites une fente sur 2 cm environ le long de chaque couture latérale, à proximité de l'angle formé avec le fond de la taie. Dessinez un motif à l'aide de peinture pour tissu ou proposez à votre enfant d'utiliser ses tampons en caoutchouc pour créer des images sur la taie. Introduisez par l'une des fentes une baguette un peu plus longue que le côté de la taie et faites-la ressortir par l'autre ouverture. Coupez un morceau de laine de 75 cm environ et attachez chacune de ses extrémités à celles de la baguette. Vous n'avez plus qu'à accrocher l'œuvre...

ESSORER LA SALADE DANS LA MACHINE À LAVER

Pour essorer une grande quantité de salade, enfilez deux taies d'oreiller l'une dans l'autre pour augmenter l'épaisseur de tissu qui absorbera l'eau, et remplissez votre sac de feuilles de salade. Fermez avec un lacet ou un élastique et mettez le tout dans la machine à laver avec une grande serviette de toilette pour équilibrer. Faites tourner un cycle d'essorage pendant quelques secondes seulement.

RANGER LES DRAPS D'UNE PARURE • Rangez les draps fraîchement lavés de chacune de vos parures à l'intérieur de l'une des taies assorties.

UN SAC À LINGE SALE POUR LE VOYAGE • Servez-vous d'une taie d'oreiller pour mettre votre linge sale lorsque vous voyagez. Une fois rentré chez vous, vous n'aurez plus qu'à vider la taie et à trier le linge pour le mettre dans la machine à laver.

LAVER LES PELUCHES À LA MACHINE • Vérifiez au préalable sur les étiquettes que les peluches sont lavables en machine puis glissez-les dans une taie d'oreiller : elles bénéficieront d'un lavage doux et efficace. En outre, si des morceaux de rembourrage ou de petits motifs et accessoires viennent à se détacher pendant le lavage, ils resteront à l'intérieur de la taie et vous pourrez les récupérer pour les recoudre ou les recoller.

TALC

ÉLOIGNER LES FOURMIS • Repérez le parcours des fourmis et saupoudrez-le de talc. Vous pouvez également utiliser d'autres répulsifs naturels tels que le soufre en poudre, le borax ou l'huile de clou de girofle, ou encore planter de la menthe autour de la maison.

TALC suite →

ÉVITER LES GRINCEMENTS DU PARQUET • Saupoudrez de talc les lattes grinçantes du parquet. Si le problème persiste, versez quelques gouttes de cire liquide entre les lattes.

TRAITER UNE TACHE DE SANG SUR LES VÊTEMENTS • Pour éliminer les taches de sang frais sur du tissu, préparez une pâte avec du talc et de l'eau et appliquez-la rapidement sur la tache. Laissez sécher puis brossez. Si vous n'avez pas de talc, utilisez de la fécule de maïs ou de la farine de maïs.

ÉLIMINER UNE TACHE DE GRAISSE SUR LA MOQUETTE • Recouvrez la zone tachée de talc et laissez agir au moins 6 heures pour que le talc absorbe la graisse. Aspirez. Vous pouvez remplacer le talc par du bicarbonate de soude, de la fécule de maïs ou encore de la farine de maïs.

DÉTACHER DES VÊTEMENTS EN SYNTHÉTIQUE • Saupoudrez la tache graisseuse de talc et frottez du bout des doigts. Laissez agir 24 heures et brossez délicatement. Recommencez, si nécessaire, jusqu'à disparition complète de la tache.

ATTENTION : des études ont démontré que le talc parfumé provoquait des allergies cutanées et pouvait aggraver certaines douleurs. Il est donc recommandé d'utiliser uniquement du talc non parfumé, et ce sur une peau sèche. Il est de plus fortement déconseillé aux femmes d'appliquer du talc sur leurs zones génitales, et donc d'en mettre sur leurs bébés filles au moment du change : l'application de talc à proximité de ces zones augmenterait les risques de cancer des ovaires.

DÉFAIRE LES NŒUDS

Si vos lacets résistent à tous vos efforts, saupoudrez-les de talc, les nœuds se déferont plus facilement. Le talc aide également à dénouer les colliers, ficelles, cordelettes, etc.

TAMPON D'OUATE

DÉSODORISER LE RÉFRIGÉRATEUR • Imbibez un tampon d'ouate d'extrait naturel de vanille et placez-le sur une étagère du frigo, près du fond. Ce désodorisant sera efficace en quelques minutes.

PARFUMER UNE PIÈCE • Imbibez un tampon d'ouate d'eau de toilette et mettez-le dans le sac de l'aspirateur ; sa senteur embaumera la pièce chaque fois que vous ferez le ménage.

PROTÉGER LES DOIGTS DES ENFANTS • Placez des tampons d'ouate aux extrémités des glissières des tiroirs accessibles aux plus jeunes. Vous empêcherez ainsi les tiroirs de se fermer complètement et de coincer les doigts des enfants.

LUTTER CONTRE LA MOISISSURE • Dans toutes les salles de bains, il y a des endroits difficiles à nettoyer, en général autour de la robinetterie, et la moisissure finit souvent par se développer dans les joints du carrelage. Inutile de vous contorsionner ; enfilez des gants ménagers et imbibez quelques tampons d'ouate d'eau de Javel, placez-les sur ou contre ces zones sensibles et laissez-les agir pendant quelques heures. Terminez le travail en rinçant à l'eau chaude.

DES GANTS MÉNAGERS SANS TROU • Si vous avez les ongles longs et manucurés, il vous arrive sans doute de percer le bout de vos gants. Pour éviter cela, insérez un petit tampon d'ouate dans chaque doigt et poussez-le jusqu'au bout. Ces coussinets prolongeront la durée de vie des gants, et du même coup protégeront vos ongles.

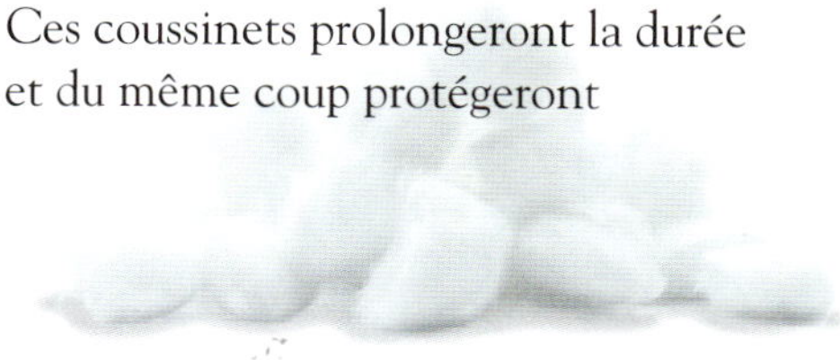

TAPIS DE SOURIS

PROTÉGER UN REVÊTEMENT DE SOL • Utilisez votre vieux tapis de souris pour éviter que les pieds des chaises et des fauteuils ne rayent un revêtement en bois, PVC, etc. Collez un petit morceau de tapis sous chaque pied avec de la colle extraforte.

SOUS LES POTS DES PLANTES D'INTÉRIEUR • Pour éviter que les pots de vos plantes ne rayent ou n'abîment le sol, glissez dessous un ou plusieurs vieux tapis de souris.

UN DESSOUS-DE-PLAT IMPROVISÉ • Pour protéger la table, posez casseroles et autres plats chauds sur un tapis de souris. Évitez néanmoins ceux en mousse pour les plats sortant du four.

SOULAGER LES GENOUX • Les tapis de souris ont une taille idéale pour être placés sous les genoux pendant les travaux de jardinage ou la pose de carrelage au sol. Pour une plus grande liberté de mouvement, fixez-les sur vos jambes de pantalon avec du ruban adhésif.

TEE

FABRIQUER UN PORTE-CRAVATES • Poncez et peignez un bandeau de panneau de particules, puis percez des trous de 3 mm tous les 5 cm. Munissez-vous d'autant de tees que vous avez fait de trous, trempez la pointe dans de la colle à bois vinylique (polyacétate de vinyle) et insérez-la dans un trou. Accrochez ce porte-cravates dans votre dressing ou à l'intérieur de la porte de votre armoire.

COMBLER UN TROU LAISSÉ PAR UNE VIS • Si vous avez vu trop grand en perçant le trou d'une vis, trempez la pointe d'un tee de golf dans de la colle à bois vinylique, enfoncez le tee dans le trou et égalisez-le à l'aide d'un couteau à bois. Laissez bien sécher la colle et percez un nouveau trou… à la bonne taille.

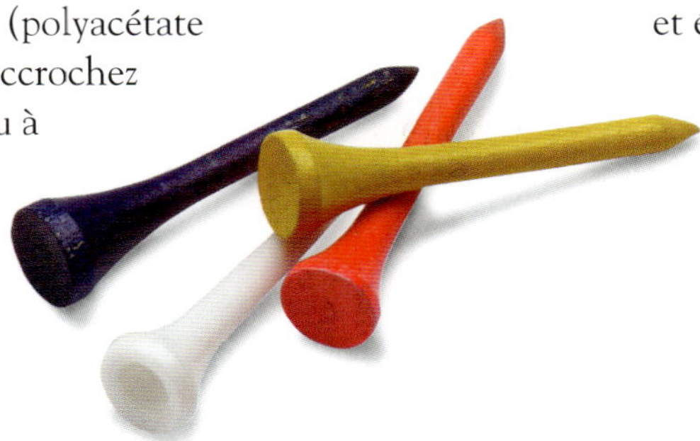

THÉ ET TISANE

Santé et beauté

DÉCONGESTIONNER LES YEUX

Vous avez les yeux gonflés, fatigués ou douloureux ? Trempez 2 sachets de thé noir dans l'eau chaude, allongez-vous confortablement et posez les sachets chauds 20 minutes sur vos yeux. Le tanin du thé a une action décongestive et calmante.

CALMER LES COUPS DE SOLEIL • L'application de sachets de thé infusés dans l'eau tiède soulage la douleur des coups de soleil ainsi que toutes les brûlures superficielles. Si le coup de soleil couvre une zone importante, prenez un bain tiède dans lequel vous aurez jeté quelques sachets de thé. Restez dans l'eau jusqu'à ce que la douleur se calme.

CONTRE LE FEU DU RASOIR • Vous avez oublié de changer la lame de votre rasoir et votre peau est très irritée ? Pour la soulager, appliquez sur les zones sensibles des sachets de thé infusés dans de l'eau tiède.

COUVRIR LES CHEVEUX BLANCS • Pour dissimuler naturellement vos premiers cheveux blancs, plongez 3 sachets de thé noir dans 25 cl d'eau bouillante. Ajoutez 5 g de romarin et 5 g de sauge (fraîche ou séchée) ; laissez mariner toute la nuit. Le lendemain, lavez-vous les cheveux avec votre shampooing habituel, puis versez ou, mieux, pulvérisez cette préparation sur vos cheveux jusqu'à saturation puis répartissez-la soigneusement. Déshabillez-vous bien avant : le tanin tache et est très difficile à éliminer des vêtements. Épongez le surplus avec une serviette, sans rincer. Renouvelez l'opération si nécessaire.

FAIRE BRILLER LES CHEVEUX • Si vos cheveux sont secs et ternes, après le shampooing, utilisez 1 litre de thé chaud pour le dernier rinçage.

UN AUTOBRONZANT

Pour avoir le visage hâlé sans vous exposer au soleil, faites infuser 50 cl de thé noir, laissez-le refroidir et versez-le dans un pulvérisateur. Pulvérisez sur une peau nette et sèche. Laissez sécher sans frotter. Recommencez pour accentuer le résultat. Cette astuce est également parfaite pour redonner des couleurs à un visage fraîchement rasé, là où les joues présentent une démarcation avec le reste du visage.

SOIGNER UN FURONCLE • Le soir, posez un sachet de thé humide sur le furoncle, fixez-le avec du sparadrap et laissez agir toute la nuit. Le lendemain, grâce aux tanins du thé, astringents et qui possèdent des propriétés antibactériennes, l'infection aura disparu.

ALLAITER SANS DOULEURS • Laissez infuser un sachet de thé quelques instants dans l'eau tiède puis plongez-le pendant 1 minute dans un bol de glace et placez-le immédiatement sur le mamelon douloureux ; couvrez avec un coussinet d'allaitement. Laissez agir plusieurs minutes. L'acide tannique dégagé par les feuilles de thé humides va s'allier au froid pour soulager la douleur et aider à la cicatrisation.

SOULAGER LES GENCIVES • Après la chute d'une dent de lait, vous soulagerez efficacement les gencives douloureuses de votre enfant en y appliquant un sachet de thé trempé dans l'eau froide.

ÉLIMINER LES ODEURS DE PIEDS

Pour vous débarrasser des odeurs de transpiration, trempez-vous quotidiennement les pieds dans du thé longuement infusé pendant une vingtaine de minutes.

LE SAVIEZ-VOUS ?

La légende veut que l'infusion de thé soit apparue il y a 5 000 ans, grâce à l'empereur chinois Shen Nung. Ce dirigeant habile et homme de science inspiré exigeait, pour des raisons de santé publique, que l'on fasse toujours bouillir l'eau avant de la consommer. Un jour d'été, lors d'une halte dans une contrée lointaine, tandis que les serviteurs faisaient bouillir de l'eau pour la garde royale, une feuille de thé tomba dans l'eau bouillante. L'eau brunit, et l'empereur, curieux, insista pour goûter ce breuvage. Le thé était né.

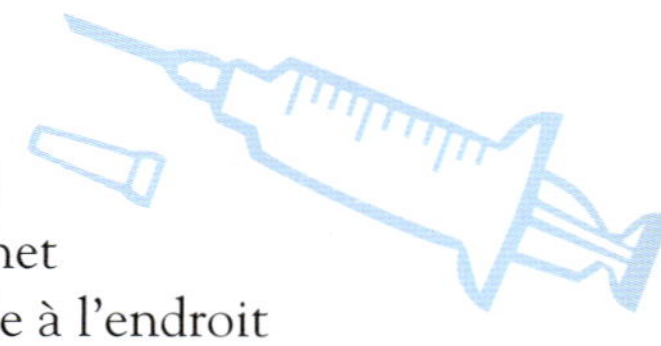

ATTÉNUER LA DOULEUR D'UN VACCIN • Pour soulager un bébé après un vaccin, trempez un sachet de thé dans l'eau tiède et posez-le à l'endroit de l'injection. L'acide tannique calmera la douleur.

SOULAGER UNE PIQÛRE D'ORTIE • Trempez du coton dans du thé longuement infusé et tamponnez les piqûres. Recommencez aussi souvent que nécessaire.

CALMER LES DOULEURS DENTAIRES • Préparez une infusion en faisant bouillir 1 cuillerée à soupe de feuilles de menthe poivrée dans 25 cl d'eau. Laissez infuser plusieurs minutes. Rincez-vous la bouche avec cette infusion additionnée de 1 ou 2 pincées de sel. La menthe est un antiseptique qui soulage les douleurs au contact de la peau.

Dans la maison

PARFUMER UN PLACARD • Après utilisation, faites sécher les feuilles de thé parfumé sur du papier journal. Glissez-les dans un petit sachet en tissu qui embaumera agréablement les espaces clos tels que les placards.

FAIRE BRILLER UN MIROIR • Frottez les miroirs avec un chiffon doux imbibé de thé fort bien froid. Faites-les briller à l'aide d'un autre chiffon doux bien sec.

THÉ ET TISANE suite →

ATTENDRIR LA VIANDE • La viande blanche la plus coriace fondra en bouche si vous la faites mariner dans du thé noir. Versez 4 cuillerées à soupe de feuilles de thé noir dans une théière remplie d'eau frémissante. Laissez infuser 5 minutes. Retirez les feuilles, ajoutez 75 g de cassonade, mélangez jusqu'à complète dissolution du sucre puis réservez. Mettez la viande dans un plat à four, salez, poivrez et aillez éventuellement, puis arrosez de thé et mettez au four à 180 °C, sans préchauffage, car la viande blanche ne doit pas être saisie. Faites cuire jusqu'à ce que le rôti soit tendre, soit environ 30 minutes par livre.

NETTOYER LES SURFACES EN BOIS • Le thé fraîchement infusé nettoie parfaitement les meubles en bois et les parquets. Portez 1 litre d'eau à ébullition, faites-y infuser 2 ou 3 sachets de thé et laissez refroidir. Trempez un chiffon doux dans le thé, essorez-le et frottez. Faites briller avec un chiffon doux et sec.

PATINER DES ÉTOFFES • Trempez dentelles et tissus blancs dans un bain de thé pour leur donner un aspect ancien (beige, écru, ivoire). Utilisez 3 sachets de thé pour 50 cl d'eau bouillante et faites infuser 20 minutes puis laissez refroidir. Trempez les vêtements dans cette infusion pendant au moins 10 minutes. Plus vous les laisserez, plus la coloration sera foncée.

À SAVOIR

Teindre des vêtements

* ***La teinture au thé noir est une technique très ancienne. À l'origine, elle était utilisée pour masquer les taches sur le lin.***

D'autres plantes possèdent des vertus similaires. Ainsi, les feuilles d'hibiscus donnent des tons rouges et les bâtons de réglisse, des teintes marron clair. Faites des essais sur des chutes de tissu pour doser correctement la teinture.

NETTOYER LA CHEMINÉE

Pour empêcher la cendre de s'envoler en volutes de poussière lorsque vous nettoyez la cheminée, déposez-y préalablement des feuilles de thé humides.

Au jardin

NOURRIR LES ROSIERS • En été, tapissez le pied des rosiers de feuilles de thé, fraîches ou infusées, en vrac ou en sachet, et paillez. Lors de l'arrosage, les nutriments contenus dans les feuilles de thé vont enrichir la terre et favoriser la croissance des plantes.

UN STIMULANT POUR LE COMPOST • Pour attirer les bactéries, accélérer la décomposition des végétaux et enrichir votre compost, versez-y quelques tasses de thé très fort.

NOURRIR LES FOUGÈRES • Pour nourrir les fougères ou d'autres plantes poussant sur sols acides, arrosez-les de thé ou disposez quelques feuilles de thé humidifiées autour du pied.

PRÉPARER UNE PLANTE POUR LE REMPOTAGE • Avant de rempoter une plante, tapissez le fond du pot de sachets de thé usagés. Ils retiendront l'eau et diffuseront leurs nutriments dans la terre.

TOILE MOUSTIQUAIRE

FILTRER DE LA PEINTURE • Pour éliminer les grumeaux dans la peinture, découpez un morceau de toile moustiquaire épousant la forme du couvercle du pot de peinture. Placez ce disque à la surface de la peinture puis poussez-le doucement jusqu'au fond du pot à l'aide d'un mélangeur. Les grumeaux resteront prisonniers sous la toile. Mélangez la peinture et lancez vos travaux.

PROTÉGER LES JEUNES POUSSES • Abritez vos nouvelles plantations sous un morceau de toile moustiquaire. Pour ne pas gêner la pousse, bombez la toile pour former une petite cloche.

UN SUPPORT POUR BOUCLES D'OREILLES • Découpez un rectangle dans de la toile moustiquaire. Recouvrez les bords de ruban adhésif d'électricien. Passez les boucles d'oreilles dans les trous de la toile. Accrochez cette création au mur, avec une jolie ficelle ou du fil de fer.

TONGS

CALER UNE FENÊTRE • Si vous ne parvenez pas à dormir quand le vent souffle car vos vieilles fenêtres vibrent dans les courants d'air, découpez une bande dans la semelle d'une vieille paire de tongs et glissez-la entre l'ouvrant de la fenêtre et son encadrement.

EMPÊCHER UNE PORTE DE CLAQUER • Découpez une cale dans la semelle d'une vieille paire de tongs et glissez-la sous la porte pour lui éviter de claquer lorsqu'il y a des courants d'air.

TONGS suite →

STABILISER UNE TABLE BANCALE • Découpez une rondelle en caoutchouc dans une vieille paire de tongs et collez-la sous le pied de la table qui est trop court. Utilisez la même méthode lorsque la table est instable parce que le sol n'est pas régulier.

RAMASSER LES POILS D'ANIMAUX

Glissez la main dans une tong en plastique et frottez moquettes et tapis, fauteuils, canapés ou sièges de voiture. Les poils du chat ou du chien se rassembleront en une pelote facile à aspirer.

TROMBONE

DES CROCHETS IMPROVISÉS • Pour suspendre au mur la plaque en argile que vous êtes en train de réaliser, insérez un gros trombone à l'arrière avant que l'argile ne durcisse.

RÉPARER UNE FERMETURE À GLISSIÈRE • Pour pouvoir manœuvrer une fermeture dont la languette est cassée, glissez un petit trombone dans le trou du curseur. Prenez un trombone de couleur assortie ou décorez-le.

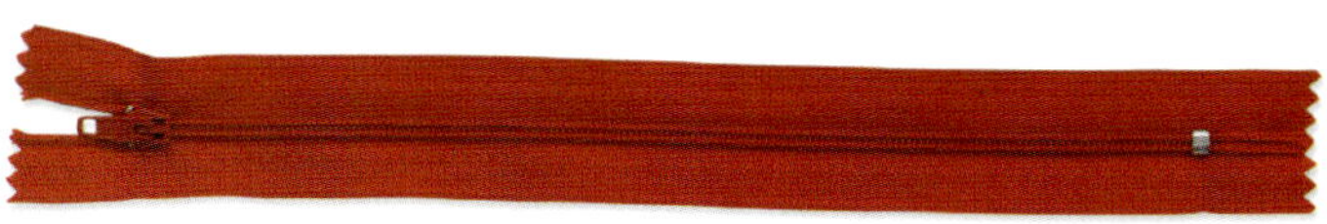

OUVRIR L'EMBALLAGE D'UN CD

Pour épargner vos ongles, détordez un trombone et utilisez l'extrémité pour couper le plastique. Pour éviter les rayures, glissez le trombone sous la partie pliée de l'emballage et tirez délicatement.

ATTRAPER L'EXTRÉMITÉ D'UN ROULEAU D'ADHÉSIF • Si vous n'avez pas de dévidoir, collez un trombone sous l'extrémité de votre rouleau afin de la retrouver facilement.

FABRIQUER UN MARQUE-PAGE • Attachez un bout de ruban ou de cordonnet de couleur à un trombone pour faire un marque-page facile à utiliser et à retrouver.

DÉNOYAUTER DES CERISES • Déployez un trombone et placez-vous au-dessus d'un bol ou de l'évier. Selon la taille de la cerise à dénoyauter, insérez l'extrémité la plus large ou la plus étroite du trombone par le haut de la cerise. Poussez le noyau et retirez le trombone. Si vous voulez dénoyauter des cerises en les gardant intactes, insérez le trombone par le bas.

ALLONGER LA CHAÎNE D'UN VENTILATEUR DE PLAFOND • Formez une chaîne de gros trombones métalliques que vous accrocherez à l'extrémité de celle de votre ventilateur.

PETITE EXPÉRIENCE

Faites flotter un trombone sur l'eau.

Remplissez un verre d'eau, et posez-y un bout d'essuie-tout plus grand que le trombone que vous allez utiliser. Déposez le trombone sur l'essuie-tout et attendez quelques secondes. L'essuie-tout va couler, et le trombone flotter à la surface. Magique ? En réalité, c'est la tension de surface de l'eau qui permet au trombone de flotter. En coulant, l'essuie-tout abaisse le trombone sur l'eau, sans pour autant briser la tension de surface.

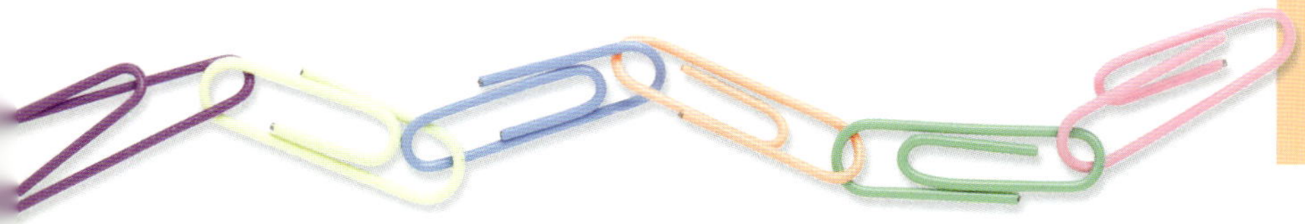

TUBE DE CARTON

RALLONGER LE TUYAU D'UN ASPIRATEUR

Pour atteindre le plafond (et éliminer une toile d'araignée par exemple), rallongez le tuyau de l'aspirateur avec un long tube de carton et faites un raccord solide avec du ruban adhésif. Vous pouvez même écraser l'extrémité du tube pour créer un suceur plat.

TUBE DE CARTON suite →

CONFECTIONNER UN ÉTUI • Aplatissez un carton de papier hygiénique et fermez l'une des extrémités avec du ruban adhésif. Utilisez cet étui pour emporter un couteau en pique-nique ou en camping. Si nécessaire, réduisez sa largeur avec des agrafes.

RANGER FILS ET CÂBLES ÉLECTRIQUES • S'ils sont trop longs, lovez votre fil électrique et votre câble informatique, puis glissez-les dans un tube en carton de papier hygiénique. Les petits tubes en carton peuvent aussi servir à stocker les rallonges quand vous ne vous en servez pas. Plus longs, les cartons d'essuie-tout sont également très pratiques ; coupez-les en deux si nécessaire.

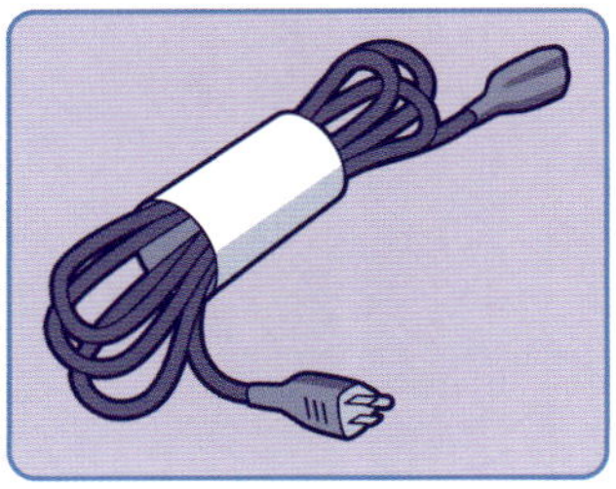

LE SAVIEZ-VOUS ?

Le papier hygiénique a mis presque 500 ans pour passer du conditionnement en feuilles à celui en rouleaux. Il est produit pour la première fois en Chine en 1391 pour l'usage exclusif de l'empereur – en feuilles de 60 x 90 cm ! Le premier papier toilettes en rouleau fut commercialisé par la Scott Paper Company en 1890. En 1907, cette entreprise fut aussi la première à fabriquer des serviettes en papier… Mais c'est uniquement parce qu'elle avait essayé de mettre au point un nouveau papier toilettes en crêpe et que celui-ci était si épais qu'il était impossible à couper et à rouler. Scott a donc produit de plus grandes feuilles (33 x 45 cm) et les a vendues en guise de serviettes (Sani-Towels).

RÉALISER UN ATTRAPE-MOUCHES • Recouvrez un tube en carton de papier hygiénique avec de l'adhésif transparent double face puis suspendez-le dans la pièce.

DE BONS COMBUSTIBLES • Les tubes en carton de papier hygiénique et d'essuie-tout sont parfaits pour allumer ou alimenter un feu de cheminée. Fabriquez des allumoirs en coupant des languettes de quelques millimètres de large. Stockez celles-ci dans une boîte près de la cheminée pour les avoir à portée de main. Pour faire des rondins, bourrez des tubes de papier journal. Plus le papier sera tassé, plus le rondin brûlera longtemps.

LA MAIN VERTE

PROTÉGER DES PLANTATIONS • Afin de ne pas heurter un jeune tronc d'arbre en sarclant, coupez en deux dans la longueur un tube de carton pour affiche et attachez les deux moitiés autour du tronc. Lorsque vous avez terminé de jardiner autour de cet arbre, retirez la protection et fixez-la sur le suivant.

DES POTS POUR LES SEMIS • N'allez pas acheter des pots à semis biodégradables dans une jardinerie : recyclez plutôt les tubes en carton de papier hygiénique et d'essuie-tout. Coupez chaque tube en deux ou en quatre selon sa longueur. Posez les cylindres coupés les uns contre les autres afin qu'ils ne tombent pas lorsque vous arrosez les semis ; cela les empêchera aussi de sécher trop vite. Remplissez chaque pot de terreau à semis, tassez doucement et semez les graines. Quand vous plantez les semis, pensez à casser le côté du tube et à enfouir tout le carton dans le sol.

STOCKER DE LA FICELLE • Pour avoir de la ficelle prête à l'emploi, faites une encoche à chaque extrémité d'un tube de carton, coincez un des bouts de la ficelle dans l'encoche, enroulez la ficelle autour du tube puis coincez l'autre bout dans l'autre encoche.

RANGER DES AIGUILLES À TRICOTER

Pincez une extrémité d'un long tube de carton (d'aluminium ménager ou de film alimentaire), et fermez-la avec du ruban adhésif. Couvrez le trou de l'autre extrémité avec du ruban adhésif, puis glissez les aiguilles au travers au fur et à mesure.

RANGER DES RESTES DE TISSU • Roulez vos coupons et glissez-les dans un tube de carton. Pour les identifier plus aisément, collez ou agrafez un échantillon sur le tube.

CONFECTIONNER DES EMBAUCHOIRS • Insérez des tubes de carton dans vos bottes pour maintenir les tiges à la verticale et en forme.

PROTÉGER LES PAPIERS IMPORTANTS • Pour les conserver en bon état, roulez diplômes, certificat de mariage et autres papiers importants et insérez-les dans des tubes de carton avant de les ranger à l'abri de l'humidité.

RANGER DU LINGE DE TABLE SANS FAIRE DE PLIS • Après lavage et repassage, enroulez serviettes et nappes autour de tubes de carton recouverts de film alimentaire.

DES PANTALONS SANS PLIS • Si vous n'avez pas de cintre à pantalon, mettez le vêtement à cheval sur un cintre classique et, pour éviter qu'il soit marqué, coupez en deux un tube en carton. Coiffez le fil du cintre avec le tube ouvert, refermez les côtés du carton avec du ruban adhésif puis installez votre pantalon dessus.

CONSTRUIRE UNE CABANE • Entaillez les extrémités de plusieurs longs tubes en carton avec un cutter, puis montrez à vos enfants comment construire une cabane, une barrière ou une hutte en emboîtant ces rondins. Utilisez des tubes de différentes dimensions. Mieux vaut les décorer (peinture, gommettes, paillettes…) avant de débuter la construction.

FAIRE DU BRUIT !

CONFECTIONNER UN MIRLITON • Pour occuper une bande de gamins désœuvrés un jour de pluie, découpez trois petits trous au milieu d'un tube de papier hygiénique. Couvrez une des extrémités du tube avec un disque de papier sulfurisé maintenu solidement par un élastique. Puis fredonnez dans l'autre extrémité en bouchant 1, 2 ou 3 trous du bout des doigts pour faire varier le son. Faites-en un pour chaque enfant, et vous serez tranquille pendant un petit moment.

UN MÉGAPHONE IMPROVISÉ • Ne criez pas à en perdre la voix pour appeler un enfant qui joue au fond du jardin ou dans la rue. Pour reposer vos cordes vocales, amplifiez votre voix avec un mégaphone fabriqué dans un large tube de carton.

STOCKER DES GUIRLANDES DE NOËL SANS LES EMMÊLER

Simplifiez-vous la vie en enroulant les guirlandes électriques autour d'un tube de carton et en les attachant avec du ruban de masquage. Une petite guirlande peut être simplement glissée à l'intérieur d'un tube ; fermez les extrémités avec du ruban de masquage.

TUBE DE CARTON suite →

PROTÉGER DES TUBES FLUORESCENTS • Pour les transporter sans les casser, glissez-les dans de longs tubes de carton.

UN JOUET POUR LES RONGEURS

Placez quelques tubes de papier hygiénique dans la cage de vos souris blanches ou de votre cochon d'Inde. Vos petits amis s'amuseront comme des fous à l'intérieur de ces tunnels, qu'ils n'hésiteront pas à mâchouiller. Remplacez-les quand ils sont abîmés.

RANGER LES DESSINS DES ENFANTS • Si vous souhaitez conserver les dessins de vos enfants pour la postérité, ou simplement libérer un peu d'espace, glissez-les, roulés, dans un tube de carton. Collez une étiquette dessus avec le nom de l'enfant et la date du dessin. Ces tubes sont faciles à stocker.

À SAVOIR

Tubes de moquette

* ***Les vendeurs de moquette, qui se débarrassent souvent de long tubes de carton épais, ne verront certainement aucune objection à vous en donner.***

Ces tubes peuvent mesurer jusqu'à 3,60 m ; essayez de les faire couper à la dimension qui vous convient avant de les emporter.

CONFECTIONNER DES SURPRISES DE NOËL • Utilisez des tubes de papier hygiénique pour fabriquer des surprises qui « explosent » en laissant échapper de petits cadeaux. Nouez une ficelle de 20 cm autour d'un petit objet – bonbon, balle, crayon-gomme ou figurine – en veillant à ce qu'il vous reste 15 cm. Placez l'objet dans le rouleau en laissant pendre la ficelle par une extrémité. Enveloppez le rouleau de papier crépon de couleur vive et torsadez les bouts. Il suffit de tirer sur la ficelle pour faire sortir le cadeau.

TUYAU D'ARROSAGE

UN LEURRE POUR EFFRAYER LES OISEAUX • Pour éloigner les oiseaux de votre terrasse, coupez un morceau de tuyau d'arrosage et posez-le sur votre pelouse en lui donnant la forme d'un serpent.

DÉBOUCHER UN TUYAU DE DESCENTE • Poussez le tuyau d'arrosage dans le tuyau de descente et traversez le bouchon de feuilles et autres déchets. Vous n'avez même pas besoin de faire tourner le tuyau, l'eau de la gouttière suffira à évacuer le bouchon.

ATTRAPER DES PERCE-OREILLES • Coupez un tuyau d'arrosage bien sec à l'intérieur en sections de 30 cm. Placez vos bouts de tuyau là où les perce-oreilles affluent et laissez-les en place toute la nuit. Le lendemain matin, les bouts de tuyau seront remplis de perce-oreilles. Pour vous en débarrasser, trempez le tuyau dans un seau d'eau savonneuse

STABILISER UN ARBRE • Pour attacher un jeune arbre à son tuteur, servez-vous d'un bout de tuyau d'arrosage suffisamment flexible pour suivre les mouvements de l'arbre lorsqu'il bouge et assez costaud pour maintenir l'arbre droit jusqu'à ce qu'il soit suffisamment solide. Le tuyau n'abîmera pas l'écorce de l'arbre lorsqu'il grandira.

PROTÉGER LES CHAÎNES D'UNE BALANÇOIRE • Pour éviter que les enfants ne se pincent les doigts, entourez chacune des chaînes de la balançoire avec un morceau de tuyau d'arrosage. Si vous pouvez accéder à l'une des extrémités de la chaîne, faites simplement glisser la chaîne à l'intérieur du tuyau. Sinon, incisez les bouts de tuyau au milieu sur toute leur longueur et glissez-les autour des chaînes de la balançoire. Refermez les tuyaux avec quelques bandes de ruban adhésif d'électricien.

PONCER LES COURBES • Pour poncer une surface étroite et concave, comme une moulure, confectionnez-vous un outil spécial. Coupez une longueur de 25 cm de tuyau, incisez le morceau sur toute sa longueur et insérez un côté d'une bande de papier de verre dans la fente ainsi formée. Faites le tour du morceau de tuyau avec le papier de verre et insérez également la seconde extrémité dans la fente. Pour finir, refermez soigneusement celle-ci avec un morceau de ruban adhésif.

FABRIQUER UN TÉLÉPHONE POUR ENFANT • Coupez une longueur de tuyau puis collez un entonnoir à chaque extrémité ou fixez-les avec du ruban adhésif.

UNE POIGNÉE POUR POT DE PEINTURE • Coupez une courte longueur de tuyau, incisez-la en son milieu, puis placez-la autour de la poignée d'origine du pot ; vous serez plus à l'aise pour le porter.

PROTÉGER LES LAMES DE SCIE • Coupez une longueur de tuyau égale à celle de la lame, incisez le morceau en son milieu et placez-le autour des dents de la lame. Cette astuce vaut également pour protéger les lames des patins à glace et les couteaux de cuisine lorsque vous les emportez, par exemple, en camping.

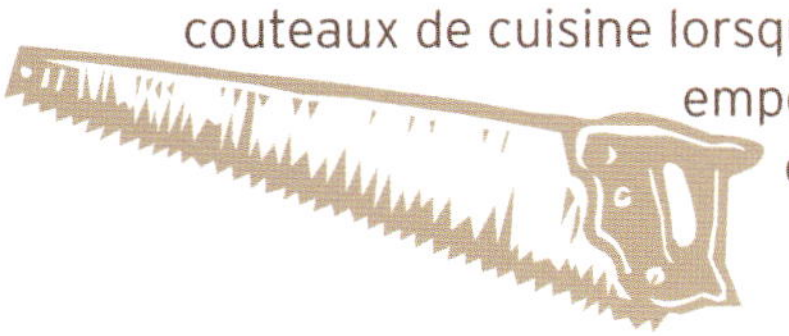

À SAVOIR

Acheter un tuyau d'arrosage

- Pour déterminer la longueur nécessaire, mesurez la distance entre le robinet et le point le plus éloigné de votre jardin. Ajoutez quelques mètres pour pouvoir arroser dans les coins. Vous éviterez les nœuds qui interrompent l'écoulement de l'eau.

- Les tuyaux en vinyle et caoutchouc sont généralement plus solides et résistants que ceux en plastique, certes meilleur marché. Si un tuyau s'aplatit lorsque vous marchez dessus, soyez certain qu'il n'est pas prévu pour l'arrosage.

- Achetez un tuyau garanti à vie : seuls les tuyaux d'arrosage de bonne qualité le sont.

VANILLE (EXTRAIT DE)

PARFUMER UN RÉFRIGÉRATEUR • Lorsqu'une mauvaise odeur persiste, même après le nettoyage, essuyez l'intérieur du réfrigérateur avec de l'extrait de vanille. Pour garder la senteur vanillée, imbibez un morceau de coton hydrophile ou une éponge d'extrait de vanille et posez-le sur une des étagères.

DÉSODORISER UN FOUR À MICRO-ONDES • Versez un peu d'extrait de vanille dans une tasse et faites-le chauffez-la dans le four à puissance maximale pendant 1 minute. Les odeurs persistantes et désagréables, comme celle du poisson, disparaîtront instantanément.

UN PARFUM ORIGINAL • Déposez 1 goutte d'extrait de vanille sur chacun de vos poignets ; cette fragrance est exquise et très relaxante.

NEUTRALISER UNE ODEUR DE PEINTURE FRAÎCHE • Versez 1 cuillerée à soupe d'extrait de vanille dans le pot de peinture dès l'ouverture ; mélangez bien. La pièce fraîchement peinte sentira bon la vanille, et les qualités de la peinture ne seront nullement altérées.

EMBAUMER LA MAISON

Recourez à une vieille astuce d'agent immobilier : déposez 2 ou 3 gouttes d'extrait de vanille sur une ampoule, allumez la lumière, et vous sentirez une délicieuse odeur de gâteau en train de cuire au four.

ÉLOIGNER LES INSECTES • Les insectes détestent l'odeur de la vanille. Pour vous protéger de leurs piqûres, diluez 1 cuillerée à soupe d'extrait de vanille dans 25 cl d'eau et enduisez-vous bras, jambes, visage et cou de ce mélange.

SOULAGER UNE BRÛLURE BÉNIGNE • Enduisez la zone touchée d'extrait de vanille. En s'évaporant, l'alcool qu'il contient apaisera la douloureuse sensation de brûlure.

VAPORISATEUR D'HUILE

EMPÊCHER LE RIZ ET LES PÂTES DE COLLER • Il faut toujours ajouter un peu d'huile dans l'eau de cuisson du riz et des pâtes pour les empêcher de coller. Si vous avez oublié, vaporisez un peu d'huile dessus au moment de les égoutter, vous obtiendrez le même résultat.

PRÉVENIR LES TACHES DE SAUCE TOMATE • Pour empêcher la sauce tomate de tacher vos récipients en plastique, vaporisez de l'huile à l'intérieur avant de les remplir de sauce.

RÂPER LE FROMAGE SANS EFFORT • Mettez un peu moins d'huile de coude pour râper le fromage en vaporisant un peu d'huile sur votre râpe. Le nettoyage sera également plus facile et plus rapide.

ACTIVER LE SÉCHAGE D'UN VERNIS À ONGLES

Vaporisez de l'huile sur vos ongles juste vernis; ils sécheront plus vite et vous aurez les mains plus douces.

NETTOYER LES JANTES DE VOITURE • Les dépôts noirs qui salissent les jantes des roues proviennent de la poussière que produit le freinage lorsque les plaquettes s'usent. Pour les éliminer, vaporisez un peu d'huile dessus puis essuyez; les traces noires devrait partir instantanément.

LUBRIFIER UNE CHAÎNE DE BICYCLETTE • À défaut d'huile de graissage, vaporisez un peu d'huile végétale sur votre chaîne de vélo pour qu'elle ne se grippe pas; essuyez l'excédent avec un chiffon.

FINI LES PORTES QUI GRINCENT • Vaporisez un peu l'huile sur les charnières et essuyez les coulures avec de l'essuie-tout.

EMPÊCHER L'HERBE TONDUE DE COLLER À LA TONDEUSE • Tondre la pelouse n'a rien de compliqué, mais retirer les amas d'herbe qui se forment sur les lames de la tondeuse est un travail fastidieux. Pour vous épargner cette corvée, aspergez d'huile les lames et le dessous de la tondeuse avant de commencer .

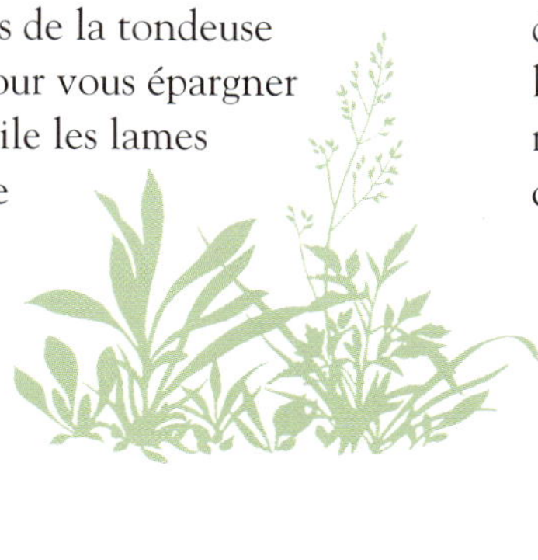

LE SAVIEZ-VOUS ?

Le premier brevet pour un spray de cuisine antiadhésif a été délivré en 1957, aux États-Unis, à Arthur Meyerhoff et son associé, Leon Rubin, qui l'ont commercialisé en 1959. Après son apparition à la télévision, dans des émissions de cuisine, le produit fit de nombreux adeptes et devint très vite indispensable aux ménagères américaines. Il fut copié sous diverses formes dans le monde entier. En France, nous utilisons un vaporisateur d'huile rechargeable.

OPTIMISER UN LANCER DE CANNE • Vous allez à la pêche ? Emportez un vaporisateur d'huile… Pas pour cuisiner sur place, mais pour vaporiser votre ligne : vous la lancerez plus aisément et plus loin.

ÉLIMINER LES INSECTES COLLÉS SUR LE CAPOT • Lorsque les insectes entrent en collision avec la voiture à 90 km/h, ils restent bien collés. Vaporisez un peu d'huile sur le bas du capot avant de partir, les insectes collés et autres salissures partiront d'un coup de chiffon à l'arrivée.

RETIRER DES TACHES DE PEINTURE • N'employez plus de solvant malodorant pour enlever des taches de peinture ou de graisse sur vos mains; vaporisez-les plutôt d'huile de cuisine. Faites-la pénétrer et rincez à l'eau tiède puis savonnez-vous les mains.

PELLETER LA NEIGE PLUS FACILEMENT • Vaporisez de l'huile sur votre pelle avant de vous mettre à déblayer la neige ; l'effort à fournir sera moindre, puisque la neige ne collera pas à la pelle.

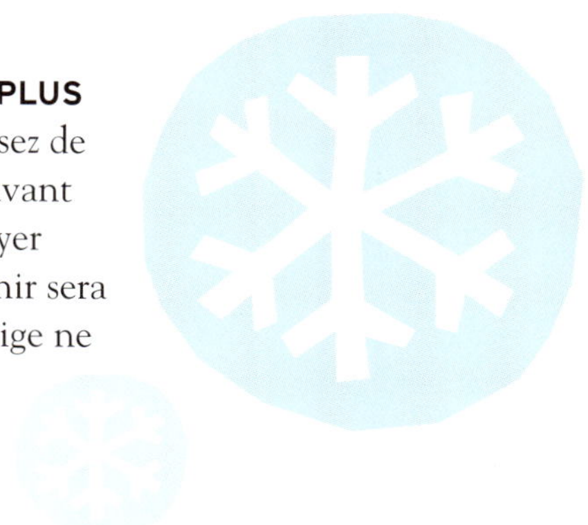

30 USAGES

VASELINE

Beauté et santé

UN BON HYDRATANT • Utilisez de la vaseline pour vous hydrater les lèvres et la peau, mais aussi pour vous démaquiller les yeux et le visage. C'est aussi efficace que bon marché !

APAISER UNE PEAU DESSÉCHÉE PAR LE VENT

Pour réhydrater une peau desséchée par le vent (après un voyage en voiture décapotable, par exemple), appliquez une épaisse couche de vaseline sur votre visage ou toute autre zone irritée.

PROLONGER L'ODEUR D'UN PARFUM • En prévision d'une longue soirée, appliquez un peu de vaseline aux endroits où vous avez l'habitude de vous parfumer avec un tampon d'ouate, puis parfumez-vous. Vous sentirez bon jusqu'au bout de la nuit !

RÉUSSIR LA POSE D'UN VERNIS À ONGLES • Avec un tampon d'ouate, appliquez de la vaseline à la base et sur le pourtour de vos ongles. Si le vernis déborde, le surplus partira quand vous enlèverez la vaseline.

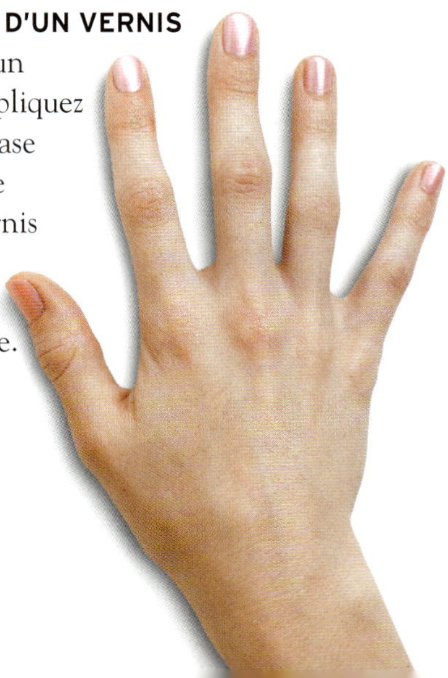

RETIRER FACILEMENT UNE BAGUE • Lorsque vous avez du mal à retirer une bague, parce que vos mains sont gonflées par exemple, appliquez de la vaseline autour de votre doigt : la bague glissera très facilement.

LE COIN DES BÉBÉS

PRÉVENIR L'ÉRYTHÈME FESSIER • La vaseline forme sur la peau de bébé une couche protectrice qui lui évite d'avoir les fesses rouges et douloureuses.

UN SHAMPOOING SANS PLEURS • Juste avant le shampooing, frottez les sourcils de votre bébé avec un peu de vaseline ; elle empêchera le shampooing de lui couler dans les yeux, et il gardera le sourire.

DU MAQUILLAGE MAISON

Fabriquez votre propre fard à paupières, mais aussi du fard à joues et divers rouges à lèvres, en ajoutant un peu de colorant alimentaire à de la vaseline.

APAISER DES MAINS GERCÉES • Appliquez une grosse couche de vaseline sur vos mains juste avant d'aller vous coucher et enfilez des gants de coton. Au matin, vos mains seront lisses et douces.

DOMPTER DES SOURCILS REBELLES • Frottez vos sourcils avec un peu de vaseline pour parvenir à les coiffer plus facilement.

EMPÊCHER LA TEINTURE DE DÉBORDER • Pour éviter de teindre aussi le pourtour de votre chevelure, votre front et vos tempes, appliquez un peu de vaseline sur ces zones avant de commencer.

Dans la maison

RETIRER DU CHEWING-GUM SUR DU BOIS • Appliquez de la vaseline sur le chewing-gum et frottez doucement jusqu'à ce qu'il commence à se désintégrer et s'élimine facilement.

ÉLIMINER LA CIRE DE BOUGIE • Appliquez de la vaseline à l'intérieur de vos chandeliers avant d'y placer les bougies. La cire sera plus facile à retirer.

RÉNOVER UNE VESTE EN CUIR • Pas besoin d'utiliser un produit plus onéreux pour nettoyer et nourrir le cuir. Appliquez de la vaseline, frottez et ôtez l'excédent de produit avec un chiffon absorbant.

DÉBOUCHER FACILEMENT UNE BOUTEILLE • Frottez la paroi intérieure du goulot avec un peu de vaseline avant de remettre le bouchon ; vous le retirerez sans problème.

LE SAVIEZ-VOUS ?

La vaseline est une graisse minérale translucide extraite du résidu de la distillation des pétroles. Elle fut découverte par l'Américain Robert Chesebrough en 1859, et son nom vient de l'allemand *Wasser*, eau, et du grec *elaion*, huile. Cette pommade fut brevetée par Chesebrough en 1872. On lui découvrit rapidement toutes sortes d'usages, du nettoyage du cuir à l'hydratation de la peau et des lèvres, des soins capillaires au traitement de la mycose des ongles de pied... La vaseline, aussi pratique que bon marché, est aujourd'hui encore très utilisée de par le monde.

FAIRE BRILLER LE CUIR VERNI • Pour qu'ils retrouvent leur éclat d'origine, cirez vos chaussures et sacs en cuir verni avec de la vaseline.

VASELINE suite →

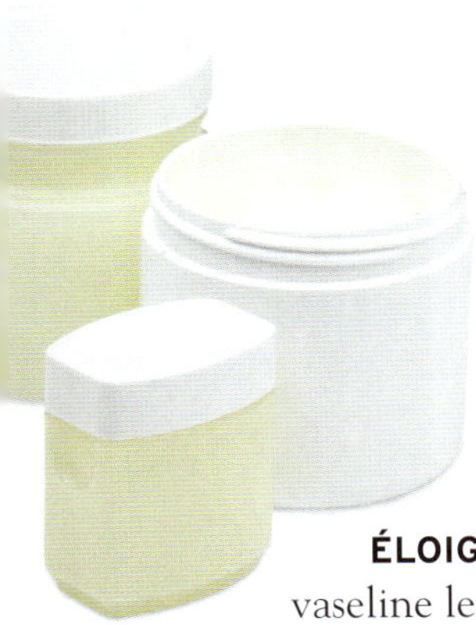

GRAISSER UN GANT DE BASE-BALL

Assouplissez votre gant de base-ball neuf en l'enduisant généreusement de vaseline. Faites-la bien pénétrer dans le cuir. Effectuez de préférence ce soin en hiver pour être prêt à jouer au printemps.

ÉLOIGNER LES FOURMIS • Enduisez de vaseline les bords extérieurs des gamelles de vos animaux domestiques. Les fourmis n'arriveront plus à les escalader, et vos animaux pourront manger en toute tranquillité.

LUBRIFIER LES ACCESSOIRES DE L'ASPIRATEUR • Appliquez un peu de vaseline sur le bord des tubes ; les brosses, suceur et autre ustensiles s'emboîteront plus facilement.

LUBRIFIER LA TRINGLE DU RIDEAU DE DOUCHE • Pour faire glisser plus facilement le rideau de douche, lubrifiez la tringle avec de la vaseline.

ENLEVER DES TACHES DE ROUGE À LÈVRES • Avant de passer vos serviettes de table à la machine, tamponnez les taches de rouge à lèvres avec de la vaseline ; elles devraient partir facilement au lavage.

SOIGNER LES PATTES DES ANIMAUX • Si les coussinets des pattes de votre chien ou de votre chat sont secs et crevassés, enduisez-les de vaseline pour soulager la douleur et éviter d'autres crevasses.

Pour les bricoleurs

EMPÊCHER UNE PORTE DE GRINCER • Imposez le silence à vos portes en appliquant un peu de vaseline sur les gonds.

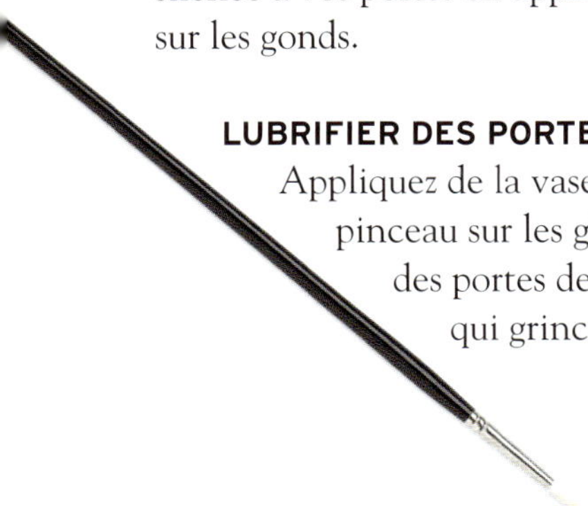

LUBRIFIER DES PORTES COULISSANTES • Appliquez de la vaseline à l'aide d'un petit pinceau sur les glissières des fenêtres et des portes des armoires coulissantes qui grincent.

PROTÉGER DES CHROMES • Avant de ranger vos vélos pour l'hiver, appliquez de la vaseline sur les parties chromées pour les protéger de la corrosion. Faites de même pour toutes les autres machines qui passent l'hiver au garage.

PROTÉGER DES BOUTONS DE PORTE • Avant de commencer vos travaux de peinture, frottez les boutons de porte en métal avec de la vaseline ; la peinture ne pourra y adhérer et sera donc facile à éliminer à la fin des travaux.

ÔTER DES MARQUES D'EAU SUR DU BOIS • Appliquez une bonne couche de vaseline sur les taches et laissez agir toute la nuit. Le lendemain, éliminez la vaseline en frottant ; les taches devraient avoir disparu.

EMPÊCHER UNE AMPOULE DE RESTER BLOQUÉE • Enduisez de vaseline le culot des ampoules avant de les visser dans la douille. Cette astuce est particulièrement utile pour les éclairages extérieurs.

RENFORCER L'ADHÉRENCE D'UNE VENTOUSE • Appliquez de la vaseline sur le pourtour de la ventouse avant chaque usage : elle adhérera plus hermétiquement aux parois des sanitaires à déboucher.

ÉVITER LA CORROSION D'UNE BATTERIE DE VOITURE • En hiver, les basses températures augmentent la résistance électrique et épaississent l'huile de moteur. La corrosion sur les terminaux de batterie aggrave aussi la résistance et renforce les risques de panne. Pour éviter cela, déconnectez les terminaux avant le début de l'hiver et nettoyez-les avec une brosse métallique. Reconnectez-les, puis enduisez-les de vaseline, qui empêchera la corrosion.

VENTOUSE

REDRESSER UNE CARROSSERIE

Avant de vous rendre chez le garagiste pour redresser une carrosserie légèrement cabossée, appuyez fermement une ventouse sur la tôle et tirez d'un coup sec.

PERCER UN PLAFOND PROPREMENT • Avant de percer un plafond, retirez le manche d'une ventouse et enfilez la cloche en caoutchouc sur la mèche de la perceuse. Elle servira à recueillir les débris de plâtre et de peinture.

UN CHANDELIER IMPROVISÉ • Si vous n'avez pas de chandelier pour disposer vos grosses bougies antimoustiques à la citronnelle dans le jardin, plantez solidement le manche d'une ventouse dans le sol et posez la bougie dans la cloche en caoutchouc.

VERNIS À ONGLES

39 USAGES

Pour la maison

REPÉRER LES BOUTONS D'UNE TÉLÉCOMMANDE • Appliquez une petite touche de vernis phosphorescent sur les boutons que vous utilisez le plus souvent pour les identifier facilement, même dans une pièce très peu éclairée. Pensez aussi à cette astuce pour repérer vos clés et trous de serrure, ainsi que tout autre objet difficile à trouver dans le noir.

RÉGLER FACILEMENT UN THERMOSTAT • Repérez le réglage correspondant à la température qui vous convient sur le bouton du radiateur à l'aide d'un fin trait de vernis de couleur.

UNE DOUCHE À LA BONNE TEMPÉRATURE • Pour repérer le réglage idéal sur les robinets d'eau chaude et d'eau froide, marquez-le d'un petit trait avec un vernis de couleur vive.

PROTÉGER LES ÉTIQUETTES DE MÉDICAMENTS • Recouvrez les étiquettes d'une couche de vernis à ongles incolore. Ainsi à l'abri des taches et de l'humidité, elles resteront lisibles.

IMPERMÉABILISER DES ÉTIQUETTES • Appliquez un peu de vernis incolore sur l'adresse du destinataire de votre paquet afin d'être certain qu'il arrivera à bon port quel que soit le temps.

GRADUER UN GRAND SEAU • Graduez vous-même votre seau en traçant, à l'extérieur, différents niveaux (0,5 litre, 1 litre, 2 litres, etc.) au vernis à ongles dans une couleur qui tranche bien avec celle du seau.

REPÉRER LES PRODUITS TOXIQUES • Utilisez du vernis à ongles rouge vif ou toute autre couleur bien visible pour repérer les produits dangereux. Ajoutez un X sur l'étiquette de la bouteille et sur le bouchon.

RENDRE DES GRADUATIONS PLUS LISIBLES • Pour ne plus perdre de temps à déchiffrer des marques minuscules, repérez d'un trait de vernis les graduations les plus courantes de votre verre doseur. De la même façon, marquez les biberons du petit dernier, et faites un trait sur les pipettes servant à doser les médicaments des enfants en cours de traitement.

CONTRÔLER LE DÉBIT D'UNE SALIÈRE • Si votre salière coule à flots, appliquez un peu de vernis incolore sur certains des trous pour les boucher. C'est aussi une bonne solution si vous avez besoin de réduire votre consommation de sel.

ÉTIQUETER UN ÉQUIPEMENT DE SPORT • Marquez vos balles de golf, ainsi que tout autre objet dont la taille ne permet pas d'inscrire votre nom, d'un point de vernis à ongles vif et brillant.

ÉVITER LES ANNEAUX DE ROUILLE • Pour éviter les taches de rouille sur les étagères de la salle de bains, appliquez un peu de vernis incolore sous les récipients métalliques de mousse à raser, déodorant, laque et autres produits de toilette.

GARDER DES BIJOUX FANTAISIE BIEN BRILLANTS • Pour que vos bijoux fantaisie ne ternissent pas et ne marquent pas, vernissez la partie en contact avec la peau. Laissez-les bien sécher avant de les porter.

À SAVOIR

Bien utiliser le vernis à ongles

- Pour que le vernis ne sèche pas et reste facile à appliquer, gardez-le au réfrigérateur. Regroupez le cas échéant tous vos flacons dans une petite boîte en plastique.
- Lorsque l'on secoue verticalement un flacon pour le mélanger, des bulles peuvent se former dans le vernis. Pour éviter cela, faites plutôt rouler le flacon entre vos paumes.
- Avant de refermer le flacon, nettoyez soigneusement les coulures de vernis à l'aide d'un coton imbibé de dissolvant ; il s'ouvrira plus facilement par la suite.

SCELLER UNE ENVELOPPE • À défaut de colle, appliquez un peu de vernis à ongles incolore sur le rabat de l'enveloppe pour la fermer. Vous pouvez aussi inscrire vos initiales ou faire un petit dessin au vernis de couleur sur le rabat, pour former une sorte de sceau, sans cire à faire fondre.

ÉLIMINER UNE VERRUE • Recouvrez la verrue de vernis incolore ; elle devrait disparaître ou largement diminuer en une semaine.

EMPÊCHER LES VIS DE ROUILLER • Pour empêcher la rouille d'attaquer les vis de l'abattant neuf des toilettes, recouvrez-les d'une ou deux couches de vernis incolore ; vous maintiendrez du même coup les vis bien en place et empêcherez le siège de bouger.

PROTÉGER LES CHAUSSURES • Pour éviter d'érafler vos chaussures trop rapidement, appliquez du vernis incolore à l'arrière et à l'avant, les zones les plus exposées, en insistant un peu pour faire pénétrer le vernis dans le cuir. Laissez bien sécher.

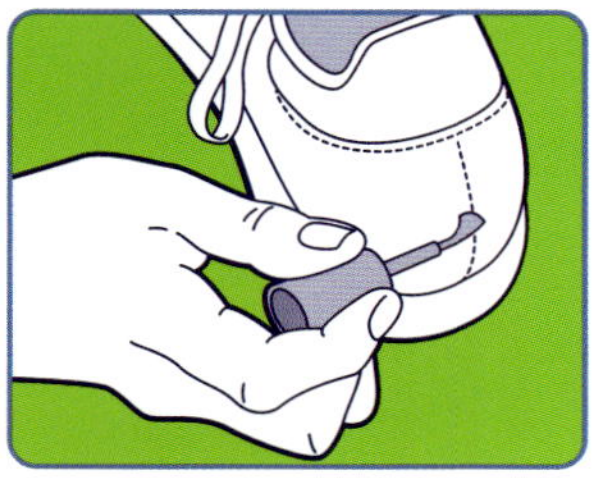

EMPÊCHER LES LACETS DE S'EFFILOCHER • Trempez les extrémités dans du vernis incolore et laissez sécher toute la nuit.

PROTÉGER UNE BOUCLE DE CEINTURE • Pour empêcher que le métal ne s'oxyde et pour que votre boucle de ceinture garde son brillant, recouvrez-la d'une couche de vernis incolore.

DES CAILLOUX DÉCORATIFS

Pour réaliser un joli presse-papiers ou mettre en valeur le pied de votre cactus, utilisez des pierres plates de la taille d'une paume de main. Nettoyez-les bien puis versez environ 1 cm d'eau dans un plat et ajoutez 1 goutte de vernis incolore. Quand le vernis s'est bien répandu à la surface, tenez chaque pierre du bout des doigts et faites-la rouler doucement dans l'eau de manière à l'enrober de vernis. Laissez sécher toutes les pierres sur un journal.

VERNIS À ONGLES suite →

Pour la couture

PROTÉGER DES BOUTONS EN NACRE • Pour qu'ils gardent leur éclat et ne s'écaillent pas au moindre choc, recouvrez les boutons de nacre d'une couche de vernis incolore.

TRAITER LES VÊTEMENTS ÉLIMÉS • Appliquez du vernis incolore sur les parties abîmées des vêtements dont le tissu est râpé ou s'effiloche ; cela leur donnera un petit sursis.

STOPPER LES MAILLES D'UN COLLANT • Ne retirez pas votre collant tout de suite : appliquez du vernis incolore sur les deux extrémités de la maille qui a filé et laissez sécher. Le collant résistera à plusieurs lavages sans filer davantage.

ENFILER PLUS FACILEMENT UN FIL • Passez l'extrémité du fil dans les poils du petit pinceau du vernis, puis roulez-la entre le pouce et l'index. Le fil séchera en une seconde et l'extrémité restera suffisamment rigide pour entrer très facilement dans le chas de l'aiguille.

NE PLUS PERDRE DE BOUTONS • Appliquez une goutte de vernis incolore sur le fil des boutons de vos vêtements neufs pour le renforcer. Faites de même chaque fois que vous recousez un bouton, il tiendra plus longtemps.

EMPÊCHER UN RUBAN DE S'EFFRANGER • Appliquez un peu de vernis incolore sur chaque extrémité du ruban pour qu'il ne s'effiloche pas.

Pour faire des réparations

MAQUILLER UN ONGLE CASSÉ • Videz un sachet de thé et découpez-y un morceau de la forme de votre ongle, puis recouvrez-le de vernis incolore. Posez ce « pansement » sur votre ongle cassé, puis appliquez votre vernis de couleur. Vous voilà sauvée, jusqu'à ce que la fissure s'agrandisse…

LIMITER UN IMPACT SUR UN PARE-BRISE • Pour éviter que le petit éclat de votre pare-brise ne s'agrandisse, appliquez du vernis incolore dessus, des deux côtés de la vitre, en opérant à l'ombre. Faites sécher le pare-brise au soleil. Et prenez rapidement rendez-vous chez le garagiste.

LE SAVIEZ-VOUS ?

Le vernis à ongles existe depuis bien longtemps. Dès 3000 av. J.-C., en Chine, les nobles couvraient leurs longs ongles de vernis à base de gomme arabique, de cire d'abeille, de gélatine et de pigments. Les nobles portaient plutôt des teintes or, argent, du rouge et du noir, tandis que les tons pastels étaient réservés aux classes inférieures. Les anciens Égyptiens teintaient leurs ongles avec du henné et des baies. Et, dans l'Antiquité, le vernis n'était pas réservé aux femmes : en Égypte et à Rome, les commandants militaires peignaient leurs ongles en rouge avant de partir au combat.

RÉPARER PROVISOIREMENT DES LUNETTES

Pour réparer une petite fissure sur un verre de lunettes, appliquez une fine couche de vernis incolore à chaque extrémité de la fissure, vous pourrez ainsi attendre un peu avant de vous rendre chez l'opticien.

LE SAVIEZ-VOUS ?

À moins que vous ne travailliez dans un laboratoire, vous ne savez probablement pas que le vernis à ongles incolore est utilisé dans le montage des lames de verre de microscope. C'est le produit favori, et le moins coûteux, pour assurer une bonne étanchéité, protégeant ainsi de l'air et de l'humidité le spécimen étudié au microscope.

COMBLER LES PETITES ÉRAFLURES • Sur des sols durs, vous pouvez atténuer les petites éraflures avec du vernis incolore. Si le vernis brille trop une fois sec, poncez doucement avec du papier de verre très fin.

COLMATER DES ÉBRÉCHURES • Une épaisse couche de vernis adoucira le bord tranchant d'un miroir ou d'une plaque de verre légèrement ébréchés.

COUVRIR LES ÉCLATS DE PEINTURE SUR UNE VOITURE • Recouvrez-les d'une bonne couche de vernis à ongles incolore pour éviter qu'ils rouillent ou s'agrandissent.

RESSERRER DES VIS • Pour maintenir les vis de vos tiroirs bien en place, appliquez un peu de vernis incolore sur leur filetage, insérez-les dans les trous et laissez bien sécher. Cette astuce fonctionne également pour empêcher que des écrous ou des boulons ne se desserrent ; servez-vous d'une clé pour les retirer.

LISSER DES PORTEMANTEAUX EN BOIS • Pour épargner la doublure des manteaux et les tissus fragiles, couvrez les petits éclats sur les portemanteaux en bois de vernis à ongles.

RESTAURER UN OBJET LAQUÉ • Si vous avez écaillé un objet en laque, mélangez plusieurs couleurs de vernis pour retrouver à peu près celle de l'objet, puis couvrez la partie écaillée en débordant un peu tout autour pour rendre la réparation plus discrète. **ATTENTION : ne réparez ainsi que des objets de peu de prix, car vous diminueriez probablement la valeur de vos antiquités en y touchant.**

RÉPARER DES BIJOUX • Si une ou deux pierres de votre collier fantaisie préféré se sont cassées, récupérez les morceaux et recollez-les avec du vernis incolore. Ce dernier sèche rapidement et garantit une réparation invisible.

RÉPARER LA CUVE D'UNE MACHINE À LAVER • Pour éviter les accrocs ou les taches de rouille sur vos vêtements, bouchez soigneusement les petites entailles de la cuve de votre machine à laver avec un petit peu de vernis à ongles.

BOUCHER UN TROU DANS UNE GLACIÈRE • Deux couches de vernis permettront de boucher un petit trou dans votre glacière.

RÉPARER UN STORE • Bouchez un petit trou dans un store avec un peu de vernis incolore.

BOUCHER DE PETITS TROUS DANS UNE VITRE • Pour combler des trous dont le diamètre n'excède pas 5 mm et éviter qu'ils s'agrandissent, comblez-les avec du vernis incolore.

180 USAGES

VINAIGRE

Dans la maison

DÉPOUSSIÉRER ORDINATEURS ET PÉRIPHÉRIQUES • Avant de commencer à faire le ménage, mettez tous vos appareils hors tension. Mélangez de l'eau et du vinaigre blanc à parts égales dans un seau. Humectez un torchon propre de cette solution (ne l'utilisez pas avec un pulvérisateur), essorez-le bien et essuyez vos appareils avec précaution. Imbibez quelques Coton-Tige pour nettoyer les endroits difficiles d'accès, les interstices entre les touches du clavier par exemple.

NETTOYER LA SOURIS D'UN ORDINATEUR • Si votre ordinateur est muni d'une souris à boule de commande amovible, utilisez une solution composée de vinaigre blanc et d'eau à parts égales. Commencez par retirer la boule. Imbibez un chiffon propre de la solution vinaigrée, essorez-le et nettoyez la boule puis la souris. Nettoyez ensuite la cavité où loge la boule avec un Coton-Tige humecté de cette même solution. Laissez bien sécher avant de remettre la boule en place.

DÉBOUCHER DES TUYAUX D'ÉVACUATION • Pour ces petits travaux de plomberie, le tandem vinaigre-bicarbonate de soude est extrêmement efficace et beaucoup plus doux pour vos tuyaux que les déboucheurs du commerce. Ces produits ont, en outre, un effet désodorisant.

■ Pour déboucher un évier ou une baignoire, à l'aide d'un entonnoir, versez dans les tuyaux 65 g de bicarbonate de soude puis 25 cl de vinaigre blanc. Lorsque la mousse disparaît, faites couler un peu d'eau chaude. Attendez 5 minutes puis faites couler de l'eau froide. Cette technique permet d'éliminer les bouchons, mais aussi les bactéries, sources d'odeurs nauséabondes.

■ Pour améliorer la vitesse d'écoulement de l'eau dans un évier un peu engorgé, versez 100 g de gros sel puis 50 cl de vinaigre blanc porté à ébullition, et faites immédiatement couler de l'eau chaude puis de l'eau froide.

À SAVOIR

Choisir le bon vinaigre

Il existe un nombre étonnant de variétés de vinaigres – du simple vinaigre de vin au vinaigre biologique aux herbes en passant par le vinaigre de riz, balsamique, etc. –, sans parler de la diversité des millésimes, des modèles de bouteilles… et des prix.

Pour le nettoyage domestique, le vinaigre blanc (appelé aussi vinaigre d'alcool cristal), le moins cher, est idéal. Achetez-le en grande bouteille de 2 litres, ce sera encore plus économique. Le vinaigre de cidre est également très performant ; il s'utilise souvent en cuisine et sert à concocter des remèdes maison.

DÉGRAISSER DES CISEAUX • N'utilisez pas d'eau – elle risquerait de les faire rouiller, notamment au niveau de la jointure des deux lames – mais nettoyez-les avec un chiffon imbibé de vinaigre blanc pur, puis essuyez-les avec un chiffon sec.

DÉPOUSSIÉRER DES STORES VÉNITIENS • Pour vous faciliter la tâche, optez pour la solution du « gant blanc ». Enfilez un gant de coton blanc (on en trouve dans les magasins de jardinage) et trempez les doigts dans un mélange à parts égales d'eau chaude et de vinaigre blanc. Faites glisser vos doigts humides sur les deux faces des lamelles. Rincez régulièrement le gant en cours de nettoyage.

ÉLIMINER LES ODEURS DE BRÛLÉ • Placez dans chaque pièce à désodoriser un bol rempli aux trois quarts de vinaigre de cidre ou de vinaigre blanc. Au bout d'une journée, vous ne devriez plus rien sentir. Vous pouvez également chasser l'odeur de fumée de cigarette en agitant un chiffon imbibé de vinaigre autour de vous pendant quelques instants.

EFFACER DES TRACES DE STYLO-BILLE

Pour éliminer des traces de stylo-bille sur un mur peint, tamponnez-les avec une éponge imbibée de vinaigre blanc pur. Recommencez plusieurs fois jusqu'à disparition complète des traces.

NETTOYER ET ASTIQUER

NETTOYER LE CHROME ET L'INOX • Vaporisez un peu de vinaigre blanc sur les robinets puis frottez-les avec un chiffon doux pour les faire briller.

LUSTRER L'ARGENT • Faites tremper vos objets et bijoux en argent pendant 2 ou 3 heures dans 15 cl de vinaigre blanc additionné de 30 g de bicarbonate de soude. Rincez-les sous l'eau froide puis essuyez-les soigneusement avec un chiffon doux.

ASTIQUER LES OBJETS EN CUIVRE ET EN LAITON • Préparez une pâte composée à parts égales de vinaigre blanc et de sel, ou de vinaigre blanc et de bicarbonate de soude (attendez que le mélange ait fini de mousser avant de l'utiliser). Déposez un peu de pâte sur un chiffon doux et frottez jusqu'à disparition de la ternissure. Rincez à l'eau froide et polissez avec un chiffon doux.

ATTENTION : n'appliquez pas de vinaigre sur les objets ou bijoux incrustés de pierres précieuses, car cela risquerait de ternir leur éclat, ni de perles, que le vinaigre ferait fondre. De même, n'essayez pas de traiter la ternissure d'un objet ancien ou d'époque, qui pourrait sensiblement perdre de sa valeur.

DÉTACHER DES CHAUSSURES D'HIVER • Essuyez vos chaussures en cuir maculées de taches blanches laissées par le sel utilisé pour faire fondre la neige ou le verglas avec un chiffon imbibé de vinaigre blanc pur. Ce traitement empêchera aussi le cuir de se craqueler.

VINAIGRE suite →

DÉCOLLER ÉTIQUETTES ET AUTOCOLLANTS

Détrempez les étiquettes avec du vinaigre pur et grattez délicatement, avec une carte de téléphone périmée par exemple. Retirez les résidus en ajoutant un peu de vinaigre. Laissez agir un moment puis essuyez avec un chiffon propre. Cette technique est efficace pour décoller les étiquettes de prix et les autocollants d'une surface peinte, en verre ou en plastique.

RAFRAÎCHIR L'AIR D'UN PLACARD • Votre placard à vêtements sent le renfermé ? Videz-le de son contenu puis lavez les murs, les étagères, le plafond et le sol avec un chiffon imbibé d'une solution composée de 4 litres d'eau, 25 cl de vinaigre, 25 cl d'ammoniaque et 30 g de bicarbonate de soude. Laissez sécher, en laissant le placard ouvert, pendant plusieurs heures, avant de remettre vos vêtements en place. Si l'odeur persiste, placez un petit plateau garni de litière pour chat à l'intérieur. Changez la litière tous les jours jusqu'à disparition totale de l'odeur désagréable.

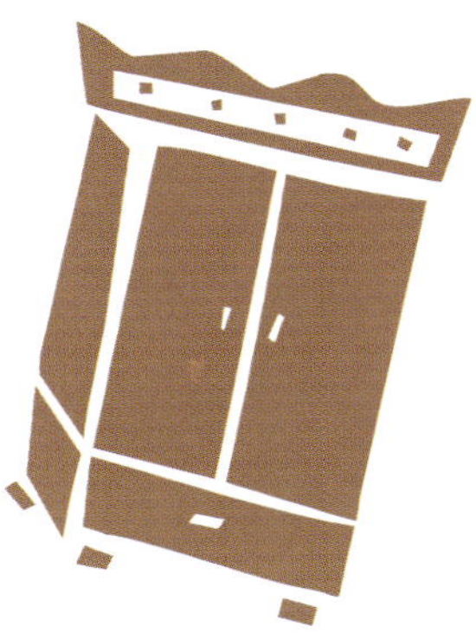

ÉLIMINER LES MOISISSURES • Essayez le vinaigre blanc ; il peut s'appliquer sur n'importe quelle surface (murs peints, carreaux et robinets de salle de bains et de cuisine, rideaux de douche, mais aussi vêtements et linge de maison, etc.) et ne dégage pas d'odeur toxique. Pour éliminer les gros dépôts, utilisez-le pur. Pour les petites taches, diluez-le dans la même quantité d'eau. Pour prévenir la formation de moisissure au verso des tapis et des moquettes non collées, vaporisez celui-ci de vinaigre blanc pur.

FAIRE BRILLER LES SOLS EN TERRE CUITE • Pour nettoyer vos tommettes et autres sols en carreaux de terre cuite et leur redonner un éclat naturel, essuyez-les avec une serpillière imbibée d'une solution composée de 4 litres d'eau chaude pour 25 cl de vinaigre blanc. Utilisez cette même solution pour nettoyer les briques de la cheminée.

RÉNOVER UN TAPIS USAGÉ • Brossez tapis et moquette avec un balai-brosse trempé dans un mélange composé de 4 litres d'eau et de 25 cl de vinaigre blanc. Inutile de rincer. Laissez sécher.

À SAVOIR

Nettoyer les sols avec du vinaigre

*** *Il est souvent recommandé de nettoyer les parquets flottants et les sols en PVC à l'eau claire additionnée d'un peu de vinaigre blanc.***

Pensez cependant à demander l'avis de votre fournisseur. Même dilué, le vinaigre conserve une acidité qui peut être nocive à certains types de sols ; quant à l'eau, elle endommage la plupart des sols en bois. Faites plutôt un essai : préparez une solution composée de 4 cl de vinaigre blanc pour 2 litres d'eau chaude, et appliquez-la sur une zone peu visible (sous un meuble, par exemple) après avoir bien essoré le balai (ou bien versez un peu de cette solution dans un vaporisateur et pulvérisez-la sur les franges).

DÉTACHER TAPIS ET MOQUETTES • Le vinaigre blanc se révèle souvent très efficace pour éliminer toutes sortes de taches.

- Frottez les taches peu visibles avec une solution composée de 30 g de sel dissous dans 15 cl de vinaigre blanc. Laissez sécher puis aspirez.

- Pour les taches plus importantes ou plus foncées, ajoutez 15 g de borax à la solution précédente et procédez de la même manière.

- Pour les taches profondes et récalcitrantes, diluez 1 cuillerée à soupe de fécule de maïs dans 1 cuillerée à soupe de vinaigre et frottez la tache avec un chiffon imbibé de cette pâte. Laissez agir 2 jours puis aspirez soigneusement.

- Pour confectionner un détachant à pulvériser, remplissez un vaporisateur de 5 volumes d'eau pour 1 volume de vinaigre. Remplissez un second vaporisateur de 5 volumes d'eau pour 1 volume d'ammoniaque. Imprégnez la tache de solution vinaigrée, laissez agir quelques minutes, puis tamponnez avec un chiffon sec. Vaporisez ensuite la solution ammoniaquée et tamponnez avec un chiffon sec. Continuez ainsi jusqu'à disparition complète de la tache.

DÉSODORISER UN SAC DE SPORT OU LE COFFRE DE LA VOITURE

Imbibez une tranche de pain de mie de vinaigre blanc, posez-la sur une assiette et laissez-la toute la nuit dans l'espace malodorant. Le lendemain matin, l'odeur aura disparu.

RAVIVER UN LAMBRIS • Concoctez un remède maison simple et efficace : mélangez 50 cl d'eau chaude, 6 cl de vinaigre (blanc ou de cidre) et 2 cuillerées à soupe d'huile d'olive dans un récipient muni d'un couvercle à vis et agitez quelques instants. Appliquez cette solution sur le bois avec un chiffon. Laissez pénétrer et lustrez avec un chiffon doux.

NETTOYER LES TOUCHES D'UN PIANO • Trempez un chiffon doux dans une solution composée de 15 cl de vinaigre blanc et de 50 cl d'eau, essorez-le puis essuyez délicatement chacune des touches pour éliminer les traces de doigts et les taches. Séchez les touches avec un chiffon sec et laissez le clavier découvert pendant 24 heures.

Au garage

ÉVITER LE GIVRE SUR LE PARE-BRISE • Pour éviter la formation de givre sur le pare-brise et les vitres d'une voiture qui couche dehors en hiver, vaporisez une solution composée de 3 volumes de vinaigre blanc pour 1 volume d'eau. Chaque application est efficace pendant plusieurs semaines si le temps est sec, mais elle ne vous évitera pas le grattage en cas de forte chute de neige !

DÉTACHER DES TAPIS DE SOL • Un bon coup d'aspirateur ne suffit pas pour enlever les taches sur les tapis de sol d'une voiture. Préparez une solution à parts égales d'eau et de vinaigre blanc, et imbibez les zones tachées avec une éponge. Laissez pénétrer quelques minutes puis tamponnez avec de l'essuie-tout ou un chiffon sec. Cette technique éliminera également les éventuelles traces de sel.

VINAIGRE suite →

RETIRER LES AUTOCOLLANTS SUR LA CARROSSERIE • Imbibez les autocollants de vinaigre non dilué et laissez agir 10 à 15 minutes. Grattez avec une carte de téléphone périmée. Éliminez les résidus de colle avec un peu de vinaigre. Utilisez la même technique pour retirer les décalcomanies que vos enfants ont collées sur la vitre arrière.

NETTOYER LES ESSUIE-GLACES • Imbibez un chiffon de vinaigre blanc et passez-le 1 ou 2 fois sur chaque lame en caoutchouc.

Pour l'entretien du mobilier

RÉNOVER UN CANAPÉ EN CUIR • Pour redonner à votre canapé et à vos fauteuils en cuir leur éclat d'origine, vaporisez une solution à parts égales de vinaigre blanc et d'huile de lin bouillie. Laissez pénétrer et essuyez avec un chiffon doux. Si nécessaire, lustrez avec un autre chiffon doux.

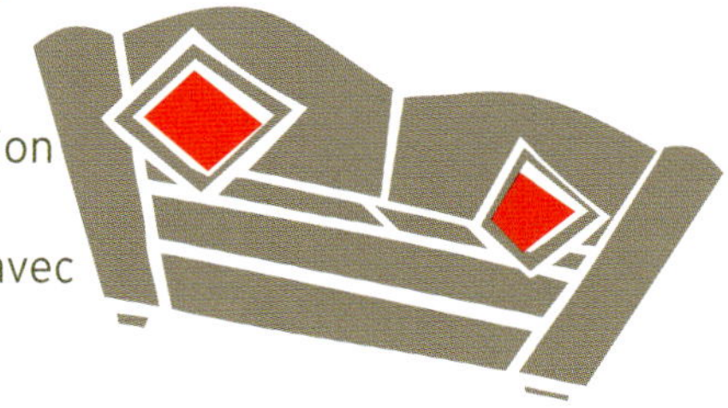

ATTENTION : n'utilisez pas de vinaigre, d'alcool ni de jus de citron sur les tables, bancs cheminées et sols en marbre. L'acidité risquerait de ternir, voire de piqueter le revêtement protecteur et d'endommager la pierre. Évitez également d'utiliser du vinaigre sur du travertin ou du calcaire, car l'acide qu'il renferme a un effet corrosif.

RETIRER LA CIRE DE BOUGIE • À l'aide d'un sèche-cheveux, ramollissez d'abord la cire qui a coulé sur le bois, tamponnez avec du papier absorbant, puis retirez ce qui reste en frottant avec un chiffon imbibé d'une solution composée d'eau et de vinaigre blanc à parts égales. Essuyez avec un chiffon doux absorbant.

ÉLIMINER LES DÉPÔTS DE CIRE • Pour retirer les couches de cire accumulées sur un meuble en bois, mélangez du vinaigre blanc et de l'eau à parts égales. Imbibez un chiffon de cette solution, essorez-le bien et frottez le meuble dans le sens de la fibre du bois. Essuyez avec un chiffon doux.

ÉLIMINER LES TACHES DE GRAISSE • Essuyez les taches de gras sur les chaises et la table de cuisine avec un chiffon imbibé d'une solution à parts égales de vinaigre blanc et d'eau. Le vinaigre absorbe la graisse et neutralise aussi toutes les odeurs.

EFFACER LES TRACES BLANCHES SUR LE BOIS • Mélangez à parts égales vinaigre blanc et huile d'olive et appliquez cette solution avec un chiffon doux sur les traces blanches laissées par les fonds de verre ou de bouteille sur le bois, en frottant dans le sens de la fibre. Lustrez avec un autre chiffon doux. Pour effacer le même type de traces sur du cuir, tamponnez-les avec une éponge imbibée de vinaigre blanc pur.

ATTÉNUER LES RAYURES SUR LE BOIS

Mélangez du vinaigre blanc ou du vinaigre de cidre avec de l'iode et appliquez cette solution sur la rayure avec un petit pinceau. Utilisez une solution plus iodée sur les bois foncés, et plus vinaigrée sur les bois clairs.

Dans la cuisine

BIEN ENTRETENIR LA VAISSELLE • Pour redonner de l'éclat à la vaisselle en porcelaine, en verre ou en cristal, il suffit d'ajouter du vinaigre à l'eau de rinçage ou de lavage.

■ Pour faire briller votre vaisselle de tous les jours, ajoutez 5 à 10 cl de vinaigre à l'eau de rinçage de votre vaisselle.

■ Pour éliminer les dépôts de calcaire blanchâtres sur les verres, faites chauffer une casserole remplie d'eau et de vinaigre blanc à parts égales et faites tremper les verres dedans pendant 15 à 30 minutes (si vos verres sont très opaques, utilisez du vinaigre pur). Frottez les parois avec un écouvillon puis rincez.

■ Lorsque vous lavez à la main des verres en cristal, ajoutez 5 cl de vinaigre à votre eau de vaisselle, puis rincez-les dans une solution composée de 3 volumes d'eau chaude pour 1 volume de vinaigre et laissez-les sécher. Vous pouvez également laver de la vaisselle en cristal et en porcelaine fine à l'eau chaude additionnée de 25 cl de vinaigre. Laissez sécher.

■ Pour faire disparaître les taches de café ou de thé sur les bols et les tasses, frottez ceux-ci avec une solution à parts égales de sel et de vinaigre ; rincez-les à l'eau chaude.

LE SAVIEZ-VOUS ?

Comme son nom l'indique, le vinaigre n'est autre que du vin aigre (qui a fermenté). Mais tout ce qui sert à faire de l'alcool peut être transformé en vinaigre : les pommes, le miel, l'orge malté, le riz, la canne à sucre..., et même la noix de coco. Les propriétés acides et dissolvantes du vinaigre étaient déjà exploitées dans l'Antiquité. Selon une célèbre légende, Cléopâtre aurait parié qu'elle pouvait engloutir une fortune au cours d'un seul repas. Elle gagna son pari en faisant dissoudre une poignée de perles dans un bol de vinaigre... et en le buvant d'un seul trait.

DÉSODORISER UN ÉVIER

Voilà un moyen très simple de désodoriser le siphon de votre évier. Dans un bol, mélangez de l'eau et du vinaigre à parts égales, versez la solution dans un bac à glaçons et congelez-la. Une fois par semaine environ, mettez quelques-uns de ces glaçons vinaigrés dans l'évier, laissez-les fondre puis rincez à l'eau froide.

DÉTARTRER UNE CAFETIÈRE ÉLECTRIQUE • Mélangez 50 cl de vinaigre et 25 cl d'eau puis versez-les dans le réservoir. Mettez en place le filtre en papier. Mettez la cafetière en marche et laissez-la accomplir un cycle entier. Retirez le filtre et remplacez-le par un neuf. Puis faites couler de l'eau claire dans la machine pendant 2 cycles complets, en changeant le filtre après le premier cycle. Si votre eau est douce, détartrez votre cafetière tous les 80 cycles environ ; si elle est très calcaire, faites-le deux fois plus souvent.

VINAIGRE suite →

DÉSINFECTER LES PLANCHES À DÉCOUPER • Essuyez vos planches à découper avec un chiffon imbibé de vinaigre blanc pur. L'acide acétique du vinaigre est un excellent désinfectant qui lutte efficacement contre les bactéries telles que *Escherichia coli*, la salmonelle et les staphylocoques. N'utilisez jamais de l'eau additionnée de liquide vaisselle, car elle ramollirait les fibres du bois. Pour désodoriser et désinfecter les surfaces en bois, saupoudrez celles-ci de bicarbonate de soude puis vaporisez du vinaigre blanc non dilué. Laissez mousser pendant 5 à 10 minutes, puis rincez avec un chiffon imbibé d'eau.

UN PRODUIT DÉGRAISSANT • Les professionnels savent très bien que le vinaigre blanc est un excellent produit pour dégraisser tous les types de surfaces, même les bacs à friture. Voici quelques conseils d'utilisation.

■ Nettoyez la plaque de cuisson, les murs, la hotte aspirante et le plan de travail avec une éponge imbibée de vinaigre blanc pur. Rincez avec une autre éponge trempée dans l'eau froide, puis essuyez avec un chiffon doux.

■ Ajoutez 5 à 10 cl de vinaigre blanc dans le flacon de votre liquide vaisselle et agitez ; le vinaigre renforcera les propriétés dégraissantes du détergent et vous en utiliserez moins pour laver la même quantité de vaisselle.

■ Pour empêcher les aliments d'adhérer aux parois d'une sauteuse, faites-y bouillir 50 cl de vinaigre pendant 10 minutes environ.

■ Pour éliminer les résidus de graisse brûlés et les taches sur les parois d'une cocotte en Inox, mélangez 25 cl de vinaigre dans suffisamment d'eau pour couvrir les taches – si elles se situent dans la partie supérieure d'une grande cocotte, augmentez la quantité de vinaigre – et laissez bouillir 5 minutes ; vous devriez faire partir les taches en frottant légèrement.

■ Pour éliminer les dépôts de graisse brûlés sur la lèchefrite, préparez une solution composée de 25 cl de vinaigre de cidre et 30 g de sucre. Appliquez ce mélange quand la lèchefrite est encore chaude et laissez agir 1 ou 2 heures. Frottez délicatement et rincez.

■ Votre réchaud est maculé de taches de graisse ? Redonnez-lui un coup de neuf en le lavant avec une éponge imbibée de vinaigre blanc pur.

■ Nettoyez régulièrement votre four en l'essuyant avec une éponge imbibée de vinaigre pur. Le même traitement permet de dégraisser la grille d'un réchaud à gaz.

À SAVOIR

Du vinaigre de vin maison

*** *Contrairement à une croyance populaire, un vin vieux se transforme rarement en vinaigre, et, en général, une bouteille de vin à moitié vide se gâte par oxydation.***

Pour faire du vinaigre, il faut en principe l'intervention d'*Acetobacter*, une bactérie qui provoque la transformation de l'alcool en acide acétique. Cependant, vous pouvez fabriquer du vinaigre de vin en mélangeant 1 volume de vin rouge, blanc ou rosé et 2 volumes de vinaigre de cidre. Versez ce mélange dans une bouteille parfaitement nettoyée et stockez-le dans un placard, à l'abri de la lumière. Il aura aussi bon goût dans vos salades que certains vinaigres onéreux vendus en épicerie fine.

UN DÉTERGENT POUR TOUS LES RÉCIPIENTS

Pour récurer tous les plats et casseroles à peu de frais et sans les abîmer, mélangez une quantité égale de sel et de farine et ajoutez juste assez de vinaigre pour obtenir une pâte. Appliquez celle-ci en frottant sur l'extérieur et l'intérieur du récipient, puis rincez à l'eau chaude et essuyez.

DÉTACHER CASSEROLES ET PLATS À FOUR • Rien de mieux que le vinaigre pour éliminer les taches ou les dépôts rebelles. Voici comment exploiter au mieux ses propriétés nettoyantes.

■ Pour éliminer les taches noires (dues aux aliments acides) sur les ustensiles de cuisine en aluminium, remplissez ceux-ci d'eau additionnée de vinaigre (1 cuillerée à café de vinaigre pour 25 cl d'eau). Faites bouillir ce mélange 2 minutes puis rincez à l'eau froide.

■ Pour éliminer les taches sur les casseroles en Inox, faites tremper celles-ci 30 minutes dans 50 cl de vinaigre, puis lavez-les à l'eau chaude savonneuse et rincez à l'eau froide.

■ Pour éliminer les résidus d'aliments brûlés sur les plats à four en vitrocéramique, remplissez ceux-ci d'une solution composée de 4 volumes d'eau pour 1 volume de vinaigre. Portez ce mélange à ébullition et laissez bouillir 5 minutes à petit feu. Laissez refroidir et frottez avec une éponge légèrement grattante. Rincez abondamment.

■ Pour éliminer les taches minérales sur des récipients à revêtement antiadhésif, frottez ceux-ci avec un chiffon imbibé de vinaigre blanc pur. Pour venir à bout des taches rebelles, versez dans le récipient 30 g de bicarbonate de soude, 15 cl de vinaigre et 25 cl d'eau et laissez bouillir ce liquide pendant 10 minutes environ (augmentez les quantités s'il s'agit d'un récipient de grande contenance).

DÉTARTRER UNE BOUILLOIRE • Pour éliminer les dépôts calcaires et minéraux, faites bouillir 75 cl de vinaigre blanc dans votre bouilloire pendant 5 minutes et laissez agir toute la nuit. Le lendemain, rincez la bouilloire à l'eau froide.

PARFUMER L'AIR DE LA CUISINE • Éliminez les fortes odeurs de cuisine (chou, poisson, etc.) en faisant bouillir 25 cl d'eau additionnée de 15 cl de vinaigre blanc dans une casserole jusqu'à évaporation quasi complète du mélange. L'air sera beaucoup plus agréable à respirer.

NETTOYER UN BAC À GLAÇONS • Pour éliminer les traces d'eau calcaire dans un bac à glaçons, ou simplement le désinfecter, faites-le tremper pendant 4 à 5 heures dans du vinaigre blanc pur ; rincez-le abondamment et faites-le sécher.

VINAIGRE suite →

DÉGRAISSER ET DÉTARTRER LE LAVE-VAISSELLE • Versez 25 cl de vinaigre blanc pur au fond du lave-vaisselle – ou dans un bol que vous coincerez dans le casier supérieur. Mettez l'appareil en marche et laissez-le tourner à vide pendant un cycle complet. Procédez ainsi 1 fois par mois, surtout si vous habitez une région où l'eau est très calcaire.

NETTOYER UN THERMOS • Remplissez le Thermos d'eau chaude additionnée de 15 cl de vinaigre blanc. S'il présente des dépôts sur les parois et dans le fond, ajoutez une poignée de grains de riz. Fermez et agitez, puis rincez et laissez sécher à l'air.

UN NETTOYANT TOUS USAGES • Pour procéder régulièrement à un nettoyage rapide de la cuisine, remplissez deux vaporisateurs des solutions à base de vinaigre ci-dessous.

- Pour laver le verre, l'acier inoxydable et le stratifié, mélangez 2 volumes d'eau, 1 volume de vinaigre blanc et quelques gouttes de liquide vaisselle.

- Pour laver les murs et autres surfaces peintes, mélangez 6 cl de vinaigre blanc, 12 cl d'ammoniaque et 15 g de bicarbonate de soude pour 2 litres d'eau. Vaporisez cette solution sur les taches et autres marques disgracieuses, puis essuyez avec un torchon.

RECYCLER DES BOCAUX • Les pots de moutarde, de mayonnaise, de miel, etc., mais aussi les bouteilles de ketchup en verre, sont assez difficiles à nettoyer et à dégraisser, mais pratiques à recycler. Remplissez-les de vinaigre et d'eau chaude savonneuse à parts égales, et laissez agir 10 à 15 minutes. Si le récipient est muni d'un couvercle à vis, fermez-le et agitez-le à plusieurs reprises. Sinon, frottez les parois avec un écouvillon puis rincez abondamment.

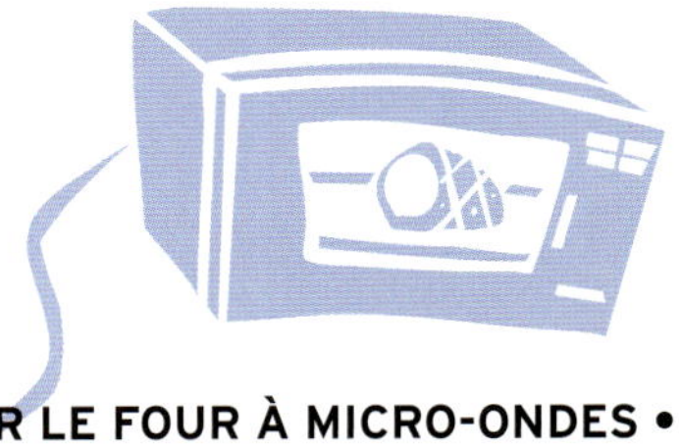

NETTOYER LE FOUR À MICRO-ONDES • Faites chauffer un bol contenant 5 cl de vinaigre additionnés de 25 cl d'eau pendant 5 minutes à température maximale. Laissez refroidir le bol puis trempez une éponge ou un chiffon dans le liquide et frottez les parois du four pour éliminer toutes les taches et les éclaboussures récalcitrantes.

SE DÉBARRASSER DES INSECTES • Si vous avez aperçu des mites ou d'autres insectes dans votre placard de cuisine, versez dans un bol 75 cl de vinaigre de cidre additionné de quelques gouttes de liquide vaisselle. Placez-le dans le placard ; il attirera les insectes, qui viendront s'y noyer. Pour vous en débarrassez totalement, videz le placard et lavez-le, étagères comprises, avec 1 litre d'eau additionnée de liquide vaisselle ou de 250 g de bicarbonate de soude. Jetez tous les produits à base de blé (biscottes, pain, farine, pâtes, etc.) et nettoyez les boîtes avant de les remplir de nouveau.

NETTOYER ET DÉSODORISER UN RÉFRIGÉRATEUR • Savez-vous que le vinaigre est un agent nettoyant plus efficace que le bicarbonate de soude ? Lavez l'intérieur et l'extérieur de votre réfrigérateur avec un mélange à parts égales de vinaigre blanc et d'eau. Pour prévenir la formation de moisissure, essuyez les parois et les bacs à légumes avec un chiffon imbibé de vinaigre blanc pur. Utilisez également du vinaigre pur pour dépoussiérer le dessus du réfrigérateur. Bien sûr, une fois ce nettoyage terminé, vous pouvez mettre une boîte de bicarbonate de soude à l'intérieur du réfrigérateur pour qu'il garde une bonne odeur.

ATTRAPER LES MOUCHES AVEC DU VINAIGRE • Préparez un piège en remplissant un vieux bocal de vinaigre de cidre jusqu'à mi-hauteur. Percez le couvercle de quelques trous, fermez le bocal, placez celui-ci dans un placard ou sur une étagère : les mouches, attirées par l'odeur du vinaigre, s'y plongeront directement.

NETTOYER UN OUVRE-BOÎTE • Frottez la roue dentée et la lame de l'ouvre-boîte avec une vieille brosse à dents trempée dans du vinaigre blanc pur.

Pour cuisiner

ATTENDRIR LA VIANDE ET LE POISSON • Pour attendrir une pièce de viande rouge particulièrement dure, faites-la tremper dans 50 cl de vinaigre. Le vinaigre peut également servir à attendrir les darnes de poisson. Faites-les tremper dans du vinaigre pur pendant une douzaine d'heures. Essayez diverses variétés de vinaigre pour ajouter de la saveur, ou du vinaigre de cidre si vous avez simplement l'intention de les rincer avant de les faire cuire.

EMPÊCHER LE BEURRE DE NOIRCIR • Lorsque vous préparez un beurre blanc, ajoutez 1 cuillerée à soupe de vinaigre de cidre pour empêcher le beurre de noircir ou de se décomposer.

PRÉPAREZ DES ŒUFS DURS OU POCHÉS • Le vinaigre rend mille services pour cuisiner les œufs. Voici deux exemples parmi les plus utiles.

- Lorsque vous faites durcir des œufs, ajoutez un trait de vinaigre dans l'eau pour empêcher le blanc de se sauver si les œufs se craquellent.

- Lorsque vous pochez des œufs, ajoutez environ 5 cl de vinaigre à l'eau de cuisson pour empêcher les blancs de se disperser.

LE SAVIEZ-VOUS ?

Le vinaigre balsamique authentique est exclusivement fabriqué à Modène, en Italie, avec le moût d'une variété de raisins blancs sucrés cultivée dans les vignes environnantes, le trebbiano. La loi italienne stipule que le vinaigre doit être vieilli en fûts de bois de châtaignier, de genévrier, de mûrier ou de chêne. Il existe seulement deux qualités de véritable vinaigre balsamique – qui se vend entre 100 et 200 euros la bouteille de 10 cl : le vinaigre balsamique traditionnel de Modène, de 12 ans d'âge minimum, et le vinaigre balsamique traditionnel de Modène extravieux, de 25 ans d'âge minimum ; mais certains vinaigres balsamiques sont vieillis plus de 100 ans.

LAVER FRUITS ET LÉGUMES

Avant de consommer fruits et légumes du marché, éliminez la poussière, les pesticides, voire les insectes, en les rinçant dans une eau additionnée de vinaigre (blanc ou de cidre).

SE DÉSODORISER LES MAINS • Frottez-vous les mains avec du vinaigre avant de trancher de l'oignon, de peler de l'ail ou de vider du poisson, et rincez-vous à nouveau au vinaigre tout de suite après : l'odeur ne s'y incrustera pas.

CONTRE LES TACHES DE FRUITS • Pour éliminer les taches tenaces de fruits rouges sur les mains, utilisez du vinaigre blanc pur.

VINAIGRE suite →

Santé et beauté

FAIRE DISPARAÎTRE LES PELLICULES • Après chaque shampooing, rincez-vous les cheveux avec un mélange à parts égales de vinaigre (blanc ou de cidre) et d'eau froide. Ou bien massez-vous le cuir chevelu avec du vinaigre pur avant le shampooing, laissez agir quelques minutes, rincez et lavez-vous les cheveux comme d'habitude.

UN SOIN CAPILLAIRE • Pour revitaliser vos cheveux, préparez un soin miracle en mélangeant 1 cuillerée à café de vinaigre de cidre avec 1 cuillerée à soupe d'huile d'olive et 3 blancs d'œufs. Appliquez ce masque sur vos cheveux, couvrez d'une charlotte et laissez poser une trentaine de minutes, rincez puis faites votre shampooing.

UNE PROTECTION POUR CHEVEUX BLONDS • Pour empêcher vos cheveux décolorés de prendre une vilaine teinte après un bain dans une piscine d'eau chlorée, arrosez-les de 15 cl de vinaigre de cidre et laissez poser 15 minutes avant de vous baigner.

SOULAGER DES MUSCLES DOULOUREUX • Pour vous relaxer et éliminer les petites douleurs musculaires, ajoutez 50 cl de vinaigre de cidre à l'eau du bain. Pour vous donner un coup de fouet, ajoutez quelques gouttes d'essence de menthe poivrée.

SE RAFRAÎCHIR L'HALEINE • Si vous avez mangé de l'ail ou de l'oignon, rincez-vous la bouche avec une solution composée de 5 g de sel et 5 cl de vinaigre de cidre dans un verre d'eau.

DES SOINS POUR LES PIEDS

CATAPLASME POUR CORS ET DURILLONS • Voici un remède de bonne femme qui a fait ses preuves. Faites tremper une tranche de pain de mie ou de pain rassis pendant 30 minutes dans 15 cl de vinaigre, puis découpez un morceau suffisamment grand pour recouvrir intégralement le cor. Immobilisez le cataplasme avec une bande de gaze et du sparadrap et laissez agir toute la nuit. Le lendemain, les callosités auront ramolli, et le cor sera plus facile à retirer. Les durillons plus anciens et plus épais nécessiteront plusieurs applications.

VAINCRE LE PIED D'ATHLÈTE • La mycose connue sous le nom de pied d'athlète occasionne des démangeaisons et des brûlures souvent insupportables. Pour enrayer l'infection et soulager les symptômes, faites un bain de pieds 3 ou 4 fois par jour dans du vinaigre de cidre pur. Faites également tremper vos chaussettes, bas ou collants dans 4 volumes d'eau pour 1 volume de vinaigre pendant 30 minutes avant de les laver. Si vous ne remarquez pas rapidement une amélioration, prenez rendez-vous chez un généraliste, un dermatologue ou un podologue.

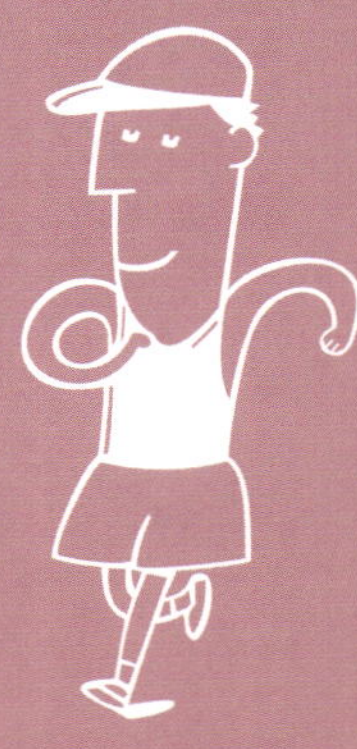

HALTE AUX HÉMATOMES !

Après une mauvaise chute, accélérez la guérison et évitez l'apparition des bleus en appliquant une compresse de gaze imbibée de vinaigre (blanc ou de cidre). Laissez agir 1 heure environ.

MIEUX RESPIRER • Pour soigner la congestion due à une bronchite ou à une sinusite, ajoutez 15 cl de vinaigre blanc à l'eau de votre appareil à inhalations. (Prenez quand même conseil auprès de son fabricant, pour ne pas l'abîmer.) Le vinaigre aura aussi pour effet d'éliminer les dépôts calcaires de l'appareil.

SOULAGER LES MAUX DE GORGE • Voici quelques remèdes simples pour combattre le mal de gorge.

- Si vous avez la gorge irritée à force de tousser, de parler ou même de chanter, versez 1 cuillerée à soupe de vinaigre de cidre et 5 g de sel dans un verre d'eau chaude, remuez et gargarisez-vous avec cette solution. Renouvelez plusieurs fois ce traitement si nécessaire, vous devriez vous sentir beaucoup mieux.
- Pour soulager un mal de gorge associé à un rhume ou à une grippe, mélangez 8 cl de vinaigre de cidre avec 2 cuillerées à soupe de miel et prenez 1 cuillerée à soupe de ce remède toutes les 4 heures.
- Pour soulager une toux associée à un mal de gorge, versez 10 cl de vinaigre, 4 cuillerées à café de miel et 1 cuillerée à café de Tabasco dans 15 cl d'eau. Avalez 1 cuillerée à soupe de ce remède 4 ou 5 fois par jour, dont une avant de vous coucher. **ATTENTION : ne donnez jamais de miel aux enfants de moins de 12 mois.**

UN DÉODORANT BIO • Le vinaigre a des propriétés qui permettent de lutter contre les odeurs corporelles. Vaporisez un peu de vinaigre blanc sur vos aisselles chaque matin et laissez sécher. Cette méthode a l'avantage de ne pas tacher les vêtements.

LE SAVIEZ-VOUS ?

Le seul musée au monde consacré au vinaigre, l'International Vinegar Museum, se trouve aux États-Unis, dans le Dakota du Sud. Hébergé dans une ancienne mairie, le musée est dirigé par le Dr Lawrence J. Diggs, un spécialiste international du vinaigre également connu sous le nom de « Vinegar Man » (pour en savoir plus, consultez son site : www.vinegar.com). Le musée présente des vinaigres en provenance du monde entier ainsi que les méthodes de fabrication, et organise des dégustations. C'est un des musées les moins chers du monde ; d'ailleurs, ceux qui n'ont pas les moyens de payer bénéficient tout simplement d'une entrée gratuite.

ATTÉNUER LES TACHES BRUNES • Votre peau présente des taches provoquées par des dérèglements hormonaux ou une surexposition au soleil ? Essayez le vinaigre. Imbibez un morceau de coton de vinaigre de cidre et appliquez-le sur les taches pendant 10 minutes 2 fois par jour. Les taches disparaîtront en quelques semaines. Et pensez à vous protéger des méfaits du soleil !

UN SOIN POUR LES ONGLES • Pour ramollir les cuticules, trempez les doigts dans du vinaigre blanc pendant 5 minutes. Ils seront plus faciles à manucurer.

RENFORCER LE VERNIS À ONGLES • Pour que vos ongles vernis restent impeccables plus longtemps, humidifiez-les avec un coton imbibé de vinaigre et laissez sécher avant de poser le vernis.

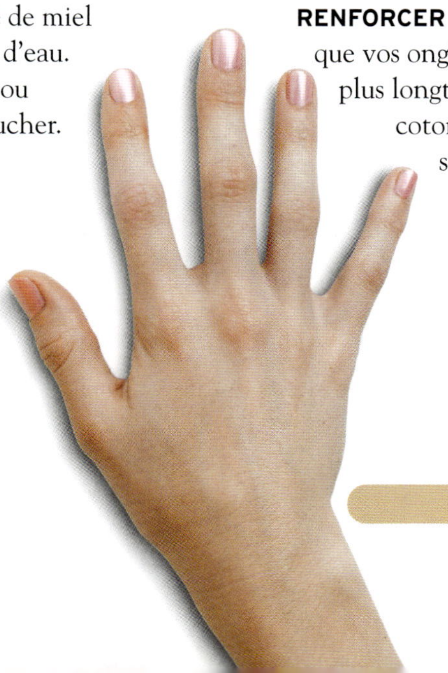

VINAIGRE suite →

SOULAGER L'HERPÈS LABIAL • Vous pouvez assécher un bouton d'herpès labial en le tamponnant 3 fois par jour avec du coton hydrophile imbibé de vinaigre blanc. Le vinaigre calme rapidement la douleur et diminue le gonflement.

UN NETTOYAGE DE PEAU • Le vinaigre est utilisé comme tonique depuis des siècles. Après vous être démaquillée, baignez votre visage d'une lotion composée de 1 cuillerée à soupe de vinaigre diluée dans un verre d'eau pour purifier votre peau et resserrer les pores. Ou préparez un soin en mélangeant à parts égales vinaigre et eau ; appliquez cette lotion sur votre visage et laissez sécher.

CALMER COUPS DE SOLEIL ET DÉMANGEAISONS • Tamponnez délicatement la zone brûlée par le soleil avec un coton ou un linge imbibé de vinaigre (blanc ou de cidre) ; ce traitement est plus efficace s'il est mis en œuvre avant que la brûlure ne commence à picoter. Attention, n'appliquez du vinaigre que si la brûlure est légère ; pour un coup de soleil plus sévère, consultez un médecin. Le même remède permet de soulager instantanément les démangeaisons dues aux piqûres de moustique et autres insectes, ainsi que celles provoquées par les orties ou certaines graminées.

NETTOYER LES VERRES DE LUNETTES • Pour retirer la poussière, les empreintes de doigts, les traces de sueur, déposez quelques gouttes de vinaigre blanc sur les verres de vos lunettes et essuyez-les avec un chiffon doux. Attention : n'utilisez jamais de vinaigre sur des verres en plastique.

SOULAGER UNE PIQÛRE D'ABEILLE • Versez du vinaigre pur sur la piqûre pour apaiser en un clin d'œil la douleur et retirer aisément le dard – il suffit de gratter la peau, avec une carte de crédit par exemple. Ce genre de traitement sert aussi à soigner les piqûres de la mouche piqueuse des étables.
ATTENTION : si vous avez du mal à respirer ou si la zone de la piqûre se met à enfler ou à rougir, consultez immédiatement un médecin, car vous êtes peut-être en train de faire une réaction allergique.

Dans la salle de bains

DES RIDEAUX DE DOUCHE IMPECCABLES

Si vos rideaux de douche présentent des traces de moisissure, mettez-les dans le lave-linge avec quelques serviettes-éponges pour qu'ils ne se froissent pas. Ajoutez 25 cl de vinaigre blanc à la première eau de rinçage. Arrêtez la machine avant le début du cycle d'essorage, sortez le rideau et étendez-le.

RÉCURER LES JOINTS DE CARRELAGE • Redonnez aux joints de votre carrelage de douche ou de baignoire leur couleur d'origine en les frottant avec une brosse à dents trempée dans du vinaigre blanc pur.

NETTOYER LAVABOS ET BAIGNOIRES • Pour redonner de l'éclat à vos sanitaires, lavez-les avec du vinaigre blanc pur et rincez-les à l'eau froide. Pour éliminer les dépôts de calcaire de la baignoire, versez 75 cl de vinaigre blanc sous l'eau chaude du robinet et laissez-la couler jusqu'à ce qu'elle couvre les dépôts ; laissez agir 1 heure environ. Videz la baignoire et frottez les dépôts, qui disparaîtront aisément.

DÉTARTRER LA POMME DE DOUCHE • Démontez la pomme et faites-la tremper pendant 10 minutes dans 1 litre d'eau très chaude additionnée de 10 cl de vinaigre. Veillez à ce que les orifices ne soient plus obstrués ; frottez-les si nécessaire avec une vieille brosse à dents. Si votre pomme de douche n'est pas amovible, remplissez à moitié de vinaigre un petit sac en plastique, immergez la pomme et attachez le sac autour. Laissez agir 1 heure environ puis retirez le sac et essuyez la pomme de douche.

DÉSINFECTER LA CUVETTE DES W.-C. • Versez 50 cl de vinaigre blanc dans la cuvette, laissez agir toute la nuit puis tirez la chasse d'eau. Ce nettoyage au vinaigre effectué à un rythme hebdomadaire permet également d'éliminer toutes les traces de tartre qui apparaissent juste au-dessus du niveau de l'eau.

ATTENTION : associer du vinaigre et de l'eau de Javel ou tout autre produit contenant du chlore, comme le chlorure de chaux, risque de produire un gaz toxique à l'odeur âcre qui, même en faibles concentrations, est nocif pour les yeux, la peau et l'appareil respiratoire. (Une forte concentration de ce gaz se révélant même souvent mortelle.) À proscrire absolument, donc.

NETTOYER LE CARRELAGE MURAL • Si les carreaux autour de la baignoire ou du lavabo sont tachés et ternis par des dépôts calcaires, frottez-les avec une éponge trempée dans une solution composée de 1 litre d'eau chaude, 3 cl de vinaigre blanc, 3 cl d'ammoniaque et 15 g de borax. Rincez à l'eau froide et laissez sécher.

COMBATTRE LA MOISISSURE • Versez 5 cl de vinaigre blanc, 10 g de borax et 50 cl d'eau bouillante dans un grand vaporisateur et agitez vigoureusement. Pulvérisez la solution sur les surfaces peintes, les carreaux, les vitres ou tout autre endroit où apparaissent des traces de moisissure. Frottez avec une brosse souple pour faire pénétrer, laissez agir quelques minutes puis rincez.

BRIQUER DES PORTES DE DOUCHE • Pour que vos portes de douche en verre soient étincelantes, mélangez 5 cl de vinaigre blanc, 10 cl d'ammoniaque et 15 g de bicarbonate de soude dans 2 litres d'eau. Frottez les portes avec un chiffon trempé dans ce mélange. Pour nettoyer les glissières, versez-y du vinaigre blanc pur et laissez agir 3 à 5 heures (si les glissières sont vraiment sales, chauffez le vinaigre dans un récipient en verre pendant 30 secondes au four à micro-ondes). Versez de l'eau chaude dans les glissières pour évacuer le vinaigre et les dépôts, puis frottez avec une petite brosse si nécessaire pour venir à bout des taches rebelles.

VINAIGRE suite →

LE SAVIEZ-VOUS ?

Certains chercheurs pensent que le vinaigre sera bientôt reconnu comme un moyen simple et bon marché de diagnostiquer le cancer du col de l'utérus chez les femmes, notamment chez celles qui vivent dans les pays en développement. Pendant 2 ans, les sages-femmes du Zimbabwe ont en effet utilisé une solution vinaigrée qui a permis de détecter plus de 75 % de cancers potentiels chez 10 000 femmes : la solution blanchit les tissus porteurs de cellules cancéreuses. Bien que ce test ne soit pas aussi fiable que le frottis vaginal, les médecins pensent qu'il deviendra un outil de dépistage important dans ces pays où seulement 5 % des femmes sont soumises à des tests de dépistage de cette maladie souvent mortelle.

ASTIQUER L'INOX • Versez un peu de vinaigre blanc pur sur un chiffon doux et essuyez robinets, porte-serviettes, miroirs, poignées de porte, etc., en Inox. Votre salle de bains sera étincelante.

NETTOYER UN PORTE-BROSSES À DENTS • Pour éliminer les bactéries, la saleté et les dépôts de dentifrice, nettoyer chaque orifice avec des Coton-Tige imbibés de vinaigre blanc.

LAVER UN VERRE À DENTS • Chaque semaine, remplissez votre verre à dents d'une quantité égale d'eau et de vinaigre blanc, ou seulement de vinaigre pur ; laissez agir toute la nuit. Rincez abondamment à l'eau froide.

Dans la lingerie

POUR L'ENTRETIEN DU LINGE • Ajoutez 25 cl de vinaigre blanc à l'eau de rinçage de votre lessive, et vous serez surpris des résultats obtenus. Voici les plus notables.

- 25 cl de vinaigre suffisent pour anéantir les bactéries présentes dans une lessive, surtout lorsqu'il s'agit de serviettes de table et autres articles constamment exposés aux microbes.
- Ajoutés à la dernière eau de rinçage, 25 cl de vinaigre font fonction d'assouplissant et rendent le linge délicieusement doux et moelleux. Ils empêchent aussi les vêtements de se charger d'électricité statique.
- 25 cl de vinaigre permettent de blanchir une lessive de coton, draps et torchons blancs.
- Ajoutés à la dernière eau de rinçage lors du premier lavage, 25 cl de vinaigre fixent la couleur des tissus neufs.

RAVIVER LES COULEURS • Ajoutez 25 cl de vinaigre blanc au détergent avant de démarrer le cycle de lavage ; votre linge retrouvera son éclat d'origine.

TRAITER LES VÊTEMENTS JAUNIS • Pour redonner leur blancheur à des vêtements en matière synthétique jaunis, faites-les tremper toute la nuit dans 1 volume de vinaigre pour 12 volumes d'eau chaude, puis lavez-les normalement.

BLANCHIR DES CHAUSSETTES DE TENNIS • Dans un grand faitout, ajoutez 25 cl de vinaigre à 2 litres d'eau. Portez ce mélange à ébullition puis versez-le dans une bassine et faites tremper vos chaussettes dans ce liquide pendant une douzaine d'heures. Le lendemain, lavez-les normalement.

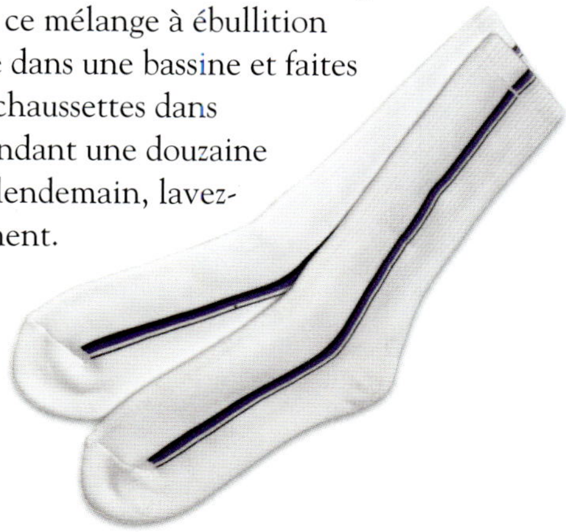

EMPÊCHER LES COULEURS DE DÉTEINDRE

Une précaution toute simple pour que vos vêtements de couleur vive ou foncée ne colorent plus le reste du linge : fixez la couleur en les faisant tremper 15 minutes dans une bassine d'eau froide additionnée de 30 cl de vinaigre blanc avant de les laver pour la première fois.

POUR UN REPASSAGE IMPECCABLE

DÉTARTRER UN FER À VAPEUR • Pour éliminer les dépôts calcaires et prévenir la corrosion, nettoyez périodiquement votre fer en remplissant le réservoir de vinaigre blanc pur. Posez-le à la verticale, mettez-le sous tension en position vapeur et laissez tout le vinaigre s'évaporer (5 à 10 minutes). Remplissez le réservoir d'eau et répétez l'opération. Remplissez-le une seconde fois pour parfaire le rinçage.

NETTOYER LA SEMELLE DU FER • Faites chauffer du vinaigre et du sel à parts égales dans une petite casserole. Appliquez ce mélange sur la semelle et frottez avec un chiffon. Trempez un autre chiffon dans l'eau claire et essuyez pour éliminez les éventuels résidus.

BIEN MARQUER LES PLIS • Pour obtenir des plis plus nets, vaporisez dessus un mélange d'eau et de vinaigre avant de les repasser. Pour des plis de pantalon de soirée impeccables, humidifiez le vêtement au préalable avec un torchon imprégné d'une solution composée de 1 volume de vinaigre blanc et 2 volumes d'eau, puis posez un morceau de papier kraft sur les plis et repassez.

EFFACER DES TRACES DE BRÛLURE LÉGÈRE • En repassant avec un fer trop chaud, il arrive que l'on roussisse le linge. Éliminez les traces de brûlure légère en les frottant délicatement avec un torchon trempé dans du vinaigre blanc, puis en les tamponnant avec un torchon sec. Recommencez si nécessaire.

ÉLIMINER DES MARQUES D'OURLET • Humidifiez la zone portant les marques de l'ancien ourlet (pli et piqûre) avec un chiffon trempé dans une solution à parts égales de vinaigre et d'eau, puis placez le chiffon sous le tissu à l'endroit de l'ourlet et repassez-le.

VINAIGRE suite →

ASSOUPLIR COUVERTURES ET DESSUS-DE-LIT • Vérifiez au préalable sur l'étiquette que l'article est lavable en machine. Ajoutez 50 cl de vinaigre blanc à la dernière eau de rinçage pour bien éliminer les résidus de lessive et redonner à votre literie l'aspect du neuf.

DÉFROISSER DU LINGE • Au sortir du sèche-linge, vaporisez sur vos vêtements une solution composée de 1 volume de vinaigre et 3 volumes d'eau et faites-les sécher sur un cintre. Pour certains vêtements, cette option se révèle plus efficace que le repassage et moins agressive pour le tissu.

ATTÉNUER LE LUSTRAGE D'UN PANTALON • Brossez délicatement les zones de frottement devenues brillantes sur l'arrière des pantalons et des jupes sombres avec une brosse à dents souple trempée dans un mélange à parts égales d'eau et de vinaigre blanc, puis tamponnez avec une serviette-éponge.

ATTENTION : le vinaigre de cidre n'est pas le bienvenu dans la lingerie. Ne l'utilisez pas pour traiter le linge avant lavage et n'en ajoutez pas à l'eau de lavage ou de rinçage, car il peut tacher au lieu de détacher ! Utilisez exclusivement du vinaigre blanc.

Le coin des enfants

Les enfants de tous âges adorent la teinture au nœud. Apprenez-leur à teindre des T-shirts en coton blanc avec des colorants pour teinture à froid et pour usages créatifs vendus dans les drogueries et les supermarchés. Achetez si possible plusieurs couleurs.

1 Préparez un bol par couleur : faites dissoudre la quantité nécessaire de teinture en suivant le mode d'emploi.

2 Torsadez les T-shirts et nouez-les avec de la ficelle, puis trempez-les dans les bols de la teinture de votre choix. Enfilez des gants de caoutchouc pour ne pas vous colorer les doigts.

SUPPRIMER LES ODEURS DE TABAC • Pour débarrasser un costume, un tailleur, une robe, etc., d'une forte odeur de cigarette, remplissez votre baignoire d'eau très chaude et ajoutez 25 cl de vinaigre. Suspendez vos vêtements au-dessus de la vapeur et fermez la porte de la salle de bains. L'odeur devrait disparaître au bout de quelques heures.

VÊTEMENTS PRÊTS A PORTER

Pour débarrasser les vêtements neufs ou d'occasion de leur poussière ou de leur odeur, lavez-les la première fois en ajoutant 25 cl de vinaigre blanc à l'eau de lavage.

3 Retirez la ficelle et, quand le T-shirt est sec, étalez-le sur la table à repasser, couvrez-le d'une taie d'oreiller ou d'une serviette fine et repassez-le avec un fer moyennement chaud.
Avant le premier lavage, faites tremper les T-shirts séparément dans 30 cl de vinaigre blanc pour fixer les couleurs.

VINAIGRE suite →

REDONNER FORME À UN LAINAGE RÉTRÉCI • Il est possible de redonner sa forme initiale à un pull qui a rétréci en le faisant bouillir 25 minutes dans 1 volume de vinaigre pour 2 volumes d'eau. Remuez sans arrêt. Étirez le lainage pour le remettre en forme et faites-le sécher à l'air libre.

NETTOYER LE LAVE-LINGE • Versez 50 cl de vinaigre blanc dans votre lave-linge et faites-le tourner à vide pendant un cycle complet. S'il est particulièrement sale, remplissez-le d'eau chaude, ajoutez 8 litres de vinaigre et faites-le tourner une dizaine de minutes, stoppez-le et laissez agir le mélange vinaigré toute la nuit. Le lendemain matin, remettez votre machine en marche et terminez le cycle.

Pour enlever les taches

TACHES SOLUBLES DANS L'EAU • Pour éliminer les taches de bière, de jus de fruits, de café, de thé et de vomi, etc., sur un vêtement en coton, tamponnez-les avec un torchon imbibé de vinaigre blanc pur avant de les laver. S'il s'agit de grosses taches, faites tremper le vêtement toute la nuit dans 1 volume d'eau additionné de 3 volumes de vinaigre.

TACHES PERSISTANTES • Traitez le plus vite possible, à savoir dans les 24 heures, les taches de soda, de sauce tomate et de vin sur les articles en coton. Tamponnez la zone maculée avec une éponge imbibée de vinaigre puis lavez l'article immédiatement après. Pour les taches plus rebelles, ajoutez 25 à 50 cl de vinaigre au cycle de lavage.

TACHES ANCIENNES • Versez 5 cl de vinaigre blanc et 3 cl de détergent liquide pour lave-vaisselle dans 1 litre d'eau chaude. Frottez la tache avec un chiffon imbibé de cette solution, tamponnez avec un chiffon sec puis lavez.

TACHES SUR UN VÊTEMENT EN DAIM • Pour éliminer une tache de gras sur une veste ou une jupe en daim, frottez-la délicatement avec une brosse à dents souple trempée dans du vinaigre blanc pur. Laissez sécher, puis brossez avec une brosse à daim. Recommencez si nécessaire. Vous pouvez également raviver la couleur d'un article en daim en l'essuyant avec une éponge imbibée de vinaigre.

TACHES DE ROUILLE • Pour enlever une tache de rouille sur un vêtement en coton, humidifiez-la avec du vinaigre pur puis frottez avec un peu de sel. Faites sécher le vêtement au soleil, dehors s'il fait chaud ou derrière une fenêtre, puis lavez-le comme d'habitude.

TACHES DE CRAYONS DE CIRE • Les enfants débordent souvent sur leurs vêtements en dessinant : frottez les taches avec une vieille brosse à dents trempée dans du vinaigre pur avant le lavage.

TACHES SUR LES COLS ET POIGNETS • Avant le lavage, frottez les zones maculées avec une pâte composée de 2 parts de vinaigre blanc et 3 parts de bicarbonate de soude. Laissez agir 30 minutes. Cette recette permet aussi d'éliminer les taches de moisissure.

TACHES D'ENCRE • Mouillez la tache avec un peu de vinaigre blanc, puis frottez avec une pâte composée de 2 parts de vinaigre et 3 parts de fécule de maïs. Laissez sécher puis lavez.

TACHES DE TRANSPIRATION • Pour vous débarrasser de ces auréoles disgracieuses, aspergez-les d'un peu de vinaigre avant lavage. Pour faire partir les taches de déodorant sur une chemise ou un chemisier, frottez délicatement avant lavage avec du vinaigre pur.

TACHES DE SANG

Intervenez le plus vite possible, car les taches de sang sont quasiment impossibles à enlever au bout de 24 heures. Versez du vinaigre blanc pur sur la tache. Laissez agir 5 à 10 minutes, puis tamponnez avec un torchon. Recommencez si nécessaire et lavez immédiatement.

Dans la nature

EN INSECTICIDE • Cette vieille astuce se révèle très utile en camping ou en randonnée pour éloigner les moustiques et les taons. Environ 3 jours avant de partir, buvez 1 cuillerée à soupe de vinaigre de cidre 3 fois par jour. Continuez le traitement pendant votre séjour et vous ne serez pas importuné. Une autre solution consiste à frictionner les surfaces de peau exposées avec du vinaigre blanc.

SE DÉBARRASSER DES FOURMIS • Versez une quantité égale d'eau et de vinaigre blanc dans un vaporisateur, puis aspergez la fourmilière ainsi que tous les endroits où vous voyez cheminer des fourmis. Celles-ci détestent l'odeur du vinaigre et se hâteront vers d'autres lieux plus accueillants. Pensez à emporter le vaporisateur en pique-nique ou en randonnée. Si votre propriété héberge plusieurs fourmilières, arrosez-les de vinaigre pur pour accélérer le départ de leurs occupantes.

PURIFIER L'EAU • Ajoutez quelques gouttes de vinaigre au contenu de votre gourde. À l'issue de chaque randonnée, rincez celle-ci avec un mélange d'eau et de vinaigre afin d'éliminer les bactéries et de dissoudre les dépôts calcaires.

VINAIGRE suite →

NETTOYER DU MOBILIER DE JARDIN • Pour nettoyer la moisissure et même l'empêcher de s'installer, surtout si vous vivez sous un climat chaud et humide, utilisez ces solutions à base de vinaigre.

- Remplissez un vaporisateur de vinaigre blanc pur et aspergez tous les endroits atteints par la moisissure. Les taches partiront d'un seul coup de chiffon, et le vinaigre empêchera toute récidive.

- Éliminez la moisissure sur le mobilier et le matériel de jardin en bois en les essuyant avec une éponge imbibée d'une solution composée de 25 cl d'ammoniaque, 15 cl de vinaigre, 20 g de bicarbonate de soude pour 4 litres d'eau. Utilisez une vieille brosse à dents pour faire pénétrer la solution dans les angles et les zones difficiles d'accès.

- Pour désodoriser les rainures du mobilier de jardin en plastique et les parasols, et empêcher la moisissure d'y apparaître, nettoyez-les avec une brosse souple trempée dans une solution composée de 50 cl de vinaigre blanc, 2 cuillerées à soupe de liquide pour lave-vaisselle pour 4 litres d'eau chaude. Rincez à l'eau froide puis laissez sécher au soleil.

UN PIÈGE À INSECTES • Pour que vos invités profitent du barbecue en toute tranquillité, éloignez les insectes en plaçant un bol rempli de vinaigre de cidre près d'une assiette de nourriture et loin des convives. À la fin de la soirée, mouches, moustiques, guêpes et autres invités indésirables se retrouveront en train de flotter à la surface.

NETTOYER LES FIENTES D'OISEAU • Aspergez les fientes qui maculent votre terrasse ou les allées du jardin de vinaigre pur. Laissez agir puis lavez au jet. Ou bien frottez directement avec un chiffon imbibé de vinaigre.

Au jardin

TESTER L'ACIDITÉ OU L'ALCALINITÉ DU SOL • Mettez une poignée de terre dans un récipient puis versez 10 cl de vinaigre dessus. Si la terre pétille ou mousse, elle est alcaline. De même, mélangez-la avec 10 cl d'eau additionnée de 350 g de bicarbonate de soude. Dans ce cas, le pétillement indiquera qu'elle est acide. Pour connaître le pH exact de votre terre, faites-la tester ou bien achetez un kit de test dans une jardinerie.

CONSERVER DES FLEURS COUPÉES • Il existe diverses méthodes pour augmenter la longévité des fleurs coupées. L'une d'entre elles consiste à ajouter 2 cuillerées à soupe de vinaigre de cidre et 30 g de sucre à l'eau du vase avant d'y placer le bouquet. Changez l'eau (en rajoutant sucre et vinaigre) tous les 2 jours.

CHASSER LES INSECTES DU JARDIN • Si les insectes envahissent vos fruits et légumes, éloignez-les en préparant ce piège simple et non toxique. Dans une bouteille de 2 litres, versez 25 cl de vinaigre et 230 g de sucre. Détaillez une peau de banane en petits morceaux, glissez-les dans la bouteille, ajoutez 25 cl d'eau froide et agitez. Nouez un bout de ficelle autour du goulot de la bouteille et suspendez celle-ci à une branche basse, ou bien posez-la par terre pour attraper les parasites. Remplacez le piège usagé dès que nécessaire.

COMBATTRE LA COCHENILLE • Pour enrayer une invasion de cochenilles, tamponnez les insectes avec du coton imbibé de vinaigre blanc pur. Vous utiliserez peut-être beaucoup de coton, mais le vinaigre tuera les insectes ainsi que leurs œufs. Veillez à ne pas en oublier et n'hésitez pas à user du vinaigre dès que vous en repérez d'autres.

ACCÉLÉRER LA GERMINATION DES GRAINES • Pour accélérer leur germination, scarifiez les graines des plantes ligneuses telles que belle-de-jour, citrouille et gourde en les frottant avec du papier abrasif fin puis faites-les tremper toute la nuit dans une solution composée de 10 cl de vinaigre de cidre pour 50 cl d'eau chaude. Le lendemain, retirez les graines de la solution et rincez-les avant de les semer. Vous pouvez également utiliser cette solution pour faire partir d'autres graines de plantes et de légumes.

À SAVOIR

Idée reçue sur le vinaigre

On dit qu'il est possible de diminuer sensiblement le pH d'un sol (ce qui revient à augmenter son acidité) en l'arrosant d'une solution d'eau et de vinaigre…

En réalité, il est assez difficile de diminuer le pH d'un sol très alcalin. Toutefois, vous pouvez répandre du vinaigre dans votre jardin pour favoriser la croissance des plantes existantes (voir les conseils sur cette page et la suivante pour traiter les plantes malades et encourager la floraison des azalées et des gardénias). Mais il faut agir avec rapidité et procéder à des applications répétées. Le vinaigre perd beaucoup de son efficacité après la pluie ; il est donc nécessaire de renouveler souvent le traitement.

NETTOYER UNE MANGEOIRE À OISEAU

Les oiseaux ne viendront pas volontiers se sustenter dans une mangeoire collante ou sale. Pour les attirer, lavez celle-ci avec une égale quantité de vinaigre de cidre et d'eau chaude, rincez-la à l'eau froide et faites-la sécher au soleil avant de la garnir de nourriture.

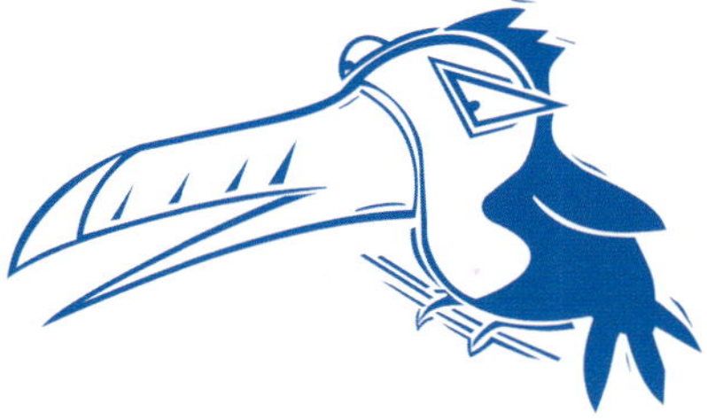

VINAIGRE suite →

ENCOURAGER LA FLORAISON • Azalées et gardénias préfèrent les sols acides (avec un pH entre 4 et 5,5). Pour qu'elles produisent plus de fleurs, arrosez-les toutes les semaines avec 3 cuillerées à soupe de vinaigre blanc pour 4 litres d'eau. N'utilisez pas cette solution quand la plante est en fleur car cela risquerait de raccourcir la durée de vie des fleurs ou d'abîmer la plante.

EMPÊCHER LES FEUILLES DE JAUNIR • L'apparition soudaine de feuilles jaunes sur les plantes accoutumées aux sols acides – comme les azalées, les hortensias et les gardénias – indique une baisse de la consommation de fer ou un changement de pH du sol. Pour résoudre ces deux problèmes, arrosez le sol qui entoure la plante affectée 1 fois par semaine et pendant 3 semaines avec 25 cl d'une solution composée de 1 litre d'eau additionnée de 2 cuillerées à soupe de vinaigre de cidre.

CONTRE LA ROUILLE ET AUTRES MALADIES • Le vinaigre sert à traiter de nombreuses maladies, dont la rouille, les taches noires des rosiers et l'oïdium. Mélangez 2 cuillerées à soupe de vinaigre de cidre à 2 litres d'eau et versez une petite quantité de cette solution dans un vaporisateur. Aspergez les plantes malades le matin ou en début de soirée (quand la plante n'est pas exposée au soleil direct et que la température est basse) jusqu'à disparition de la maladie.

NETTOYER LES LAMES D'UNE TONDEUSE À GAZON

L'herbe, surtout lorsqu'elle est mouillée, a tendance à s'accumuler sur les lames. Après la tonte, essuyez celles-ci avec un chiffon imbibé de vinaigre blanc pur. Vous éliminerez l'herbe et les insectes agglutinés sur les lames.

PETITE EXPÉRIENCE

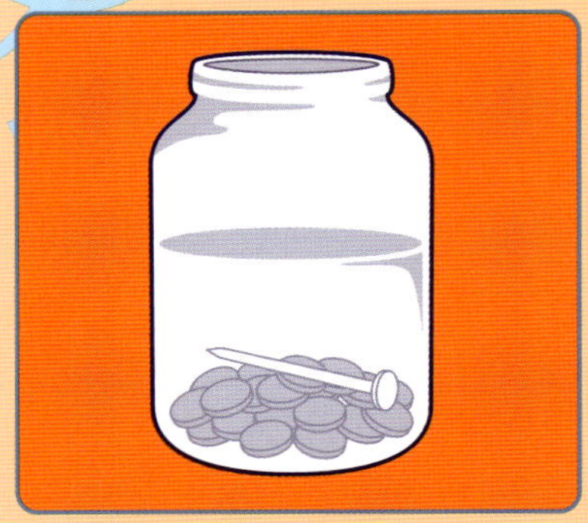

Mélangez 15 cl de vinaigre blanc et 10 g de sel dans un bocal en verre.

Ajoutez une vingtaine de vieilles pièces en cuivre ternies et laissez-les tremper 5 minutes. Pendant ce temps, prenez une grande pointe en fer et nettoyez-la avec une éponge humide enduite de bicarbonate de soude. Rincez-la et plongez-la dans la solution. Au bout de 15 minutes, la pointe sera enrobée de cuivre et les pièces brilleront comme si elles étaient neuves. L'acide acétique du vinaigre combiné au cuivre des pièces donne de l'acétate de cuivre, qui se dépose sur la pointe en fer.

ÉLOIGNER LES ANIMAUX INDÉSIRABLES • Certains animaux, dont les chats, les chiens et les lapins, ne supportent pas l'odeur du vinaigre. Vous pouvez donc décourager ces visiteurs de pénétrer dans votre jardin en trempant plusieurs chiffons dans du vinaigre blanc et en les plaçant sur des piquets autour du potager. Trempez à nouveau les chiffons dans le vinaigre tous les 7 jours environ.

SUPPRIMER LES MAUVAISES HERBES • Arrosez de vinaigre (blanc ou de cidre) pur les pissenlits et les mauvaises herbes qui envahissent les allées de votre jardin. Tôt dans la saison, vaporisez-en sur chaque plante – au centre de la fleur de préférence – avant qu'elle ne monte en graine. Aspergez-la aussi au niveau de la tige et à proximité du sol, afin que le vinaigre atteigne les racines. Surveillez le temps : s'il pleut le lendemain, réitérez la vaporisation.

LE SAVIEZ-VOUS ?

Si vous cherchez un désherbant non toxique, le vinaigre est une solution intéressante. Les recherches menées aussi bien à l'extérieur que sous serre ont démontré son efficacité : il réussit à tuer plusieurs mauvaises herbes courantes dans les 2 premières semaines qui suivent leur sortie de terre. Le vinaigre est vaporisé dans des concentrations variant de 5 à 10 %. Quant aux jardiniers aguerris, ils utilisent du vinaigre pur depuis des lustres pour éliminer toutes sortes d'herbes, du mouron des oiseaux à l'oxalis… mais aussi les plantes ornementales qui poussent juste à côté, ce qui est bien dommage !

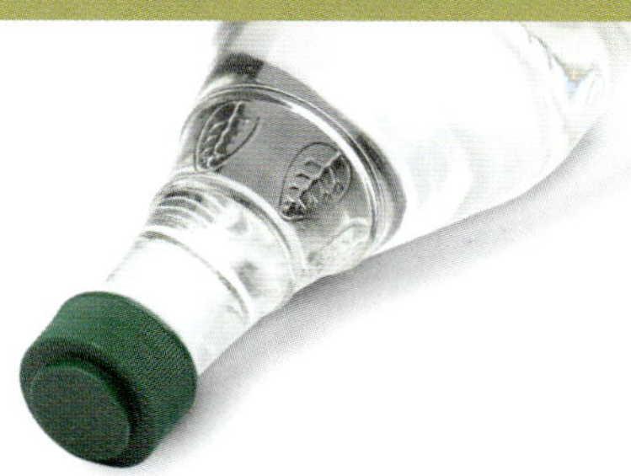

Pour les animaux domestiques

ÉLIMINER LES ODEURS D'URINE D'UN ANIMAL • Lorsqu'un chiot ou un chaton n'est pas encore bien propre, il arrive qu'il fasse ses besoins sur la moquette, le tapis ou le canapé. Rien de tel que du vinaigre pour neutraliser les mauvaises odeurs qui persistent après le nettoyage.

■ Sur un sol dur, tamponnez la tache avec de l'essuie-tout puis passez une serpillière trempée dans un mélange à parts égales d'eau chaude et de vinaigre (sur un sol en bois ou en vinyle, faites un essai dans un coin pour vous assurer que le vinaigre ne laisse pas de traces). Séchez avec du papier absorbant ou un chiffon.

■ Sur un tapis ou une moquette, tamponnez les taches d'urine avec du papier absorbant ou des chiffons, puis versez un peu de vinaigre pur dessus. Tamponnez à nouveau avec un chiffon puis versez encore un peu de vinaigre et laissez sécher.

ÉLOIGNER LES CHATS • Vaporisez du vinaigre blanc en petite quantité sur le mobilier (lit, fauteuils, etc.) et les objets que vous souhaitez protéger des griffes et des poils de chat. Les chats, qui n'apprécient pas du tout l'odeur du vinaigre, éviteront à coup sûr de s'y attarder.

ENRICHIR LEUR EAU

Ajoutez 1 cuillerée à café de vinaigre blanc à l'eau de votre chat ou de votre chien pour lui fournir les nutriments indispensables et donner du brillant à son pelage.

VINAIGRE suite →

ÉLOIGNER MOUCHES ET TIQUES • Remplissez un vaporisateur d'une quantité égale de vinaigre et d'eau, aspergez-en le pelage de votre chien et frottez bien. Vous aurez peut-être plus de difficulté à faire la même chose avec un chat parce qu'il déteste l'odeur du vinaigre, mais vous pouvez toujours essayer…

NETTOYER LES OREILLES D'UN CHAT • Si votre chat se gratte souvent la zone autour des oreilles, soulagez-le avec un peu de vinaigre. Nettoyez ses oreilles avec un coton imbibé d'une solution composée de 2 volumes de vinaigre pour 1 volume d'eau. Ce traitement mettra votre chat à l'abri de l'otodecte et des bactéries, et apaisera les démangeaisons dues aux piqûres de moustique. **ATTENTION : n'appliquez pas de vinaigre pur sur des plaies ou des griffures ouvertes. Si vous détectez une coupure sur les oreilles de votre chat, consultez un vétérinaire.**

SUS AUX MAUVAISES ODEURS • Si votre chien s'est roulé sur un sol malodorant, voilà quelques astuces pour l'aider à se débarrasser de ses mauvaises odeurs.

- Mélangez 10 cl de vinaigre blanc, 30 g de bicarbonate de soude, 1 cuillerée à café de savon liquide et 1 litre d'eau oxygénée à 3 %. Répandez cette solution sur son pelage et frottez pour faire pénétrer. Rincez à l'eau.

- Installez-vous de préférence à l'extérieur et baignez votre chien dans une quantité égale d'eau et de vinaigre, puis une seconde fois dans 1 volume de vinaigre pour 2 volumes d'eau. Rincez abondamment à l'eau claire.

- Si un chien tout sale est venu se frotter contre vous, pour neutraliser la mauvaise odeur qui imprègne vos vêtements, faites-les tremper toute la nuit dans du vinaigre pur.

Pour les bricoleurs

CONTRE LES PROJECTIONS DE BÉTON • Même si vous portez des gants en caoutchouc pour manipuler le béton, votre peau recevra inévitablement quelques projections. Le contact prolongé du béton mouillé avec la peau risque de provoquer des crevasses, voire un eczéma. Essuyez les surfaces de peau atteintes avec du vinaigre blanc puis lavez à l'eau chaude savonneuse.

DÉGRAISSER LES GRILLES DE CLIMATISEUR ET DE RADIATEUR • Les grilles de ces appareils ainsi que les pales des ventilateurs finissent toujours par s'encrasser. Pour les nettoyer, essuyez-les avec un chiffon imbibé de vinaigre blanc pur. Pour accéder aux espaces étroits, utilisez une brosse à dents usagée.

NEUTRALISER LES ODEURS DE PEINTURE • Versez du vinaigre blanc dans plusieurs soucoupes et disséminez celles-ci aux quatre coins de la pièce fraîchement repeinte.

LE SAVIEZ-VOUS ?

Vous venez de trouver une vieille bouteille de vinaigre jamais ouverte et vous vous demandez s'il est encore bon. Eh bien, oui ! En fait, la durée de conservation du vinaigre est pratiquement illimitée grâce à l'acide qu'il renferme ; il n'est même pas nécessaire de le réfrigérer (même si beaucoup de gens jugent utiles, à tort, de stocker au réfrigérateur leurs bouteilles de vinaigre entamées). Vous ne décèlerez aucune altération dans le vinaigre blanc, mais d'autres vinaigres peuvent légèrement changer de couleur, prendre un aspect trouble ou former un dépôt. Ces altérations n'ont aucune incidence sur les qualités du vinaigre lui-même.

DÉSINFECTER LES FILTRES DE CLIMATISEUR ET D'HUMIDIFICATEUR • Ces filtres sont très vite envahis par la poussière, la suie, les poils de chat et de chien, mais aussi les bactéries nocives. Nettoyez-les régulièrement en les faisant tremper dans une quantité égale d'eau chaude et de vinaigre blanc pendant 1 heure. Faites-les sécher à l'air avant de les remettre en place. S'ils sont très sales, laissez-les tremper une douzaine d'heures.

ENTRETENIR UN SOL EN CIMENT PEINT • Au bout de quelque temps, la peinture sur le ciment a tendance à s'écailler. Pour éviter ce désagrément, enduisez votre sol de vinaigre blanc avant d'appliquer la peinture. Cette technique est également efficace pour empêcher la peinture de s'écailler sur du métal galvanisé.

DES OUTILS TOUJOURS PROPRES

Faites tremper vos outils sales ou rouillés pendant plusieurs jours dans un bain de vinaigre blanc pur. Le même traitement permet d'éliminer la rouille sur les boulons et les écrous. Vous pouvez également verser du vinaigre sur les charnières et les vis rouillées afin de pouvoir les retirer plus aisément.

RAFRAÎCHIR UN PINCEAU • Pour retirer la peinture sèche des soies d'un pinceau synthétique, faites-le tremper dans du vinaigre blanc pur jusqu'à dissolution de la peinture ; les soies redeviendront douces et souples. Lavez-le ensuite à l'eau chaude savonneuse. Si vous pensez qu'un de vos pinceaux est irrécupérable, faites-le quand même bouillir 10 minutes dans 25 cl de vinaigre puis lavez-le à l'eau chaude savonneuse.

DÉCOLLER DU PAPIER PEINT • Mélangez de l'eau et du vinaigre blanc à parts égales, vaporisez cette solution sur le papier peint afin de bien l'imprégner puis décollez le papier avec un racloir. Si la tâche se révèle difficile, commencez par gratter doucement le papier au racloir avant de vaporiser la solution.

RALENTIR LE DURCISSEMENT DU PLÂTRE • Si vous souhaitez disposer d'un peu plus de temps pour étaler et lisser votre plâtre, ajoutez 5 cl de vinaigre blanc avant de le gâcher.

VODKA

CONCOCTER DE L'EXTRAIT DE VANILLE • Incisez dans la longueur une gousse de vanille séchée. Mettez-la dans un bocal en verre et couvrez-la de 15 cl de vodka. Fermez le bocal et laissez infuser à l'abri de l'humidité et de la lumière pendant 4 à 6 mois, en agitant le bocal de temps en temps. Filtrez votre extrait de vanille à travers un filtre à café ou une étamine et transvasez-le dans un flacon décoratif. Voilà un petit cadeau maison qui prendra seulement quelques minutes de votre temps et sera très apprécié.

CONSERVER DES FLEURS COUPÉES • Pour prolonger le plus possible la vie des fleurs coupées, il convient d'empêcher la prolifération des bactéries dans l'eau et de donner aux fleurs les nutriments dont elles ont besoin. Pour cela, ajoutez quelques gouttes de vodka (ou d'un autre alcool blanc) à l'eau du vase ainsi que 1 cuillerée à café de sucre. Changez l'eau tous les 2 jours en remettant de la vodka et du sucre.

NETTOYER DES BIJOUX • Plongez votre bague en diamant quelques minutes dans un peu de vodka pour la faire briller. Attention : ne procédez pas ainsi sur une gemme non cristalline. Seuls les diamants, les émeraudes et autres pierres précieuses tireront profit d'un bain de vodka.

UN DÉSINFECTANT DE DÉPANNAGE

Si vous n'avez pas d'alcool à 90° sous la main, utilisez de la vodka pour désinfecter les lames de rasoir, les brosses à dents et autres objets porteurs de microbes en contact avec la peau.

DÉSHERBER UN COIN DE JARDIN • Pour anéantir rapidement les mauvaises herbes, mélangez 3 cl de vodka, quelques gouttes de liquide vaisselle et 50 cl d'eau dans un pulvérisateur. Vaporisez cette solution sur les feuilles. Traitez les herbes aux alentours de midi et lorsqu'il y a du soleil, car l'alcool décompose la cuticule cireuse qui recouvre les feuilles et les laisse en proie à la déshydratation.

LE SAVIEZ-VOUS ?

Essentielle au Bloody Mary d'Hemingway et au Martini de James Bond, la vodka, née dans les années 1400, fut utilisée comme antiseptique et analgésique avant d'être consommée comme boisson. À l'origine, c'était une mixture épaisse de blé moulu ou de seigle, qui était fermentée (les sucres de la céréale sont transformés en alcool sous l'action de la levure), puis distillée (chauffée jusqu'à ce que l'alcool s'évapore et se condense). Autrefois, les arômes servaient à masquer le goût des impuretés, mais, aujourd'hui, ils contribuent à la notoriété de certaines marques de vodka. Pour la confection des cocktails, on recommande cependant d'utiliser une vodka totalement neutre.

62 USAGES

WD-40

Dans la maison

DÉCOINCER DES VERRES EMBOÎTÉS • Vaporisez du WD-40 sur les verres, patientez quelques secondes pour laisser le produit se diffuser, décoincez-les avec précaution et lavez-les.

TRAITER ET ENTRETENIR LES CHAUSSURES • Vaporisez du WD-40 sur vos chaussures de cuir neuves avant de les porter. En assouplissant le cuir, ce traitement rend les chaussures plus confortables. Pour les imperméabiliser, enduisez-les périodiquement de WD-40 puis frottez-les avec un chiffon doux. Pour éliminer le grincement de vieilles chaussures de randonnée, aspergez de WD-40 la jointure entre la semelle et le talon.

SÉPARER DEUX PIÈCES DE LEGO • Vaporisez un peu de WD-40 sur les pièces que vous n'arrivez plus à désolidariser puis faites-les bouger délicatement. Le lubrifiant contenu dans le WD-40, en pénétrant dans l'interstice entre les deux pièces, rendra la séparation plus aisée. Rincez abondamment et laissez sécher.

ATTÉNUER L'ÉCLAT D'UN PARQUET

Un parquet revêtu de vernis polyuréthane est parfois un peu trop brillant. Pour atténuer cet effet, passez dessus un chiffon doux imbibé de WD-40.

ATTENTION : ne vaporisez pas de WD-40 à proximité d'une flamme ou d'une autre source de chaleur, ni près de circuits électriques ou de bornes de batterie. En outre, débranchez tous les appareils électriques avant de les asperger de lubrifiant. Ne placez pas un aérosol de WD-40 dans un endroit exposé au soleil ni sur une surface chaude. Ne le stockez pas à une température excédant 50 °C et ne l'utilisez que dans des lieux correctement ventilés. S'il vous arrivait d'en avaler ou d'en inhaler, consultez immédiatement un médecin.

WD-40 suite →

EMPÊCHER LES CHIOTS DE MORDILLER • Vaporiser du WD-40 sur tous les articles que vous souhaitez soustraire aux crocs gourmands de votre chiot (fils du téléphone et de la télévision, par exemple).

LIBÉRER UN DOIGT COINCÉ

Pour dégager le doigt d'un enfant coincé dans un goulot de bouteille, vaporisez un peu de WD-40 sur celui-ci, laissez le produit s'infiltrer entre le doigt et le verre, puis tirez doucement sur la bouteille. Lavez soigneusement les mains de l'enfant et la bouteille.

RETIRER DE LA COLLE FORTE • Vous avez oublié d'enfiler une paire de gants et vos doigts sont maculés de colle extraforte ? Vaporisez un peu de WD-40 et frottez vos mains l'une contre l'autre jusqu'à ce que vos doigts ne collent plus. Vous pouvez aussi utiliser du WD-40 pour éliminer des débordements ou des résidus de colle.

ENLEVER UNE BAGUE TROP ÉTROITE • Une petite giclée de WD-40 suffira pour faire glisser la bague hors de votre doigt. N'oubliez pas de bien vous laver les mains pour éliminer le lubrifiant.

GRAISSER LES ROUES D'UN CADDIE • Les roues des Caddie ont souvent tendance à grincer ou à se bloquer. Vaporisez-les de WD-40 : le produit aura pour effet de diminuer la friction et le jeu.

NETTOYER ET LUBRIFIER LES CORDES D'UNE GUITARE

Appliquez une petite quantité de WD-40 sur les cordes de votre guitare après chaque usage pour les entretenir : vaporisez le produit sur un chiffon et essuyez les cordes.

LE SAVIEZ-VOUS ?

- En 1953, aux États-Unis, Norm Larsen fonde la Rocket Chemical Company et, avec la collaboration de deux employés, il cherche à mettre au point un produit anticorrosion et dégrippant pour l'industrie aérospatiale. Au quarantième essai, le trio réussit à créer un produit qui repousse l'eau : WD-40 signifie « *Water Displacement-40th try* ».
- En 1958, quelques années après le premier usage industriel du WD-40, l'entreprise conditionne le produit en aérosol et, voyant que les employés en subtilisent pour s'en servir chez eux, elle décide de le commercialiser pour les usages domestiques.
- En 1962, l'astronaute américain John Glenn fait le tour de la Terre à bord de *Friendship VII*, un vaisseau spatial enduit de WD-40 ; la fusée *Atlas* qui l'a lancé dans l'espace était également recouverte de WD-40.
- En 1969, la Rocket Chemical prend le nom de WD-40 Company.

ASSOUPLIR UN GANT DE BASE-BALL NEUF • Vaporisez du WD-40 sur le gant, mettez une balle au milieu et repliez le gant par-dessus. Nouez une ficelle autour du gant et laissez agir le produit pendant une douzaine d'heures. Le WD-40 assouplira le cuir et le façonnera selon la forme de la balle. Portez le gant de temps à autre pour qu'il prenne la forme de votre main.

SE DÉBARRASSER DES CAFARDS ET DES INSECTES • Utilisez votre bombe de WD-40 pour tuer instantanément les cafards. Pour décourager la venue des araignées et autres insectes, vaporisez du WD-40 sur les rebords et les montants des fenêtres, sur les moustiquaires et les portes. Attention à ne pas inhaler les vapeurs du produit ; n'utilisez pas de WD-40 si vous avez un bébé ou des enfants en bas âge.

RETIRER UN CHEWING-GUM COLLÉ DANS LES CHEVEUX • Vaporisez du WD-40 sur la mèche collée laissez agir quelques secondes et retirez le chewing-gum d'un coup de peigne. Évitez tout contact du produit avec les yeux et aérez la pièce une fois l'opération terminée. Faites un shampooing.

LUBRIFIER UNE FERMETURE À GLISSIÈRE • Vaporisez un peu de WD-40 sur la fermeture à glissière puis manœuvrez plusieurs fois le curseur de haut en bas afin de bien répartir le lubrifiant sur les dents. Pour éviter de mettre du WD-40 sur le tissu, vaporisez du produit sur un couvercle en plastique puis appliquez-le sur la fermeture avec un pinceau fin.

PROTÉGER LES MANCHES DES OUTILS EN BOIS • Pour prolonger la durée de vie de vos outils à manche en bois, enduisez celui-ci d'une généreuse quantité de WD-40. Le produit protégera le bois de l'humidité (il ne risquera plus de se fendre) et des agents corrosifs.

WD-40 suite →

Pour tout nettoyer

ENLEVER LES TRACES DE STYLO SUR LES MURS • Vaporisez un peu de WD-40 sur les taches de feutre, crayon de cire, etc., et essuyez avec un chiffon. Le WD-40 n'abîme ni la peinture ni le papier peint (pour les autres revêtements muraux, faites d'abord un essai dans un coin peu visible). Le WD-40 est également efficace pour effacer les traces de stylo-feutre et de crayon de cire sur les meubles et les appareils ménagers.

RETIRER LES ÉTIQUETTES D'UNE SURFACE EN VERRE • Lorsque l'eau chaude et le savon ne suffisent pas à décoller les étiquettes, n'abîmez pas vos ongles et ne risquez pas de rayer le verre avec une lame de rasoir : essayez plutôt de vaporiser un peu de WD-40 sur l'étiquette, laissez agir quelques minutes puis grattez avec une spatule en plastique. Le WD-40 renferme des solvants qui dissolvent la colle.

NETTOYER UN RÉFRIGÉRATEUR

Pour éliminer les taches rebelles, à l'intérieur et à l'extérieur de votre frigo, essayez le WD-40. Videz le réfrigérateur de son contenu et aspergez de produit les zones à traiter. Essuyez avec un chiffon ou une éponge puis lavez à l'eau et au savon, rincez et séchez avant de remplir à nouveau le frigo.

HALTE AUX TACHES !

TACHES DE THÉ SUR LES TASSES • Vaporisez un peu de WD-40 sur un chiffon ou une éponge humide et frottez la tache jusqu'à ce qu'elle disparaisse.

TACHES D'ENCRE, DE GRAISSE..., SUR UN TAPIS OU UNE MOQUETTE • Aspergez la tache de WD-40, laissez agir 1 ou 2 minutes puis frottez-la avec une éponge imbibée d'eau savonneuse chaude jusqu'à ce qu'elle disparaisse.

TACHES DE TOMATE SUR UN VÊTEMENT LAVABLE • Vous avez laissé tomber quelques gouttes de jus de tomate ou de sauce sur une chemise ou un pantalon ? Vaporisez un peu de WD-40 sur la tache, laissez agir quelques minutes puis lavez le vêtement sans tarder.

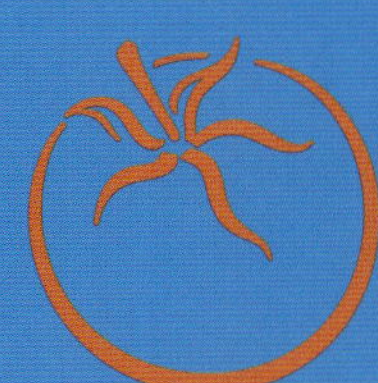

TACHES DE SANG SUR UN VÊTEMENT • Pour enlever une tache de sang sur un vêtement, vaporisez un peu de WD-40, laissez agir quelques minutes puis lavez comme à l'accoutumée. Le WD-40 va dissoudre la tache, qui partira aisément au lavage. Pour de meilleurs résultats, traitez la tache quand elle est fraîche ; une fois que le sang a imprégné les fibres du tissu, c'est plus difficile à retirer. Vous pouvez également utiliser du WD-40 pour éliminer les taches de rouge à lèvres, de graisse, d'encre, etc.

RÉNOVER UN TABLEAU NOIR • Le WD-40 est, dit-on, le produit nettoyant idéal pour les professeurs ! Vaporisez-le en petite quantité et essuyez avec un chiffon ; votre tableau sera comme neuf !

LE SAVIEZ-VOUS ?

Les États-Unis produisent 1 million de bombes de WD-40 par semaine. La composition du produit, inchangée depuis 50 ans, n'est connue que de quelques membres de l'entreprise. Un « maître brasseur » concocte le produit au siège californien de la société, à San Diego. Bien que celle-ci refuse de divulguer le nom des ingrédients, elle précise néanmoins que le « WD-40 ne renferme pas de silicone, de kérosène, d'eau, de cire, de graphite, de chlorofluorocarbone ou autres agents cancérigènes ».

ENTRETENIR LE CUIR D'AMEUBLEMENT

Vaporisez du WD-40 sur les fauteuils et toute autre pièce de mobilier en cuir ; lustrez avec un chiffon doux. Le WD-40 nettoie, protège et nourrit efficacement le cuir.

RÉNOVER UN REVÊTEMENT DE SOL EN PVC • Vaporisez du WD-40 sur les éraflures, les marques d'usure et les traces noires qui enlaidissent le revêtement. Le produit n'attaquera pas la surface et vous n'aurez presque pas besoin de frotter. Procédez toutes fenêtres ouvertes.

RETIRER DES RÉSIDUS DE COLLE • Vaporisez de WD-40 les dépôts et bavures de colle sèche sur n'importe quelle surface dure, laissez agir au moins 30 secondes puis essuyez avec un chiffon humide.

SE DÉGRAISSER LES MAINS • Vaporisez une petite quantité de WD-40 sur vos mains maculées de graisse ou de cambouis, frottez-les l'une contre l'autre pendant quelques instants, éliminez le plus gros avec du papier absorbant puis savonnez-vous les mains.

DÉTACHER ET DÉTARTRER LES W.-C. • Vaporisez la cuvette de WD-40, laissez agir 30 secondes et brossez énergiquement.

SUS AUX ADHÉSIFS

Pour décoller facilement des décalcomanies, des autocollants ou du ruban adhésif, vaporisez du WD-40 dessus. Laissez agir environ 30 secondes puis essuyez avec un chiffon, ils disparaîtront comme par magie.

WD-40 suite →

Au jardin

ÉLOIGNER LES ANIMAUX DES MASSIFS • Les animaux adorent gratter la terre du jardin mais détestent l'odeur du WD-40. Pour protéger vos massifs, aspergez-les de WD-40 1 ou 2 fois pendant la saison.

EFFACER LES TRACES DE PATTES DE CHAT • Vaporisez du WD-40 sur le mobilier de jardin ou le capot de la voiture maculés de traces de pattes et essuyez avec un chiffon propre.

PROTÉGER UNE MANGEOIRE À OISEAUX • Pour décourager certains animaux indésirables de venir importuner les oiseaux, vaporisez une bonne quantité de WD-40 sur le toit de la mangeoire pour le transformer en une véritable patinoire.

À SAVOIR

Le fameux tube rouge

« J'ai perdu le tube rouge ! » Voilà une phrase que prononcent souvent les innombrables utilisateurs de WD-40.

Pour résoudre ce problème, l'entreprise a lancé une nouvelle tête pulvérisatrice permettant d'abaisser complètement le petit tube prolongateur lorsqu'il ne sert pas, dans le cas d'une pulvérisation large par exemple, ou tout simplement pour stocker la bombe dans un minimum d'espace. Pour une pulvérisation plus précise, il suffit de relever le tube à 90°.

EMPÊCHER LES GUÊPES DE NIDIFIER

Les guêpes aiment construire leur nid sous les avant-toits mais détestent l'odeur du WD-40. Pour décourager leur installation, vaporisez du produit sur tous les avant-toits de la maison dès l'arrivée du printemps.

PLUS DE SOUCIS AVEC LA NEIGE !

CONTRE LES DÉPÔTS DE NEIGE SUR LES VITRES • Pour empêcher la neige de s'accumuler sur les vitres, il suffit de vaporiser du WD-40 dessus.

UNE PELLE ANTIADHÉSIVE • Voici une astuce simple pour pelleter la neige plus rapidement et sans effort : vaporisez sur la surface de la pelle une petite quantité de WD-40 ; la neige glissera sans problème.

SE DÉBARRASSER DES MAUVAISES HERBES • Ne laissez pas les mauvaises herbes envahir vos jardinières ; aspergez-les de WD-40, et elles flétriront sur pied.

RÉNOVER LA GRILLE D'UN BARBECUE • Pour redonner de l'éclat à une vieille grille de barbecue, vaporisez une bonne quantité de WD-40, laissez agir quelques secondes et frottez avec une brosse métallique. Lavez abondamment. N'utilisez jamais ce produit sur une grille chaude.

NETTOYER DES CHAUSSURES • Rien de plus rageant qu'une crotte de chien collée sous la semelle de ses chaussures ! Vaporisez une petite quantité de WD-40 et utilisez une vieille brosse à dents pour gratter la semelle si elle présente des reliefs. Rincez à l'eau froide.

CHASSER LES PIGEONS • Pour ne plus avoir un balcon maculé de fientes et jonché de plumes, vaporisez du WD-40 sur le sol, la balustrade et le mobilier ; les pigeons, qui détestent l'odeur du produit, n'oseront plus s'en approcher.

RAVIVER DU MOBILIER DE JARDIN EN PLASTIQUE • Redonnez couleur et éclat à vos fauteuils et tables de jardin en vaporisant du WD-40 dessus ; essuyez-les avec un chiffon sec. Le résultat vous surprendra !

En plein air

IMPERMÉABILISER DES BOTTES • Pour affronter la pluie et la neige, vaporisez du WD-40 sur vos bottes et vos chaussures. Utilisez ce produit également pour faire partir les traces laissées par le sel utilisé en cas de gel et de neige ; essuyez avec un chiffon sec.

NETTOYER ET PROTÉGER DES CLUBS DE GOLF

Que vous soyez un joueur occasionnel ou un professionnel, vaporisez du WD-40 sur vos clubs après usage.

À SAVOIR

Utiliser le WD-40 avec précision

*** *Lorsque vous devez appliquer de petites quantités de WD-40 sur une zone très précise, la bombe aérosol qui pulvérise de grosses giclées de lubrifiant est fortement déconseillée.***

Transvasez plutôt une petite quantité de WD-40 dans un flacon de vernis à ongles propre et appliquez la quantité voulue avec le petit pinceau du bouchon.

WD-40 suite →

ATTIRER LES POISSONS • Le WD-40 attire les poissons et masque l'odeur humaine, qui risque de les effrayer et de les empêcher de mordre. Pour augmenter vos prises, vaporisez du WD-40 sur les leurres.

DÉMÊLER UN FIL DE PÊCHE • Vaporisez le fil de WD-40 et utilisez une épingle pour défaire les petits nœuds. Avec le WD-40, vous prolongerez également la durée de vie des lignes enroulées. Déroulez les premiers 3 à 6 mètres de fil et vaporisez-les de WD-40 la veille de votre pêche.

RETIRER LE FART SUR LES SKIS • Vaporisez du WD-40 sur la semelle de vos skis ou de votre surf puis grattez avec un racloir en acrylique. Peaufinez le nettoyage avec une brosse en laiton.

UN PRODUIT FÉTICHE POUR LES MARINS

PROTÉGER UN BATEAU DE LA CORROSION • Vaporisez du WD-40 sur la coque immédiatement après chaque sortie. Ce simple geste d'entretien conservera longtemps votre embarcation en son état d'origine et vous évitera de changer certaines pièces abîmées par la corrosion.

NETTOYER LA COQUE • Débarrasser la coque d'un bateau des bernacles et autres coquillages est une tâche fastidieuse et malaisée, qui sera facilitée par l'usage de WD-40. Vaporisez une quantité généreuse de produit, laissez agir quelques secondes puis grattez avec un couteau à mastiquer. Si nécessaire, renouvelez l'opération. Utilisez du papier abrasif pour obtenir une surface lisse et nette.

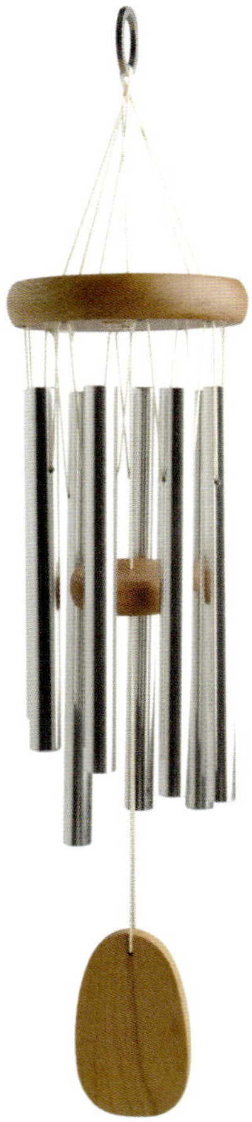

EMPÊCHER UN CARILLON DE ROUILLER • Au gré du vent, au jardin, votre carillon chinois égrène ses notes harmonieuses et apaisantes. Pour lui assurer une longue vie, frottez ses tubes métalliques avec de la laine d'acier imbibée de WD-40. Vous éliminerez la rouille et le protégerez de l'humidité.

DÉMÊLER UNE CRINIÈRE • Vaporisez du WD-40 sur la crinière ou la queue du cheval pour retirer en douceur les boules de bardanes ou autres végétaux qui se collent dans les poils et forment des nœuds. Cette astuce fonctionne également pour retirer la bourre des poils des chats et des chiens.

PROTÉGER LES SABOTS DES CHEVAUX • Votre cheval peut souffrir au cours d'une balade en hiver si de la glace se forme sous ses sabots. Pour éviter ce désagrément, vaporisez le dessous des sabots de WD-40 avant de partir en promenade.

LE SAVIEZ-VOUS ?

Le WD-40 est un produit dont le fan-club s'enorgueillit déjà de 63 000 membres, et cet effectif ne cesse de croître ! Au fil des ans, les membres ont fait état de milliers d'usages différents du produit, dont certains sont pour le moins insolites. Mais, pour le président du club et la direction de la WD-40 Company, l'usage le plus étrange a cours en Chine. À Hongkong, un python qui s'était malencontreusement laissé prendre dans la suspension d'un bus a été dégagé avec du WD-40 et sauvé in extremis d'une mort certaine.

ÉLOIGNER LES MOUCHES DES VACHES

Vaporisez un peu de WD-40 sur vos vaches pour leur éviter d'être sans cesse importunées ; les mouches, qui détestent l'odeur du produit, ne demanderont pas leur reste. Veillez bien sûr à éviter les yeux lors de la pulvérisation !

Bien-être et santé

NETTOYER UNE PROTHÈSE AUDITIVE • Nettoyez votre prothèse avec un Coton-Tige imbibé de WD-40. Attention, n'utilisez pas ce produit pour desserrer le bouton de réglage du volume.

DÉCOINCER UNE PROTHÈSE • Vaporisez un peu de WD-40 sur le point d'attache de la prothèse ; les solvants et les lubrifiants que renferme le produit faciliteront son retrait.

SOULAGER UNE PIQÛRE D'ABEILLE • Vaporisez du WD-40 directement sur la piqûre d'abeille, de guêpe ou de frelon. La douleur disparaîtra instantanément.

WD-40 suite →

Au garage

PROTÉGER LA CARROSSERIE D'UNE VOITURE • Vaporisez un peu de WD-40 sur la calandre et le capot de votre voiture avant un long trajet pour empêcher les insectes d'y rester collés. Si certains adhèrent malgré tout, il vous suffira de passer un coup de chiffon.

NETTOYER DES PLAQUES D'IMMATRICULATION • Vaporisez du WD-40 sur les plaques qui commencent à rouiller et frottez avec un chiffon sec. Cela éliminera les taches de rouille superficielles mais empêchera également la formation de rouille. Ce procédé présente l'avantage de ne laisser aucun film gras sur la surface traitée.

PROTÉGER LE PLATEAU D'UN PICK-UP

Pour retirer aisément la bâche de protection du plateau de votre pick-up, vaporisez du WD-40 sur toute la surface du plateau avant d'installer la bâche.

EFFACER DES TACHES D'HUILE DE VIDANGE • Vaporisez une bonne quantité de WD-40 sur les taches puis éliminez celles-ci au jet d'eau.

DES BOUGIES SANS PROBLÈME

RETIRER FACILEMENT DES BOUGIES D'ALLUMAGE • Pour gagner du temps lorsque vous changez les bougies d'allumage de votre voiture, vaporisez du WD-40 dessus.

RAVIVER DES BOUGIES D'ALLUMAGE • Si vous ne parvenez pas à démarrer par temps humide ou pluvieux, vaporisez du WD-40 sur les fils de bougie avant de faire un nouvel essai. Le WD-40 chasse l'eau et l'humidité qui entravent le bon fonctionnement des bougies.

SUPPRIMER DES TACHES DE PEINTURE SUR LA CARROSSERIE • Une voiture a laissé un petit souvenir sur la carrosserie de la vôtre ? Pour effacer ces traces et redonner à votre carrosserie son aspect initial, vaporisez du WD-40, laissez agir quelques secondes et essuyez avec un chiffon sec.

YAOURT

SOIGNER LES FLATULENCES D'UN CHAT OU D'UN CHIEN • Ses problèmes sont peut-être dus à l'absence d'une bactérie qui prévient les gaz et la diarrhée et qui compte parmi les millions de bactéries présentes dans le yaourt nature. Ajoutez 2 cuillerées à café de yaourt à la nourriture de votre chat ou chiot (moins de 6 kg), 1 cuillerée à soupe pour un chien de taille moyenne (entre 7 et 15 kg), 2 cuillerées à soupe pour un gros chien (entre 16 et 38 kg), et 3 cuillerées à soupe pour un chien de plus de 38 kg.

SOULAGER UN COUP DE SOLEIL

Appliquez du yaourt nature frais afin d'hydrater la peau ; le froid, quant à lui, apaise la sensation de brûlure. Rincez à l'eau froide.

FABRIQUER DE LA PEINTURE À DOIGTS

Mélangez du colorant alimentaire à du yaourt, et laissez vos enfants exprimer leur créativité. Vous pouvez même leur faire un petit cours de travaux dirigés sur les couleurs primaires et secondaires. Par exemple, demandez-leur d'ajouter au yaourt quelques gouttes de colorant jaune et quelques gouttes de rouge pour faire de la peinture à doigts orange. Ou bien de mélanger du rouge et du bleu pour obtenir du violet…

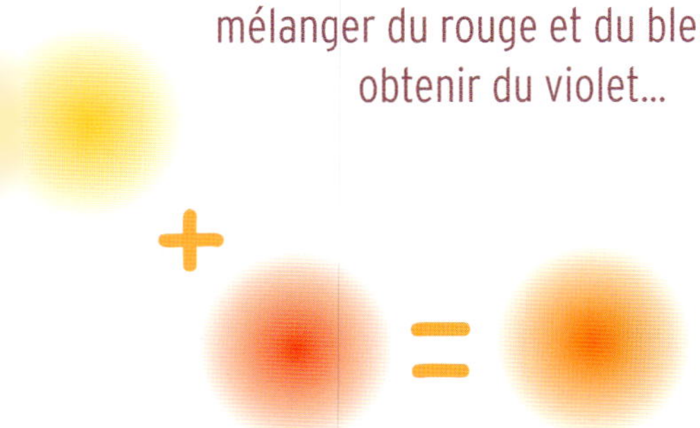

DE LA MOUSSE À VOLONTÉ • Versez 25 cl de yaourt nature au lait entier dans le bol de votre mixeur ainsi qu'une poignée de spores de mousse et 25 cl d'eau. Mixez pendant 30 secondes environ. Appliquez le mélange au pinceau sur les endroits que vous souhaitez voir garnis de mousse – entre les pavés ou les pierres d'une allée de jardin, autour de pots de fleurs. Attention, pour que ça marche, les zones choisies doivent être humides et ombragées. Vaporisez de l'eau sur la mousse jusqu'à ce qu'elle soit bien établie.

PRÉPARER UN MASQUE FACIAL • Inutile de vous rendre dans un institut de beauté pour redonner de l'éclat à votre peau. Essayez les recettes suivantes.

- Pour nettoyer votre peau et resserrer les pores, appliquez une épaisse couche de yaourt nature sur votre visage et laissez poser une vingtaine de minutes avant de rincer.
- Pour un masque revitalisant, mélangez 1 cuillerée à café de yaourt nature avec le jus d'une demi-rondelle d'orange, un peu de pulpe et 1 cuillerée à café de gel d'aloe vera. Laissez poser au moins 5 minutes, puis rincez.

INDEX

Les numéros de page en **gras** renvoient aux entrées principales.

F

R

U

V

CRÉDITS

Toutes les photographies de ce livre (y compris la photo de couverture) sont © Reader's Digest, sauf les photos des pages suivantes.

Pages 6hmg, 9md, 12hd, 15bg, 21mg, 23md, 27md, 37, 111b, 161h, 208h, 215, 248bd, 297, 316b, 326, 328, 334b, 336h, 339, 341h, 345b, 346b, 351b, 354b, 360 : SRD/Jean-Pierre Delagarde ; pages 44, 205, 267, 268, 294, 340, 346, 348, 358 : Photodisc ; page 132 : Corel Corporation ; page 154h : STOCKFOOD/Klaus Arras ; pages 9bd, 363 : Foodcollection.

Produits ordinaires, usages extraordinaires
est publié par Sélection du Reader's Digest.

PREMIÈRE ÉDITION
Cinquième tirage
Achevé d'imprimer : mars 2010
Dépôt légal en France : août 2007
Dépôt légal en Belgique : D–2007–0621–100

IMPRIMÉ EN CHINE
Printed in China

Anne TUFIGO
Médium
Incroyables Transformations